方尖碑
OBELISK

探知新视界

UNLOCKING
THE WORLD

# 港口城市
—— 与 ——
# 解锁世界

**一部新的
蒸汽时代
全球史**

*Port Cities And Globalization
In The Age Of Steam
1830–1930*

[英]约翰·达尔文 ——————— 著  孙伟——————— 译  译林出版社

图书在版编目（CIP）数据

港口城市与解锁世界：一部新的蒸汽时代全球史／（英）约翰·达尔文（John Darwin）著；孙伟译 . —南京：译林出版社，2024.4
书名原文：Unlocking The World: Port Cities And Globalization In The Age Of Steam 1830–1930
ISBN 978-7-5753-0055-1

Ⅰ.①港… Ⅱ.①约… ②孙… Ⅲ.①港湾城市－城市史－世界 Ⅳ.①K915

中国国家版本馆 CIP 数据核字（2024）第 044741 号

Unlocking The World: Port Cities And Globalization In The Age Of Steam 1830-1930
by John Darwin
First published in Great Britain in the English language by Penguin Books Ltd.
Copyright © John Darwin, 2020
This edition arranged with Penguin Books Ltd
Simplified Chinese edition copyright © 2024 by Yilin Press, Ltd
All rights reserved.

著作权合同登记号 图字：10-2020-373 号

港口城市与解锁世界：一部新的蒸汽时代全球史 ［英国］约翰·达尔文／著 孙伟／译

责任编辑 陈 锐
装帧设计 韦 枫
校 对 施雨嘉
责任印制 董 虎

原文出版 Allen Lane, 2020
出版发行 译林出版社
地 址 南京市湖南路 1 号 A 楼
邮 箱 yilin@yilin.com
网 址 www.yilin.com
市场热线 025-86633278
排 版 南京展望文化发展有限公司
印 刷 江苏凤凰新华印务集团有限公司
开 本 652 毫米 ×960 毫米 1/16
印 张 26
插 页 4
版 次 2024 年 4 月第 1 版
印 次 2024 年 4 月第 1 次印刷
书 号 ISBN 978-7-5753-0055-1
定 价 108.00 元

纪念扬-格奥尔格·多伊奇

# 目 录

# 序　言

　　爱德华时代的英国皇家海军大战略家"杰基"·费希尔上将曾宣称，"有五把钥匙锁住了世界"，即新加坡、好望角、亚历山大、直布罗陀、多佛。在英国的控制下，它们将守卫欧洲和世界其他地区之间的海上航线，并使其免受任何敌方大国舰队的袭击：这一计划很快将经受U型潜艇战争的毁灭性考验。在奥克尼群岛驻扎英国"大舰队"的做法完成了费希尔的布局，并将北海通向公海的最后一个出口封闭起来。在本书中，我们反转了费希尔的比喻，并改变了他所说的大部分地方。19世纪是一个伟大的时代，其间，世界上的海岸和港口从排斥和封闭中解脱出来；广阔的大陆腹地摆脱了因陆路运输成本而造成的与世隔绝；那些因其自身的危险和水流而让上游交通变得艰难的河流（这包括直到1840年代的塞纳河），也通过河道改善和蒸汽驱动的航运而得以开放。到了1930年蒸汽世纪末期，世界上几乎每个人口密集的地区都可以通过汽船和铁路定期前往旅行，大宗廉价货物的交易也是如此。这是世界史上的一场革命，其后果直接影响了我们现在的生活。

　　这是一项伟大的技术成就，堪称蒸汽的胜利。但这也是地缘政治的创伤。中国、印度、澳大拉西亚*、美洲以及北亚和中亚大陆的开放，因蒸汽而得以巩固。但是，这些大门是被欧洲诸帝国及其美洲子孙——盎格鲁美洲和西班牙美洲的移民共和国和巴西帝国——的陆军、海军、移民、农奴、奴隶和契约劳工逼迫着打开的。强制外交、军事征服和驱逐（或集体驱逐）土著人，为商人、行政官员、收税员、矿工、种植园主、自耕农或农民扫清了道路，紧随其后的是教师、不同宗教的牧师和传教士，他们是文化剧变的动因。当蒸汽被恰当地用于陆上和海上的人员与货物运输时，一片广阔的新天地已被新兴西方的商业、行政和移民帝国所吞并。

本书源于对全球化历史的好奇，尤其是对"蒸汽全球化"的好奇。它由一系列关键假设构成：1990年以来"我们的"全球化并不是独一无二的，而是一系列全球化中最新的一次；我们可以通过对早期全球化的了解，更好地理解全球化的独特之处；全球化是累积的，但是也会受到危机和倒退的影响；全球化不应只被理解为狭隘的经济现象，而必须被理解为技术、商业、文化、意识形态、地缘政治和环境变化的结合，所有这些都赋予全球化独特的特征。因为我们在全球化中交换的不仅仅是商品，还有金钱、人、思想、信息和消费习惯——以及**生物群**：植物、动物和微生物。正是通过它们的复杂互动，每一次全球化的"特质"才得以形成。由此在逻辑上可以得出，全球化的催化剂——其"调节阀"（蒸汽技术中的一个术语）——就是**流动性**，即有形和无形的东西可以据此从世界的一端跨越广阔的空间到达另一端的难易程度和速度。

无论在历史上还是在今天，最重要的是全球化的**影响**，即它对陷入其所造成的困境中的人们或被撇在其边缘的人们有何影响？即使不经意地一瞥也都很明显的是，它会产生赢家和输家——往往是逆转此

---

* 澳大利亚、新西兰和邻近太平洋岛屿的统称。——译注（全书脚注皆为译注，以下不再标明）

前赢家的命运。在相对生活水平、文化自信、自由或不受外部支配等方面，人们可能会感觉到得失。在最好的情况下，它带来了物质财富的全面改善；在最坏的情况下，它可能是生死攸关的问题。许多史学争论都围绕着一个问题：为什么世界上的某些地区一度繁荣兴旺，但是后来陷入了严重的相对贫困。同样引人入胜的问题是，全球化在多大程度上强加了更大的文化一致性，或削弱了"传统"文化的连贯性，有时甚至产生了悲剧性的影响。这些问题可以在任何的全球化时代提出，但本书的重点是"蒸汽世纪"，其间的全球化扩展和强度与我们自己所处的时代最为接近。它也是可供查询的文献和资源比以往任何年代都更丰富的时期。

但问题依然存在，即如何处理全球化这种扩散的、覆盖面广的现象，并正确理解其复杂的几何结构。它来自何方？它是如何展现的？它的代理人是谁？它是如何被其"主人"所接受的？它在多大程度上重塑了其路径中地区的经济、文化、政治和人口结构？它在多大程度上是由地缘政治——或暴力——以及市场力量所驱动的？一个显而易见的地方是大型海滨城市——港口城市，其惊人的成长是这一时期的显著特征。因为那是一个远超今天（当下90%的世界贸易是通过海运实现的）的海运时代，其间出于商业或军事目的的"制海权"是世界强国的关键。亚洲、非洲、澳大拉西亚和美洲的港口城市是从欧洲流出的资金、制成品、思想和人员以及物质力量的入口，欧洲通过它获取贡品、原材料、利润和租金的"收益"。当欧洲提供推动全球化的能量时，这一切也就按理随之发生了。世界将为资本、劳动力、货物和思想的自由流动而"解锁"——改造和"改善"当时"落后"或尚未开发的欧洲航线沿线的内陆。但它真的是这样发生的吗？西方人在多大程度上真正控制了全球化带来的变化？

港口城市是全球化的各种动因与当地社会相遇的地方。我们可以在那里以特写镜头近距离看到接受、适应和抵制变化的模式，内陆地区被纳入港口城市网络的条件，以及它能在多大程度上重塑其新兴腹地的文化和政治。但是，从众多重要的港口城市中选择哪些呢？本书的计划是选择一小部分城市，以检验欧洲主导的"蒸汽全球化"在不同地方的可变影响：在英美的"移民世界"；在英国人统治的印度；在东南亚和中国沿海地区相连的区域，欧洲的影响在这里更为间接。这便只能对非洲、拉丁美洲、澳大利亚、新西兰和中东的其他许多地方——所有这些地方都同样令人着迷——令人遗憾地顺便提及。我也很清楚，我所讨论的那些城市，其历史方面的专家可能会觉得我对它们不够公正，或者忽略了它们过去的关键方面。我希望将它们放在一个比较框架中，并强调它们的全球重要性，以起到弥补的作用。有一点是肯定的。在快速发展的全球史学科中，港口城市值得拥有它们能够得到的关注。

本书的种子可能在我童年时乘坐联合城堡航运公司的邮轮前往开普敦的航行中就已经播下，存在于集装箱船时代之前码头的景象和声音以及港口的喧嚣中。我一直都能借鉴一支人数众多且不断扩展的学术团体来探索本书所描述的主题。但是，影响本书的诸多观点，则是在牛津大学全球史研究中心的对话和活动中逐步成形的。我对那里的同事们感激不尽。本书主要论点的早期版本强加给了海德堡、康斯坦茨、苏黎世和普林斯顿的读者。特别是詹姆斯·贝利奇和已故的扬-格奥尔格·多伊奇，他们不得不忍受超出其合理份额的我的沉思。本书是为了纪念最友善、最慷慨的同事扬-格奥尔格而写的。纳菲尔德学院为其研究员提供的设施、激励和支持无与伦比：我很幸运能够一直受用。和之前的几次一样，我也非常感谢企鹅公司的西蒙·温德尔的兴趣和热情——以及明智的建议。理查德·杜吉德负责监制，伊娃·霍奇金提供了宝贵的帮助。塞西莉亚·麦凯帮助挑选了书中的图片。地图是由杰夫·爱德华兹绘制的。

本书引用的罗伯特·佩恩·沃伦的诗句，得到了罗伯特·佩恩·沃伦文学遗产受托人的善意许可。我非常感谢约翰·伯特教授与韦尔奇和福布斯有限责任公司的埃德·沙利文先生，他们提供了非常周到的帮助。

这篇序言写于英国仍然处于大流行病肆虐的时候。这提醒我们，一如蒸汽世纪的情形，全球化不仅带来繁荣，也带来了许多冲击和倒退。历史学家喜欢观察重大的历史转折点。但是，正如我们将发现的，人的一生中一个历史转折点都不用经历再好不过了。

约翰·达尔文

2020年6月

# 导 言
# 钥与锁

1830年至1930年间，世界被蒸汽重塑。中国、印度、欧洲和美洲的世界最大经济体通过海路和铁路（以及越来越多的电缆）连接在一起，人员、货物、思想和金钱以前所未有的规模和频率流动。这种影响不只是让人们更容易、更便宜地到达世界各地。蒸汽动力还带来世界历史上前所未有的商业、技术和军事力量的高度集中。在1830年之后的19世纪大部分时间里，蒸汽作为一种广泛应用的新能量来源主要局限于欧洲和美国，即新兴的"西方"。因此，在19世纪的大部分时间里，蒸汽动力的拥有者似乎可以对全球进行重新排序。他们塑造了新的铁网以使自己的控制成为现实：移民、商业和统治的帝国；运送货物、移民和邮件的汽船船队；为了占领和贸易而撬开更遥远内陆的铁路线。在这个将世界重塑为欧洲外围的驱动器的铰链处，有几十座港口城市，有些是新建的，有些是经过彻底改造的，以满足新主人的需求。

港口城市即"门户城市"。[1]"古典"城市战略性地位于它的农业"省"，这是其所依赖的盈余的来源；与此不同，门户城市在两个不同区域的交会处崛起。它们是不同的经济（和文化）产品交换的地方，或者是货物在一种运输方式和另一种运输方式之间转换的地方：在船、铁路、货车、江轮或者（今天的）飞机之间。由于这通常需要将散装货物分成不同的大小包裹进行转发，因此门户城市也是其他服务的发源地，比如航运代理人、保险公司、货币兑换商和银行、陆路货运承运人和运货马车车夫、码头工人和搬运工，以及负责管理贸易的商人和代理商。门户城市是一个重要的信息交换场所，人们在这里搜集、消化和散播有关其试图连接的两个（或更多）地区市场状况和消费者欲望的商业情报——通常是通过商会、印刷的"市价表"，或通过玉米、棉花、大米、糖、谷物、木材、羊毛、黄麻或橡胶等商品市场上的日常接触。不可避免的是，它也成为政治风险被仔细衡量的地方，因为其利益所在区域的战争、叛乱或政权更迭可能会产生破坏性的（或有前途的）后果。的确，在供应商和客户之间培养政治影响力，寻求强大的统治者或赞助人的保护，是商业关注的自然延伸。

当然，并非所有门户城市都面朝大海，只有部分是**港口**城市。我们可能会想补充一句，并不是所有港口城市都在海滨。内陆港口城市面朝沙漠或草原，需要穿越无人居住的地区，它们与沿海港口城市存在相同的特点。撒哈拉绿洲就充当着区域性"港口"。[2] 黎凡特地区的大马士革和阿勒颇、西撒哈拉"海岸"对面的马拉喀什和廷巴克图，戈壁西端的喀什和叶尔羌，都是商队和载着他们货物的"沙漠之舟"的目的地。从中国经内亚到地中海的"丝绸之路"，连接了一长串这种内陆港口城市。在19世纪后半叶，像芝加哥（也是湖泊港口）和圣路易斯（也是河流港口）这样的大型铁路枢纽也发挥了类似的作用：二者的规模都以极快的速度增长。类似的，东南欧的布达佩斯和维也纳也是如此：1918年之后，这两个多民族且犹太人聚居的城市，都被困在民族主义色彩极强的残余国家之中。

然而，在现代世界史的大部分时间里，门户城市一直是沿海城市，在各个遥远地点之间的文化和货物进出口中发挥着最大的作用，即使仅仅因为海上运输几乎总是比陆路运输便宜。对于各大洲之间、欧洲和美洲之间以及亚洲和非洲大部分地区之间的交通来说，一旦许多航海谜团被解开，船只就会变得至高无上。直到20世纪初西伯利亚大铁路建成时，从欧亚大陆一端到另一端的另一种旅行方式才成为可能——除了那些不太看重时间的人。远洋客轮一直主宰着欧洲和世界大部分地区之间的航线，直到1950年代。这个面向全球的港口城市的时代，历时可谓久远。

大多数港口城市最初本就是一个贸易海滩，当交易季节开始时，当地的商人和海员会在这里碰面。时机可能取决于风向（在"季风世界"，风几乎像时钟一样改变方向）或冬季出海的危险，或是收获的临近——消费者有能力购买"外国的"商品。如果一个贸易海滩繁荣起来，它作为收入来源就会吸引当地统治者或大人物的注意：的确，他的保护可能会受到欢迎，以防不受管制的掠夺。对胸怀野心或需要管理大型宫廷的统治者来说，海滩可能会成为一个有组织的"购物中心"，供应丝绸或象牙等博得威望和标示权威的异国商品。[3]在中世纪早期的伦敦，国王有权先行购买新到的货物。[4]港口城市的建立，可能是为了推进宏伟的帝国计划（公元前331年建立的亚历山大城就是最著名的例子），也可能是作为商人和渔民的避难所（威尼斯的起源）。场地始终至关重要。常年的淡水来源至关重要。另外几个明显的要求是，海岸附近有深度适中且平静的水域，以及躲避最恶劣风暴的庇护处：因此，拥有上游通道的河口很有吸引力。在世界的大部分地方，防御来自海洋或内陆侵略者的攻击是至关重要的。如果离公海太近，就会面临海盗或对手打了就跑式袭击的风险。两边都有高地保护的海湾状环境，经常是受到青睐的（里斯本就是典型的例子）。有时理想的地点是一座岛屿，岛屿足够小，便于防御，而且海上通道受到限制。当来自陆地的攻击是一种威胁时，它也是必不可少的。位于岩石小岛上的提尔、威尼斯、霍尔木兹（波斯湾河口）、新阿姆斯特丹（后来的纽约）、蒙特利尔、孟买、槟城、新加坡、香港、拉穆、蒙巴萨、基尔瓦和莫桑比克（均位于东非海岸）以及拉各斯（位于西非），都是这种类型。另一种选择是有一条通往陆地的狭窄堤道的可防御半岛，比如亚丁、布什尔、波士顿、查尔斯顿和加的斯的模式。

港口城市的成功无法保证。它的港口可能会淤塞——这是上游耕种或砍伐森林的结果。它和大海之间的浅滩和沙洲可能会移动并阻碍它的引道。在最坏的情况下，它可能会被一场大风暴、地震和海啸摧毁——1692年牙买加罗亚尔港的命运。它可能会失去赞助人的保护，或者他现在青睐其他地方。当东印度公司将业务迁至孟买时，苏拉特开始萎靡不振。港口城市的财富来源可能枯竭，或者其生产转移到遥远的地方。随着1763年失去了新法兰西和加拿大的贸易，以及1791年的海地起义，拉罗谢尔进入了一个商业收缩的世纪。[5]当野生橡胶变成种在东南亚的种植园作物时，亚马孙河上的马瑙斯走向了衰落。由于外交分治，它可能会失去腹地——拥有巨大天然港口的弗里敦的不幸。[6]贸易线可能会发生变化，绕过旧港口，换成新港口——斯里兰卡的加勒的命运，到1870年代中期，加勒已经将其地位让给了科伦坡。在此，技术进步可能是敌人：吃水更深的更大船舶需要更多的回旋空间，汽船需要廉价的煤炭，铁路需要大型编组站的通道和空间。如何应对这些威胁以及其他许多问题，都是港口城市政治的根本。

一旦一座港口城市不仅仅是一个海滩，那么它几乎所有的商业活动都需要监管。谁将拥有或控制卸载货物的河岸、码头和突堤？谁来决定是否需要新码头？谁来为其买单，或者为清理吃水更深的船舶所需的航道付费？对抵达的货物应该收取何种费用？由谁来决定这笔收入的使用？谁来保护码头上的货物并确保商人的财产得到保护？谁来决定商品应该如何出售——是通过私人安排还是以公开的价格出售？既然港口需要大量人力，由谁来控制劳动力供应？谁来监管总是被港口吸引来的游客和过境者？谁将确保他们的身体和精神健康，并遏制海上的传染病？谁来决定港口是一个"自由"港还是有着关税和税收壁垒？谁会防卫港口免受来自海洋的攻击、陆地上的掠夺者或竞争对手的干扰？通常，一位贵族精英会崛起，统治港口城市并管理其政治。他们将不得不安抚或压制港口城市相互冲突的利益集团。但是，这在很大程度上取决于他们与附近的权力中心不稳定的关系，无论是巨头、君主还是总督。有时，"君主"会依靠港口，并把自己的利益置于港口的命运之中。更多的时候，他会平衡港口对其内陆领土的主张，或（更坏的情况）是在一些不计后果的扩张战争中利用其资源。但是，港口城市的寡头统治集团通常需要他的支持来维护自己的权威，尤其是当他们受到反对港口城市社会严重不平等的民众起义的威胁时。当改善港口意味着带来新的债务、征收新的费用或侵犯已有的权利时，至高无上者的批准尤其富有价值。最珍贵的是统治者所给予的海外贸易特权或垄断。

事实上，一座港口城市的地位，以及其相对不受外部控制的自由，通常是开启其商业繁荣的源泉。在19世纪中叶之前的大部分时间里，最成功的港口城市通常是转口港。也就是说，它们对邻近地区的贸易和产品依赖相对较少。相反，它们主要是与类似的港口以及遥远的供应商和客户建立商业关系。从本质上讲，它们是一种市场和仓库，来自国外的货物在这里进口，然后转口，通常是卖给其他海外买家。其商人依赖于远方的市场和其他转口港商人的信任和商业情报网络。地理位置、进出港口的便利性以及合理的对海上航道的可靠控制是关键因素。其商船队的规模，对将贸易吸引到码头与扩大销售和转卖利润至关重要。持续的交易流提供了比农业经济更大的流动性，并鼓励出现提供信贷和外汇的银行。在有利的环境下，这些转口港城市可以保持对抗陆地统治者的自治权，或者用急需的现金购买自由。在天高皇帝远的地方，君主的权威可能需要一种强化的存在。比方说，法国君主不得不在波尔多建造一座堡垒，即特隆贝特城堡（如今是一块空地），以威慑其制造麻烦的市民。[7]伦敦塔有着类似的目的。

相形之下，一个支柱产品贸易港口的存在，主要是为了收集和出口附近内陆地区的产品，并用进口制成品和奢侈品来交换。它的繁荣取决于能否利用其出口源，即森林、农田、葡萄园、牧场或矿山。保卫其腹地是一个至关重要的优先事项，而战争或叛乱造成的混乱是一场商业灾难。因此，一个主要港口的利益与统治者和拥有大量土地的精英的利益更加紧密一致。它需要他们的帮助，以保持通往港口的河流和道路畅通，并阻止与其竞争的港口入侵自己的范围。由于贸易通常需要向生产者提供信贷或持有抵押，因此，它对当地的劳动力和财产制度进行了深度投资，并担心它们会遭到破坏。一个转口港会保持着许多联系，并且其较富裕的居民可以广泛地旅行，但一个支柱产品贸易港口很可能只依赖特定的市场。它的文化和政治倾向比具有世界主义色彩的港口保守得多。当然在实践中，许多大型港口是支柱产品贸易港和转口港的混合体。因此，波尔多是一个进口和销售糖、咖啡等殖民地产品的转口港，也是葡萄酒的支柱产品贸易港。[8]有些可能会从一个扩张到另一个（就像伦敦已经不再是区区羊毛的支柱产品贸易港），或者，在作为一个转口港失败之后，重新回归支柱产品贸易港（现代哥伦比亚的卡塔赫纳、马德拉斯/金奈、巴达维亚/雅加达和悉尼都属于这一类）。我们将看到19世纪商品贸易的巨大增长，意味着许多老牌转口港与内地经济之间的联系日益紧密。

无论商业活动如何平衡，每座港口城市都需要大量的外乡人。其"对外"交易依赖对远方市场和产品的了解。更重要的是，它需要值得信赖的代理人与合作伙伴，对他们来说，违约可能意味着一无所有。家族联系或共同的宗教忠诚，是防止商业背叛的最佳保证。外国商人共同体承诺与他们在家乡的亲属进行可靠的交易。同样，当海外商人能够与同胞、同辈表（堂）亲或教友打交道时，他们更可能自由地进行交易。此外，外来者带来了专业知识、情报和新想法，有时还带来了资本——这些是商业成功的关键因素。任何港口城市繁荣的标志之一都是外来人口的规模和类别：这是衡量其商业范围的可靠指标。在本书中探讨的所有港口城市，其商业活力与不断招聘外籍人才（中国的、印度的、中东的和欧洲的）及其带来的种种网络密切相关。中世纪的伦敦和安特卫普，被波罗的海的意大利人和汉萨同盟殖民；19世纪的新奥尔良被纽约人和法国人殖民，新加坡被中国人殖民。在蒙得维的亚这样的中等港口城市，19世纪末有将近四分之三的商人是外来商人。[9]就连像萨瓦金（位于苏丹海岸）这样日渐衰落的红海港口，也有许多外来者。一位游客在1911年写道，"这里住着吉达人（即来自吉达的人）、也门人、哈得拉穆提人（来自沙特阿拉伯的哈得拉毛人）、印度人和阿比西尼亚人"，而"他们的利益与其他红海港口的利益，甚至与亚丁湾、孟买和蒙巴萨的利益有关，几乎超过了与其身后……大陆利益的关联度"。[10]

无论来自何方，商人都必须融入纷繁复杂且经常口角不断的社区，在那里，港口城市生活的两大祸害加剧了社会紧张：商品贸易的不稳定性和流行病的侵袭——在热带或亚热带地区最严重，在欧洲和北美也很常见，一直到19世纪晚期。每座港口城市都有一批律师来解决（或激化）其商业纠纷。它可能有一个总督和一支驻军，而且几乎总是有一个海关为统治者获取收入。航运利益集团很大，但并不总是和谐的。船主、造船公司、航运代理、码头所有者、货栈主、领航员和码头工人，很难在改善港口或分担成本上达成一致。铁路一旦铺就，就会带来一系列新的利益集团和大量新的劳动力。经理、代理人、办事员、工程师、司机、机械师，以及一队队站长、信号员、清洁工和搬运工，都会前来为客运和货运站点服务，负责修理厂和编组站，为列车配备人员并维护轨道。对于港口城市社会的精神需求，以及对大量为水手、船夫、搬运工和运货马车车夫等男性外来工人提供服务的妓院、赌馆、酒馆和酒吧等"浮世"的监管，牧师和权威人士持有确定但往往相互冲突的观点。财富与常见流行病的结合，让港口城市成为医生（或自称医生者）的磁石。在亚洲的各个港口，他们可能来自不同的传统，有中国的、印度的和西方的。19世纪港口报纸上的广告证明了，针对当地或外来疾病的甜果汁饮料、药丸和其他特效药有着巨大的市场，因为除了从国外传入的疾病，卫生条件差和附近常有沼泽地的低洼河口地区的结合，让港口常常容易招致一系列疾病。

更困难的问题是，如何或是否控制来自臭名昭著的"涉疫"地区的旅客，特别是那些被认为是瘟疫或霍乱流行地的旅客。在西方，这通常是通过检疫来完成的，最初是在一个与世隔绝的检疫所中隔离四十天，然后才授予"检疫通行证"（放行或豁免），这一做法始于14世纪晚期并在地中海地区标准化。因此，1830年代从希腊返回英国的旅客将在马耳他岛接受检疫，然后继续旅行，而英国本身就有约二十一个检疫站。尽管医学界对"接触传染"是否为黄热病或霍乱等疾病的原因进行过激烈争论，而且商人对阻碍自由贸易的做法也怀有敌意，但是检疫在英国一直持续到1896年，在其他地方持续的时间更久。[11]疾病的暴发对商业非常不利，并引发了应该予以何种程度公开的问题。因此，港口城市的记者及其所供职的报纸面临着比疾病更广泛的困境。报纸通常由商业利益集团或与其利益一致的人拥有。它们的部分职责是为港口的成功和期待的金色未来欢呼。报纸的版面上充斥着商业信息和广告。然而，它们不可避免地卷入了几乎每一个港口城市都面临的地方争端：需要改善卫生条件；需要对住房设立标准；需要改善治安；需要铺设街道并为之提供照明——所有这些都会给业主带来成本或侵犯他们的权利。记者可能会与另一个有影响力的共同体接触。对许多港口城市来说，到了18世纪晚期和19世纪（有些城市更早），艺术家、摄影师、建筑师、植物学家和其他科学家（通常是医生），以及对附近内陆历史和民族志感兴趣的人组成了一个圈子。他们的角色也是模糊不清的。他们是科学或"有用"知识的收集者、阐释者和提供者。但是——或许不自觉地——他们也服务于欧洲以外的世界，以让殖民入侵者熟悉新的景观，增强他们对进一步发展的渴望，以及——含蓄地——维护欧化文化的首要地位。

在一座成功的港口城市，其大商人家族是"城堡之王"。他们的主要合伙人构成了港口城市的贵族精英。当然，他们的情况各不相同。在欧洲国家，他们的羽翼可能被王朝统治者或（后来的）民族主义或民粹主义政府斩断。在前殖民时期的亚洲，他们可能不得不充当"官方"商人，比如广州的行商，或者是大贸易公司的代理商和"执笔者"——荷兰、英格兰、法国或丹麦的公司。在上述两种情况下，这往往伴随着垄断的回报：对外贸易仅限于特权俱乐部。到了19世纪中叶，这些重商主义结构基本被摧毁殆尽，贸易对那些才华横溢、运气上佳和人脉广泛的人开放。在港口城市的商业中，这首先意味着商品交易的能力，因为是商品的买卖造就了商人和港口城市的财富。

在任何交易中，商人都会发现自己是复杂而不可预测的交易和生产之链的一部分。不同商品进入市场的方式存在巨大差异。一些商品是流动采集者、狩猎、捕鱼、诱捕或发掘的产物，它们处于收益递减或（最终）彻底灭绝的边界。除非商人愿意"在灌木丛中摸索"，否则他不得不在购买象牙、毛皮、野生橡胶或燕窝时依靠代理人或合伙人与地方族群讨价还价，并通过贸易途径将其送往河流或铁路站点。为了管理供应不确定的风险和收集成本，商人有时会倾向于结成卡特尔——就像加拿大西北部的毛皮贸易公司——或诉诸胁迫，而这种做法在19世纪晚期的刚果产生了种族灭绝效应。对于依赖耕种者或牧民的商品，则适用不同的条件。在此，商人可能与依赖农奴、奴隶或无地劳工的小农、大地主和种植园主打交道。他将不得不提供信贷，以满足他们一年又一年的需求，尤其是当他们不再生产自己的粮食时。

商人受制于一个动态的环境：干旱或瘟疫可能会摧毁农作物和牲畜，他的利润甚至资本也会一道付诸东流。过度放牧或耗尽土地肥力，可能会破坏他的供应区。流行病可能会消灭劳动力大军或摧毁其精力。或者出现几个丰收季，抑或其他地方开始了新的生产，都可能导致供过于求，将价格推到毁灭性的水平。商人可能买得很贵，但不得不贱卖。他的海外买家可能会失败，并带走他们欠他的贷款。一场金融危机，或者战争的谣言，都会让市场萎缩。商人们凭借敏感的神经，并依靠其"通信"流过活，报道新闻，预测价格水平。

商业成功还取决于内陆农业区一系列紧密相联的制度。谁掌握着土地的分配，或有权除掉"不合作"的居民，比如那些致力于维持生计或刀耕火种农业的人？财产是由个人单独持有——用作抵押品——还是由血统、部落或种姓兄弟会等无抵押的不可靠借款方集体持有？移民劳动力是可以用于开辟新的土地或扩大其产量，还是受到种族排斥或高昂旅费的限制？国家是愿意支付费用来进行内部改善——修建运河、铁路和公路——还是过于吝啬、贫穷或缺乏组织而不会尝试？它是愿意免除贸易的关税和税收并解除价格管制，还是决心维持重商主义规则和指令经济？

正是这类问题让港口城市成为商品腹地的重要总部。它首先是一个价格工厂。对买家和卖家来说，市场越大，他们所依赖的价格行情就越好。港口城市可以支撑报纸和价格指南，以及（从1840年代和1850年代开始）电报公司的发展。交易商和经纪人可以见面。[12]信贷流和现金流滋养了银行和后来的证券交易所。农业社区所需的许多服务都落户于此：医生、律师、教育家、神职人员，以及服装、五金制品、工具和（在美国南方）奴隶的零售商。不过，它也是商业利益集团开展运动的基地，以寻求不受继承权或共同权利限制的"免费土地"、更好的道路、低关税和劳动力的自由流动，并游说保护自己免受海盗、航运卡特尔或其家门口暴虐统治者的侵害。在有代议制政府的地方，明智的做法是选择一位大声疾呼的受拥戴领袖来捍卫其主张，并催促执行者。如果没有代议制政府，统治者的总督就可能会受到当地贵族的引诱而为其申辩。如果运气不错，并经过一段时间之后，一座成功的港口城市可能会开始具备大都市的特质：不仅能组织市场、提供信贷便利和保险、建立运输系统和加工业，而且会通过筹集自己的资本来实现财政独立。[13]这是一个只有少数城市才能渴望的命运。

　　本书的主题是港口城市在全球化中所发挥的作用。"全球化"这个术语，最常被用于描述世界不同地区之间的经济关联性，而这种关联性在20世纪末急剧加速：货物、金钱、信息和劳动力明显的高度流动性。正如经常发生的那样，全球化最初似乎是一种独特的现代现象，前所未有，无与伦比。但如果拉长视角来看，情况恰恰相反——"我们的"全球化不过是全球各个遥远地区之间累积的一系列更紧密接触中的最新一次。[14]这些接触及其锻造的联系，可以追溯到数万年前智人首次从非洲迁徙到欧亚大陆。其他拓殖行动随之而来。约四万五千年前，土著社会从其北部的"海岸"遍布澳大利亚。人类最早是在一万五千年前经由东北亚定居美洲的，可能经过了一系列沿海的"跳跃"。阿兹特克人和印加人的非凡帝国是其中的两大遗产，而且或许是亚马孙河流域一个失落的文明。马达加斯加岛在公元前一千纪被印度尼西亚群岛的移民拓殖。公元前1000年至公元1250年间，波利尼西亚探险家在一系列令人惊叹的公海航行中，找到并占领了从斐济到复活节岛，从夏威夷群岛到新西兰的所有可居住岛屿。[15]他们甚至可能早在欧洲人出现在太平洋之前就与美洲西海岸建立了某种形式的联系。[16]远程贸易网络出现在青铜时代（公元前3000年至公元前1000年）。公元前1000年后，铸币的使用、法典的制定、为商人提供信贷以及"大帝国"（新亚述帝国、阿契美尼德帝国、希腊化帝国、孔雀帝国、汉帝国和罗马帝国）的出现，则鼓励了欧亚大陆大部分地区长途贸易（包括奴隶贸易）的发展。[17]全球化世界的先决条件很早就到位了。

因此，全球关联性拥有一段漫长的历史。但在这段历史中，我们可以看到关联性变得更强、更激烈、范围更广的阶段和时期，也有关联性似乎放缓甚至后退的阶段和时期。有人可能会认为，这一术语应为1492年之后的时期所保留，当时美洲被"吞并"到世界其他地区；或者，它应该被恰当地认为是一种纯粹的经济现象而被推迟，直到19世纪晚期真正的"全球"经济出现。事实上，如果是出于两个不同的原因，那么这两种替代做法似乎都限制过头了。

全球化最好是被理解为人、货物、金钱、技术、思想、信仰和**生物群**——动物、植物和（不太明显的）微生物——的远距离交换。它早于哥伦布的航海，或者说，同样早于欧洲人对澳大拉西亚的"发现"。"哥伦布大交换"将美洲的植物、疾病和白银带到欧亚大陆，并将旧世界的动物、传染病、征服者和奴隶送回美洲，极大地改变了亚洲、欧洲和非洲之间的洲际联系，这些当然都是事实。[18]19世纪晚期，货物和人口以前所未有的规模在世界各地流动，而且到了1914年，一个在表面上与我们这个时代的全球经济相似的全球经济已经出现，这也是事实。但是，这两种大加速都是建立在更久远的基础之上，建立在先前的全球关联性阶段之上。二者都必须被理解为比区区新的贸易模式更广泛、更复杂的东西。事实上，它们体现了一套新的文化、人口、地缘政治和生态关系，以及那些由技术和商业塑造的关系。的确，很容易就看出来，在几乎所有的历史时期，商业往来的范围一直是由消费者的文化偏好、人口分布、强制开放市场的武力以及不同的自然环境被"驯服"和利用的容易程度（或不容易程度）所形塑的。全球化的历史，必须在这些不同组成部分之间错综复杂的相互作用，以及这些组成部分在世界不同地区形成的危机中去寻找。全球关联性一直是不均衡的（今天仍然如此）：时而偏爱一个地区，时而偏爱另一个地区；不断创造新的中心与外围；改变各大洲的力量、财富和文化自信的平衡。

全球化的催化剂（及其局限性的来源）可以在流动性中找到——环游世界以及横跨巨大内陆空间的相对难易程度。在最早的时期，马、骆驼和其他挽畜的驯化，以及轮子的发明，扩大了陆上运输的范围，就像风帆和导航实验扩大了海上运输的范围。在近代早期（约1400年至约1750年），船舶设计和导航技术的改进让哥伦布和瓦斯科·达伽马开辟了新航线，并让更多沿海地区相互接触。但是，陆上运输成本仍然高昂且速度缓慢，这在很大程度上限制了散装货物向内陆航道及其周边地区的运输。1770年代中期，亚当·斯密比较了帆船时代爱丁堡和伦敦之间通过公路或海路运送货物的成本。"六到八人，"他总结道，"……借助水上运输，可以同时运送和带回相同数量的货物……效果等于五十辆宽轮货车，有一百人看守，四百匹马牵引。"[19]这仍然是一个"原始技术"时代，[20]在这个时代，运输所需的能量来自风和水流，辅以人力和畜力。这些能量供应的限制，不仅决定了陆上和海上交通的数量和速度（因此也决定了成本），也决定了交通必须遵循的路线。陆上运输需要准备人类和牲畜所需的食物和水。除了在它们可自由获取的地方，这有时会造成曲折的改道，以寻找必要的"食物"。在广阔的干旱地区，人们更喜欢取道长满草的稀树草原或一系列绿洲；在温带世界，则要避开像高山或沼泽一样茂密的林地。在海上，船只寻求风和有利的洋流，并选择一条能让二者最大化的航线。为了从欧洲到达东亚，船只会沿着信风向巴西海岸前进，然后转向东，而一旦经过好望角，便要一直向南航行，那里吹着强烈的西风，然后转向北，在苏门答腊岛和爪哇岛之间经过。这是16世纪之交开辟的航线，其后果改变了世界。航线和耗时都取决于风和洋流的季节性变化，二者决定了登陆的顺序、货物可能运往的港口以及产品交换的地点。结果是，在世界大部分地区，沿海与内陆的经济、文化和政体混杂在一起，相距遥远的沿海地区彼此之间的联系，可能比它们与附近内陆地区的联系更为紧密。

只要情况如此，全球联系就依赖于一长串的港口城市，从而维持了它们在人和货物流通中的地位。这些联系在被距离障碍摧毁之前，能够渗透到内陆的范围或程度会有很大的不同。在后面的章节中，我们可以看到这种前现代的演算是如何被流动性上的革命所改变的。到了19世纪中叶，蒸汽动力在航运中的应用让长距离海上航行变得直接而固定，连带着大大节省了时间。19世纪晚期，频繁往返航行的铁制或钢制大型汽船，带来了航运能力的大幅提升，以及移民经济和大宗货物运输上的根本性变化。但是，真正的革命在于蒸汽对内陆空间的影响。江河上的汽船延伸了港口城市上游的可达范围——在过去，快速的水流让这一点变得不可行——从而扩大了商业化农业的范围，并加强了海运对内陆社会的影响。这些汽船促进了塞纳河或易北河等"不可靠"航道的渠化和控制。它们让亚洲和非洲的各条大河——印度河、恒河、伊洛瓦底江、湄公河、长江、刚果河、赞比西河、尼罗河和尼日尔河——向欧洲探险家、冒险家、商人和传教士开放，有时还向欧洲陆军、海军和炮艇开放。1885年，一支由二十六艘汽船组成的小型船队载着一万名英属印度军队士兵，沿着伊洛瓦底江向上四百英里到达曼德勒，并在几天之内将缅甸末代国王赶下了台。[21]

不过，最大的变革引擎是蒸汽机车。就像钢铁之河一样，铁路"打开了"土地，结束了货物运输对水的历史性依赖。铁路线及其支线的外生，还有通常随之而来的电报线，有望（或是威胁）将猎人、牧民或自给农场主的领域闪电般地转变为经济作物、密植栽培、外来移民、铁丝网和债务构成的景观：几乎没有什么地方比19世纪晚期的阿根廷更为迅速。[22]对生活方式的影响可能同样引人注目。

我们将在后面的章节中看到这在亚洲社会能到达何种程度。在老旧的奴隶-移民社区，外部联系的改变可能会导致日常习惯的全面调整。在帆船时代，当来自果阿和中国澳门的葡萄牙大商船回航时，经常停靠在巴西位于巴伊亚的大港口，用瓷器、布料和东方奢侈品换取巴西的黄金和钻石，并带回面包果、芒果、油棕和椰子等树木和植物。巴西人由此养成了"东方的"习惯：在门口拍手宣布到达；盘腿坐在地板上；用阳伞来彰显身份；妇女的隐居；对头纱、披肩和鲜艳衣服的喜爱。[23]1830年代的一位法国游客发现，就连富裕的种植园主也几乎没有家具，睡在吊床或帆布床上，而非常见的床榻上。[24]在19世纪下半叶，随着蒸汽航运和新市场在欧洲的出现，以及通往东方的古老航线的结束，欧洲的生活方式席卷了所有人。厚重、深色的欧式服装和炉管帽成了受人尊敬阶层的必备品——在热带炎热的天气里，这是"一种生动的自我殉道行为"。[25]当地的食物被轻视而倾向于进口产品。种植核桃树、苹果树和梨树是为了在美洲再现欧洲。对欧洲产品的热情延伸至家具、艺术、音乐和高级妓女。"随着火车、城市卫生设施、气体照明的出现……欧洲工人、白人工匠、外国技师变得像呼吸的空气一样必要起来。"[26]

然而，蒸汽全球化的影响范围还远远没有触及全世界。当然，其影响也不可能是一致的。如果说原始技术时代的技术将运输限制在某些有限的路径上，那么随之而来的蒸汽、煤和铁的复合体亦复如是。蒸汽运输甚至比帆船更喜欢某些"干线"，部分是因为到下一个停靠港的最短距离意味着节省煤炭。在偏僻航线上拖拖拉拉对帆船来说是无成本的，但会摧毁蒸汽运输的利润。定期补充燃料的需要，决定了从加煤站到加煤站的航程——而且这种选择还受限于对大型加煤港口的偏好，这些港口的煤炭供应不受限制，价格也最具竞争力。随着在固定航线上按照固定时间表航行的"班轮"愈发成为邮件和乘客甚至货物的标准，这种趋势变得更加明显，而苏伊士运河和巴拿马运河（分别于1869年和1914年开通）的"输送"效应则强化了这种趋势。到了19世纪晚期，停靠港的选择也屈从于对更深的进出港航道、更快速的燃料补充和现代化货物装卸设施的需要——只有大型且资金充足的港口才能负担得起这些设施。结果是形成了一个层次体系，其中，次要港口群依赖于主要港口城市的服务。

类似的运输也适用于铁路。铁路建设者会避免急转弯，并保持平缓的坡度：小于3%被认为是可取的。[27]他们喜欢河谷或开阔的平原。除非他们的路线是为了非商业目的而建，否则都会寻找经济作物（或矿产）能够补偿巨额固定成本的地区。臭名昭著的是，欧洲以外世界的大多数铁路都是从港口向内陆延伸至受欢迎的供应区，但没有提供"横向的"连接。事实上，它们形成了走廊，将港口城市的影响带到一个特定的地带，但将其腹地的大部分运输留给了商队、运货马车、骡车或搬运工。[28]这一规则的主要例外出现在欧洲和美国，在那里，全球关联性比世界上任何地方都更加紧密和广泛，这并非巧合。迟至1930年，全世界四分之三的铁路里程位于北美和欧洲。[29]在全球大部分地区，比如澳大利亚的小麦产地，距离铁路十五英里被认为是有利可图的种植的极限。[30]不过，创造"枢纽"的正是汽船和铁路（或内河汽船）的结合：海上航线和内陆通道在此交会。电报和海底电缆进一步增强了这一趋势。[31]正是港口城市在这两种增长最快的蒸汽模式之间提供了关键的接合点，并在漫长的19世纪成为欧洲全球化努力的前沿基地。

人们很容易理所当然地将全球化视为不可避免地会渗透到"落后"或前现代地区的现代性力量。我们也常常被鼓励去认为，它的影响必然是解放性的——从贫困、迷信、仇外心理、农奴制或奴隶制中解放出来。我们可能期望它的推动者是自由的热心拥护者：自由贸易、自由土地和自由劳动力。我们可以想象它的自然推论，是一个尊重法律、自决并将和平视为首要价值的地缘政治政权。然而，本书的观点是，全球化在不同的历史时期有着不同的形式，没有一个单一的公式适用于所有形式。1830年至1930年间的"蒸汽全球化"，与之前和之后的全球化截然不同。但有多大不同并体现在哪些方面呢？以下三章会给出部分答案。框定答案过程中所产生的部分问题在于，蒸汽全球化产生了如此多变的影响，这不仅是地理差异的结果，而且是它随时间变化的方式的结果。此外，它必须被理解为一种与商业现象同等的文化现象和地缘政治现象。就这一点来讲，蒸汽世纪——本书的主要焦点——与世界历史此前的各个时期是一样的。

把握蒸汽全球化的变化和局限的最佳方式，是在港口城市社会中看蒸汽全球化所发挥的效用，而港口城市社会则充当着蒸汽全球化进入大陆内部的跳板。它们的历史让我们更详细地了解"全球"与"地方"如何结合起来：外部代理人、压倒性的技术和军事力量如何借鉴或适应其在岸上所遇到之人的商业和文化。在什么情况下，一个特定的港口会发展成为港口城市枢纽？这仅仅是商业好运使然，还是有其他力量起到决定性作用？外来者或地方企业家在扩大商业规模方面发挥了多大作用？何种贸易货物能让港口商人吸引新的内陆买家？他们又是如何建立起那些支配市场的产品的返运体系的？他们在哪里找到了进入腹地的信贷和资本？铁路的到来对他们的贸易有多重要，而谁能为铁路的建设买单？谁提供了劳动力来维持其运输和码头，或扩大有利可图商品的内陆生产？港口城市变成了怎样的政体，而它与那些统治内陆的人有着怎样的关系？港口城市能否成为一个新的民族国家的核心，还是说不得不接受因为位于大陆边缘而被视为半个外国城市的困境？简言之，港口城市在多大程度上能够将其内陆转变为消费者和生产者的完全商业经济，并将其经济行为"欧洲化"，使之永久融入以欧洲为中心的全球经济？它能否重塑内陆社会的政治，使其类似于欧洲民族国家的理想（如果不是现实的话）：组织有序，受法律约束，财产守护者，致力于"道德和物质进步"？

或许，这些问题的根本是港口城市能否成为文化转型的动因这一更为模糊的问题。虽然其他城市中心可能受到君主或贵族、军人或牧师的支配，并充当政府和军队的总部，但港口城市的业务是贸易和交换。在19世纪的西方，它们的文化和风气是公然的商业和资本主义的——一个买与卖、盈与亏、贷款与债务、工资与工作的世界。它们体现了个人私利的价值观，摆脱了对血统或家族的旧义务；体现了系统地追求有利可图的知识；体现了一种严肃而可敬的宗教遵从；体现了对财产和商业成功的尊重，而非对种姓、血统或神圣光环的尊重。当然，在欧洲以外的世界中，商业社会被独特的道德和社会威望的观念统治着，其中的一些比其他的更符合欧洲的观念。它们将自己受到的保护——和它们的忠诚——归功于不同类型的政权。问题变成了，欧洲的蒸汽全球化凭借其技术诱惑力和财富创造力，虽然把很多地方吸引到新的全球经济网络和桥头堡中，但在欧洲化它们的文化方面将在多大程度上获得成功或遭遇失败。

在世界史的大部分时间里，港口城市一直是财富和经济机会集中的同义词，通常与农村社会的贫困和压迫形成了对比。它们让人们有机会逃离令人麻木的农业生活，躲避地主、世系、种姓和社群的要求，消除对歉收和饥荒的恐惧。不过，港口城市和所有城市社区一样，也有自己的阵痛，尤其是地方性疾病（过度拥挤、卫生条件差和动物随处可见的结果）和外乡人携带的更致命疾病的不断侵袭：瘟疫和霍乱是其中最可怕的。它们的经济福祉很容易受到战争、封锁、航运损失或供给线中断的影响。商业传染病——因为金融违约、需求下降、农作物歉收或政权更迭而蔓延开来——是始终存在的危险。或许，在其他任何地方，对新闻（和谣言）的消费都不会如此贪婪。

港口城市可以积累大量财富，但其基础颇为脆弱。然而，蒸汽世纪对大多数人来说都是繁荣的黄金时代。为什么这是可能的？以及在更早的时期对港口城市财富的限制是什么？为了回答这些问题，我们需要首先回顾前几个世纪——从港口城市的开端（或接近开端处）开始。

第一部分

# 建立全球联系

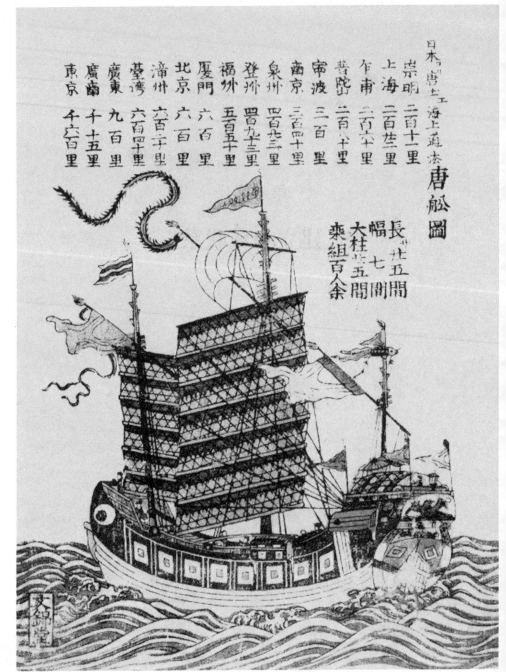

# 第一章
# 旧世界的港口城市

## 起　源

　　跨海长途贸易至少五千年来一直是世界历史的一部分。或许，这种贸易的起源在于，第一批城市社会统治者对当地没有的富有异国情调或彰显声望的商品的需求。美索不达米亚地区的城市可能从公元前三千纪晚期的某个时候起，就通过波斯湾的"迪勒蒙"（通常被称作巴林），与印度河谷哈拉帕文明的城市有过贸易往来。那时，船只会遵循风和洋流决定的循环航线，途经克里特岛和利比亚海岸，定期在埃及和黎巴嫩之间航行，以购买雪松原木。[1]公元前2000年之前，探险队会从埃及穿越红海前往"蓬特之地"*（可能在今天的也门或厄立特里亚），寻找象牙、乌木、芳香植物和具有仪式价值的香料。[2]青铜时代末，一段崩溃和混乱的时期接踵而至。但在公元前1000年之后不久，沿海城邦出现了，首先是腓尼基的，然后是希腊的：提尔、西顿、迦太基、加的斯、比雷埃夫斯、科林斯、拜占庭和马赛等。[3]提尔是从东到西连接地中海的先行者。它建在一座近海岛屿上，依靠

---

　　* 蓬特之地（Land of Punt），亦作蓬特兰（Puntland），古埃及神话中盛产乳香和没药的神秘之地。

大陆提供粮食。但是，它的海上贸易得到了新亚述帝国（前935—前612）的保护，该帝国占领了今天巴格达附近的巴比伦，并开辟了通往波斯湾的贸易线。提尔和西顿的腓尼基商人往返于地中海。他们在公元前814年建立了迦太基，以保卫西西里岛和北非之间的狭长地带。截至荷马时代（公元前700年左右），地中海、黑海周围和北非出现了希腊人的城市。作为财富和权力来源的港口城市，正在成为古典世界的显著特征。

与此同时，从东非海岸到中国南海的印度洋周围出现了一个更大的海洋世界。印度商人到达非洲的证据可以追溯到公元前1900年至公元前1300年。[4]到了公元前500年，位于印度西海岸纳尔默达河口的布罗奇，是运往波斯湾、红海和地中海市场的印度谷物、木材、纺织品和金属的主要转口港。截至公元前100年，有关季风夏季会吹向北方、冬季吹向南方的季节性节律的知识，有助于印度在纺织、冶金、天文学和航海科学等方面创新的影响传播到印度洋沿岸地区。[5]公元前31年，罗马征服了埃及，这将红海沿岸的亚历山大港和贝雷尼克港变成了印度商品流入罗马帝国的管道，而织物、宝石、乳香、铜、葡萄酒和奴隶则被送往印度作为交换。[6]在亚洲的另一端，公元前220年对华南的征服使秦汉得以统治炎热、潮湿、疟疾肆虐的岭南和珠江三角洲及其位于广州的港口——或许可以被视为热带东南亚的北向延伸。[7]虽然中国的丝绸似乎在公元前2世纪就已经经由陆路到达西方，但是中国和地中海之间的海上贸易则真正始于公元1世纪。[8]大约在这个时候，著名的罗马-埃及商人手册《厄立特里亚海航行记》（可以追溯到公元40年至70年）描述了一个连接地中海和红海与马六甲海峡及其以外地区的港口网络，以及主要由印度商人管理的海运商业。[9]如果说截至公元250年，欧亚大陆就像最近所言的联结在"在一个全球体系之中"[10]，那么海上贸易和陆上贸易则提供了大部分的黏合剂。

港口城市及其服务的帝国可能兴起和衰落，（用吉卜林的话说）

"与尼尼微和提尔俱亡"。公元220年后汉帝国分崩离析，直到6世纪晚期中国才重新统一。476年后，西方的罗马帝国解体，而地中海以北的大部分城市网络也随之瓦解。到了7世纪初，东罗马（或拜占庭）帝国陷入了与波斯萨珊王朝和伊斯兰阿拉伯反叛力量的三方斗争之中。我们不清楚这些中断在多大程度上影响了海上贸易，但似乎可以肯定的是，旧罗马帝国内部密集的海外贸易受到了其政治崩溃的严重影响。[11]港口城市可能被自己的对手洗劫或摧毁——罗马人手中的迦太基和科林斯就是这种命运。港口城市也可能被沙漠吞噬，被淤泥淤塞，被瘟疫摧毁（或许是一度繁盛的贝雷尼克的命运，到550年贝雷尼克成了一座鬼城）[12]，或被外国商人抵制，阿拉伯和波斯的商人对878年发生在广州的大屠杀就是这种反应。在红海和波斯湾的恶劣环境中，以及在印度沿海地区的暴风和季风雨中，城市繁荣是一场对抗自然的战争，长期生存是不可能的。尽管如此，截至公元1000年左右，我们仍然可以看到四场巨大的变革，这些变革汇聚在一起，形成了一个庞大的非洲-欧亚贸易网络，该网络一直持续到哥伦布和瓦斯科·达伽马的时代。

## 在欧亚大陆旧世界

四场变革中，第一场或许也是最重要的一场变革，就是中国的"中古经济革命"。[13]自公元7世纪开始，中国经历了一个显著的经济扩张阶段。背后有好几个因素，正如经济转型中经常出现的情况，中国的繁荣最好用这几个因素融合的效果来解释。从地理上看，引人注目的特点是，人口和农业向南迁至长江下游更温暖、更湿润的土地上：这"是经济革命时代背后的动态驱动力"。[14]采用水稻种植，一年可以收获两次或两次以上，并能养活更多的人口。汉族人在（今天）中国南部和西南部越来越大的地区定居，传播了精耕细作和商业汇兑的做法。唐朝（618—907）和宋朝（960—1279）治下的政治统一，为控制水资源和修建运河的计划提供了稳定的条件，这些做法增加了农业生产并促进了区域间贸易。更大程度的商业一体化减少了对当地生产的粮食的依赖，并鼓励专业化和分工——正如亚当·斯密的著名主张，这是提高生产率和物质进步的关键条件。因此，在宋朝，靠近长江口，在新集镇上海（建于1024年）附近的新垦耕地开始专门生产原棉，并从更西边的种植水稻的农村获取粮食。[15]在这种更富有活力的环境中，一系列科技创新推动了中国的进步。雕版印刷的采用，有助于传播新的农业方法知识（还有其他方面）。高产水稻种子得以培育出来。煤被用来冶炼铁矿石和增加铁制品的产量。火枪在13世纪中叶被发明出来。纸币被用来应对金属货币的短缺。通过其士绅精英对专注于皇帝"天命"的儒家"公民宗教"的文化同化，中国实现了低税负和有效治理，由此成为一个日益繁荣和技术适应的广阔地区，并成为欧亚大陆其他地区的典范和磁石。

结果是，对中国制成品的需求不断增长，并成为欧亚大陆其他地区精英消费的热门商品。中国的丝绸和瓷器位居榜首，也出口铜制品和铁制品、糖、大米和书籍。反过来，中国消费者对来自亚洲其他地区的异国商品，特别是东南亚的森林和海洋产品的需求也增加了：苏门答腊岛的樟脑、象牙、锡和金；婆罗洲（加里曼丹的旧称）的藤和稀有木材；印度尼西亚群岛东部岛屿的外来鸟类和檀香木。中国与南洋的海上贸易促使东南亚出现了一系列海洋国家：扶南，公元1世纪至5世纪，位于湄公河三角洲；占城，7世纪到10世纪，从现在的越南中部和南部俯瞰中国的沿海航道；三佛齐，位于苏门答腊岛南部，9世纪和13世纪之间，控制着穿过印度尼西亚群岛、巽他海峡和马六甲海峡的两条主干道。大城府（靠近今天的曼谷）和马六甲在14世纪和15世纪相继出现。这些国家是中国与孟加拉湾和阿拉伯海——印度洋的两大分区——西部贸易区域之间的商业枢纽。10世纪以降，印度像中国一样，在印度河-恒河平原、孟加拉、德干半岛以及戈达瓦里河和卡弗里河三角洲的东南沿海，经历了贸易和农业定居点的扩张。[16]林地清理和城镇建设反映了人口的增加，就如同在中国，这可能是由"中世纪气候异常"引发的，而这种异常带来了更多的降雨和更可靠的收成。[17]糖、棉花和靛蓝作为"经济作物"得以种植。位于印度西海岸的古吉拉特和康坎，与波斯湾和首都位于巴格达的阿拔斯帝国（约750年至1258年）进行了广泛的贸易。阿拔斯王朝的白银流入西印度港口，以购买胡椒、珍珠、纺织品和宝石。[18]但到了10世纪，取道东南亚和中国日益增多的交通往来，有利于孟加拉湾沿岸的乌木海岸*，以及乔拉帝国在那里的崛起。看起来，乔拉人很有可能在993年入侵了斯里兰卡，并在1025年袭击了三佛齐，以扩大其商业网络，并在可能的情况下控制印度和中东以及印度和中国之间的所有贸易线。[19]

在遥远的西方，在拉丁基督教世界，可以看到类似的模式：人口增长，耕地面积扩大，城镇和贸易增长，以及对北欧和东欧的持续殖民（与中国的南移相反）。在这里，解释的关键部分也可能在于，10世纪到13世纪晚期更温和的气候带来了更温暖的天气和更长的生长季。[20]随着土地领主越来越富有，他们在城镇手工制品以及长途贸易所提供的奢侈品、美食和名特商品上的花费也越来越慷慨。[21]欧洲像中国一样经历了一场"中古经济革命"。越来越多的城市人口需要谷物和葡萄酒，这刺激了来自波罗的海和西西里岛的谷物贸易，以及来自加斯科尼、安达卢西亚、希腊群岛和其他地方的葡萄酒贸易——以及运输这些商品的航运业。截至13世纪，在德意志、波希米亚和撒丁岛的白银涌入的推动下，商业的繁荣如火如荼。[22]中央货币收入的增长，使得"宫廷城市"的兴起成为可能（在旅行过程中耗尽收入的巡

---

　　*乌木海岸，也译为科罗曼德尔海岸。

回宫廷，不再是必要的），从而进一步促进了消费的增长。到了12世纪和13世纪，布匹制造业在佛兰德斯和托斯卡纳建立了稳固的基础，并从英格兰和西班牙以及更多的地方获取羊毛。为了获得中国和印度的香料、胡椒、丝绸、细棉布和其他商品，欧洲人前往叙利亚和埃及的市场，或者黑海的大型商业中心。威尼斯、阿马尔菲和热那亚的财富都建立在这一贸易之上。

这一影响深远的商业交易网络，被松散地组织成许多重叠的贸易线：东亚和东南亚之间的贸易线；东南亚和印度之间的贸易线；横跨黑海和中国之间的欧亚大陆北部（"丝绸之路"）的贸易线；连接印度、埃及、波斯和"新月沃地"的贸易线；在地中海北岸、东岸和南岸之间的贸易线；而在世界的另一端，从不列颠群岛延伸至波罗的海，从挪威延伸至法国，并与地中海和近东建立了联系的北欧贸易线。[23] 其中最重要的，或许是迟至1400年代那些以近东和中东伊斯兰土地上的国家为中心的贸易线：在倭马亚哈里发帝国以及（公元750年后）它的继承者、东部边界位于今天阿富汗的阿拔斯帝国；法蒂玛王朝（969—1171）、阿尤布王朝（1171—1250）和马穆鲁克王朝（1250—1517）时期的埃及。这并非偶然。自8世纪以降，伊斯兰中东经历了高工资和高生活水平的"黄金时代"（可能在1800年前都没有被超越），技术创新特别是灌溉技术创新，新的粮食和经济作物的引进，以及信用转移和航运合同中的新商业实践——可能是由公元541—542年"查士丁尼瘟疫"后实际工资上涨引发的生产率飞跃。[24]正是在这里，以城市为基础的古代文明——在北欧和西欧大部分被摧毁——持续繁荣。城市是首都位于大马士革的新哈里发帝国的据点。统治精英继续在城市中生活，并（更重要的是）在城市中消费。他们之所以能够做到这一点，是因为阿拉伯人继承了拜占庭帝国的税收制度，从农村到城镇按部就班提取盈余——这或许是维持货币化经济和有赖于此的商业机构的关键条件。连接地中海和印度洋的波斯湾和红海贸易线得以幸存并蓬勃发展。在埃及，以尼罗河为基础的农业经济非常强劲，中央集权的政府和税收体系有着特别深厚的根基：的确，埃及曾经是近东经济的拱顶石，并且长期以来都是如此。阿拉伯人对波斯的征服增强了波斯湾的重要性，巴士拉（建于638年）成为阿拔斯王朝的商业中心，为首都巴格达提供服务，而巴格达是一座人口超过百万的巨大城市。到了18世纪初，阿拉伯帝国主义的闪电般发展创造了一个广阔的"伊斯兰化"势力范围——拥有共同的伊斯兰宗教和文化——从西班牙一直延伸至阿富汗。在这个巨大的范围内，穆斯林商人、学者和那些寻求军事或官僚工作的人可以相对自由地流动。其奴隶贸易吸收了撒哈拉以南非洲和斯拉夫北欧的大量劳动力。黄金从非洲内陆被运到地中海沿岸，再从那里流向埃及，从而增加了用于制造货币的贵金属库存。到了900年代，东非海岸也变得伊斯兰化，其穆斯林港口基尔瓦向北方市场供应象牙、琥珀、奴隶和黄金。阿拉伯海员和商人殖民了印度西海岸，而且阿拉伯人和波斯人还前往广州。在伊斯兰教中因被视为"圣书之民"而可以网开一面的犹太银行家和商人，在与印度的重要贸易中发挥了关键作用，首先是在巴格达，然后是在开罗，其中一些人在印度马拉巴尔海岸的港口定居。[25]

当然，我们不应该夸大这种商业体制的平滑性和稳定性。它也易受冲击和动荡的影响。1055年塞尔柱突厥人占领了巴格达，破坏了波斯湾与印度的贸易，摧毁了巴士拉。这一贸易的大部分立刻转移至了埃及。从1060年代开始，法兰克人对地中海的进军在1099年的第一次十字军东征和对巴勒斯坦的入侵中达到了顶峰。蒙古人在1216年入侵波斯，1258年锁定了巴格达和阿拔斯王朝的命运，他们的进军对伊斯兰腹地的城市和贸易造成了进一步破坏，并加强了自己的田园和游牧元素，以对抗城市生活和"煽动"。1300年后不久，如果不是更早的话，这个"半全球性"的欧亚经济体就出现了全面衰退。原因存在争议。这可能是由一场"马尔萨斯式"危机引发的,因为不断增长的人口对生存手段产生了压力,而收益递减折磨着农业经济。欧洲的"中世纪暖期"被"小冰河期"取代,缩短了生长季节,并扭转了前几个世纪的增长——正如"大冷寂"摧毁了11世纪波斯的棉花经济及其城市繁荣一样。[26]影响中亚的更寒冷的条件,可能是携带鼠疫的跳蚤从野生啮齿动物转向更多"家"鼠的原因,这些老鼠沿着"丝绸之路"向西旅行(作为商队的非付费乘客),于1340年代晚期抵达欧洲和中东。[27]淋巴腺鼠疫——"黑死病"——在第一次猛烈袭击之后又反复造访,造成人口的急剧减少,或许减少了多达50%,同时放过了动物和其他形式的财富。它的影响可能在埃及感受最深,那里的农业生产尤其依赖于大量劳动力。[28]在其他地方,大流行病可能有助于提高工资并鼓励节省劳力的创新。但是,一个多世纪后欧洲和中东的人口才开始恢复。印度似乎受到的影响相对较小。[29]

与此同时,在中国,13世纪蒙古人的征服造成了广泛破坏,特别是在北方,导致人口从一亿二千万下降到六千五百万至八千五百万。[30]在14世纪中叶,蒙古人被推翻(将被明朝取代)造成了进一步的灾难:由于农村社区逃离暴力混乱或被饥荒摧毁,农业崩溃。[31]异常寒冷的天气也可能是一个因素。[32]明朝开国皇帝的当务之急是恢复农村秩序,并限制人口流动。海外旅行和贸易因此受到严格限制。[33]

到了1450年代,欧亚大陆开始恢复,其经济结构也开始发生变化。最引人注目的特征之一是西北欧的日益繁荣和商业一体化。当时,一条重要的交易走廊从南英格兰穿过低地国家、南德意志和罗纳河谷,延伸至北意大利人口密集的城市网络,其中就包括威尼斯和热那亚两个大型港口。伊斯兰中东这个曾经的欧洲高价值进口产品的来源,现在更可能是购买欧洲的布料,而非出售自己的布料,是欢迎欧洲商人和船舶,而非派出自己的商人和船舶。不过,该地区——尤其是埃及——仍然是欧洲和亚洲之间陆上或海上货物交易的主要中转站。其商人和水手穿越红海、波斯湾和阿拉伯海，带来了欧洲人渴望的精致织物和香料——尤其是胡椒。

在欧亚大陆的另一端，明朝中国在郑和1405年至1433年间的"七下西洋"时对海上帝国进行了引人注目的试验，将中国的商业和军事力量从南洋延伸至西洋，远达卡利卡特、霍尔木兹、亚丁和东非海岸，索取贡品和贸易，并要求当地统治者效忠。其中一次航行把一只长颈鹿带回了中国。1422年后，这种探索海洋的强大动力似乎逐渐消失了，尽管郑和在1431年至1433年间进行了最后一次航行，到达霍尔木兹、麦加和摩加迪沙，后在返程途中去世。[34]成本是失去兴趣最有可能的原因：南京多家造船厂建造或订购了约二百一十七艘大型船舶。明朝也处于迁都至北京的阵痛中，而这是另一项所费不赀的事业。这并非明朝中国海外活动的结束，但是标志着优先事项从南洋和西洋转向世俗斗争，以保卫中国免受来自内亚的入侵。的确，迁都北京承认了一个残酷的现实，即王朝的生存需要皇帝在中国北方门户的存在。

中国的制造业仍有需求，但在许多方面，印度现在是欧亚经济的中心，形成了长途贸易的枢纽。印度的巨大优势在于其丰富的原棉供应。到了15世纪，印度的棉花制品正在成为整个旧世界交易最广泛的商品。背后的原因是，印度工匠在棉织物的编织和整理上表现出非凡的技艺，他们通过印花、上色和加入染料，创造出一系列吸引人的图案和颜色。棉花纺织在印度的许多不同地区进行——在孟加拉、乌木、马拉巴尔海岸和古吉拉特。它迎合了偏爱不同面料、饰面和颜色的差异化市场。它的特点是专业化而不是集中。[35]在商业上，印度生产商得益于印度与其西方和东方市场和客户之间建立的长期联系，也得益于西至亚丁、东至马六甲印度商人的无处不在。印度正在成为世界工厂，而她将这一地位从15世纪一直保持到了18世纪中叶。

在哥伦布（1492）和瓦斯科·达伽马（1497—1498）航行前夕，

整个非洲-欧亚大陆出现了一种独特的全球化模式。印度和棉花可能是其推动力。不过，这也是一个由不同——如果说有联系的话——贸易领域组成的细分世界。商人很少能将货物从欧亚大陆的一端运送至另一端，即使那里是他们的市场所在地。距离和不确定性过大，时间是他们有限信用的敌人。取而代之的是，他们可能会将自己的货物发送（或经常押送）到一个门户港口——亚历山大、亚丁、卡利卡特或马六甲——货物将在那里出售，然后被送往下一个交换地点。即便如此，从古吉拉特到马六甲可能需要整整一个季节，而商人不得不等待冬季季风才能返程。季节性的风（最重要的是季风）和洋流将决定商业活动的速度，有时也决定商业活动的方向。的确，在大多数港口，疯狂的交易季节与无交易的嗜睡期交替出现。在欧亚大陆，各种各样的技术已经发展起来：在导航和武器方面，在纺织品、陶瓷和金属制品的生产方面，在用水力和风力进行碾碎、泵送、磨粉和捣碎方面，在用木头和石头建造巨大的建筑物方面，以及在利用畜力补充人力方面。这是主要依赖于风力、木材和水力的复合技术，但没有一项单一的技术像19世纪的蒸汽那样占据主导地位。在许多不同地点之间的专业化，而非集中在一个或两个地点，是大多数制造业的规则，尤其是棉花。印度的棉花制品可能已经找到许多市场，但是它们并没有取代或替代当地的纺织生产，而是补充之或与之结合——这与19世纪席卷一切的机制棉截然不同。因此，存在一定程度上的全球劳动分工。的确，印度和中国而非欧洲，仍然是高价值消费品的供应商。货币（黄金或白银）作为支付手段（而非投资）从西方流向东方，而非从东方流向西方。

这也是一个不同形式的政治经济并存的世界。在中国，帝国政权回避了公共债务，征收低税，但承担了管理水道和防洪、促进土地拓殖和提供公共粮仓的广泛责任。在季风区亚洲的水稻经济中，水稻农业的纯粹生产率及其赚取的盈余，使其统治者摆脱了对债务和金融家的依赖——从而摆脱了其他地方兴起的各种资本主义。[36]在从摩洛哥到印度南部广阔的"撒哈拉-亚洲"景观中，沙漠和干草原与定居农业区相交，"后游牧"政权基于马背上的流动性（及其军事红利）统治着（通常是四处流动的）农耕臣民，而后者则被征税和征兵以满足战争的需要。远在西方的欧洲也是王朝扩张战争的现场，君主和城邦已经开始依赖公共债务和贷款，而银行家和金融家则为他们提供支持，以换取包税权、垄断或矿产特许权，比如富格尔家族从哈布斯堡家族那里得到的蒂罗尔银矿"包税权"。[37]

这也是一个流动的世界，其中，奴隶劳工被从斯拉夫人的土地和非洲拽到了中东。但是，总体上大陆内部而非大陆之间的移民才是常态：汉人在中国南部和西南部拓殖；阿拉伯人在北非和（有限规模地）东至中亚的殖民；撒哈拉以南非洲的区域性移民（目前尚且无法量化）；突厥人在安纳托利亚和伊朗北部的定居；讲德语的定居者在欧洲的东进。蒙古人的大举入侵可能是由一支武士精英领导的，但是似乎依赖于当地（往往是穆斯林）盟友的军队。[38]不过，蒙古人以及其他像帖木儿的"世界征服者"，习惯性地征召和重新安置熟练的专家和工匠，使他们远离家乡数百甚至数千英里。[39]攻占和摧毁城市（巴格达是众多例子之一）导致幸存者被驱散或奴役。以德里苏丹国为首的突厥人对印度北部的入侵，引发了向印度南部的二次移民潮。[40]从摩洛哥到爪哇的广大伊斯兰世界，连同其朝圣传统和穆斯林商业活动的非凡范围（远至中国沿海地区），为伊斯兰旅客和学者提供了无数的机会。其中最著名的是伊本·白图泰（1304—1369），他在丹吉尔和北京之间徘徊了二十五年，依靠自己作为法官的威望在路途中为人们提供支持或工作。[41]印度尤其吸引了来自阿拉伯土地——中亚和波斯——的穆斯林士兵和文人，他们在次大陆的被征服国度寻求财富：印度堪称中世纪伊斯兰世界中的"美洲"。最重要的是，干旱区的大走廊，连同其单峰骆驼、马和牛——以及喂养它们的草原——保证了（相对而言）欧亚大陆大部分地区的陆路交通。[42]

在这样一个流动的世界里，必然会有很多文化交流。蒙古人的威望促进了蒙古宫廷和可汗的盛装和虚荣做作被广泛接受。（1260年后，蒙古帝国分裂为元朝中国、以伊朗和伊拉克为中心的伊利汗国、钦察汗国——通常被称为"金帐汗国"——和中亚的察合台汗国。）蒙古式的长袍仍然是皇室的服饰。[43]蒙古帝国促进了与中国的陆路接触，而中国的瓷器在整个亚洲都受人羡慕、渴望和模仿，就像其丝绸是精致和财富的代名词。中国在视觉艺术中的技术——尤其是华丽手稿的制作——也被广泛借鉴。[44]伊斯兰教的扩张，将阿拉伯和波斯的宇宙学、字母系统和文学传播至从西班牙到中国的欧亚大陆的广大地区。关于农学、医学、占星术或某些食物和药物特性的观念和想法，则从"已知世界"的一端传播到另一端。另一方面，这种文化交流和传播存在着某些明显的限制，即使是在那些足够富裕，能够拥有来自遥远地区的手工艺品、知识和消费品的人中间。其中最重要的是语言、字母系统和宗教的障碍——因为就连伊斯兰教也没有普遍的吸引力。随着白话语言和文学的发展，特别是在欧洲和南亚（可能是受到伊斯兰文化压力的刺激），[45]对文化传播建立了进一步的防御。中间人、翻译人员和掮客在外交、商业和学术上的作用越来越重要。离散者社区——像犹太人和亚美尼亚人——的网络和联系跨越了文化边界，他们的"局外人"地位得到了双方的认可——专门扮演这些角色，并从中获益，往往以相互不信任和受害为代价。就像在后来的时代，许多文化进口被修改和"驯化"以供当地消费，而它们的外来性几乎被抹掉了。

当然，在现实中，旧世界全球化的形态受制于地缘政治力量的要求和制约：政治力量在非洲-欧亚大陆的分布。到了1450年代，以干草原军事力量为基础的欧亚大陆"世界征服者"的时代已经过去。帖木儿于1405年驾崩，而他短命的帝国则四分五裂。明朝中国在陆上和海上的扩张一直遭到遏制：1426年，越南人摆脱了明朝的统治*，并在1471年吞并了占城（今越南南部）。东南亚大陆的其余地区被六个或更多的统治力量瓜分。1400年之后，马六甲统治了苏门答腊岛和马来半岛的小港口国。[46]印度次大陆上最强大的国家德里苏丹国，曾经遭到帖木儿的猛烈攻击，而在该次大陆上，印度教教徒和穆斯林等众多地区性政权共享统治权。再往西，伊利汗国（伊朗和伊拉克）分裂成几个后继政权，而将埃及和叙利亚联合起来的马穆鲁克帝国，让开罗成为伊斯兰近东真正的政治和文化首都。以1453年攻占君士坦丁堡为标志的奥斯曼帝国的扩张，在这个阶段似乎指向了北部的克里米亚（1478年奥斯曼帝国在此实行统治）和西部的巴尔干半岛。在那里，奥斯曼帝国遭遇了威尼斯的海上帝国，该帝国是为了保护其黎凡特贸易线而建立的：1209年的内格罗蓬特，1211年的克里特岛，1386年的科孚岛（守卫亚得里亚海的入口），1489年的塞浦路斯，以及希腊群岛零星的关键点。威尼斯与热那亚争夺着东面的海上航线，热那亚在1346年至1566年间拥有希俄斯岛，该岛是一个巨大的转口港，还在克里米亚的卡法拥有一座商业仓库，热那亚人在那里从高加索地区购买奴隶，出口到意大利。在西方，热那亚人与加泰罗尼亚阿拉贡王国竞争，而阿拉贡王国自1343年起就与马略卡岛联合，成为地中海西部的一个主要海上强国。[47]在北欧，英格兰和法国的各个王朝国家的逐步巩固是一个关键的发展。在东欧，14世纪晚期，雅盖隆家族统一了波兰-立陶宛的广大领土，从波罗的海一直延伸到黑海。哈布斯堡家族与其联姻帝国齐头并进，1477年将勃艮第和低地国家（1516年将西班牙的大部分地区）并入他们的中欧领地。但在中世纪晚期，欧洲一直没有主导力量。在波罗的海和北海沿岸，在南德意志和北意大利，城邦基本上保持了自治权，或者像汉萨同盟一样，建立了自己的商业

---

* 1407年（永乐五年），明朝下令设交趾三司，正式开始对安南（今越南）的统治。1427年（宣德二年），安南独立。

帝国。

在整个欧亚大陆，以及非洲的北部和东部海岸，当时的规则是分裂和竞争，而非大国的合并。结果出现了帝国（明朝是最强大的）、王朝国家（经常受到内部斗争的破坏）、城邦和"海港公国"（如马六甲或卡利卡特）的"混合经济"。同样重要的是海上的自由放任。在此，明朝的退却宣布放弃了郑和下西洋所预示的海上优先，这具有重大的意义。没有其他统治者有力量控制中国南海——当时（就像现在）世界上最大的海上交通干道之一。沿岸国家没有一个能够期望在印度洋东部孟加拉湾的广阔海域行使海上力量的控制权。[48]其西部的海湾阿拉伯海及其阿拉伯、波斯、非洲和印度海岸线，亦复如是。欧洲的"英吉利海峡和爱尔兰海"更容易受到争议。地中海、英吉利海峡、北海和波罗的海的商业和战略竞争激烈。但是就连在那里，也缺乏对海洋实施控制的手段。没有一个海洋强国——甚至是威尼斯——强大到足以将对手逼入港口或通过封锁将其扼杀。[49]但在1500年之后，其中的部分或全部将发生改变。

## 来自中国的慢船

在这些相对温和的条件下，从日本海到欧洲在冰岛和亚速尔群岛的大西洋前哨，一连串的港口城市有助于将旧世界联系在一起。虽然长江畔的南京一直是郑和下西洋的基地，但是对大多数来自中东的海运商人来说，中国东南部的泉州（马可·波罗笔下的"刺桐"）是最远的目的地。"刺桐港是世界上最大的港口之一，不……它是所有港口中最大的"，14世纪中叶在那里的伊本·白图泰写道。[50]对其他人来说，广州则是购买中国的瓷器和丝绸，以换取来自埃及、印度和东南亚的货物的地方。自唐朝（618—907）开始或之前，这里就可以找到来自印度洋各地的商人，他们通常住在城内各自的区域中。贸易受到帝国当局的严格监管，但是外国人受自己的法律和首领的管理。[51]中国和印度洋各港口之间的直达航程并非未知，但是，往返中国的交通在东南亚港口中断其行程变得越来越常见，因此中国南海形成了一个独特的海区。对中国商人和定居者来说，这个"亚洲地中海"长期以来一直是其商业扩张和影响的势力范围。中国南海，连同其风型、航道、浅滩和暗礁，都要求船长和船员拥有专门的知识。的确，东南亚的几个港口城镇已经发展起来，既服务于当地贸易，又服务于转口贸易，包括三佛齐岛的多个港口，而该岛长期以来一直是印度尼西亚群岛的主导力量。然而，到了15世纪晚期，最重要的则是位于今天曼谷附近的大城府和位于今天马来西亚西海岸的马六甲。

大城府建于1351年，可能是由中国人建成的。大城府成为受明朝偏爱的贸易伙伴，用当地的"异域风情之物"换取中国的陶瓷和丝绸。大城府吸引了周围内陆的孟人、泰人和高棉人，以及阿拉伯、波斯、中国和印度的商人。大城府把鱼、大米、铜、铅、锡、金、象牙和红宝石送到马六甲，并收到鸦片、丁香、纺织品、地毯、黄宝螺*、樟脑和奴隶作为回报。出于控制自身腹地供应的需要，大城府逐步成为湄南河流域的内陆帝国，而与马六甲的竞争则将其向西引向印度洋，到1460年代吞并了丹那沙林（在今日缅甸）。[52]17世纪初造访过该城的荷兰人称，大城府"是伦敦一般伟大的城市"（有约二十万人），有石墙和宽阔笔直的街道，以及一座拥有镀金建筑和塔的宫殿建筑群。[53]但作为长途贸易的中心，大城府无法与马六甲相媲美。马六甲由苏门答腊岛南部三佛齐的一位反叛王子于1400年左右建立。马六甲的财富归功于风：该地是"两种季风相遇的地方"。在一年的年末，在东北（冬季）季风期间，从中国出发的中国式帆船可能会抵达马六甲海峡，然后在次年夏天，在5月开始的西南（夏季）季风期间

---

*黄宝螺，旧时亚非部分地区被用作货币。

回国。1433年，郑和的船队在不到两个月的时间内从马六甲航行至中国。[54]四百年后，一艘快帆船可能在一个月内完成同样的旅程，尽管六周更为常见。[55]但是，从马六甲继续航行至印度西海岸则意味着下一个冬季季风的漫长延迟，以及等待下一个夏季季风的回归，这将让从中国到印度的往返行程延长至两年。商品从一组商人转手到另一组商人则更为明智。因此，马六甲成为天然的转口港，来自印度洋的货物将在这里转运后继续通过中国南海，而中国的货物则将在那里用于交换印度和中东的货物。

马六甲完全靠贸易生存，最重要的是胡椒贸易，而中国和欧洲都对胡椒有着永不餍足的需求。马六甲坐落在一条河流的两岸，四周被一直延伸到大海的茂密森林包围：据说，老虎会在夜间出没于街道上。但截至15世纪晚期，马六甲有约十二万人口。统治者苏丹抽取了大量的海关收入，而且他自己也从事贸易。来自乌木的泰米尔人、古吉拉特人、爪哇人和中国人是主要的商人社群：每个都住在自己的聚居区，由自己的沙班达尔（或称港口国王）管理。控制着埃及和波斯湾贸易的古吉拉特穆斯林是最强大的群体：正是他们的存在让马六甲成为东南亚伊斯兰势力的中心。[56]在下个世纪，一位葡萄牙游客评论道，若非马六甲湿软的、有损健康的位置，它可能是一座比现在大得多的城市。[57]商人可以从马六甲向北航行至孟加拉，或向西航行至乌木。但是，如果前往埃及或波斯湾，他的下一个停靠港可能是马拉巴尔海岸的卡利卡特。

不像马六甲，卡利卡特仅从其沿海的位置获得些许优势。与印度西海岸的其他港口一样，来自红海和波斯湾的船只在西南季风期间可以很容易就到达此地，而从马斯喀特出发可能只需十到十二天。[58]不过，由于马拉巴尔海岸从5月到9月初是极其危险的（在后来的时期，保险单会规定禁止在其港口停靠），因此最好在季风的尾声到达。卡利卡特岛本身没有提供什么庇护，在恶劣天气下，船只会分散到邻近的河流和小溪中避难。该地的崛起并走向繁荣，源于附近的奎隆被破坏，以及其印度教统治者扎莫林（或称"海洋之王"）决定张开双臂欢迎穆斯林商人。到了1343年伊本·白图泰造访时，卡利卡特是印度西南海岸的主要港口，也是中国与中东贸易的重要中转站。阿拉伯水手和商人，通常是来自阿拉伯南部的哈得拉毛人，与当地人通婚，造就了一群混血的穆斯林马皮拉人。城市本身紧紧地拥抱着河岸和海岸。卡利卡特没有城墙。在内陆一英里处，被椰子种植园隔开，则矗立着统治者的宫殿。除此之外，还有印度教显贵的庄园，分布在沿海平原上，平原盛产胡椒和生姜，而这座城市的财富和声誉都源于此。[59]1497年至1498年，瓦斯科·达伽马正是在卡利卡特进行了他的史诗般航行。或许该城已经逐渐衰落，其港口淤塞，很快就会被科钦及其南面的潟湖取而代之。[60]

商人可能会从卡利卡特回到更北边的古吉拉特。但是，如果他的基地或市场位于中东，那么他的下一个停靠港将是波斯湾入口处的霍尔木兹，或者是红海入口处附近的亚丁。霍尔木兹是一座无水的岛屿，对一座商业城市来说，这可能是一个奇怪的选择。该岛的起源在于，附近更古老的转口港夸什岛的阿拉伯统治者决定迁至霍尔木兹，而该岛正是为了这个目的而被买下的。后来得名的霍尔木兹王国实行一种强有力的商业帝国主义。王国征服了巴林（其粮食和水的来源地），并在波斯湾两岸和阿曼海岸扩展了其霸权。王国的对手则遭到压制。与伊朗高原和巴士拉的波斯湾首领的贸易落入其手中。这座城市本身在15世纪末或许有五万人（交易季节以外人会少很多）。波斯人、阿拉伯人、俾路支人和古吉拉特人主导着该市的商业：通常该市有约四百名外国商人从事丝绸、珍珠、宝石和香料的贸易。来自大马士革和阿勒颇的商人每年两次带着陆上商队来到巴士拉，沿着波斯湾驶向霍尔木兹。在霍尔木兹，他们可以购买来自中国、东南亚和印度的纺织品、香料和大米。波斯湾本身的出口相对较少：海枣和一些小麦，但尤其是马——在印度，马很难繁殖，故印度统治者趋之若鹜。这是一项具有挑战性但有利可图的贸易，需要相当多的后勤技能。天平是用铸币做成的。[61]一如在马六甲和卡利卡特，海关是一个关键机构，反映了统治者对该机构收入的密切关注。

霍尔木兹是波斯湾贸易的真正枢纽，也是通往黎凡特地区及其诸港口的海上交通要道。郑和七次下西洋，其中有五次将霍尔木兹作为目的地。16世纪初葡萄牙人入侵印度洋时，霍尔木兹就是一个早期目标，这绝非偶然：他们在1507年袭击了该城，并于1515年实现了控制——希望限制通过黎凡特的贸易，以利于其在好望角周围的海上交通。亚丁是霍尔木兹的老对手，因太过强大，以致霍尔木兹无法用其在波斯湾对付对手的方法征服之。亚丁是一座更为古老的城市，至少从公元9世纪起就一直是一个主要的商业中心。就像马六甲或卡利卡特，亚丁的地理位置至关重要。亚丁位于往返印度的季风路线的西部边缘，并在东非海岸享有便捷的海上交通。[62]但是，经由红海前往埃及的海路则完全不同。红海因其礁石和浅滩而臭名昭著。因北风盛行，故向南前往亚丁的船只必须等到4月才能向北返航，通常只能航行至吉达（前往麦加的港口），货物从那里由商队经陆路运往开罗。因此，从10月起，在冬季季风期间从印度抵达的货物将一直等到翌年春天才能运往埃及和地中海市场；而来自开罗的回程货物则将于7月底抵达亚丁，以赶上印度西海岸的夏末季风（当海岸变得安全时）。[63]就像马六甲，亚丁是风的孩子，风是其财富的源泉。一位热心的评论者说，这是"中国的前厅、也门的转口港、西方的宝库和贸易产品的母脉"。[64]这是一个可将来自地中海的货物与来自印度的货物进行交换，从而避免商人长达两年冒险之旅的显而易见的地方。亚丁有一个安全的港口，尽管易受冬季海洋的影响——这是贸易淡季。或许同样重要的是，亚丁固若金汤。亚丁通过一条狭窄的堤道与陆地连接：其海岸线由雉堞状城墙保护。"在平地上见过的……最强城市"，1503年

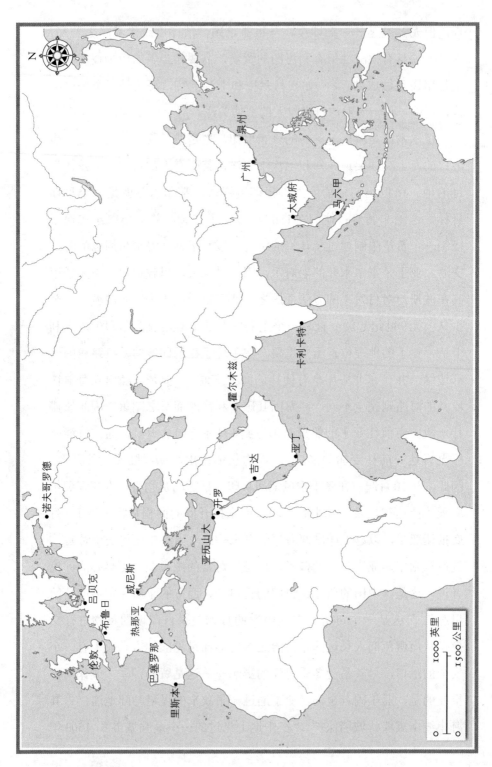

来自中国的漫船

N

诺夫哥罗德

吕贝克

布鲁日

伦敦

威尼斯

热那亚

巴塞罗那

里斯本

亚历山大

开罗

吉达

亚丁

霍尔木兹

卡利卡特

泉州

广州

大城府

马六甲

1000 英里

1500 公里

的一位游客惊叹道。"极其漂亮",另一个人宣称。[65]

不像霍尔木兹或马六甲,亚丁不是一个自由国家,尽管其位置可能给予它相当大的自主权。起源于一个突厥部族的也门的拉苏利德王朝,曾在那里统治过,但在14世纪晚期,他们的影响力已经减弱,当地的部族和军阀由此受益。沿红海航行会进入马穆鲁克人的范围,而马穆鲁克人是统治埃及和叙利亚的奴隶士兵阶级,1261年,马穆鲁克人战胜了蒙古人,成为伊斯兰国家中最为强大和最有威望的。然而,在1400年之后,随着奥斯曼人向叙利亚推进,马穆鲁克帝国面临来自北方越来越大的压力,与此同时,黑死病过后人口的大量减少使其国内经济陷入混乱。结果是,马穆鲁克苏丹比以往任何时候都更加坚定地压榨香料贸易(尤其是胡椒贸易),而香料贸易在前往欧洲的途中会经过开罗和亚历山大。开罗是马穆鲁克帝国的首都:他们建造了一座巨大的堡垒,笼罩着这座城市,成为他们的权力中心。[66]开罗也是香料贸易的中心。来自吉达或亚喀巴的商队正是在这里交付了他们的胡椒货物,以便在尼罗河边出售,然后沿着尼罗河而下(约七天的航程),从亚历山大运走。[67]

亚历山大是埃及最重要的港口城市。其东部港口(供基督徒航运使用;而西部港口则专供穆斯林航运使用)是唯一一个适合大型中世纪海船或曰宽边帆船的港口,在那里地中海贸易日渐繁荣。相形之下,位于尼罗河河口的罗塞塔和达米埃塔在夏季非常危险,那时北风会与尼罗河的洪水相遇。[68]亚历山大标志着印度洋世界的北部边界,而穆斯林在印度洋世界的商业中占主导地位,也标志着欧洲商业影响力的南部边界。到了1400年代后期,这座城郭城市的大部分已经腐朽或沦为废墟,部分原因是该市腹地的萎缩和工业的衰落。但城市衰败,港口则繁荣起来,城市居民点从城墙向北转移至港口边缘。[69]对马穆鲁克来说,亚历山大是一座面临着异教徒和"战争之所"的边境城市。在塞浦路斯国王卢西昂于1365年发动毁灭性袭击(目的可能是为了让自己的港口城市法马古斯塔受益）之后，这座城市重新筑起了防御工事，而对开罗的控制也得到加强。不过，该地也是基督徒和穆斯林商人的市场。威尼斯、热那亚和加泰罗尼亚商人来到该城是为了购买东方的商品，尤其是香料。马穆鲁克王朝的苏丹对他们的存在表示欢迎——事实上，苏丹越来越依赖他们的购买来为国家提供资金，尤其是越来越昂贵的进口奴隶。[70]苏丹为维护连接亚历山大和尼罗河的运河以及南部的贸易做出了巨大努力。[71]苏丹允许威尼斯人、热那亚人和其他人保有领事——解决他们的私人纠纷，以及与马穆鲁克王朝的官员打交道——并经营为来访商人提供仓库和住宿的商馆。实际上，是威尼斯人主导了香料贸易。但是，他们必须与苏丹的官方商人打交道，并按照苏丹开出的价格购买一定数量的胡椒。这是一种适合双方的安排，尽管会出现周期性的紧张局势。威尼斯人发现，明智的做法是在开罗派驻一名代理人，以获取红海沿岸和穿过沙漠前往马穆鲁克王朝首都的最新交通信息。[72]

这部分是因为威尼斯和亚历山大之间的香料贸易受到威尼斯当局的严格监管。被用来带回珍贵胡椒的是桨帆船，而不是较慢的中世纪海船。桨帆船每年9月初会被派出驶往亚历山大，四五周过后就会抵达。在那里，由于东部港口没有码头，他们只能用小船将绒线、毛皮、蜡和铜等货物以及大量金条运上岸。货物从港口到附近的海关大楼，再从那里到后面的两个威尼斯商馆，都有一套精心设计的礼仪。[73]但是，威尼斯坚持穆达——每年购买胡椒和香料——应该在二十天内完成，这样便可以让桨帆船在圣诞节前和随着冬季的到来而结束的航运季节前回家。每年，威尼斯人在海关拍卖会上，以及从苏丹的官方商人那里购买约一百五十万磅的胡椒。[75]

一离开亚历山大，海上旅行者就进入了一个新的海洋世界，该世界从黑海穿过地中海进入大西洋，穿过北海和波罗的海，直到欧亚大陆的皮毛贸易之都"大诺夫哥罗德",连同其一直延伸至北极深处的贡品帝国。如果说地中海仍然是"枢纽"——部分原因是其紧密的联结度（部分原因是粮食供应的不确定性），[76]部分原因是它与季风世界及其贸易的密切联系——那么，欧洲的海洋区域现在就形成了一个相连的整体。1300年之后，在北欧收成不确定的时期，使用桨帆船和中世纪海船的地中海航运通常会北上英格兰和低地国家，最初或许是受谷物——大宗商品——需求的影响。[77]这是一个与广阔的季风海洋截然不同的海洋世界。这个世界的节奏不那么有规律。海情的变化要大得多，需要方方面面的导航技术。欧洲"半岛"锯齿状的海岸线，有利于港口和港口城市的涌现。领土主权的极度分裂亦复如是。威胁南亚港口生存的生态压力，在这里感觉没有那么强烈。但是，欧洲也受益于一种共同的、基于宗教的文化，就像伊斯兰教已经得到亚洲大多数商人生活的普遍认可。

在15世纪晚期，威尼斯是欧洲最大的港口城市。[78]威尼斯主宰着地中海东部，它是第一个拥有永久海军的欧洲国家，也是欧洲最大的亚洲商品市场，尤其是胡椒和香料。其商业联系遍及整个大陆。威尼斯的崛起显示了港口城市在没有帝国保护或国王支持的情况下所能积累的非凡财富和权力。从其作为船夫避难所的默默无闻开始，威尼斯就依靠贸易来获取一切必需品：最重要的是它的粮食和木材，以及建造城市所需的木桩。威尼斯用武力击败了附近的竞争对手，摆脱了早期对拜占庭帝国的依赖，成为一个由总督和元老院统治的主权国家。其商业财富源于自身优越的地理位置，即地中海通往中欧和北欧的最北门户，通过海路可以便捷地接近黎凡特、黑海和（正如我们所看到的）东方的消费者和产品。要获得这笔财富，需要的不仅仅是商业"精神"。威尼斯的政体与商业成功同样著名。这是一种有规则约束的制度，有利于习俗和契约，鼓励社会团结，并体现了务实的物质主义。威尼斯资助了持续的对抗淤泥的斗争，以保持港口的开放；为维持其海上力量的兵工厂买单；购买谷物来养活（潜在）麻烦的穷人；并操纵马基雅维利式的外交，威尼斯借此从大国的冲突中坐收渔利。[79]

实际上，商业与政治的融合让威尼斯不仅仅是一座商人之城。15世纪的威尼斯拥有一支庞大的商船队，包括四十五艘桨帆船和三百多艘一百吨及以上的帆船。其庞大的桨帆船队排除了竞争对手，保护了该城的航运，将亚得里亚海变成威尼斯内湖。桨帆船的建造成本不菲（国家承担了这一重负），但速度快，在浅水沿岸区域机动灵活。桨帆船受雇于商人，并组成船队，这降低了保险费，并保护了黎凡特贸易所需的巨额金条。商船主要依靠船帆，但是，桨手这种"辅助引擎"保证了更大的规律性和速度，并有助于保护贵重货物免受海盗或对手的攻击。随着拜占庭帝国的收缩，威尼斯将其对爱琴海列岛的控制权从科孚岛延伸至塞浦路斯。在一个水手更喜欢待在可以看到陆地的海域停泊过夜的时代，这些是威尼斯桨帆船的中转站——这种做法让给一大群划桨手提供粮食和水源变得更加必要。那里还有为威尼斯市场生产棉花、葡萄酒、糖和葡萄干的种植园。因为威尼斯是一个帝国，而不仅仅是一座港口城市，其前哨和殖民地甚至远达塔纳，而其商人在塔纳（亚速海上）经营来自中亚和中国的陆上交易——直到奥斯曼帝国攻占了君士坦丁堡，对基督徒关闭了黑海航运。威尼斯实行了一种后来被称为"重商主义"的政策形式：亚得里亚海及其殖民地的航运必须在该城出售货物——为了该城商人的利润和公共财政，因为每一笔交易都要纳税。的确，金融是威尼斯成功的秘诀。威尼斯的金达克特就是当时的美元。威尼斯的公民被鼓励，有时被迫向国家贷款，并从其收入来源中获得股息，即所谓的"蒙特"。[80]在里亚尔托——该城的商业中心——可以找到银行家和钞票，用于交易和信贷，以及珍贵的商品——新闻。"里亚尔托桥可有什么新闻？"《威尼斯商人》中莎翁笔下的萨莱尼奥这样问道。因为源源不断的交易商和旅客穿过这座城市，包括来自欧洲各地的朝圣者，他们乘坐前往雅法的朝圣桨帆船前往巴勒斯坦；他们带来了情报和谣言，也带来了硬新闻。

威尼斯虽然强大，但也不乏挑战者。达尔马提亚海岸的拉古萨（今杜布罗夫尼克）巧妙地利用威尼斯与天主教会的联系对抗崛起的土耳其人，并维系着广泛的内陆和海上贸易，到了14世纪中叶已经逃脱威尼斯的控制。不过，真正的对手是热那亚。就像威尼斯，热那亚在13世纪晚期就已经击败了最接近的对手比萨。一如威尼斯，热那亚依靠贸易，并从北欧与黎凡特、黑海以及其他地区之间的交易中获利。热那亚像威尼斯那样建立殖民地和贸易站，包括克里米亚的卡法（今费奥多西亚）和爱琴海的希俄斯岛。科西嘉岛变成其殖民地。热那亚就像威尼斯，从外部招募大量劳工和人才，那些被财富的承诺吸引到城市的人。热那亚维持着一支庞大的商船队，包括1379年威胁威尼斯自身的桨帆船。1300年之前，热那亚的船只已经通过直布罗陀海峡到达英格兰和佛兰德斯，而热那亚已经是航海技能和技术创新的摇篮。

热那亚可不只是一个次要的、不那么强大、不那么稳定、不那么独立的威尼斯，它不断受到政治冲突的困扰，周期性地落入外部控制之中。[81] 其商业体系明显不同，比威尼斯更加个人主义和机会主义，且更加不依赖国家的支持。[82] 但真正的差异在于热那亚银行业的早熟。最显著的特点是圣乔治银行的崛起，热那亚的所有税收都交给该银行，而在地中海和黑海的广泛殖民地持续控制在热那亚人手中时，该银行也就控制了这些殖民地。圣乔治银行管理着该国的公共债务（直到1805年），同时也是一家储蓄银行。该银行为热那亚港口的重大改善提供了资金，并管理着"免税出入港"——热那亚的自由港区域。[83]这一巨大的收入流及其培育的金融网络，为热那亚作为主要信贷来源的卓越地位奠定了基础。横跨地中海西部，以及在马德拉岛和加那利群岛的殖民过程中，热那亚商人和金钱都是商业扩张不可或缺的催化剂。

热那亚在西地中海的最大对手是加泰罗尼亚的港口城市巴塞罗那。加泰罗尼亚商人（如我们所见）在黎凡特和北非都很活跃——利用了有利的洋流，让船只向南经过巴利阿里群岛运往马格里布诸港口。[84]巴塞罗那商人缺乏威尼斯和热那亚商人的财富和政治自由。他们的商业成功，实际上取决于加泰罗尼亚阿拉贡王国无情的海上帝国主义，而巴塞罗那自1150年开始就一直与阿拉贡王国联合起来。马略卡岛（一个繁荣的阿拉伯商业中心）和巴利阿里群岛于1235年被征服，这为巴塞罗那的前进扫清了道路。在接下来的一个世纪里，西西里岛、撒丁岛和（短暂而失败的）科西嘉岛被纳入加泰罗尼亚的版图。在与热那亚进行了一场无定论的斗争后，阿拉贡王室将触角伸向了东地中海，短暂地获得了十字军的雅典公国。1442年，阿拉贡王室占领了那不勒斯城，巩固了对南意大利的统治。然而，到了1400年代中期，加泰罗尼亚黑死病的影响、东地中海贸易的损失，以及奥斯曼帝国的胜利，再加上其王室永不餍足的野心对巴塞罗那施加了难以承受的压力，巴塞罗那陷入了内战和商业衰退。王权可以打造——和摧毁——一座港口城市。

相形之下，位于伊比利亚半岛大西洋沿岸的里斯本，则展示了王室特权和庇护如何转化为稳固的商业优势。在大西洋汹涌的洋流中穿过直布罗陀海峡，就进入了里斯本的野心范围。直到1147年，里斯本一直都是一座伊斯兰城市，南望马格里布和穆斯林统治的安达卢斯。基督徒对阿尔加维的再征服，以及直布罗陀海峡定期交通的开启，使得宽阔的塔古斯河口成为从地中海航行至北欧的天然停靠港。因内陆腹地狭小，葡萄牙国王以里斯本为首都，并使之垄断了谷物和其他商品的进口。外国商人和水手（尤其是热那亚人）聚集在此，使其在15世纪中叶成为船舶设计、制图和航海技术的实验室。1415年，里斯本就已经是葡萄牙征服休达的基地，而休达是摩洛哥的堡垒，俯瞰直布罗陀海峡，或许部分是受到改变非洲黄金流向的希望影响。更具生产性的（至少在短期内）是1420年代对马德拉岛（"木材岛"）的殖民，该岛是急需的木材、谷物和最有利可图的糖的来源地。葡萄牙人想吞并加那利群岛，从14世纪中叶开始，欧洲水手就知晓加那利群岛的存在，但是群岛从1400年左右开始就被卡斯蒂利亚王国殖民。到了1430年代，他们已经开始殖民向西约八百英里的亚速尔群岛，而亚速尔群岛堪称中世纪制图师着迷的神秘群岛之一（就像传说中的"布拉希尔"*）。1450年代，佛兰德斯移民来到这里种植小麦和糖料作物。1460年代，佛得角群岛是里斯本的南部前哨：热那亚商人从黑海引进奴隶，在其甘蔗种植园劳作。[85]葡萄牙水手已经在寻找传说中的祭司王约翰的王国，并在几内亚海岸勘探黄金。到了1480年代，他们在现代加纳的海岸上建造了一座堡垒。没过十年，巴尔托洛梅乌·迪亚士就绕过了好望角。

对大多数取道里斯本的威尼斯或热那亚商人来说，这个海上帝国几乎让人提不起兴趣。他们正在去往北方大集市的路上。从13世纪开始，佛兰德斯的布鲁日就吸引意大利商人来定期造访。它逐步发展成为佛兰德斯毛纺布大贸易的中心。一场幸运的洪水打开了通往北海海岸的通道，通道很快因运河而得到改善。布鲁日因其河流连接了南方（通往法国）和东方（通往莱茵河），很快吸引了来自欧洲各地的商人。由于意大利商人和航运不再向北，布鲁日成为用他们的丝绸、明矾、染料、葡萄酒、水果和香料交换波罗的海货物——毛皮、鱼、蜡、蜂蜜和谷物——的地方。商业的交易量需要信贷，而长途贸易的规模需要汇票和保险，因此布鲁日成为北欧的"金融之都"——在此

---

\* 传说有一座盛产红木的布拉希尔岛，而红木是呢绒业需求旺盛的一种珍贵染料。航海大发现时代，葡萄牙探险家称今日巴西所在地区为复活山、真十字架之地，后因其盛产红木而得名布拉希尔，中文音译为"巴西"。

可以找到意大利银行。布鲁日是北欧第一家证券交易所的所在地——该交易所的名字源自客栈老板的酒馆外的"贝赫"广场——尽管首家专门建造的证券交易所后来出现在安特卫普。[86]

与大多数繁荣的港口城市一样,布鲁日的重要性远远不止于商业便利。布鲁日从自己的君主佛兰德斯伯爵那里获得了保护和特权,而伯爵让布鲁日继续享用其"主食"——规定沿运河而上的所有货物都必须在该城中出售——并扼杀了竞争对手。外国商人——在1400年代中期或许多达四百人——控制着布鲁日的长途贸易。他们享有广泛的自由——在威尼斯,外国商人不得不住在本"民族"的大院里——但得通过当地所谓的"招待员"进行交易,而招待员负责提供住宿、经纪和信贷。当地人并不享有完全的自由。伯爵的利益在于促进最大的贸易量,而非溺爱布鲁日的贵族们。因此他进行了干预,迫使外国商人在法庭上获得平等待遇,并限制招待员收取的费用。然而,尽管布鲁日备受青睐,但是该城并非刀枪不入。布鲁日的出海水道开始淤塞。附近安特卫普的出海水道则开始改善,因为斯凯尔特河的航道改变了航向,偏向了西部航道而非东部航道,并使通往其码头的水道变得更加畅通。安特卫普横跨低地国家的主要南北路线。安特卫普与科隆——莱茵河上一个大转口港,将南德意志各个城市与波罗的海的贸易联系在一起——有着密切的联系,并吸引许多德意志商人进入其市场。[87]外国商人开始从布鲁日移居至此。不过,关键的打击是政治性的。当低地国家被移交给哈布斯堡王朝时,该王朝青睐的是忠诚的布拉班特而非不忠的佛兰德斯。1484年,摄政王马克西米利安命令所有外国商人离开布鲁日前往安特卫普——大多数人都听从了他的命令。在随后的一个世纪里,安特卫普成为"西方世界无可争议的商业大都市"[88]——直至该城也成为政治灾难的受害者。

只有最好奇的地中海商人才会从布鲁日出发。的确,这样做几乎没有什么好处。他不会在阿姆斯特丹逗留,该地仍然是海运贸易的一个小玩家，而是会先去汉堡，那里已经以其大量生产啤酒而闻名遐迩，然后走陆路来到特拉维河畔的吕贝克。他会发现自己现在身处以吕贝克为中心的大商人联盟汉萨同盟的商业王国之中。吕贝克有着作为"贸易海滩"的悠久史前史。它位于横跨荷尔斯泰因地峡的波罗的海港口的尽头，长期以来，比起日德兰半岛顶端的斯考夫周围的危险海路，商人们更喜欢这里。吕贝克在1143年建城时是一座"德意志"城市，或许是中世纪对北方和东方殖民的一部分。吕贝克早期通过腌制鲱鱼而得以发展：该城位于瑞典西南海岸的大型鲱鱼渔场和往南四十英里的吕讷堡各盐场之间（鲱鱼必须在一天左右的时间内腌制或烟熏，以防腐烂）。[89] 但是，吕贝克在波罗的海和北海之间的长途贸易浪潮中崛起：它是一条从西边的伦敦和布鲁日延伸至雷瓦尔（今塔林）和诺夫哥罗德的商业轴线的中心。吕贝克的商人可能梦想着本城成为北方的威尼斯。事实上，他们的活动范围受到了更多的限制。他们被强大的丹麦王国（在13世纪的大部分时间里，吕贝克是丹麦帝国的一部分）包围在北方。波罗的海的毛皮、蜡、鱼和谷物贸易无法维持威尼斯的显赫：在1490年代，仅仅威尼斯与埃及和叙利亚的贸易价值，就至少两倍于吕贝克贸易价值的总额，而波罗的海贸易可能是地中海贸易的十分之一或者更少。[90] 吕贝克也无法主宰附近的贸易城市：有着广阔波兰腹地的但泽（当时也是一座德意志城市），其财富很快便与之媲美；曾为吕贝克在北海之"外港"的汉堡，亦复如是。[91] 相反，吕贝克（自1418年起）成为德意志商业城市的汉萨同盟公认的头部城市。

汉萨同盟可能已经开始作为解决商业纠纷的手段。它的成员包括约七十个城镇，可能有一百个或更多的小盟友。它远至莱茵兰地区大都市科隆。它的壮大在一定程度上反映了中世纪德意志北部君主权力的削弱。不过，这也是德意志在波罗的海诸港抵御丹麦扩张威胁的一种集体防御形式。汉萨同盟的商业重要性在于确保成员城市所有公民的贸易特权：免除（或减少）关税和会费；未售出货物的再出口权；在盗窃案中迅速归还赃物；如果商人在国外去世，他的财产会得到保护。[92]它的商业外交得到了抵制式威胁的支持，也得到了针对竞争航运的海盗行为的支持。在英格兰的港口城镇，比如林肯郡的波士顿或诺福克的金斯林，汉萨同盟占据着最好的交易场所。[93]它还维护了四个大规模办事处——德意志商人可以在此生活和贸易的商业机构，而且他们在这里享有某种形式的外交豁免权，不受当地管辖：在布鲁日和伦敦（我们很快会谈及后者）；在卑尔根，这里是汉萨同盟利润丰厚的干鳕鱼贸易中心（来自罗弗敦群岛的晒干鳕鱼）；在诺夫哥罗德，即这条路线的终点。在卑尔根，办事处充当着德意志殖民地，工匠、手艺人和商人住在"德意志码头"的建筑内或周围（仍然可以见到）。在诺夫哥罗德，办事处为德意志商人提供住所，并对利润丰厚的毛皮贸易实行严密的控制。

汉萨商人长期主导着波罗的海和北海之间的贸易，但到了15世纪晚期，吕贝克和汉萨同盟都相对衰落了。荷兰商人和船舶转移进了波罗的海。君主权力正在崛起：1426年，丹麦国王开始对通过丹麦和瑞典之间的卡特加特海峡的船只征收臭名昭著的海峡通行费。[94]1478年，莫斯科大公国的沙皇吞并了诺夫哥罗德，不久之后，办事处土崩瓦解。汉萨同盟面临着来自繁荣的南德意志城市和富格尔家族等强大银行家的更多竞争。汉萨同盟的反应是防御性的：将外国商人排除在吕贝克和但泽的贸易之外，并抵制使用信贷。[95]两种做法可能都帮助不大。吕贝克和但泽停滞不前。[96]最大的例外是汉堡，这或许反映了一股更深层次的力量在起作用——到了1500年大西洋贸易的重要性日益上升，很快就会压倒一切。

如果在布鲁日之后掉头，驶向西而非东，沿着泰晤士河就会到达伦敦。伦敦是一座罗马人打下基础的城市，在罗马统治不列颠的末期被遗弃。伦敦作为海滩市场以撒克逊语"伦敦维克"的名字在上游半英里处复兴，地点位于今天的考文特花园。到了约900年，维京人的入侵将其赶回至罗马城墙的避难处。[97]到了1000年，伦敦已经拥有一座横跨泰晤士河的桥梁，这使其成为英格兰东南部交通的关键。或许是出于这个原因，伦敦取代了温彻斯特成为英格兰首都。诺曼人建造了白塔（后来成为伦敦塔的一部分），以保护这座城市并维护对它的控制权。伦敦的贸易和收入成为王室的重要资产。

伦敦的重要性源于其对包括英格兰南部和东部大部分地区在内的广阔河岸腹地的控制；其作为政治和行政首都的作用，吸引税收、宫廷和高消费精英；伦敦在会受潮汐影响的泰晤士河畔，这一位置虽受保护，但易于进入；最重要的是，伦敦位于中世纪北欧商业和工业中心区佛兰德斯的对面。1348年的黑死病暴发前夕，伦敦人口约为八万，这使其成为欧洲最大的城市之一。一个世纪后，这一数字急剧下降，但到了16世纪初，伦敦的富裕程度（以税收评估的标准衡量）是其最接近的英格兰竞争对手诺威奇的十倍。[98]伦敦的贸易主要集中在佛兰德斯，最初是通过羊毛出口。到了15世纪，英国南部各地制造的出口布料已经成为其主要支柱。英格兰贸易的惊人扩张吸引了许多外国商人，主要是意大利人（来自佛罗伦萨和热那亚）和德意志人（来自汉萨同盟诸港口）。到了中世纪晚期，伦敦与其贸易海滩起源可谓有天壤之别。现在，河流两旁是专门的码头，用于交易葡萄酒、盐、谷物、鱼、香料、木材和柴火。河岸上充斥着商人的营业场所，以致连接河流的通道局限于狭窄的小巷和胡同。[99]伦敦的商人和航运挺进波罗的海和地中海，日益挑战意大利和汉萨同盟商人的统治地位。

就像其他港口城市，伦敦从商业成功和政治财富的结合中获益。对英格兰王室来说，其从伦敦获得的海关收入和在此获得的贷款（通常来自佛罗伦萨的巴迪和佩鲁齐等外国商人和银行家），使这座城市成为一笔极为宝贵的资产。出于同样的原因，伦敦的不满情绪也异常危险，尤其是在劳工骚乱或对物价上涨的愤怒恰逢英格兰发生更广泛的政治动荡时。伦敦被国王授予一定程度的自治权，并通过税收、一连串的"礼物"以及授予垄断和商业特权的报酬来支付。[100]其中最有价值的是授予"自由民"（拥有完全公民身份的少数人）在英格兰各地进行贸易的权利，免除通常对外来商人征收的通行费和各项收费。这是一种特权，让伦敦商人得以渗透南安普敦等成功的外港，然后扼杀来自它们的竞争。[101]伦敦商人从国王在欧洲的野心所促成的军事合同中获利，并从其对布料出口的有效垄断中获利。不过，国王还行使权力保护外国商人免受伦敦和其他地方定期爆发的仇外暴力（和商业嫉妒）之害：外国商人及其掌握的金融资产太有价值，以致无法将其驱逐。在15世纪晚期，伦敦有约三千名"外国人"，有商人，也有工匠——因为伦敦也是一个有着许多富裕消费者的主要制造中心。[102]时间和技术也是伦敦的盟友。随着帆船变得更加灵活，从英吉利海峡绕北福兰航行至泰晤士河河口的航行难度变得更加可控（让南安普敦损失惨重），大西洋贸易和渔业的日益重要性增强了伦敦在欧洲南北贸易和东西贸易交会处的地位。

## 港口与模式

在前哥伦布时代的欧亚大陆港口城市中，我们可以看到塑造后来港口城市历史的许多特征（以及一些挑战）。在政治上，这些城市的立场模棱两可。部分城市，如马六甲、霍尔木兹、威尼斯、吕贝克和汉堡，享有主权或其对等的权利。就马六甲来说，与大国的距离可能有助于实现这一目标；霍尔木兹、威尼斯和汉萨同盟诸城市，则利用海军力量来维护自己的权利要求。但是，或许大多数港口城市都受制于内陆统治者，无论远近。这些统治者的态度大相径庭。对卡利卡特的扎莫林或葡萄牙国王来说，"他们的"港口是一项重要的资产，是其财富和权力的主要来源。他们欢迎外国商人，并（在可能的情况下）提升了港口海上贸易的前景。佛兰德斯伯爵（布鲁日的君主）、英格兰国王和开罗的马穆鲁克王朝苏丹，也敏锐地意识到自己的港口城市可以提供什么，并将特权与限制当地商人精英保护主义本能的规则相结合。到了15世纪，英格兰国王的半数收入都来自贸易。然而，在内陆统治者地处偏远，或专注于陆路交通和脆弱边境的地方，对海事问题漠不关心（比如印度）或积极与之脱离（比如1430年代的明朝中国）就成为一种模式。不过，所有这些"外部"统治者可能的共同点，是其可以行使的控制程度的局限——因为他们依赖商人的商业和财政合作，因为对惯有自由的挑战颇为危险，或者因为远距离统治意味着依赖代理人，而代理人本身受到当地的影响。的确，几乎所有的前现代统治者都面临着强制力不足，通常只有在面临叛乱或破产的情况下短期内可用。

但是，这些旧世界港口城市的国际化程度如何？几乎在任何地方，这些港口城市的贸易都依赖外国商人的存在：他们的缺席会敲响丧钟。在整个欧亚大陆，长途贸易由散居海外的商人维持——中国商人、阿拉伯商人、波斯商人、古吉拉特商人、犹太商人、希腊商人、意大利商人（威尼斯商人、佛罗伦萨商人、热那亚商人）和德意志商人。商人把他们的儿子或侄子（外甥）送到国外从事买卖，或自己押送货物远行。他们需要当地的联系人（最好是教友）来提供市场信息、提供接待、在发生争议时提供仲裁，并在发生灾难或死亡时保护他们的财产。因此，许多港口城市都有外国人居住区或殖民地，其"领事"与地方当局打交道。通常，外国商人会被要求向当地的同行购买和出售商品，并被禁止从事零售贸易。他们的行动经常受到限制——尽管可能没有什么动机去内陆行旅——没收、驱逐或更坏的情况一直令人担忧。来自宗教或商业方面的反外国人情绪，由对手精心策划或由谣言点燃，则是一种永远存在的危险。如果统治者粗心大意，或者自己就与外国人不和，那么灾难可能接踵而至。当然，外国商人可能会集体离开并抵制港口的威胁施加了一些约束。外国商人可以借助通婚或王室的恩宠轻易获得当地身份，以及基督教和伊斯兰教的道德规范和宗教信仰在一定程度上规定了共同的行为准则和正义观，这些往往缓和了仇外心理。一种形式的习惯海洋法管辖着地中海（《罗得海法》）和北欧（《奥内隆法典》）的海上贸易及船长和船员的关系。即使跨越了主要的文化边界，商人的自我利益也让相互信任和公平交易成为商业成功的条件。[103]

港口城市商业王冠上的明珠是长途贸易。我们可能想问，这对其地区腹地的经济转型或资本主义的更广泛传播做出了哪些贡献。答案远非一目了然。在一个仍以乡村为主的世界，长途贸易仅占经济活动的一小部分。大多数贸易是地方的或地区性的，在一众内陆集镇进行。就连海运贸易通常都是短途和沿海贸易，在附近地点之间运送谷物、木材、鱼类或盐。港口城市的港区充斥着这种海上交通，小船和驳船在其河口往来穿梭。但是，如果说长途贸易在数量上并不太多，可其获得的利润有时可能不菲。根据一份估计，一公斤胡椒（卖给欧洲消费者）的价格是付给种植者费用的三十倍，是亚历山大的威尼斯人所付价格的两倍。[104]这一支出在经济上也并非微不足道。欧洲人每年为他们的香料支付的钱，本可用于购买粮食来养活一百五十万人。[105]但是，或许长途贸易的重要性不仅在于贸易创造的财富，而且在于贸易培育的制度和习惯。在一年或更长的周转时间内，商家需要消息灵通，并留有详细的记录。通信和簿记至关重要；某种形式的保险是必不可少的。装满一艘船需要商人在自己和船长之间建立伙伴关系。在商品越过不同货币体系之间边界的地方，商人必须掌握货币兑换或利用涌现出来的银行来管理这一边界。意大利的商业手段为欧洲其他地区树立了标准，这绝非巧合。[106]此外，（中国与东南亚之间或地中海与北大西洋之间的）长途航行的需求，是航海技术和改进船舶设计的推动力，也不是偶然的。

但是，旧世界的港口城市有那么多资本主义摇篮吗？资本主义存在的通常标准包括安全的产权、执行合同的能力、货物和劳动力（可能是奴隶劳工）或多或少的自由市场，以及愿意并能够采取行动支持这些的国家。长途贸易及其所需的船舶，是资本的主要使用者和资本主义的实践者。但是，港口城市的商人对自由贸易或市场一体化几乎没有兴趣。他们的利润也不仅仅（甚至主要）取决于经营技巧。商人的目的是通过统治者的授权或对所有竞争的强力压制来确保垄断——经济学家称之为"寻租行为"。财富是通过借钱给国王并获取其赏金而得到的。同样，港口城市的社区试图尽可能限制商业外来者的活动。他们会在可能的地方通过领土扩张（热那亚、威尼斯和大城府就是如此）或建立具有商业优势的"非正式"帝国（热那亚和霍尔木兹就是如此），创造更广泛的禁区。旧世界的大部分地区都有多个司法管辖区（就像邦与邦之间），赋予不同的特权，并征收不同的税收和通行费，这一事实帮助了他们。有学者颇具说服力地辩称，打破这些障碍并扩大市场（劳动分工和"斯密式"增长或前工业增长的基本前提）不是商人的成果，而是集权统治者的成果。[107]这一论点适用于早熟的、中央集权的官僚化中国。在缺乏这一点或特权维护者过于根深蒂固的地方，市场依旧狭窄，增长仍然停滞。

这一切都表明，旧世界的港口城市青睐"全球化"，尽管这是一种独特而有限的全球化。不过，这些港口城市也面临威胁着繁荣甚至生存的种种挑战。大流行病是一个主要的灾难，通常会消灭所到之处一半的城市人口——尽管长期的影响（至少在欧洲）是提高生活水平、消费和贸易。保持港口开放需要不断地与淤塞作斗争，或者像亚历山大的情况，保持通往尼罗河的航线畅通。船舶设计和机动性的变化让一些港口优于其他港口，或者要求对港口设施进行昂贵的升级。国内政治——统治者的恩宠——可以剥夺特权，也可以分配特权。社会秩序是不稳固的，并依赖贵族安抚小商人、店主、工匠和贫穷劳动者之不满的技巧——在匮乏或其他灾难时期会更加危险。或许最危险的是地缘政治。统治者的掠夺远远没有统治者的野心和由此引发的战争那么危险。贸易中断，港口可能被夷为平地（1338年南安普敦的命运），海上的混乱和暴力增加了保险费用或驱逐了航运。若无海上霸主，或者没有海上强国的合作，海盗（无论是否获得许可）在海上航线变窄的地方随处可见。

这就是港口城市的旧世界。"前哥伦布的"全球化还没有囊括美洲，也没有囊括澳大拉西亚。但是在过去的两千年里，这一全球化创造了一个由航海技术、商业技能、消费习惯、殖民实践和文化偏见组成的矩阵，美洲将会被或多或少地强行整合其中。我们将在后面的章节中看到这会有多大成功和意想不到的结果。

第二章
# 哥伦布的前奏

"发现美洲，发现经由好望角到达东印度群岛的通道，堪称人类历史上最伟大、最重要的两件大事。二者的结果一直都是重要的……"亚当·斯密在《国富论》（1776）中给出的结论，机械地重复了雷纳尔神父《东西印度群岛史》（1770）中的观点。[1]1492年，哥伦布发现一条通往加勒比海并能**返程**的可行海路，1497年至1498年，瓦斯科·达伽马绕好望角航行至印度，二者为美洲、欧洲、亚洲和非洲之间的直航开辟了道路。到了1513年，葡萄牙人通过东非的索法拉（1505）、果阿（1510）和马六甲（1511年被攻占）抵达中国南部沿海地区。1553年，他们获得了澳门，作为中国沿海地区的贸易站。此前，他们已经在巴西东北部建立了自己的基地，那里是往来里斯本和东方的船只的便捷停靠港（因为风和洋流）。当糖料作物的种植被从马德拉群岛引进巴西东北部时，奴隶开始被从安哥拉运过南大西洋，而安哥拉也从此成为殖民地巴西的"半殖民地"：罗安达于1575年作为葡萄牙的殖民地得以建立。与此同时，1571年，西班牙人越过太平洋，在菲律宾建立了马尼拉，以便用来自墨西哥和秘鲁的白银吸引来自中国的商人。接着，到了16世纪晚期，一个新的全球海上航线网络与欧洲和亚洲之间的旧陆上贸易并行，而来自欧洲的海运商人试图插足印度洋和中国南海周边密集的商业交通。我们所说的1500年到1830年这一时代的"哥伦布全球化",其基础已经奠定。

事实上,正如我们所见,哥伦布全球化本身就是欧亚大陆(和北非)西端和俯瞰太平洋的大陆东部边缘更漫长全球联系史的顶点。在前哥伦布的欧亚大陆,罗马和中国之间的贸易,伊斯兰教从阿拉伯半岛西部传播到中国边境的惊人速度,技术、游戏(如象棋)、文学风格的传播,对象牙[2]、香料、宝石和丝绸[3]等奢侈品的偏好,以及贵金属作为货币的使用,这一切之所以可能,都是因为欧亚大陆深层次"半全球化"历史中失落的诸多商业和联系。[4]因此,对哥伦布希望买到的中国制成品的需求,他希望使用的航海技术,以及西班牙人带到美洲的十字军精神,都是西欧与中国文明和伊斯兰欧亚大陆诸文明长期接触的文化、技术和政治的遗产。全球化可能分阶段出现,并呈现出加速和减速的时刻,但全球化也是累积的——借鉴、改变或重塑一套继承而来的技术、路线、宇宙观、商业制度、文化品味和威望观念。让每个阶段在历史上都与众不同的,是一系列新的条件——在商业、技术、地缘政治力量、环境变化或疾病传播方面——这些条件有利于新的路线、新的消费习惯、新的空间观念、新的移民目标、新的宗教信仰和新的意识形态。

## 哥伦布全球化

首先,哥伦布全球化是欧洲长期受限的世界地位的一次非同寻常的扩展。欧洲商人,首先是葡萄牙商人,然后是荷兰商人,再然后是英格兰商人和其他商人,垄断了从好望角到亚洲的新的长途海上贸易。欧洲国家——西班牙、葡萄牙、荷兰、法国和英格兰——将新世界(或者他们能够到达的地区)变成欧洲的附属。哥伦布全球化仅仅是欧洲扩张的前奏这样一种十分常见的观点吗?的确,欧洲人借以进入新世界的特殊条件，极大地放大了哥伦布全球化对新世界的经济、文化和社会的影响。如果他们发现了他们所期望的——各民族愿意在旧世界沿线的国家进行贸易和组织——欧洲对美洲的征服和殖民就可能会推迟几个世纪（就像在亚洲一样），假使它真的发生的话。相反，西班牙征服者的轰动性胜利，取之不尽的掠夺的传说（和现实），大量的黄金横财，以及对大西洋航行的刺激，都鼓励了作为通往财富和地缘政治力量的康庄大道的殖民和海上贸易实践（并让这种意识形态受人尊崇）。大西洋帝国主义改变了欧洲人对地球形状的理解，并引发一种引人注目的新的地图制作文化。[5]现在可以把欧洲想象成已知世界的十字路口，而非其边缘。欧洲为传教事业和宗教扩张创造了一个巨大的新剧场，（不久）并为异见者提供了避难所。美洲的农产品——尤其是糖——鼓励了新的消费方式。[6]美洲的空间变成移民的目标，而其移民社会成为各种社会实验的场所，但实验并不总是良性的。正是在美洲，欧洲人真正发现了自己对种植园奴隶制的着迷。

然而，假设仅仅在欧洲或主要在欧洲感受到新的海洋地理学的全球影响，这是错误的。粮食和经济作物，比如高粱、大米、甘蔗和棉花（以及与之一道的技术）的长距离、跨气候区的转移，长期以来一直是旧世界农业的一个特点。公元300年后的某个时候，马来水手将香蕉从印度尼西亚带到东非，并迅速传播至非洲大陆。新的作物改变了当地的生态，增加了人口。但是，1492年后的"哥伦布大交换"为欧亚社会输入了大量高产的新粮食作物，并以惊人的速度种在田间地头。[7]红薯、花生和玉米都是16世纪中叶就在中国种植的，通常被认为是中国人口从1700年的1.6亿增加到一个世纪后的3.5亿的部分原因，[8]尽管玉米种植直到1750年至1820年才大幅扩大。[9]来自巴西的树薯（木薯）和玉米一样成为热带非洲的主要粮食作物。的确，种植玉米来维持相对密集的人口，很可能是1600年后强大的阿桑特帝国在西非森林带出现的关键因素。[10]我们甚至可以推测，新世界的作物在非洲促进的人口增长与跨越大西洋的奴隶反向流动之间存在联系。[11]

在贸易领域，美洲的全球影响同样引人注目。南北美洲殖民地成为种植园作物的来源，其中一些来自欧亚大陆，如甘蔗、咖啡树和靛蓝植物，另一些来自美洲本土的烟草和可可树。殖民地用奴隶劳工进行生产，很快取代了欧洲和中东的老供应商，削弱了整个旧世界生产商和贸易商的链条。但是，欧洲人从美洲获得的最有价值的"红利"是其白银财富，其中约四分之三出口到欧洲，或者直接出口到亚洲。白银扩大了欧洲经济的货币基础——并为其战争买单。不过，约从1600年起，运往欧洲的白银中有40%以上接着会被东运至亚洲。[12]在白银更为稀缺的亚洲，白银的价格会更高，仅仅是将其运送至此就能获得可观的利润。这种白银贸易的真正意义是，让欧洲人能够比以前更大规模地购买亚洲商品，因为亚洲对欧洲自身产品的需求从未如此之大。1660年至1665年，英国东印度公司向东方运送了约四万公斤白银；到了1750年代，运送白银的数量十倍于此。[13]欧洲消费者现在可以放纵自己对中国瓷器和丝绸以及优质印度棉的胃口，而中国和印度的生产商对这个蓬勃发展的新市场给出了热切的回应。来自景德镇的瓷器，以及越来越多来自福建的茶叶，通过华南沿海地区的主要转口港广州涌出。印度的平纹细布和印花平布从古吉拉特、乌木和孟加拉向西流动，其中大部分都在东印度公司的船上。[14]美洲的奴隶都穿上了印度的棉纺织品。[15]白银成为全球贸易的主要货币，而根据部分计算结果，1500年至1800年间，中国消耗了墨西哥和秘鲁白银开采量的一半到三分之二，其中大部分直接通过太平洋运往马尼拉。[16]正是中国的需求让西属美洲变得如此价值不菲。

1600年后开始出现了一种新的全球格局。哥伦布全球化将美洲、欧洲、印度、东南亚和中国纳入一个大循环，扩大了亚洲与欧洲及其殖民地的贸易规模，并使西欧成为长途海运贸易的主要载体。欧洲装备的船只拥有一个奇妙的优势：虽然这些船在顺风中比中国帆船慢，但是它们可以更好地**抵御**控制着印度洋和中国南海风力系统的季风。[17]亚洲大部分的地区或"国家"贸易仍然掌握在当地人手中，除了荷兰东印度公司占据的份额之外。该公司位于巴达维亚（雅加达）的亚洲总部与约二十八家"商馆"（即商业机构）开展的商业往来呈扇形分布，从也门的穆哈到日本的长崎。[18]在18世纪，马德拉斯（今金奈）和马尼拉之间出现了一场活跃的贸易，用印度的棉布（在西属美洲继续销售）换取美洲的白银。哥伦布全球化让印度和中国成为世界的工厂。它还推动非洲奴隶大规模转移至美洲种植园（1519年至1800年间超过八百万人）。欧洲人与非洲奴隶贩子交换的产品包括印度的纺织品：[19]到了1730年代，印度的棉制品占皇家非洲公司运往西非货物的三分之二到四分之三。[20]哥伦布全球化支持欧洲人向美洲（1500年至1783年间有约一百四十万人）以及中国人向东南亚更温和地移民，在东南亚，中国劳工在巴达维亚周围的奥姆梅兰登开垦了新的甘蔗田。[21]哥伦布全球化有力地刺激了东西方对舒适、消费和奢侈的新观念：印度的面料改变了欧洲人的服装品味，推动了流行时尚，重塑了欧洲大陆的物质文化。[22]它也是欧亚大陆和非洲疾病（包括麻疹、天花、疟疾和黄热病在内的一系列可怕疾病）的强大传播媒介，导致数百万缺乏免疫力的美洲原住民死亡——这是他们分担的"哥伦布大交换"的份额——并帮助传播了17和18世纪一次又一次的瘟疫。

或许最重要的，是哥伦布全球化改变了海洋世界。货物和人员的海上流通受风和洋流以及二者的季节性变化（特别是季风）的影响，这造就了新的停靠港和新的邻近关系。北大西洋的顺时针风向，控制着其航道。加勒比海地区成为从欧洲到美洲航运的重要十字路口，因此也是欧洲殖民竞赛的主驾驶舱。巴西东北部受到葡萄牙人和荷兰人的争夺，部分原因是（对双方来说）其位于二者绕过好望角去往东南亚的风控制的海上航线。锡兰（斯里兰卡）位于孟加拉湾和阿拉伯海的交汇处，受到葡萄牙人、荷兰人和后来的英国人的觊觎。位于巴达维亚的荷兰东印度公司亚洲总部守卫着爪哇海峡，而爪哇海峡是欧洲进入中国南海的主要入口，也是通往中国的海路。欧洲前往东方的船只定期造访好望角，[23] 其成为大西洋和印度洋之间的警卫室，并于1652年被荷兰东印度公司占领，作为其东印度帝国的前哨。尽管欧洲的壮举往往占据了历史头条，但是，长途海运贸易及欧洲在亚洲和非洲的商业存在所带来的新机遇，被非洲人、中国人和印度人——作为奴隶主、商人、船主和造船商或生产商——热切地抓住了。外出贸易者，无论新老，都进入了海洋商业所提供的新的中间人角色：亚美尼亚人、哈得拉毛人和犹太人就在其中。在东南亚的大部分地区，中国商人成为荷兰东印度公司青睐的合作伙伴，并在荷兰人的支持下确立了其卓越的商业地位。[24] 1680年代中期，清朝放松了对海外贸易的限制后，来自厦门和广州的中国帆船将中国制成品运往暹罗（泰国）和印度尼西亚群岛，换取大米、檀香油（用于仪式、医药、化妆品和棺材）和珊瑚等富有异国情调之物。[25]

然而，我们不应将这种繁忙的景象误认为是一个自由流动或持有世界主义价值观的世界。我们也不应该认为商业交易量在持续上升。就像我们所处的这个时代，贸易也经历了萧条和混乱时期。17世纪中叶美洲白银供应量的下降，1644年明清王朝更迭后中国的动荡，欧洲人之间的战争扰乱了海上贸易（比如1640年至1663年间葡萄牙人、荷兰人和西班牙人在东南亚、印度海岸、西非和巴西爆发的三方冲突），[26] 1720年后波斯的无政府状态，印度频现饥荒的影响，[27] 或者1791年摧毁世界上最富有殖民地圣多明各（海地）的奴隶革命，所有这些都使得长途贸易成为一门令人担忧、不确定和投机的生意。一系列的风暴、暴力的爆发、国家支持的海盗行为（所谓的"私掠"）或商品过剩，甚至可能对管理最谨慎的企业都造成严重破坏。[28] 葡萄牙人和西班牙人的早期冒险可能为新的贸易模式奠定了基础，荷兰、英格兰和法国三国的东印度公司很快就会效仿。但实际上是在约1690

年之后，我们才能看到大西洋贸易的快速增长。1651年至1670年间，美洲的年均出口额约为六百二十万英镑，但在1761年至1780年间为二千一百九十万英镑。[29]欧洲从亚洲进口的纺织品和茶叶在稳步增加，[30]而非洲和新世界之间的奴隶贸易在大幅加速。1600年至1700年间，有约一百八十万名非洲人被运过大西洋；在接下来的一个世纪里则有六百四十万名非洲人。[31]可能在1690年之前就已经有全球商业的先锋，但在接下来的一个世纪里，全球商业的潜在规模对同时代人来说变得显而易见。即便如此，我们也应该谨慎夸大其重要性。仔细的计算表明，18世纪晚期，欧洲每年从亚洲进口的货物（五万吨）几乎无法装满一艘现代集装箱船。[32]尽管统计数据的缺乏让人很难确定，但是印度或中国的出口在其整体经济活动中所占的比重似乎不太可能很大。

更不明显的是，哥伦布全球化创造了一个自由贸易和公开竞争的世界。臭名昭著的是，大多数欧洲国家奉行旨在将外国势力排除在其殖民地之外、将进口限制在最低限度，并在可能的情况下用国内生产取而代之的"重商主义"政策。尽管印度优质纺织品具有巨大的消费吸引力，但在英国，这些纺织品被广泛谴责为"东方"（意为"不道德"）的奢侈品和对贵重黄金的浪费。于是便对其征收高额关税，随后又将其禁止。1686年至1750年间，法国国内市场禁止进口印度棉布。[33]大多数欧洲专家相信，海外贸易是一场掠夺性的零和游戏，一个国家的收益是另一个国家的损失，而真正经济繁荣的关键仍然是高度不可预测的粮食收成。亚当·斯密强烈地谴责给对外贸易施加限制和排斥的做法，而欧洲人通常就这么做。在世界的另一端，德川幕府时期的日本严格限制与荷兰和中国商人的所有外部接触——只允许荷兰人进入长崎港的出岛，1708年后将每年允许在此登陆的中国帆船数量限制在三十艘。[34]清朝皇帝在1680年代放宽了中国对外贸易的禁令，但是欧洲人只获允在南方港口广州进行贸易，并在严密的监督之下，1757年这一制度也收紧了。反过来，在亚洲的欧洲"官方"公司努力维持着其对亚洲与欧洲贸易的垄断，以对抗国内的"闯入者"。西非统治者小心翼翼地将他们的欧洲客户控制在沿海地区，以保持他们对奴隶供应（和价格）的控制。印度对来自国外的贸易商更加开放，可谓不同寻常，或许是因为1700年后莫卧儿王朝的衰落，南亚海岸附近出现了新的商业友好型或商业依赖型政权。

正如这些限制所示，当时的观点，无论是欧洲人的、亚洲人的还是非洲人的，远远不相信全球化（不是当时的人会使用的术语）是可取的。迟至1811年，德川幕府的官员轻蔑地驳斥了外国商品为日本提供任何益处的想法："吾国民无意与外邦贸易，"他们告诉一名被俘的俄国人，"因吾晓无需必要之物。"[35]1792年至1793年，马戛尔尼使团（被派去建立英国和中国之间的外交关系）向清朝皇帝展示了具有西方独创性的物件，清朝皇帝的反驳是众所周知的："然从不贵奇巧，并无更需尔国制办物件"，将其讯息传达给乔治三世。[36]非洲人可能购买了印度制造的纺织品，但也购买他们自己制造的纺织品，他们只要符合当地传统的图案和颜色，并将进口布料与当地产品混合。[37]进口纺织品可能拓宽了非洲消费者的缝制范围，但他们并不想穿得像欧洲人，而更喜欢男士的缠腰布，并保留了前几个时代独特的剪裁、形状和风格。[38]但正是在全球商业产生了最大影响的西欧，人们最强烈地表达了对其进程和后果的不信任态度。

在某种程度上，这源于一种感觉，即欧洲征服和诉诸垄断的残酷无能扼杀了商业扩张的希望。亚当·斯密认为，若无对新世界最先进文明（指墨西哥和秘鲁）的破坏，与新世界的贸易规模会更大，就像对私人贸易商的禁令扼杀了与亚洲的贸易。[39]美洲庞大的奴隶人口可能消耗非常之少：这需要法规和法律来迫使奴隶主提供哪怕是最低限度的衣物配给。[40]这种不满不仅仅表现在商业上。就像欧洲的其他作家一样，斯密谴责了欧洲与世界其他地区商业关系中的残酷和不

帆船时代的英国航运，北大西洋的航海路线

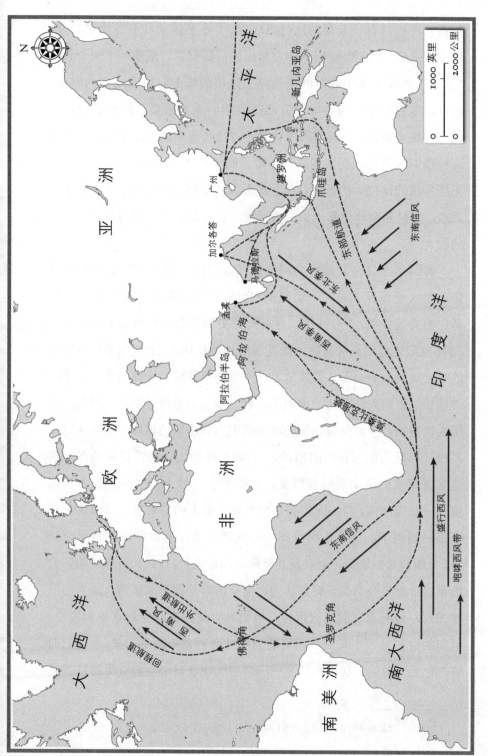

帆船时代的英国航运，前往印度和中国的航海路线

公正，声称总有一天要为此付出代价。[41]在英国的社会评论家看来，1757年之后，"纳博布"[*]从印度带回的巨额财富，威胁到了一个具有"东方"品味和道德的财阀统治精英阶层的崛起，以及政治的腐败。同样，尽管奴隶贸易和奴隶劳动在商业上至关重要，但到了1780年代，对奴隶制会污染英国国内社会（1772年著名的曼斯菲尔德判决将这种恐惧戏剧化，而该判决宣布奴隶制"可憎"，并使其在英国处于无法实施的地位）的恐惧，激发了反奴隶制情绪的高涨。[42]根据这种观点，哥伦布全球化奖励了少数特权阶层，是自由、道德和平衡经济的敌人。

雷纳尔神父在其被广为阅读的《东西印度群岛史》中冷峻地预测，由欧洲暴行引发的一场奴隶起义将破坏加勒比海地区在世界贸易中的关键作用。[43]在法国，这种批评更为致命。法国的大西洋贸易在18世纪迅速增长（实际上比英国增长得更快）。她的圣多明各殖民地是巨额利润的来源。像波尔多、南特和拉罗谢尔这样的港口，靠贩卖糖和奴隶而兴旺发达。雷纳尔的攻击基本是道德层面的，但是，法国人普遍担心全球商业会削弱法国的实力和法国的国体。孟德斯鸠在其极具影响力的《论法的精神》（1748）中指出，海洋贸易的兴起创造了新形式的流动的商业财富，威胁到了大领土君主国的权力和声望——就像法国。[44]法国在商业和海洋力量上的主要对手英国就是一个很好的例子。孟德斯鸠对此信心满满：英国的商业崩溃迟早会到来。[45]围绕弗朗索瓦·魁奈及其著作《经济表》（1759）所形成的强大的重农学派更为急切。魁奈认为，商业国家是摇摇欲坠的。商人们反复无常，没有真正的忠诚可言。他们的生意很容易受到竞争和攻击。他们的财富是看不见的，不可能为了社会利益而动员起来。"他们的资产包括分散的、秘密的信贷……君主无法获得流动的货币财富。"[46]

---

　　[*]纳博布，指靠掠夺印度人而发财致富的欧洲人，特别是英国人。

此外，他们能够发挥过大的影响力，并将英国变成一个"货栈国家"。法国必须从这样的命运中获救。国家财富和福祉唯一的真正基础是农业生产："一个大国不应该为了成为一家搬运公司而放弃犁。"重农学派的计划是让法国回到农业国家所预示的稳定，避免诉诸巨额公共债务（英国模式），并让自身的商业影响力能得其所。1775年英国的美洲殖民地的反抗似乎证明了他们的观点。法国财政大臣杜尔哥预测，由于严重依赖贸易，英国将陷入破产和社会革命。[47]

　　然而，我们可以称之为"全球化"的商业，也被欧洲思想家视为道德和社会进步的源泉。"商业，"孟德斯鸠说道，"可以治愈最具破坏性的偏见……。商业已经……传播了所有国家的礼仪知识：这些礼仪会被相互比较，最大的优势就从这种比较中产生。"[48]大卫·休谟的观点是相似的："一个拥有大量进出口的王国，肯定比一个满足于本国商品的王国要勤奋得多。"[49]斯密、雷纳尔（其研究助理团队包括德尼·狄德罗）和重农学派提出的批评反映了他们的信念，即正是哥伦布全球化所采取的那种形式使其在道德上令人反感、在经济上出现浪费、在政治上不稳定和内在地就有冲突。"商业，"斯密说道，"顺理成章应该是国家之间和个人之间的联盟和友谊的纽带，但是，商业已经成为不和与敌意的最肥沃来源。"[50]确实有很多证据表明，世界贸易的竞争是加勒比海、北美、印度、东南亚和西非不断发生的"殖民"战争的导火索。在1756年至1763年的"七年战争"中，英国人围攻并占领了魁北克、哈瓦那、印度南部的法属本地治里和马尼拉：一场殖民地"世界大战"。哥伦布全球化鼓励了以奴隶制为核心的伟大海洋帝国的发展，并将欧洲国家的地方地缘政治对抗变成一种全球现象。结果是，给它们的贸易和人口带来了舰队和军队以及遥远贸易站防御的巨大管理成本。唯一可取之处是，迟至1750年，欧洲人在世界大部分地区的存在，要么局限于沿海地区，要么温和地依赖亚洲或非洲统治者的法令。

事实上，哥伦布全球化让在贸易增长中分得一杯羹的亚洲和非洲的许多政体完好无损，甚至得以强化。1750年代，似乎很少有国家易于被欧洲人控制。奥斯曼帝国已经被哈布斯堡王朝从中欧击退，但几乎没有任何迹象表明其从东欧和巴尔干半岛仓促撤退，而从摩洛哥到埃及的北非诸国，仍然承认效忠君士坦丁堡的苏丹。黑海仍然是一片奥斯曼帝国之湖。在非洲，欧洲的影响力几乎没有超出几个沿海"商馆"，除了安哥拉，混血儿彭贝罗（*pombeiros*）\*会在这里从事奴隶交易。[51]在印度，莫卧儿政权正在衰落，但其在孟加拉、马拉地帝国、海得拉巴或迈索尔的后继国看起来太过强大，以致不会成为法国人、英国人、荷兰人或葡萄牙人在南亚所能部署的微弱军事力量的受害者。东南亚大陆曾因缅甸帝国和暹罗帝国之间的战争而震动：二者看起来皆非极易受到欧洲入侵。在中国，清帝国于1759年收复了新疆，粉碎了来自大草原的古老入侵威胁，比以往任何时候都更加安全。[52]1792年至1793年，乾隆皇帝轻蔑地驳回了马戛尔尼的使团官员，这表明他相信中国的"盛世"远未结束。虽然马戛尔尼可能会嘲笑清帝国就像一艘腐烂的战船，但是，只有最疯狂的幻想家才会梦想着用新的（欧洲的）船长和船员来驾驭之。偶尔会有风暴驱动的船只光临的日本，对欧洲人来说造访太过危险，以致只有少数荷兰商人获准留在位于长崎出岛的商馆。

## 哥伦布时代的港口城市

尽管存在种种局限性，但是这一新的全球制度对欧亚大陆港口城市的规模和范围产生了变革性影响，并为美洲和亚洲新的"殖民地"港口城市创造了空间。在欧洲，最明显的变化是地中海港口过去商业

---

\*葡萄牙语中指贩卖鸽子的人。

主导地位的终结。随着可通过海路直达印度、东南亚、中国、美洲和西非"奴隶海岸"，从汉堡到加的斯的欧洲大西洋沿岸成为世界贸易的巨大码头。棉纺织品、丝绸、陶瓷、糖、烟草、茶、咖啡、巧克力，以及大量较小的奢侈品，如钻石、珊瑚和浓郁的猩红色染料胭脂虫，补充了木材、谷物、盐、鱼、葡萄酒和香料等古老的支柱产品。欧洲消费者，至少是那些有可支配收入的消费者，对待售的新商品反应热烈，这些新商品改变了他们的饮食、服饰和休闲习惯，以展示他们的财富，放纵自己的甜食之喜好，或缓解他们的疼痛——这是烟草吸引力的一部分。巧克力（作为一种饮品）于1590年代到达西班牙，并于1600年后迅速在欧洲传播。伦敦第一家咖啡馆在1652年开业，而第一家茶楼和巧克力屋在1657年开业。[53] 到了17世纪晚期，糖和烟草变得足够便宜，成为大众消费品。印度风格的纺织品和中国瓷器是财富、精妙和舒适的标志。

欧洲的港口城市迅速扩张，以供应这些新商品并安排分销。继巴黎或马德里等都城之后，港口城市的人口增长最快：在1500至1700年间，半数以上港口城市的人口翻了一番或是原来的三倍。[54] 港口城市在全球范围内的贸易，为其从前哥伦布时代继承下来的东西增添了新的功能。此刻，它们不得不在更远的距离和更长的周转时间基础上为商业企业提供融资和管理——这一挑战促成了英格兰东印度公司和其强大的对手荷兰东印度公司等大公司的崛起。在里斯本和塞维利亚，统治者建立了新的机构来控制对亚洲和美洲的贸易，以及实施王室垄断并取得了喜忧参半的成功。随着美洲贸易从最初依赖白银开采逐渐转向种植经济作物，尤其是甘蔗，新的种植园经济需要设施和"要素"来提供信贷、托运货物以及为种植园主及其劳动力购买物资。[55] 种植园劳动力从白人契约佣工迅速转变为非洲奴隶——正如1640年代至1660年代巴巴多斯发生的情形[56]——是美洲融入全球经济最不寻常（回想起来也最可怕）的方面之一。事实上，到了16世纪中叶，西班牙人和葡萄牙人已经转向非洲奴隶，让他们在新世界的种植园和矿场工作；到了1640年，有近八十万人被带到了巴西和西属美洲（占据更大份额）。[57]这既反映了征集（或奴役）美洲原住民（已经因疾病而大量死亡）的困难，也反映了人们相信非洲奴隶——背井离乡——会成为比欧洲人更温顺的劳工，后者抵抗甘蔗种植园的野蛮制度。对英格兰人来说，巴西奴隶种植园的成功就是他们需要的全部证据。[58]由于疾病和种植园劳动的残酷条件，进口奴隶的工作寿命都短得惊人。因此，一类庞大的生意应运而生，为购买和更换他们提供资金，并安排被送往奴隶海岸的易货货物（通常是印度纺织品）和船只，而奴隶从这里被送往加勒比海和美洲大陆的买家手中。派往西非从事奴隶贸易的船只，是从欧洲驶出的迅速增长的商船队的一部分，也是相当大的一部分（到了18世纪晚期，约占英国吨位的15%）。据估计，欧洲的航运吨位1500年约为22.5万吨，到了1670年约为150万吨，一个世纪后约为300万吨；到了17世纪晚期，远洋海员数量多达十万人。[59]船舶建造成本高昂（船舶是前现代世界最昂贵的资本品），需要一个由高度专业化设备组成的复杂供应链。船舶必须有船员、运货和保险、装货和卸货。船东、造船和维护、船舶经纪（船舶租赁）以及船舶劳动力的招聘——有时来自偏远地区——是港口城市经济最具活力的一些要素。

一座成功的港口城市需要的不仅仅是有利的地理位置和充满活力的商业阶层。一如早期，保护和特权至关重要。商人们激烈地游说，以争取国家对其海外企业的支持，或者获得一份"特许状"，将他们的本土竞争对手排除在利润丰厚的贸易之外。他们不得不抵御——或者试图利用——国王对更多海关收入的要求：赢得管理海关的"包税权"可能是通往财富的康庄大道，也可能是通往破产的捷径。在欧洲各个海洋国家之间激烈竞争的时代，当商人的船只被敌方海军或官方批准的"私掠船"劫持时，他们不得不考虑商业破坏和损失的成本。

对海军保护的需求是港口城市政治议程上的重要议题。[60]港口城市可能希望在战时从主权国家对贷款、物资和航运的需求中获利：胜利将带来可观的红利。出于所有这些原因，商业成功至少在一定程度上取决于港口城市所处的政治和地缘政治环境。在其商业阶层已经准备好获得统治权，或者通过联姻或商业伙伴关系与统治精英建立密切关系的地方，可部分保证王朝的野心会因经济私利而有所缓和。但同为事实的是，如果其统治者因运气不佳或管理不善而未能捍卫其臣民在海外的商业利益，那么，港口城市的前景很快就会变得黯淡。1700年之后，西班牙的评论家一直哀叹西班牙海权的缺陷，以及无法保护对其潜在利润丰厚的美洲贸易的垄断。

我们可以看到这些先决条件在1600年后的大西洋欧洲的主要港口城市发挥作用：阿姆斯特丹和伦敦。西班牙未能摧毁荷兰的独立，以及荷兰对安特卫普出海口斯凯尔特河口的控制，安特卫普因而受害，在商业上满目疮痍，阿姆斯特丹却因此受益。阿姆斯特丹以惊人的速度从1600年的五万人口增长到1675年的约二十二万人口，这一增长（与所有前现代城市一样）是大量移民促成的，其中大部分来自德意志。其对商业友好的共和国政府，对建立一个用于商品和股票交易的交易所和一个用于外国交易的外汇银行表示欢迎，并授予荷兰东印度公司及其（不太成功的）大西洋同行西印度公司亚洲贸易的垄断权。荷兰部署海军力量对抗瑞典，以维持厄勒海峡的开放状态，并保持阿姆斯特丹在波罗的海的商业优势。一支庞大的商船队负责运送北欧和南欧之间的大部分贸易货物。英格兰与欧洲的大部分贸易都是通过这座城市进行的，因为荷兰商人拥有超过任何竞争对手的信用、人脉和商业专长。低进口关税使荷兰成为欧洲最开放的市场。凭借它原先的支柱贸易货物——来自波罗的海和北海的谷物、鱼和木材，其中大部分是通过里斯本出口到南欧——它从亚洲和美洲进口的"富有异国情调之物"，它进入莱茵兰和德意志南部的便利性，它的纺织品、啤酒、肥皂和糖精炼制造业，以及它对包括在金融领域发挥主导作用的葡萄牙犹太人在内的宗教异见者的宽容，阿姆斯特丹成为大西洋欧洲的女王之城。阿姆斯特丹也是"新闻的主要来源"，欧洲的信息之都。到了17世纪初，印刷的时事通讯、"市价表"和利率表都很容易在此地找到。阿姆斯特丹是北欧各地邮件的"邮局"。地图绘制者会在该市的码头上等待返航的船只。[61]

然而，商业的至高地位从来不是高枕无忧的。到了17世纪晚期，荷兰在转口贸易上的优势承受了压力，因为其他地方的商人绕过了阿姆斯特丹，而重商主义规则更青睐当地船舶而非荷兰船舶。夹在法国的陆上威胁和英国的海上挑战之间，荷兰共和国缺乏强推其商业和海洋利益的实力。1664年，荷兰共和国的北美殖民地输给了英格兰，为了制糖而从葡萄牙人手中夺取巴西东北部的企图也功败垂成。到了1730年代——如果不是更早的话——英国的贸易已经超过了荷兰，不再依赖荷兰这个中间人。[62]海上强国英国实施了"航海条例"，将荷兰运输船排除在英国与美洲、亚洲和非洲的贸易之外（尽管没有完全成功）。[63]到了18世纪中叶，英国的商船队已经超过了荷兰的商船队。[64]英格兰在1690年代转向保护，这鼓励了制造业和成品出口，损害了荷兰的出口经济。伦敦现在可与阿姆斯特丹同台竞技。伦敦是一座要大得多的城市——1700年，伦敦的面积几乎是阿姆斯特丹的三倍，人口近六十万。伦敦让英格兰的其他港口相形见绌，比第二大港口城市布里斯托尔要大二十五倍之多。[65]伦敦主导了对外贸易，接收了约80%的英格兰进口商品。与阿姆斯特丹相比，伦敦国内市场要广阔得多。伦敦是一个更广泛的跨大西洋帝国的中心（包括来自加勒比海的巨额食糖贸易），并将其产品重新出口给欧洲的消费者。伦敦是东印度公司的总部，结果证明，该公司在南亚纺织品方面快速增长的贸易，比荷兰东印度公司对香料的依赖更有利可图。作为一个更大的、愈发中央集权的国家的首都，伦敦受益于政府、宫廷和土地贵族的支出。伦敦也拥有使阿姆斯特丹成为一个高效商业场所的同类机构：一个皇家交易所、一个邮政局，用于同国外不同市场通信和联系的专门咖啡馆。[66] 伦敦日益重要的一个迹象是，越来越多的荷兰和德意志商人被在伦敦签订合同的需求所吸引。尽管如此，在整个 18 世纪，阿姆斯特丹仍然是欧洲的主要外汇交易中心，商人可以在此结算外币汇票，也是其主要的贷款来源。荷兰银行家对外国政府债券进行了大量投资，尤其是英国国债，他们在 1770 年代持有英国 40% 左右的公共债务。[67] 直到 18 世纪末被法国灾难性地征服，阿姆斯特丹才最终将其引以为豪的地位让给英吉利海峡对岸的竞争对手。

阿姆斯特丹和伦敦都依靠其政府和海军——取得了不同程度的成功——来保护其商业帝国免受欧洲竞争对手的攻击，并在可能的情况下扩大商业帝国的规模。虽然二者的大部分业务都在欧洲，但其全球商业规模可是繁荣的催化剂，并创造了新的投资类型、新的消费模式与新的搜集和传播信息及新闻的机构。但是，哥伦布全球化最引人注目的新特点，或许是殖民地港口城市的出现。来自亚洲和欧洲的商人长期以来一直习惯于生活在飞地、聚居区、小村庄和商馆，在这些地方，他们在当地统治者治下享有一定程度的特许自治权。威尼斯人和热那亚人在黑海建立了贸易前哨，岌岌可危地依赖邻国的善意。征服新世界和在此定居，标志着一场彻底的变革。在新世界，欧洲人不是基于勉强同意，而是通过征服或"发现"的权利建立了新的城市定居点，并应用了其欧洲家园的制度和法律。到了 17 世纪中叶，从北部的魁北克（建于 1608 年），经过波士顿（1630）、荷属新阿姆斯特丹（1624 年，1664 年起为英格兰的纽约），到弗吉尼亚的詹姆斯敦（1607），一系列移民港口城镇沿着北美洲东海岸延伸。到了 17 世纪末，加入这些城镇行列的，还有南北卡罗来纳的查尔斯顿（1670）和特拉华河畔的费城（1681）。在英格兰人、法国人、荷兰人、丹麦人和瑞典人及西班牙人都获得了岛屿殖民地的加勒比海地区，大多数都是由小型沿海定居点提供服务：其中最大的是巴巴多斯的布里奇敦和牙买加的罗亚尔港，1655年，英格兰人从西班牙手中夺得罗亚尔港并占领之。西班牙人建立的港口城市有哈瓦那、维拉克鲁斯（通往墨西哥的门户）、卡塔赫纳、巴拿马的波托贝洛、利马（实际上是陆上八英里，其港口位于卡亚俄）和布宜诺斯艾利斯，其中，哈瓦那和利马是最重要的。巴西海岸上的累西腓、萨尔瓦多和里约热内卢都建于1600年之前，是葡萄牙的美洲帝国的神经中枢。

这些新世界的港口城镇发挥了广泛的作用。它们是欧洲人冒险进入美洲广大内陆腹地的滩头阵地。它们是物资和人力借以从家乡运来的渠道。人们期望这些港口城市捍卫其创建人的主张，以对抗竞争者和掠夺者：这是其选址的一个关键因素。法国人很快就将其加拿大基地从圣劳伦斯河口的塔杜萨克迁至魁北克，因为那里是河流窄到炮弹可以射过的地方。无论在哪里，他们的要塞和防御工事都面向大海——大海是危险的主要来源。到了1500年左右，正是纽芬兰"大浅滩"的广阔渔场，吸引了欧洲人穿越北大西洋。但是贸易而非定居点支持了在北美大陆的存在。毛皮贸易吸引法国人进入加拿大，并吸引荷兰人来到哈得孙河。与印第安人的贸易一直是登陆詹姆斯敦的最初动机。不过，一旦定居点扩大，港口城镇就会扩大，以满足移民社区对当地制成品和进口商品的需求。这些港口城镇管理着其出口商品的销售（切萨皮克的烟草、卡罗来纳的大米），并安置了神职人员、律师、测量师和医生，他们负责管理殖民地精神上、法律上和身体上的健康。在种植园经济于17世纪晚期创造了非凡财富的加勒比海地区，港口城镇因糖和奴隶的贩运、种植园园主和商人以及他们需要其服务的律师和医生的炫耀性消费而变得富裕起来。在巴西东南海岸的伯南布哥和巴伊亚，糖和奴隶同样是城市繁荣的源泉；再往南走，（从1690年代开始）正是黄金成就了里约热内卢的财富。[68]在大多数情况下，殖民地的港口城镇也是殖民地的首府，总督及其官员队伍的机构所在地，通常也是总督指挥的军事力量的驻地。港口城镇也可能会成为未经宣布的战争和非法贸易的基地。正是在牙买加岛的罗亚尔港，英国人试图通过海盗行为和私掠，以及最初为牙买加的繁荣打下基础的违禁品贸易，来颠覆西班牙的辽阔帝国。[69]

西班牙的模式与此不同。西班牙与美洲的贸易，是被正式授予塞维利亚和后来的加的斯（加的斯典雅的古城展现了其18世纪的繁荣）少数几个商人家族的垄断权利，并以一年一度的跨大西洋船队——"印度群岛船队"——的形式组织起来，并在巴拿马地峡的波托贝洛和墨西哥海岸的维拉克鲁斯之间划界。在西属美洲，1592年起在墨西哥城和1613年起在利马，两个主要的领事馆或商人行会获得了处理这一帝国贸易的许可。他们的职责是代表国王管理西班牙和美洲的贸易，并保障有助于维持其偿付能力的收入。[70]帝国的主要商业财富不在海岸，而是在墨西哥和秘鲁内陆高原的银矿中，取道维拉克鲁斯和利马（巴拿马和波托西之间等距）就可以进入这些银矿。来自墨西哥城的商人及时赶到维拉克鲁斯，以迎接西班牙船队的到来——1640年后，西班牙船队与其说是定期造访，不如说是断断续续来此。波托贝洛是来自利马的商人的会合处，来到此地的帆船像是间歇性的，在1690年到1739年间只航行了七次。[71]事实上，西班牙和美洲贸易的很大一部分严格来说是"违禁品"，来自加勒比海殖民地的荷兰和英国商人利用了西班牙对南美洲和中美洲漫长的大西洋海岸线的脆弱控制。太平洋海岸可能不那么容易为走私者所利用，尽管利马及其港口卡亚俄戒备森严，以抵御来自海上的袭击威胁。的确，利马领事馆保留了对西属南美洲几乎所有贸易的官方控制权：直到1770年，布宜诺斯艾利斯才获允与欧洲进行直接交易。[72]然而，西班牙与美洲的贸易似乎大部分实际上是内部贸易，即为数十个采矿中心提供粮食和当地制造的产品。不过，对西班牙的欧洲竞争对手来说，西属美洲仍然是一个丰厚的奖品。位于古巴岛北部海岸的哈瓦那（1515年至1519年间，先是建立，后来搬迁），连同其俯瞰佛罗里达海峡的宏伟而坚固的港口，最初充当着返程"印度群岛船队"的集结点。该地成为西班牙船舶在美洲的修船厂和补给基地，也是守卫墨西哥湾和西班牙的美洲帝国入口的重要海军据点。[73] 正是哈瓦那的战略意义使其成为1762年被英国占领的主要目标——但一年后在1763年的《巴黎和约》中得以归还。

因此，新世界的港口城镇和城市，是欧洲征服及其所引发的哥伦布全球化的重要媒介。1700年后，随着跨大西洋贸易（包括奴隶贸易）的迅速增长，其规模和重要性也相应增加。查尔斯顿的人口在该世纪翻了两番，纽约的人口在1740年至1790年间增至原来的三倍。[74] 查尔斯顿、金斯顿和布里奇顿等城镇都不再仅仅是"运输点"，它们自己也为当地消费者生产商品和提供服务。[75] 1770年代，西班牙和葡萄牙贸易的自由化，给伊比利亚属美洲带来了一场"商业革命"。但是，这个哥伦布的世界既带来机遇也带来制约，限制了港口城市的发展。旧世界和新世界之间的动物、作物和疾病的"哥伦布大交换"，摧毁了美洲的土著人口，使其需要很长一段时间才能恢复元气。加勒比海地区和美洲大陆大部分地区对奴隶或奴隶劳动的依赖，进一步抑制了消费者需求和国内贸易的增长。在北美大陆，在英国人和法国人之间竞争的帮助下，美洲原住民在很大程度上将白人定居区限制在阿巴拉契亚山脉以东的海岸平原上，宽度在一百到二百英里之间。种植园和巨大的土地庄园——西属美洲的大庄园——的盛行，是白人自由移民的进一步障碍。在欧洲拥有市场的产品种类繁多，但是除了糖、烟草和白银之外，产量很少。在远离航道的地方，只有白银和一些奢侈品才能承担陆路运输的费用。虽然大西洋的通信在18世纪有所改善，但是贸易和交流不断被战争和战争谣言所破坏——正如亚当·斯密指出的那样，这是商业竞争和王朝竞争的结果。大西洋战争是欧洲王朝冲突的一部分，在1700年至1763年间的近一半时间里，烽烟四起。

在亚洲海洋部分的"季风世界"中，也可以找到殖民地港口城市。零星分布在红海和日本之间的，是葡萄牙、西班牙、荷兰、英国、法国和丹麦的"商馆"或贸易站，通常位于一个古老的亚洲港口城市的边缘。在少数的例子中，欧洲的存在变得更加根深蒂固，成为亚洲格局中一个永久的固定景观：果阿、本地治里、马德拉斯、马尼拉和巴达维亚是最宏伟的。位于印度东南部或曰乌木海岸的马德拉斯，建于1639年，是英国东印度公司的亚洲总部。马德拉斯是采购印度棉布的仓库，而印度棉布已经成为该公司从亚洲进口的主要商品，也是其利润的主要来源。[76]马德拉斯没有港口，而且在冬季季风期间，其港外锚地危险重重。英国东印度公司的船只停泊在近海，用小船将乘客和货物穿过海浪送到海滩。"白人的"马德拉斯是一座要塞（"圣乔治堡"），里面有公司的仓库以及主管和员工的家，还有微不足道的驻军。即便包括驻军在内，欧洲人口也只有几百人，其中许多是葡萄牙人、犹太人和亚美尼亚人。要塞城墙外是更富裕的欧洲人更宽敞的住宅，以及更大的"黑人城镇"，那里有庞大的印度人口（到1700年可能超过三十万），在公司的眼皮底下进行贸易、编织和劳动。英国东印度公司为其城市及其周边地区的土地支付了租金，并谨慎地服从地区先后的霸主戈尔康达和莫卧儿君主。从表面上看，马德拉斯和1661年从葡萄牙人手中获得的较贫穷的兄弟城市孟买，跟英格兰在美洲的殖民地一样，引入了英格兰的法律、宗教和社会习俗。但在实践中，二者是"公司镇"，其中，即使对那些不是员工而是在亚洲进行贸易的"自由商人"来说，也不存在代表机构的问题，而且法律就是公司的法庭所说的那样。[77]到了17世纪中叶，马德拉斯已经成为英国东印度公司与总部位于本地治里以南的法国东印度公司武装斗争的四面楚歌的要塞。外交和战略现在就像买卖一样成为英国东印度公司的业务。1756年末，罗伯特·克莱夫正是从马德拉斯出发，恢复了英国东印度公司在孟加拉和加尔各答的所有权，并报复了驱逐该公司的孟加拉纳瓦布苏拉杰·道勒。具有讽刺意味的结果是，把加尔各答而非马德拉斯变成了英国人在南亚的商业、行政和政治首都。

在哥伦布时代，爪哇岛上的巴达维亚是"东方女王"。巴达维亚由荷兰东印度公司在1619年建立，以控制印度洋和中国南海之间的通道，是一座要塞。在17世纪和18世纪的大部分时间里，巴达维亚是一个海洋帝国的首都，该帝国从红海和西边的好望角一直延伸到日本海的长崎。荷兰人正是从该基地对印度尼西亚群岛的香料贸易实施了垄断，赶走了他们的竞争者，比如顽强的葡萄牙人，他们紧紧抓住当地统治者给予他们保护的任何地方。[78]最重要的是，这是一个巨大的东方商业中心，亚洲的"国家贸易"（亚洲的内部贸易，而不是亚洲和欧洲之间的贸易）将被吸引来此：印度的棉布、波斯湾的珍珠和黄金、暹罗的大米、马来半岛和马来群岛的芳香木材和锡、日本的铜以及中国的茶、丝绸和瓷器。荷兰人依靠他们的"商馆"网络收集产品，而这将吸引来自厦门的"舢板贸易"，带来他们可以发回欧洲的高价值商品，并越来越多地用于支付他们在广州购买茶叶的费用。

巴达维亚像荷兰的一座城市那般布局，拥有一排排运河，周围环绕着一圈堡垒，以抵御来自爪哇内陆的袭击威胁。与欧洲的大多数亚洲港口城市一样，欧洲人口在华人、爪哇人、巴厘人和布吉人中只占少数。1700年，住在该城及其直接腹地的七万人中，只有六千人是欧洲人。[79]来自马拉巴尔、孟加拉、苏门答腊和西里伯斯（今苏拉威西）的奴隶占人口的一半。[80]的确，在17世纪和18世纪，有二十万至三十万名奴隶被带到巴达维亚。[81]欧洲男人和亚洲女人的结合造就了一个混血儿的社区——就像亚洲的其他地方。虽然荷兰东印度公司依赖欧洲的水手、士兵、官员和文书的持续移民，但是，巴达维亚的商业成功实际上取决于中国商人的存在，他们才是中国南海主要的贸易阶层。巴达维亚实际上变成"荷兰保护下的中国拓殖城镇"。[82]到了18

世纪初，成千上万的中国人以贸易商和农场主的身份来到巴达维亚及其周边地区居住，在巴达维亚南部开垦的沼泽地里种植甘蔗。华人的贡品和税收帮助支付了保卫巴达维亚的费用。华裔商人管理着荷兰东印度公司的包税权。就像马尼拉（荷兰人可能复制的模式），巴达维亚是一座住着不少华人的欧洲要塞。

到了18世纪中叶，荷兰人在亚洲便处于守势，面临着来自英国人和法国人的竞争。巴达维亚本身也经历了一场重大危机，当时，华人农场主反抗荷兰东印度公司为甘蔗支付的不断下跌的价格。荷兰人因害怕自己被推翻，屠杀了住在该城的约一万名华人。华人又回来了：到了1800年，约有十万人再次住在巴达维亚及其周边地区。但是，这座城市本身正处于商业衰退之中。从1730年代起，该城就被毁灭性的疟疾大流行所席卷——这可能是甘蔗生产带来的森林砍伐和水污染的结果。作为巴达维亚贸易经济的重要组成部分，来自厦门的"舢板贸易"开始枯竭，因为中国商人和船长更喜欢经常光顾暹罗以及柔佛海峡和马六甲海峡周围"自由的"港口。雪上加霜的是，荷兰东印度公司现在直接从广州而非通过巴达维亚购买茶叶。[83]总部设在印度的英国"国家贸易商"，在附近的群岛上削弱了荷兰东印度公司。荷兰东印度公司通过在东南亚销售印度鸦片来弥补缺口。[84]1740年后，随着荷兰在爪哇岛的存在转向了领土统治，巴达维亚本身看起来愈发向内[85]——18世纪末古城被遗弃，取而代之的是一个更有益健康的内陆场地，这戏剧性地象征着一种变化。

在马德拉斯、巴达维亚和欧洲人在季风亚洲建立的其他港口城市中，商业活动主要与"国家贸易"有关，这部分是为欧洲消费者购买的商品付费，部分是因为其利润对支付欧洲人的驻在成本至关重要：他们的堡垒、船舶、驻军以及对亚洲和欧洲奢侈品的炫耀性消费。与大西洋世界的模式截然不同，欧洲人能够依附于庞大的本土"半全球"贸易网络，并与高度复杂的本土商人社区建立伙伴关系。因此，在哥伦布时代的大部分时间里，他们的亚洲港口城市看起来与其说是准备维护内部支配权的桥头堡，不如说是摇摇欲坠地坐落在亚洲国家边缘的设防商馆。虽然印度的棉布仍然是吸引欧洲商人前往印度次大陆诸港口的强大磁石，但在18世纪中叶，亚洲最引人注目的港口城市是最古老的港口城市之一：华南的广州。

广州位于三条大河的交汇处，是华南大部分地区的商业中心。在18世纪中叶，广州是中国唯一允许欧洲船舶进入的港口——条件十分严格。在从欧洲出发六个月航程的尾声，荷兰、法国、英国、丹麦或瑞典的船只将进入珠江口，通常在7月或8月乘西南季风抵达。一本稍晚的航行指南表示，通往珠江之路"可能会比通往寰宇任何其他大河都更安全"。[86]一艘船在接走领航员之后，将停靠澳门交付邮件，并从那里的中国海关获得前往广州所需的许可证。船只会穿过"虎门"，这是一条一英里宽的通道，由两座年久失修的堡垒守卫，然后向上游航行约三十英里，到达广州下游十三英里的黄埔岛。这是外国船只被允许到达的最近地点；他们将在那里停留三四个月，而其押运员会就货物的出售进行谈判，并为欧洲收集货物。他们的船员获允在附近的两座岛屿而非黄埔岛上娱乐，而押运员会乘坐舢板前往广州的商馆。在此，他们将会见受权与外国人打交道的中国商人，并开始漫长的茶叶、丝绸和瓷器的取样和购买过程，而这些是其主要业务。一旦贸易结束，所有欧洲人就会被要求离开广州，撤回澳门，澳门是一个衰退的葡萄牙港口，由欧洲侨民组成的半永久性小社区就位于此。

1700年以后，广州的对外贸易突飞猛进。1740年左右，每年会有十至十五艘欧洲船只抵达黄埔；到1770年代，这一数字增长了两倍。[87]同一时期，茶叶的出口量增长了五到六倍。[88]为了满足对茶叶、丝绸和瓷器日益增长的需求，内陆商人使用庞大的搬运工车队（有约三万人受雇于这一运输业），通过陆路和江轮艰难地前往广州，带着盐、棉布和毛皮回程。在广州，所有涉及外国人的生意都应与官方指定的"安全保障商"——行商——进行，每艘外国船只对应一名安全保障商。他们负责支付外国船只必须支付的应缴款和关税，并确保外国船只和船员遵守规定。随着贸易规模的增长，行商愈发依赖外国商人提供的信贷：的确，一些外国人作为乘客来港不是为了出售货物，而是为了贴息贷款。因为对外国人来说，广州是一个非常安全的贸易和贷款之地。虽然书面合同很少，但由于畏惧官方的反对和随后的制裁，很少有中国商人胆敢违约。事实上，"广州制度"非但没有阻碍对外贸易或者骚扰外国商人，反而旨在最大限度地减少摩擦，避免政府的直接干预，促进当地商人之间的竞争——最重要的是——刺激作为帝国收入来源的贸易。[89]

尽管广州的贸易制度效率很高，但是到了18世纪晚期，这一贸易制度正逐渐接近一场危机。部分困难在于被吸引到港口的"国家贸易商"：他们比欧洲公司难管理得多。走私和其他形式的非法贸易更难监督。1765年后，当英国东印度公司获得了孟加拉的控制权时，其在加尔各答拍卖的鸦片成为与中国的"国家贸易"商业的主要商品——尽管清帝国禁止其进口。对部分局外观察家来说，解决办法仅仅是开放广州成为一个"自由的"港口，废除官方控制的机构。但问题在更深层次。核心是重要的广州商人——行商——日渐衰弱。他们从事的交易竞争激烈，利润率很低。欧洲公司实施了一种"以货易货"的制度，迫使他们在接受出口之前购买进口的商品——这一规定往往会造成损失，或者让他们向外国债权人欠下更多债务。欧洲反复发生的冲突，导致航运活动突然减少和外国需求土崩瓦解。再加上清朝官方和非官方强行征收的种种苛捐杂税，结果是削弱了他们的信贷和资本储备，因此破产频繁。"广州制度"非但没有造就一个伟大的商人阶层，以利用对外贸易并抵御外来者在中国的影响，反而将清朝拖入了其试图避免的对抗中。然而，就此刻而言，这种前景只是遥远地平线上的一朵乌云。

# 哥伦布危机

这朵乌云不只是在广州。到了18世纪晚期，哥伦布全球化正在走向危机。其根源在于，愈发广泛的商业化带来了文化、政治和地缘政治影响所产生的种种无心的、不可预测的后果。自古以来，商业化的文化和价值观的危险就一直是卡珊德拉的预言：正是为了对抗这一传统，大卫·休谟直接称赞起作为一种教化力量的商业。反对商业的论点通常是道德上的：在一个由财富（尤其是商业财富）统治的世界里，美德和荣誉会走向溃败。如果没有禁止奢侈品、高利贷、房地产自由市场或粗鲁的"暴发户"稀释精英的规定，那么，追求富裕和炫耀将破坏社会尊重和宗教权威（监督不足社会的重要粘合剂），破坏血统、种姓和阶级的团结，并为社会战争创造条件。中国比欧洲更强烈地感受到这些焦虑。但是，也存在卡珊德拉（和休谟）忽视的其他副作用。在一个竞争激烈的世界里，国家和统治者很少会蔑视商业带来的收入，或者商人和金融家可以提供的贷款。如果受到国外竞争对手的威胁，他们很难排除或逃避这种影响，也很难否认对军事援助的诉求。即便在清朝谨慎地避免诉诸公共债务的中国，国家仍然依赖商人（尤其是饥荒时期的粮食商人）的合作，并将其与广州欧洲人的关系移交给一个认可的贸易商会。在孟加拉和印度南部，摆脱莫卧儿控制的印度新政权愈发依赖印度商人、银行家和布料制造商与驻扎在沿海的欧洲各公司之间的联系所带来的利润和收入。贸易量越大，容不得闪失的利益就越大，那些认为任何业务中断都意味着损失或毁灭的人，他们的声音也就越大。因此，新的权力中心更有可能出现，以动摇旧的权力中心，并反映社会影响力和财富分配的变化。

因此，商业化可能是地缘政治变化的导火索，或者加深其影响。在亚洲，最引人注目的例子发生在印度，那里的商业和地缘政治引人注目地相互作用。在伊朗军阀纳迪尔沙及其阿富汗盟友的袭击下，印度北部的莫卧儿帝国在1750年代中期土崩瓦解。与此同时，英国人和法国人在印度南部争夺贸易和影响力的白热化竞争，开始加速沿海地区的欧洲人从商业姿态转变为军事姿态。英国东印度公司开始组建一支军队。但是转折点出现了，孟加拉的纳瓦布不信任英国东印度公司的影响力和雄心，占领了其位于加尔各答的主要商馆，将其员工监禁（在臭名昭著的"黑洞"中）。在早先的时候，英国东印度公司原本可以做得很少；但现在该公司在马德拉斯拥有一支陆军，还有一位经验丰富的指挥官罗伯特·克莱夫。陆军得到了孟加拉湾皇家海军的支持。最重要的是，英国东印度公司可以利用纳瓦布政权内部的摩擦和分歧，这是孟加拉商业快速发展的部分结果。在1757年6月的普拉西战役中，纳瓦布主要盟友的叛逃为英国人赢得了胜利。克莱夫和东印度公司巩固了他们的优势。他们将孟加拉变成一个傀儡政权，然后事实上变成了东印度公司统治的一个省份。[90]英国东印度公司几年内就将其军事力量扩展到恒河，一直延伸到阿瓦德。它继承了丰厚的税收收入，并迅速招募了一支与之匹配的陆军。但它还不是印度的主人：像马拉地人和迈索尔人这样的强大对手阻碍了该公司的前进。但是，英国东印度公司现在控制着印度与欧洲的大部分贸易：孟加拉的纺织商已经成为该公司的臣民，被迫接受公司所提供的价格——通常支付的价格比市场价要低25%。[91]英国东印度公司控制着印度最富有的省份，以及印度最有价值的出口来源——孟加拉鸦片，1773年起该公司就是其独家买主。克莱夫毫不夸张地说，这是一场革命，一场很快就会在亚洲产生全面影响的革命。

在大西洋世界，英国的美洲殖民地在经济上的不满，可能在煽动叛乱中发挥了作用，不过，正是殖民地商业经济的规模和实力支撑了其对英国海军和军事力量的抵抗，并吸引了法国、西班牙和荷兰人的支持。法国干预的动机是扭转包括1763年失去新法兰西在内的前十年的耻辱性失败，恢复法国在大西洋的地位，并维护其在欧洲的霸权地位。但事实证明，法国的成功只是海市蜃楼。1783年，英国失去了十三个大陆殖民地，但没有失去大部分贸易。它的海军力量经受住了法国的挑战。但是，法国的公共财政却陷入了破产境地，法国的政治也陷入了革命。杜尔哥预测英国会出现的金融崩溃让法国吃了苦头。1792年后法国国内资源的惊人动员，法国革命讯息在整个欧洲的吸引力，以及拿破仑·波拿巴的军事天才，将法国的动荡转变为一场巨大的地缘政治斗争——实际上是一场世界大战。

拿破仑的首要目标是恢复和加强法国的欧陆最高权威。不过，他还决心通过摧毁英国的贸易帝国、破解其海军和财政实力的秘密，以及瓦解其在大陆事务中的影响力来确保其安全。他要去征服埃及的远征并未起动：英国人认为这是向印度进军，在1798年8月的尼罗河战役中，纳尔逊切断了拿破仑陆军对法国的补给线而获得胜利，摧毁了这一企图。1801年至1803年间，拿破仑从黑人自由战士手中收复圣多明各（海地），重建波旁王朝失去的美洲帝国的战役也没有使情况变得更好：法国陆军被疾病摧毁，这是欧洲在加勒比海地区的军事远征的常见命运。拿破仑厌恶地出卖了法国对北美内陆的所有权，开的价现在看来只相当于一首歌的价格（三百万英镑，不到当时英国政府年收入的10%）：此即托马斯·杰斐逊1803年的"路易斯安那购地案"。拿破仑的计划是在欧洲建立一个封闭的大陆体系，以排除英国的贸易，摧毁其经济，并缓解对破产岛屿的征服。霍雷肖·纳尔逊于1805年10月摧毁了法国和西班牙的联合舰队，破坏了拿破仑入侵特拉法加的希望，尽管这并非拿破仑在欧洲成为至尊的动力。到了1812年，为执行其经济制度而进行的令人精疲力竭的斗争，迫使皇帝对俄国发动了灾难性的进攻。1814年的失败和退位，以及1815年在滑铁卢收尾的短暂的二次战争，让欧洲人后来所说的"大战"筋疲力尽地结束了。

一百年后，另一场"大战"的结束被广泛视作欧洲在世界上衰落的开始。但早前一场大战的结果则截然不同。拿破仑为夺取哥伦布全球化的成果，或者至少是不让英国享受之而做出的巨大努力，引发了一系列地缘政治爆炸。1808年，他占领西班牙，粗暴地废黜了其波旁国王，在西属美洲造成了合法性危机，克里奥尔爱国者在此要求自治权。到了1820年代，西班牙在中美洲和南美大陆的统治已经崩溃，现在和巴西一样，向英国贸易开放。"路易斯安那购地案"标志着美利坚合众国的大幅扩张，而该国是大西洋经济中最具活力的组成部分，也是欧洲的一大附属国。法国对荷兰的征服，促使英国人在前往印度和中国的途中攻取了好望角，并占领了爪哇岛。爪哇岛在和平中回归：好望角得以继续拥有，连同其动荡不安的腹地。拿破仑占领埃及失败，加速了开罗新政权的崛起：权倾朝野的总督穆罕默德·阿里，着手让埃及从奥斯曼的统治下解放出来，并在苏丹和阿拉伯半岛建立一个新帝国。由于担心法国人可能会卷土重来，或者与英国东印度公司最危险的敌人结盟，该公司驻加尔各答的领地总督采取了无情的进攻政策。英国东印度公司付出了巨大的代价，但在伦敦的批准下击败了迈索尔人，然后击败了印度次大陆的军事强权马拉地人。截至1820年，英国东印度公司在印度是至高统治者。它已经成为英国在世界上不可或缺的辅助力量，其在亚洲的剑臂。其鸦片和军事力量的混合，不断壮大的忙于"国家贸易"（印度、东南亚和中国之间）的欧洲商人大军，以及在广州用茶叶换鸦片贸易中获得的利润，都是（或者应该是）一个明确无误的预兆：商业化将地缘政治危机带到了中国的门阶。乾隆也许能挥挥手赶走马戛尔尼，但他的继任者就没那么幸运了。

　　到了18世纪晚期，与其他任何地方相比，哥伦布全球化都极大增强和丰富了西北欧的经济——尤其是英国、法国和最重要的荷兰。在欧洲以外的贸易变得重要之前，它们的商业增长就已经开始了，但是

17和18世纪的"洲际贸易繁荣"极大地推动了这一增长。[92]英国和法国的对外贸易都经历了异常迅速的扩张：就英国而言，同其美洲殖民地的贸易贡献最大。[93]航运和大西洋渔业、金属物资和纺织品的出口、糖的精炼和再出口（法国开始占据主导地位），是与美洲、非洲和亚洲贸易所提供的众多刺激来源之一。这也是西北欧国家大幅扩大对世界其他地区的知识储备的时期：制图、航海、商业、人种学和植物学的知识储备。尽管欧洲的水手、士兵、移民、商人和传教士早已结画定进一步进军欧洲以外世界的路线，但即便到那时为止，他们仍缺乏追求其野心的手段，甚至动机。但在1780年后，许多制约他们的因素开始瓦解。

的确，1780年至1820年间，哥伦布全球化的大部分更古旧的景观开始消失。英国海洋实力的全球性胜利，其在通往印度和中国的航线上关键海军基地（好望角、毛里求斯和拥有亭可马里海港的锡兰——英国自1780年代开始就一直关注——以及东印度公司在新加坡的新港口）的蓄意谋划，其在印度的新帝国，法国作为殖民大国的崩溃，西班牙作为一个重要重商主义帝国的终结，以及北美大陆白人移民势力的崛起，共同改变了长期以来控制着亚洲国家与欧洲关系的地缘政治条件，以及欧洲对美洲新世界的殖民。尤其在英国的例子中，亚当·斯密曾经感叹的重商主义规则和限制现在已经过时了——尽管废除这些规则和限制的政治斗争持续了几十年，尽管帝国的成本已经下降，尽管进一步深入亚洲和拉丁美洲半封闭市场的机会几乎是不可抗拒的。地缘政治的变化是个大熔炉；但另一场更深层次的变革，已经在进行之中。

# 第三章
# 蒸汽全球化

　　美国评论家小查尔斯·弗朗西斯·亚当斯宣称,"人阻碍蒸汽机是自不量力"。[1]1830年至1930年间,"蒸汽全球化"重塑了世界上的大部分地区。蒸汽是一种"通用技术",它被应用于制造、采矿和建设,尤其是运输和通信。它实现了机械、工具、移动和运输领域从木材到铁和钢的大规模转变。它凭借其初级搭档煤气和电力(对电信革命至关重要),一个多世纪以来一直保持着主导技术的地位,并成为全球各个遥远地区的大一统者。(奇怪的是)用"马力"来衡量的蒸汽动力,成为物质进步的主要指标。

　　就像先前和此后的其他全球化,蒸汽全球化在全球关系中强加了一种独特的等级制度。蒸汽动力重视廉价、易得的煤炭供应和轻松分发它的各种方式。蒸汽动力在制造和运输方面的应用,有利于世界上那些高工资鼓励使用机械并将工业设置在附近有廉价劳动力供应的地区——蒸汽提供了重要的便利。良好的地质条件与一体化商业经济的早熟发展相结合,使英国和西北欧在新技术应用和发展方面处于非凡的领先地位,紧随其后的是美国。因此,蒸汽全球化就其本质而言是不平衡的,它对于世界的一个角落及其北美附属的好处,超过了世界的其他地区。西北欧和亚洲最繁荣地区之间在经济表现上的"大分流"几乎不可逆转，这或许在1600年之前就已经开始，到18世纪晚期则清晰可见。新的（且不公平的）全球劳动分工根深蒂固，随之而来的是新的文化等级制度。

存在许多矛盾和悖论。"全球化"暗指一个自由贸易、自由流动的世界，在这个世界中，经济效率是财富和权力的关键。但是，蒸汽全球化也是一个帝国时代，在该时代，胁迫扭曲了商业关系和经济回报。在至少长达半个世纪的时间里，蒸汽全球化与美洲和其他地方的奴隶制有利可图地共存着。它有助于释放移民潮，但也强制实施了新的种族排斥。它支持世界主义，但被民族主义和帝国主义征召。它是流动性的催化剂，但流动性受到技术和政治的限制。它代表普遍的现代性，但在实践中于世界不同地区催生出了不同类型的现代性。

港口城市是蒸汽全球化的伟大中介。它们会扩大规模以满足蒸汽全球化的要求，并利用蒸汽全球化的机遇。港口城市是滩头阵地，其影响力——商业的、技术的和文化的——被期望渗透到其背后的内陆地区。我们将在后面的章节中看到港口城市在多大程度上做到了这一点，以及条件和环境如何。因为港口城市也是海上贸易、思想和移民与内陆族群和文化融合的前沿。它们对一些人来说是现代性的先锋，而对另一些人来说是不信神的破坏源。它们与内陆社区的财产和劳工制度的关系充其量是模糊的——既有盈利的希望，也有颠覆的威胁。它们的商人精英生活在商品贸易的喧嚣世界，其中充斥着繁荣和萧条、投机和欺诈。它们需要统治者和管辖者的保护，而对这些人来说，内陆政治或全球焦虑通常更为紧迫。在这种不安的环境中，每一座港口城市都形成了自己的全球和地方的混合体，并设计了自己版本的"蒸汽现代性"。

## 哥伦布的遗产

哥伦布全球化创造了许多良机，而蒸汽利用了这些良机。但是，它们的整体轮廓大不相同。在1500年后哥伦布时代的大部分时间里，奥斯曼帝国、萨法维帝国、莫卧儿帝国、明帝国、清帝国和德川幕府时期的日本等重要的亚洲君主国看起来无懈可击，不受欧洲统治，而欧洲入侵者（不是那些清朝宫廷中的耶稣会士，或分散在南亚和东南亚的雇佣军等受到优待的客人）被严密控制或限制在沿海地区。在北美广袤的内陆地区，西班牙人、法国人和英国人的地缘政治对抗，帮助美洲原住民将墨西哥以北的欧洲人聚居区限制在该大陆的东部边缘。欧洲在撒哈拉以南非洲的存在微乎其微，而且大多出现在奴隶贸易的"商馆"或好望角的荷兰"补给站"。1768年至1771年间，在库克船长多次外出航行中的首次航行之前，南太平洋在地图上是一片模糊。"哥伦布贸易"也同样受到限制。它将亚洲的制成品和奢侈品，主要是棉布、丝绸和瓷器以及越来越多的茶叶带到欧洲，以换取寥寥欧洲产品和更多硬币。它带着白银、糖和烟草横跨大西洋，然后带回金属制品、布料以及包括葡萄酒和烈酒在内的各种消费品。它在任何地方都背负着重商主义监管的沉重负担，限制在哪里出售和在谁的船上出售，并承担了持续不断的海上战争的成本和风险。买卖或为购买非洲奴隶融资是大西洋经济的核心，正如奴隶劳动所需的控制和胁迫机构所做的那样。从技术上讲，这是一个由风、木和水维系的世界——的确，有人相当诙谐地称欧洲人为"浮在水上的寄生虫"。

正如我们所见，1750年至1815年间，一场地缘政治动荡浪潮瓦解了哥伦布世界的这些特征中的诸多特征。但从欧洲的角度来看，这还不是一个为全球化提供了安全保障的世界。欧洲内部普遍存在着严重的紧张局势。法国的野心一直是不安的根源，1830年的奥尔良派革命、法国对西班牙的干涉，以及担心荷兰王国的解体将导致新成立的比利时变成法国的附庸国，这些都是不安的养料。1830年至1841年间，奥斯曼帝国的长期生存危机威胁到东地中海的战略革命，并让英国、法国和俄国陷入紧张的三角对峙之中。[2]俄国在高加索地区的扩张，证实了其对伊朗和中亚的打算。在印度，英国东印度公司之国度及其庞大的印度兵陆军，紧张地监视着幸存的土邦，监视着兰吉特·辛格强大的旁遮普王国，以及远处动荡的阿富汗边境。其对印度忠诚的脆弱控制，加剧了对俄国阴谋和伊斯兰密谋的恐惧，并引发了1839年至1842年第一次阿富汗战争的致命冒险。[3]在1820年代后期，荷兰人在其东南亚帝国中心旷日持久的爪哇战争中面临着激烈抵抗。以鸦片为先导的对中国的商业渗透，在1839年至1842年的"鸦片战争"中戛然而止：《南京条约》规定的"通商口岸制度"将在多大程度上使其"开放"充其量是不确定的。在大西洋彼岸，新独立的拉丁美洲共和国大多因内部冲突和边境争端而分心，无法开放边境或解放贸易。[4]在美国，尽管移民帝国主义冷酷无情，但直到1830年代末才将印第安各民族赶出密西西比河，在美国南方腹地建立了"棉花王国"。

在其他方面，蒸汽全球化也不可磨灭地以其哥伦布的遗产为标志。1800年前确立的帝国土地所有权，仍然深深植根于欧洲列强的统治心态中。帝国的对抗继续影响着列强的外交关系。法国和西班牙可能已经失去了自己的大部分帝国，但没有失去保留剩下的并增加它们所能增加的东西的欲望。对英国和俄国来说，除了其他方面的意义，拿破仑的失败是一次伟大的帝国胜利，是扩大早期殖民地版图的许可。然而，"蒸汽帝国主义"不得不考虑到其哥伦布版本的不均衡发展。在奥斯曼帝国、摩洛哥、埃及、阿曼、西非、东南亚部分地区和日本，各个区域性政权利用18世纪晚期的变化增强了其抵御欧洲接管的能力。就像在中国等的一些地方，欧洲人被迫充其量只能依靠几个世纪前制定的"治外法权"制度：（在选定的飞地）享有地方税收和司法豁免的权利。与此同时，哥伦布贸易所依赖的背井离乡的亚洲商人，比以往任何时候都更加不可或缺。在印度次大陆，英国从最初在孟加拉的桥头堡开始的过度统治，很大程度上要依赖当地的资源和人力。这种"合作"所需的不可避免的让步，极大地阻碍了英国计划的范围。英国对印度的统治一开始就是一项临时事务，排除了对印度社会的任何重大重塑。英国人同样在其移民殖民地中发现，早期承认的广泛自治不能收回，如果不想冒移民起义的风险，就必须扩大自治。事实证明，移民对土著人的虐待、对移民"他者"的种族排斥，甚至诉诸保护和关税，都超出了伦敦的控制范围。

这也并非全部。尽管自由贸易和"自由劳动"已经成为部分商业世界的颂歌——尤其是在英国——但二者远未达到至高无上的地位。奴隶制和强迫劳动在世界的大部分地区得以幸存。美洲的奴隶劳工所提供的原材料——尤其是棉花——正是欧洲的工业资本主义赖以建立其全球野心的基础。的确，工业化的直接产物——"二度奴隶制"——就是在蒸汽的阴影下形成的。[5] 即便是在废除了奴隶制和农奴制的地方，二者塑造的社会和经济制度也保留了大部分力量，而劳动力的自由流动受到严格限制。自由贸易在欧洲大部分地区和美国遭到抵制（"名义上被称作'自由贸易'的制度，"美国政治家亨利·克莱宣称，"……仅仅是英国殖民制度的复兴"）[6]，而在其他地方，自由贸易往往只是通过炮艇的存在来强制执行。哥伦布时代的两份剩余遗产软化了蒸汽全球化的胜利主义刀口。第一份遗产是欧洲启蒙运动的自由意志论信息。这一信息被随意输出到非欧洲世界，是政治、宗教和种族平等的保证，与欧洲统治体现欧洲价值观的说法相矛盾。"英属印度的非英统治"成为印度民族主义的口号。第二份遗产是18世纪晚期的福音派复兴，以及由此产生的传教和人道主义承诺。这些承诺与欧洲商业和殖民扩张的代理人之间的关系，即便并非公开敌对，也经常是紧绷的。传教士和人道主义者通常认为，他们的作用是保护土著族群免受肆无忌惮的贸易商、掠夺土地的移民、奴隶贩子和边境地区吸引来的为非作歹者的伤害。他们提出了全球博爱的愿景，其中贸易遵从基督教和"文明"的主张。

结果是，在新的蒸汽时代留下了哥伦布世界的重要元素。欧洲的帝国建设极其不完整，在非欧洲世界留下了很大的操纵和商讨的余地。非洲-亚洲诸政体——像埃及——仍然可能利用商业实力来增强各自的国家。另一方面，在很多国家，蒸汽全球化披着帝国主义的外衣出现，最明显的是在印度——早在1800年之前，欧洲帝国主义就在印度站稳了脚跟。还有未竟的奴隶解放事业，这激发了欧洲人对其他形式强迫劳动的胃口，比如来自印度和中国的"契约"劳工，他们必须遵守严格的劳动合同，并在实践中受制于"新的奴隶制度"。[7]移民殖民主义在美洲、澳大拉西亚以及更为边缘的非洲南部已经根深蒂固。蒸汽全球化将为移民殖民主义的快速扩张提供新的资源，并使其能够摆脱大部分的帝国控制，尽管不是摆脱其对欧洲移民和投资的依赖。相形之下，欧洲启蒙运动的普世主义信息和传教士基督教都是在前工业化世界中形成的，而且在关键方面是出于对蒸汽时代帝国主义的胁迫和殖民倾向的同情。威廉·罗伯逊在《美洲史》（1777）中所主张的对全人类的共同血统及其潜在平等的革命性信念，得到了基督教的强化。[8]欧洲的知识分子与孟加拉的知识分子热情地通信；欧洲传教士谴责了他们所认为的粗鲁的移民社区与他们希望改变其信仰的未受损害的本地人之间有辱人格的遭遇。但是，"高贵的野蛮人"和普遍启蒙计划，在新的蒸汽时代面临着难以对付的敌人。

## 蒸汽动力

1830年之前，蒸汽动力对新兴的全球关系模式只做出了微薄的贡献。在詹姆斯·瓦特于1770年代开创的关键性改进之前，蒸汽机因其大量使用燃料而臭名昭著，并在英国主要用于从煤矿中抽水，而矿中的燃料（通常是"废"煤）几乎是免费的。1775年至1800年间，瓦特及其商业伙伴马修·博尔顿设计并安装了约四百台固定式蒸汽机，用于各种用途——抽水、供水和驱动机械。到了1780年代，瓦特的蒸汽机和那些设计更陈旧的蒸汽机，比如萨弗里和钮科门的蒸汽机（效率偏低，但是制造成本低得多），被用于抽水、钻炮眼、碾磨玉米和为车床提供动力。在接下来的十年里，这些蒸汽机被用在纺纱、印花以及铸铁厂。[10]在康沃尔郡，锡矿和铜矿对抽水有着巨大需求，理查德·特里维西克的高压蒸汽机与瓦特的低压蒸汽机在激烈竞争着。[11]1800年后不久，英国可能有几千台蒸汽机（1810年法国的一项计算结果表明，英国有五千台，但法国只有二百台）。但是，煤炭和架设发动机所需的笨重结构的成本极大地限制了蒸汽机的吸引力。1775年后的五十年里，博尔顿和瓦特只收到了来自欧洲大陆的六十二份订单。[12]即使在英国，蒸汽在推动工业化方面的作用也是微不足道的。[13]直到1830年代，棉花业所用能源都更多地来自人力，而非蒸汽。[14]

1830年是一个转折点。到那时为止，人们已经抓住蒸汽动力在航运方面的潜力。罗伯特·富尔顿的"克莱蒙特"号是一艘由一台博尔顿和瓦特公司的蒸汽机提供动力的汽船，这艘船于1807年开始在哈得孙河上服役；"彗星"号汽船于1812年在苏格兰的克莱德河下水；到了1822年，一艘铁桨汽船开始在塞纳河上航行。1829年，罗伯特·史蒂芬森的蒸汽机车"火箭"展示了博尔顿和瓦特公司的蒸汽机如何在轨道上驱动车轮，从而可在陆地上提供（或多或少）可靠的牵引模式。翌年，英国蒸汽发电量首次与水车发电量持平，而水车是当时机械能的主要来源。此后，蒸汽迅速推进。蒸汽开始在制造业中得到更广泛的运用，尤其是在棉纺织领域，但即使在该领域，蒸汽机最终取代手工织布机也要迟至1850年代。[15]蒸汽机设计和制造上的改进降低了蒸汽的运行成本，尤其是煤炭的消耗。结果是，蒸汽动力供应得以巨大扩张。以"马力"（詹姆斯·瓦特在1783年设计的输出的标准化衡量）来衡量，英国的可用功率从1840年的六十二万马力增至1880年的七百六十万马力，增加近十二倍。法国（从九万马力增至三百万马力）、德国（从四万马力增至五百一十万马力）和比利时（从四万多马力增至六十一万马力）则从一个低得多的起点开始出现可比较的增长。就连蒸汽腾飞速度很慢的俄国，到了1880年也达到一百七十万马力左右。在蒸汽很早就应用于江轮和铁路的美国，蒸汽马力从1840年的七十六万马力升至1880年的九百一十万马力。[16]的确，令人震惊的是，在19世纪的大部分时间里，蒸汽动力主要用于运输。直到1888年，铁路和汽船约占蒸汽马力的80%，但工业需求占主导地位的英国除外。[17]

在世界的大部分地区，蒸汽动力的采用远远落后于欧洲和美国。主要的例外是英国的附属地。1803年至1825年间，一百一十五台蒸汽机被进口至英属西印度群岛，并投入到蔗糖工厂。[18]在英属北美，连接蒙特利尔和魁北克的圣劳伦斯河上的汽船服务于1809年开通，并于1820年站稳脚跟。[19]加拿大的第一条铁路于1836年建成。第一台固定式蒸汽机于1813年抵达澳大利亚；当地的蒸汽机组装始于1830年代中期，而到了1840年，约有四十台蒸汽机在服役。到了1850年代，这些蒸汽机被广泛用于巴拉瑞特金矿区的抽水作业。澳大利亚第一条铁路于1856年开始运营，位于墨尔本及其外港之间。[20]在印度，主要动力来自次大陆的统治力量英国东印度公司。到了1820年代，英国东印度公司开始将进口的蒸汽机用于造船厂水泵、灌溉、大炮铸造厂、印刷厂、铸币厂和锯木厂。[21]到了1832年，英国东印度公司在恒河上有十艘汽船在加尔各答和阿拉哈巴德之间一千英里的路线上行驶，[22]尽管第一批铁路还要等到1850年代。与此同时，1830年，英国东印度公司开通了从孟买到苏伊士的定期汽船服务，通过埃及将邮件（和一些乘客）运抵欧洲。

蒸汽动力在欧洲以外地区传播时，讲英语之人的偏见正在显现。虽然蒸汽动力的基本原理很简单，但其高效应用的要求更苛刻。建造一台固定式蒸汽机是一项技术含量很高的任务。固定式蒸汽机的部件，尤其是锅炉、气缸、活塞和管道，必须由合适的耐用材料制成，并且（至关重要）进行精密设计制造——这项任务最好用其他（蒸汽驱动的）机床来完成。汽船或蒸汽机车则要求驱动系统机械学方面更多的专业知识，无论是桨还是轮，如果蒸汽机要提供必需的马力的话。设计蒸汽机，无论其用途如何，都假定要熟悉一种特定的技术绘图传统。即便是维护和修理进口蒸汽机，也需要训练有素的机械师和部件的定期供应。直到1860年代及以后，英国一直是技能和物资的主要存储地，知识和人力的流动反映了其与商业和殖民地的联系。当然，对于那些与英国缺乏联系的国家来说，这些并不是无法克服的困难。但是，这些国家面临着另一个制约因素。因为采用蒸汽动力既需要一个其预期收益超过明显成本的良性商业环境，又需要一种适宜的意识形态氛围。蒸汽动力并不仅仅是一种经冷静计算而采用的技术：它已成为一种近乎狂热的激情。或许三十年来，对其前途的信仰（尤其是在英国）远远超过了对其表现的信仰。最近的一项研究得出结论，在早期铁路时代，很难想象有谁比伟大的工程师伊桑巴德·金德姆·布鲁内尔毁掉了更多的股东利益。[23]对蒸汽动力的信仰，以及为其付费的意愿，既是一种文化现象，也是一种商业现象——我们很快就会回到这一点。

在这种背景下，蒸汽技术在奥斯曼帝国和中国的传播速度缓慢也就不足为奇。对1820年代和1830年代的奥斯曼政府来说，防御最为重要。奥斯曼政府直到1820年代后期才开始购买汽船，而且甚至在1830年代后期才建造了自己的汽船。跟上其他地方的技术进步之需，很快迫使奥斯曼政府放弃了当地造船厂的生产，转而购买"现成的"。[24]蒸汽动力的民用也非常有限。蒸汽机在1820年代被用于萨洛尼卡的丝绸生产，在1830年代被用于大炮和步枪工厂，并在1840年代被用于钢铁铸造厂。但到了1850年代，其中许多都在与外国的竞争中失败了，而1863年展示外国技术的奥斯曼帝国展览，才让许多当地实业家首次见识了蒸汽动力。[25]在中国，事实证明挑战更大。1828年，第一艘汽船造访了广州，但当地观察家认为汽船是由火的热能而非蒸汽驱动的。"复仇女神"号汽船（从英国出发，经历了一次灾难性航行）在第一次鸦片战争中发挥了关键作用，将英国军舰拖到了广州和南京。[26]"复仇女神"号受到了中国官员的密切关注。但是，如果没有了解其部件的工程传统，也没有传达其力学原理的技术绘图方法，蒸汽机的工作原理仍然成谜。[27]1842年后，外国汽船在中国沿海愈发常见，而到了1860年代，上海的一家外资造船厂已经安装了蒸汽机、车床和刨机。然而，第一艘中国制造的汽船（1868）失败了，清政府和奥斯曼帝国一样放弃了本土技术的实验，转而支持外国供应商，随之而来的所有劣势都与技术依赖有关。

为何蒸汽动力如此重要？至少在一定程度上，是因为蒸汽动力强化了西方（严格意义上是西北欧和美国）与世界其他地区在地缘政治力量和经济表现方面日益加剧的差异。蒸汽提供了一种机械动力，这种动力（及时地）极大地增强了西方及其代理人对全球其他地区的渗透。内河轮船、铁路和最终的远洋轮船，将曾经似乎无法到达的内陆地区带到了欧洲商人、传教士、外交官和移民触手可及的范围内——或者说让这些地区看起来如此。它们以前所未有的规模和诱人经济，为在欧洲以外的地区使用武力提供了手段。蒸汽驱动的运兵船和炮艇，现在只要几周而非数月就可到达几乎任何可能的目标。远征作战的后勤保障——始终是其最大挑战——变得非常容易。蒸汽运输促进了欧洲人口在世界各地、在温带"新欧洲"的急剧增加，甚至是在印度这样永久定居被排除在外的地方。蒸汽运输鼓励欧洲人征召印度人和中国人中的"次等"人口作为其热带殖民地的契约劳工。作为邮件和乘客——冒险家、贸易商和游客——的运输工具，汽船和铁路扩大了关于当时"偏远"地方的新信息供应，尽管这些信息往往被自身利益或幻想所扭曲：对"黄金国"和宝藏、失落的世界和私人帝国的狂热渴望就是后果之一。

　　然而，如果蒸汽动力没有为它配备具有诱人的商业吸引力和科学声望的制造业和机器，这种扩张主义冲动可能很快就会消退。制造业中最重要的是棉布，棉布可能是自中世纪以来交易最为广泛的商品。蒸汽驱动的织布机（到了1850年，英国约有二十五万台织布机在生产）让英国生产商对工匠竞争具有了决定性优势，尤其是在手工织布机没有关税保护的地方，比如英国统治的印度。截至1850年代后期，棉制品（棉布和棉纱）加上羊毛织品和亚麻织品，占英国出口总额的一半以上，其价值自1820年开始增加了三倍。1850年至1885年间，织布机的速度和生产率增长了约50%，[29]而到了1913年，棉制品的出口几乎又增加两倍。蒸汽动力的应用在金属加工和工程——机械制造——行业同样重要。蒸汽为愈发精密的各式机床提供能源，这些机床用于钻孔、挖洞、研磨、铣削、冲压和切割金属，因此可以用标准化和精密制造的零件制造机械。[30]铁路、汽船和金属机械的需求刺激了铁产量的大幅增长（1830年至1855年间，英国的铁产量增长了四倍），以及19世纪中叶大规模生产钢的实验，到了1880年代，钢成为铁路建设中的首选金属。这种英国模式与比利时以及后来德国的工业发展非常相似，而在比利时和德国，化学品和电力具有独特的重要性。

　　蒸汽动力促使人们焦躁不安地寻找更广泛的工业应用，它在系统创新文化中处于领先地位。[31]在1870年关于蒸汽航运可能改进的生动讨论中，可以找到一个显著的例子。[32]蒸汽催化了其他技术的应用。电报线路的采用很大程度上就是由于需要与蒸汽机车的速度相匹配。蒸汽对煤炭永不餍足的渴望，鼓励人们使用煤炭产生的煤气作为能源，尤其是光源——在工业化世界中，改善照明将白天的工作延长到晚上，是一种至关重要的便利。但是，蒸汽还起到了加速工业化世界的经济差异的作用。欧洲的工业化，尤其是英国的工业化，可能是在分散的地方开始的，或者始于水力丰富的有利地区。不过，到了1830年代和1840年代，工业化越来越集中在工业区，通常位于一个较大的煤田附近，而英国各地和（产量较低）北欧就分布着这些煤田。通常，这些地区也开始专门从事特定的制造业——棉纺织品、羊毛制品、金属制品或者造船。正是蒸汽让这些"聚集"成为可能，而聚集是加速增长和产业创新的一个重要因素，或许还是唯一的。当工厂聚集在一起时，工厂依赖的熟练和非熟练劳动力的储备也会聚集在一起。的确，与水力不同，蒸汽让工厂有可能位于人口最密集的地方。[33] 在大量企业面临类似问题、工程师可以轻松地从一家工厂转移到另一家工厂的情况下，提升改进措施和"最佳实践"的推广更有可能。基础设施——比如煤气灯——安装起来更便宜，维修保养更经济。在形成原材料或燃料大型集中市场的地方，原材料或燃料的进口更容易，而且通常更廉价。存在一种购买原材料和销售成品的复杂商业机制，在对其服务的需求达到临界水平的地方，这种商业机制会发展得更快。信息更便宜，商业行为更容易受到监控。聚集甚至可能有助于调整劳动力以适应城市工业生活的重负——尽管在疾病和贫困方面付出了可怕的代价。典型的例子就是兰开夏郡的棉纺织业。[34]

除了北欧和美国东北部（1865年后，蒸汽才在制造业占主导地位）之外，人们是通过铁路、江轮和远洋汽船（我们在下一章中转向远洋运输）感受到蒸汽动力最为广泛的影响。从1830年代开端起，世界铁路发展迅速，到了1907年总里程已经超过六十万英里。当然，里程数的分布非常不均衡。其中三分之一位于欧洲的范围内。美洲超过三分之二的线路在美国。在拉丁美洲，阿根廷（13 673英里）、墨西哥（13 612英里）和巴西（10 714英里）远远领先其他国家。亚洲长达5.6万英里的铁路线，3万英里左右的线路位于印度，而俄国统治的亚洲又有长达8 000英里的线路，其中包括众所周知的西伯利亚大铁路。1890年几无铁路的中国，到了1907年拥有4 000英里长的铁路线。伊朗仅仅拥有33英里长的铁路线。在非洲，南非拥有7 000多英里长的铁路线，法国统治的阿尔及利亚和突尼斯有3 049英里长的铁路线，埃及只有3 000多英里长的铁路线，这些国家在非洲18 516英里的铁路总里程中占据了最大份额。[35]这些悬殊的差异不难解释。对大多数社会来说，如果没有外部资本的帮助，建设铁路是一项昂贵得令人望而却步的事业。在获得任何收入之前，必须支付巨额前期费用——轨道、桥梁、车站、信号灯、机车、轮动车辆、燃料库以及熟练和非熟练的劳动力，这些都所费不赀。通常，一条线路可能需要八年时间（经常会被金融危机打断）才能盈利。因此，几乎在任何地方，铁路都需要国家和控制国家的精英的支持。在英国和其他地方，需要立法许可来对抗顽固不化的地主以确保通行权。在世界上的许多地方，铁路事业的投机性质要求国家来提供补贴，通过铁路沿线土地的出让（在美洲很常见），保证所筹资本的回报（印度的模式），以及通过授予垄断权来保护投资者。在法国，国家买下了轨道运行所需的土地。即便如此，1870年后，铁路建设消耗了欧洲对外投资的很大一部分资本：到了1913年，在英国的对外投资中（约占当时世界总投资额的一半），超过40%的投资用于海外铁路的建设和运营。[36]1913年，拉丁美洲70%以上的铁路里程是外商独资的。[37]

但是，在开放欧洲以外的内陆地区，并将其吸引到大宗产品（如谷物）交易和价格趋同的全球经济中，铁路到底有多重要呢？铁路倡导者相信自己已经解决了自古以来限制商业繁荣的问题：内陆运输的高昂成本。这在蒸汽时代成了陈词滥调，而在近年来，达成的共识却越来越少。在美国的案例中，有人毫不客气地认为，庞大的美国铁路网远远不是19世纪的经济增长所不可或缺的，即便在1890年，美国铁路网通过节省替代交通方式的成本，对美国国民生产总值的贡献也不到2%。[38]针对这一惊人说法，一种回应是转而询问修建所需的道路和水道需要花费几何。[39]另一种回应是要表明，1890年拆除所有铁路将让美国农业用地的价值减少约60%，并对产出和人口增长产生连锁反应。[40]从更广泛的角度来看，让美国与众不同的是其在通航水道方面的特殊禀赋，汽船在这些水道上运行大幅降低了运输成本：1850年之前，密西西比河与俄亥俄河的运输成本就降低了约60%。[41]在缺乏通航水道的地方，铁路的贡献要大得多。在可通航河流主要局限于本国北部的印度，铁路带来的经济（或"社会"）节约水平估计是美国水平的五倍[42]，而运输成本降幅高达80%。在拉丁美洲的大部分地区，可通航河流都很稀少，而内陆道路只适合驮畜，而非推车。在这里，铁路将陆路运输成本降低至只有原来的7%左右，产生的社会节约高达地区生产总值的25%，并对出口经济的增长是必不可少的。[43]非洲的情况（那里的铁路要少得多）也应是类似的。

当然，运输成本降低多少，很大程度上取决于所呈现的铁路网的形状和管理。在殖民政权痴迷于安全的印度，许多铁路线是出于战略而非商业原因修建的，而有些线路可能既是为了公共利益，也是为了私人利益。[44]宏伟的"干线"都很好，但对农场主和农民来说重要的是修建支线，好让铁路终点站尽可能接近自己的土地。密度和里程皆为他们所需。同样重要的是铁路公司所征收的运费这一负担，它对农场主的收入产生了很大影响，尤其是在价格波动的情况下。"铁路费率"一直是个亟待解决的问题，其中最重要的是公司享有垄断地位。弗兰克·诺里斯的小说《章鱼：加州故事》（1901）就精彩地捕捉到了这一点。小说中的一个人物强烈要求道："将小麦运到二百英里外的潮汐水域，每吨收费四美元，而小麦的价格是八十七美分，我们还能以合理的利润种植小麦吗？"[45]铁路公司本质上是大公司，是大多数地方经济体的巨头，拥有巨大的政治影响力，经常被怀疑（并非不公平）涉嫌贿赂政客。政客愿意让国家背负债务和提供担保，或者提供巨额土地补助以保持铁路盈利，引起民怨如沸。在印度，政府对铁路投资及其建设计划的支持所累积的巨额债务加剧了民众的抱怨，即财富正被从印度榨干，以换取英国国内资本家的利益。修建铁路还可以让港口（甚至国家）能够抢占老牌竞争对手（或邻国）的贸易，连带着产生地缘政治和商业的影响。在世界的许多地方，外商独资铁路的到来等同于外国统治的威胁：1900年后，外商独资铁路在中国引发了"保路"运动，而该运动加速了1911年的革命。几乎在所有的地方，铁路的普及都带来了"铁路政治"，以及经常被哀叹为"铁路影响"的腐败传染，而一位愤世嫉俗的观察家称之为"铁路道德"。[46]但是，蒸汽的改造作用不仅仅在于改造人们想象世界的种种方式。

## 蒸汽文化

18世纪欧洲启蒙运动的思想家们，一直关注着普世和平与进步的愿景，以及实现这些愿景的手段。理性的应用，对迷信的打击，有用知识的系统传播，让个人从"封建"义务中解放出来，将开启人类社会的一个新时代。正是在这一传统中，亚当·斯密抨击了对贸易的"重商主义"限制。法国大革命及其在拿破仑时代的高潮（在《拿破仑法典》中生动地表达了这一点）传播了一种观念，即国家及其机构必须合理地组织，以实现其目的，包括物质财富。启蒙运动及其革命性续篇，加上边沁功利主义对二者的进一步强化，为漫长的19世纪的欧洲自由主义提供了很多灵感。

启蒙运动的思想形成于前工业时代。但到了1820年代，这些思想开始与一种关于技术可能性的强烈意识融合在一起，而这首先源于蒸汽的刺激。一种新的"蒸汽文化"开始出现。詹姆斯·瓦特不仅被誉为工程天才，而且被誉为文化英雄，不只是在英国如此。瓦特的雕像和纪念碑开始出现。威斯敏斯特大教堂中都竖立了一尊瓦特的雕像。与此同时，蒸汽动力改变世界的能力得到了愈发广泛的认可。在首次出版于1827年的《蒸汽机、蒸汽航运、公路和铁路》中，富有影响力的科学普及者迪奥尼修斯·拉德纳宣称，瓦特的发明让"新的快乐成形"，并让"先前的乐事"对那些不指望分享之的人来说变得可及。他补充道，蒸汽的影响也不仅限于英国："这些影响延伸至整个文明世界；美洲、亚洲和非洲的野蛮部落一定很快就能感受到这个全能动因……的好处。"[47]到了1840年，他的辞藻变得更加华丽。"知识流和信息流，"他宣称，"在遥远的人口中心之间，即更先进的传播文明和进步的中心和那些更落后的中心之间不断流动。印刷媒体……通过与蒸汽机联合起来……其本身的力量和影响力都有所增强"。[48]新近成立的英国土木工程师学会的宣言在1828年宣称："土木工程学是一门艺术，将自然界的巨大力量源泉引入人类的使用和便利。"宣言继续道，土木工程学最重要的目标就是"改善各国的生产资料和贸易，包括对外贸易和内部贸易"。[49]小说家很快就开始讨论这个主题。简·韦布的《木乃伊》出版于1827年，但展望未来，这部小说想象了22世纪的埃及，其中"铁路与橘子林相交时……汽船沿着运河掠过……"。[50]

　　乌托邦思想和富有远见的工程学的融合，激发了圣西门侯爵（1760—1825）的追随者，即所谓的圣西门主义者。圣西门是巴拿马运河的早期支持者。普罗斯珀·昂方坦（1796—1864）是一位皈依圣西门主义（和自由性爱崇拜）的银行家，他于1833年前往埃及，敦促修建苏伊士运河。对昂方坦来说，这条运河是恢复东方与西方精神和物质联合的一种手段，而这是一种圣西门式的痴迷。埃及的统治者穆罕默德·阿里意识到英国对任何可能扩大法国在埃及影响力的事情的敌意，因此他不会这样做。该计划于1836年被放弃，但是昂方坦的计划留在当时法国驻埃及的年轻领事费迪南·德·莱塞普斯的脑海中。另一位圣西门主义者米歇尔·舍瓦利耶甚至更雄心勃勃，他先前是一位采矿工程师，后来成为圣西门的机关报《环球报》的编辑。他期待着有朝一日，旅客能够在早上离开勒阿弗尔，当天晚上乘坐汽船前往阿尔及尔或亚历山大。在其首版于1832年的《地中海体系》中，他称地中海将成为西方和东方的"婚床"，将其各族群团结在一起，重振停滞的东方。这要求地中海本身须通过连接港口和水道的庞大铁路网络实现政治和道德上的统一。宏伟的干线将从法兰克福到布达佩斯、贝尔格莱德、索非亚和君士坦丁堡。其他铁路线会向东走向俄国，唤醒"嗜睡的斯拉夫民族"，[52] 从斯库塔里（君士坦丁堡对面）到波斯湾，支线到士麦那（今伊兹密尔）、德黑兰和开罗。舍瓦利耶设想了一个未来，其中，欧洲将通过北部的俄国、西部的土耳其和南部的大英帝国"延伸"至亚洲。他的女婿保罗·勒鲁瓦·博利厄是《现代族群的殖民》（1874）一书的作者，宣告殖民扩张的经济必要性和文明的利益，这可能并非巧合。

对舍瓦利耶本人来说，铁路是和平共处的工具，进而，他也成为一名狂热的自由贸易商。他最大的成就是1860年的英法自由贸易条约，该条约部分达成了缓和两国之间紧张局势的目的。他在英国方面的谈判伙伴是理查德·科布登，而此人是大不列颠最重要的自由贸易倡导者。就像舍瓦利耶，科布登将自由贸易视为通过相互依赖的关系预防战争的重要措施，并谴责以兵役、侵略性外交和帝国统治的利润为食的贵族阶层的反动影响。1836年至1837年，他主要乘坐汽船游览了地中海东部，并为欧洲化的亚历山大的发展感到高兴，埃及的棉花就通过该城运往西方。[53]科布登和舍瓦利耶一样，希望自由贸易和蒸汽动力能够促进自由主义政治和商业的增长。"没有一捆商品离开我们的海岸，"他在1835年宣称，"但它为一些不太开明的社区播下了我们那智慧和富有成果的思想的种子……我们的汽船……还有我们神奇的铁路……是我们开明制度的广告和代金券。"[54]这是作为道德和文化力量之工具的蒸汽，是和平征服非西方世界的决定性武器。

蒸汽以其他更即时有用的方式重塑了文化。它改变了印刷经济学。《泰晤士报》在1814年委托制造了第一台商业蒸汽印刷机，但是其更广泛的应用在最初进展缓慢。不过到了1850年代，蒸汽印刷机在欧洲、美国和世界其他地区被用于报纸和图书出版。书籍和其他印刷品的成本大幅下降。印刷文字成为一种日常商品，可廉价获得的信息范围也在急剧增加。[55] 蒸汽航运带来了欧洲、美洲和亚洲之间频繁而可靠的邮件服务的前景。詹姆斯·麦奎因抓住了这一点，他曾是加勒比海地区的种植园主，后来转型为航运企业家。1838年，他出版了《大不列颠与世界东西部之间蒸汽邮件通信的总体规划》，认为英国的商业利益让快速而频繁的邮件变得至关重要。麦奎因的小册子详细阐述了这项服务可能的运作方式以及成本计算。小册子抓住了公众的情绪。到了1840年，英国政府已经接受了补贴穿越大西洋（冠达邮轮公司）前往加勒比海（皇家邮政蒸汽包裹公司），以及经由埃及前往印度和东亚（半岛和东方蒸汽航运公司）的蒸汽航运的义务。1849年，麦奎因的皇家邮政蒸汽包裹公司赢得了英国和巴西之间一份更进一步的邮件运输合同。[56] 这对纽约的商业利益也有影响。1852年4月，威廉·亨利·苏厄德警告其参议院同僚："英格兰……正在完成一个庞大的海上蒸汽航运网络，该网络基于邮资和商业，将会把所有的欧洲港口、我们所有的港口、所有南美洲港口、亚洲和大洋洲的所有港口与她伟大的商业首都连接起来。"他告诉他们，邮政上与外国的联系"有助于商业、移民、政治影响力和权力"。[57]

定时邮政服务（也运送乘客）让信息——以私人的、商业的和官方的信件及报纸（愈发重要的邮件）和书籍等形式呈现——能够以可预测的规律性和更大的数量从地球的一端流向另一端。它现在让世界各地的报纸以"驻外记者"或"国内"新闻的月度或双月报道为特色变得更有意义。查尔斯·狄更斯、安东尼·特罗洛普或马克·吐温等旅行名人，可以接近"实时"的方式向新闻读者讲述他们的冒险经历。时尚，无论是文学上的、知识上的还是服饰上的，传播的速度都更快了。距离感减弱，远方事件的即时性（1842年首次出版的《伦敦新闻画报》等报刊上有所描述）变得更加紧迫。但是，我们不应夸大这一点。即使借助的里雅斯特的电报线路，1857年印度大叛乱的消息仍然过了四十天才传到伦敦。[58]

的确，到了1840年代和1850年代，电报线和海底电缆提供了一种快速的替代品，尽管成本高昂。英国、法国、德意志和美国东部地区在1840年代拥有了陆上电报，而在1851年，英国和法国通过海底电缆连接起来。[59]长途陆上线路需要频繁的中继站来维持传输，因此，1865年伦敦和印度之间的第一条电报线路需要五到六天的时间才能发送一条信息。长距离海底电缆提出了更大的挑战：尽管之前尝试过多次，但第一条成功的大西洋电缆必须得等到1866年。当然，电报和电缆技术是基于电力而非蒸汽。不过，铁路的到来加速了对电报的需求，而如果没有汽船，铺设海底电缆几乎行不通，更不用说蒸汽工业化所鼓励的资本调动。到了1870年代，陆上线路和海底线路的结合将欧洲与北美、中东、印度、中国、日本、澳大利亚、加勒比海、南美以及东非和非洲南部连接起来。传输时间开始迅速减少，从1870年伦敦和印度之间的三十七小时减少至1900年伦敦和孟买之间的三十五分钟。[60]路透社和哈瓦斯等通讯社利用电报的潜力来提供或多或少"即时的"新闻。[61]到了1890年代，正如（英）帝国联邦的主要运动领导者乔治·帕金所言，"世界已经被赋予一种新的神经系统。陆地电报和海底电缆……彻底改变了'地理统一'和'地理分散'这两个术语的含义……"。[62]长期以来的障碍一直是成本问题，像约翰·彭德爵士的大东公司这样的大型电缆公司，将因过高费用和过高利润而受到严厉谴责。[63]时任美国国务卿威廉·亨利·苏厄德通过新的海底电缆给其驻巴黎的特使发了一封冗长的电报：账单是他自己年薪的三倍。[64]然而，到了1900年，大西洋电缆共有十三条，每天传输约一万条信息，[65]而到了1904年，通过大西洋电缆发送的每个单词的价格，已经从1866年的十美元降至二十美分。[66]

这些新的流动性形式为网络化的世界奠定了基础。儒勒·凡尔纳的《八十天环游地球》（1872）可能是虚构的，但并非难以置信。小说的主人公菲利斯·福格所依赖的火车和轮船的时刻表已经存在。凡尔纳本人来自一个船主和领航员的家族，他的故事充满了令人信服的细节。首次于1839年在英国出版的《布拉德肖铁路指南》，在1847年其内容就包括欧洲大陆，在1864年包括印度，在1872年包括奥斯曼帝国——而福格就是依赖他的《布拉德肖铁路指南》。自1874年开始，万国邮政联盟确立了对寄往世界任何地方的邮件实行一致的统一费率的原则，这让包裹无需在可能经过的每个管辖范围都要付款。到了1890年代，一个标准时区系统（最初是长途火车旅行所必需）已经在世界各地被广泛采用，尽管主要用于交通系统而非日常用途。[67]在1800年则到了一个无法想象的程度：世界已经变成一个可通达的地方，甚至对那些收入微薄、不爱冒险或喜欢离开舒适的家中来一场"扶手椅旅行"的人来说也是如此。然而，这种巨大文化变迁的各种结果是自相矛盾的。

一个强大的影响是对距离的再想象。定期和可预测消除了（在某些情况下甚至逆转）遥远的感觉。到了1930年代，从伦敦出发，通过铁路和海运不到二十四小时就能抵达布拉格，而通过海运六周就能到达新西兰。这并没有阻止内维尔·张伯伦在谈到捷克斯洛伐克时说，这是一个"我们所知甚少的遥远国度"——他不敢用这个短语来形容新西兰。因文化和种族联系而统一的全球"大不列颠"观念，取决于这种新的距离概念，"大法兰西"或"大德意志"的类似梦想亦复如是。查尔斯·迪尔克于1869年首次提出"大不列颠"的概念，并在1883年出版的J.R.西利具有广泛影响力的著作《英格兰的扩张》中得到了推广。欧洲作为世界"道德和物质"进步引擎的全球中心地位的意识（不仅在欧洲），得以极大地强化。对亚洲或非洲这些最近看似世界"偏远角落"的地区进行商业利用的范围变得更加直接，而其吸引力也更容易传播给往往轻信的公众。在这个世界中，塞西尔·罗兹或比利时国王利奥波德这种大亨，可以通过黑色的宣传艺术发展兴旺。不过，也是在这个世界上，遥远危机（在中国或非洲南部）的回响也威胁着欧洲自身强权政治的脆弱平衡。结果，到1890年代产生了一种将帝国机会主义和地缘政治焦虑结合在一起的狂热情绪。蒸汽技术及其电气"控制系统"正在将全球划分为少数"世界大国"，决定性的时刻（看似如此）即将到来。这些恐惧和希望源于西方蒸汽文化中或许最深刻、（结果证明）最持久的元素：一种其对（基于蒸汽的）技术的掌握确证了其拥有在文化、进化和种族上对非西方世界的永久优越性的信念。

讽刺的是，就在这种欧洲中心主义式耀武扬威变得一目了然的时候，其局限和弱点变得更加明显。拉德纳和科布登曾经认为蒸汽会让世界变"平"：服从西方（自由主义）的制度和习惯。但是，蒸汽也可以为其他文化注入活力。蒸汽印刷和补贴的邮政服务在苏伊士运河以东世界的普及，为当地土著文化的守护者提供了他们所需的武器，以动员更广泛的支持来应对来自西方的威胁。报纸和手册可以在加尔各答（以波斯语）或新加坡（以阿拉伯语）印刷，供远方的读者阅读。孟买的穆斯林可以加强其作为从波斯湾到桑给巴尔广大海域的宗教和文化大都市的主张。[68]从埃及到日本，强大而及时的文化自信注入了宗教认同和语言认同。汽船和铁路让宗教朝圣变得更便宜、更轻松，最明显的是前往麦加朝圣。归来的朝圣者刚刚被灌输了正统的实践，并被宗教博爱的感觉鼓舞着，他们在国内享有巨大的社会声望。他们提供了一个"积极分子"的网络，这些积极分子将净化信仰，动员信徒，并加强他们的团结，以对抗其他信仰和文化的阴险诱惑。[69]蒸汽和印刷为世界各地的伊斯兰信徒社区乌玛提供了新的基础设施，以应对西方现代性的挑战。佛教徒和印度教教徒也能而且确实利用了这些新的基础设施。

对西方的这种文化抵制，也可以借鉴蒸汽文化本身提出的一种富有影响力的批评：蒸汽驱动的机器让工作失去人性，将其劳动力变成了工资奴隶，并谴责他们生活在不卫生、煤烟熏黑的贫民窟，许多感到惊骇的观察家描述了这一观点，而最生动的描述来自弗里德里希·恩格斯在1845年（以德语）出版的《英国工人阶级状况》。在维多利亚时代的英国，性道德、家庭生活或宗教信仰，更不用说社会凝聚力，能否在这种混乱中生存下来，引发了激烈的争论。激进政治中的一个强大传统敦促恢复乡村式的自给自足，给每个工人"三英亩地和一头奶牛"。威廉·莫里斯所声援的浪漫中世纪主义，拒绝工厂化生产，转而支持个体工匠。历史学家詹姆斯·安东尼·弗劳德声称，只有移民到加拿大、澳大利亚和新西兰等工业不发达的阿卡迪亚，英国人才能从工业化造就的发育不足、易变的群氓中解脱出来。[70]圣雄甘地的天才是将这种对蒸汽机世界的描绘化作一则扣人心弦的反对英国在印度统治的宣言。"统治印度的并不是英国人，"他在1909年声称，"而是现代文明，通过其铁路、电报、电话……铁路、电报、医院、律师、医生诸如此类就是全部……机械是现代文明的主要象征，它代表着一种巨大的罪恶。"[71]甘地在其《印度自治》（1909）中坚称，印度人只有拒绝英国权威所依赖的工业文明，才能恢复自治所需的道德自立。

## 蒸汽塑造的世界

到了19世纪晚期，一个新的世界已经出现，由蒸汽和那些掌握其力量的人塑造而成。全球交易的模式已经与哥伦布时代截然不同。这并不仅仅是规模和价值的问题，尽管二者的增长非同寻常。1860

年至1913年间，世界贸易额从约十五亿英镑增至1900年的四十亿英镑，到1913年又翻了一番，达到八十亿英镑。[72]截然不同的的是交易方式。西北欧已经成为世界工厂。西北欧为亚洲、非洲和美洲的市场以及自己的非工业腹地注入了源源不断的制成品。来自欧洲工厂、铸造厂和作坊的纺织品、机械、金属制品（铁轨、水壶、针头、餐具、铁锹、锄头、犁头）、枪支（有利可图的贸易）、钟表和其他仪器、瓷器、肥皂、蜡烛、家具和玩具，因其巨大的价格差异或新颖性，取代了世界其他地方当地工匠的产品。到了1899年，世界制成品出口除了总额的2%之外，全部来自九个西方国家。[73]货物的回流反映了北欧对原材料和食品的新需求：棉花、羊毛、木材、皮革和毛皮、丝绸、大麻、黄麻、谷物、糖、咖啡、巧克力、茶叶。欧洲不仅成为世界上工业化程度最高的地区，而且是城市化程度最高的地区。在西欧，居住在一万人以上城镇的人口比例从1800年的10%左右上升到1890年的近30%。[74]（1890年，中国的这一数字还不到5%。）西欧也成为一个巨大的人口流出地区。这些数字令人震惊。1850年代，有约二百万人作为移民离开了欧洲。1870年代，这一数字超过三百万。1880年代，移民人数将近八百万。在20世纪的第一个十年，这一数字超过了一千一百万。[75]其中大部分移民来到了美洲，而前往澳大利亚和新西兰的比例要小得多；但是，这些加在一起就足以大幅增加欧洲人在世界上所占的份额。这些数字与亚洲人的移民相匹配，尽管规模上稍逊一筹。印度人和中国人通常会以移民或"契约"劳工的身份前往拉丁美洲的部分地区、加勒比海、毛里求斯、纳塔尔、缅甸、马来亚或斐济，在被排除之前，还前往澳大利亚、新西兰和北美洲。这是一个流动的世界，一个贸易和商业交流比以往任何时候都更深入、吸引更多人的世界，程度比以往任何时代都更甚。

是什么让这成为可能？如我们所见，部分是因为在欧洲任何可以应用蒸汽动力的地方，生产的机械化降低了产品成本。然而，若无蒸汽引发的运输革命,世界贸易新模式不会发展得如此之远或如此之快。铁路、汽船(在北美大陆具有特别重要的地位)和轮船是世界各地运输货物的成本急剧下降背后的主要原因,1870年至1913年间,全球运输成本平均下降了约50%。[76]与其说这对欧洲制成品出口的运输至关重要,不如说对大宗商品——谷物、原棉、羊毛、木材——的回程运输至关重要,而世界其他地区的顾客就用这些大宗商品来支付购买欧洲商品的费用。如果原材料生产商自己对粮食的需求不能够通过来自更远的粮食种植区的定期供应来确保满足,他们也不愿意冒风险为欧洲市场专门生产棉布、丝绸、咖啡或茶叶(提高他们的生产率、收入和购买力),而这些粮食种植区现在可以通过汽船或铁路连接起来。若无蒸汽让人(及其劳动)的大规模流动成为可能,生产、消费及其产生的贸易都不可能以如此快的速度增长。电报和电缆发挥了各自的作用。价格信息(电报业务的主要组成部分)现在可以快速方便地传输,商业决策也可以更容易地调整,从而降低长途贸易的风险和低效。早在1860年代,利物浦的一家公司每年在向东方发送电报上就要有一千英镑的大额支出。[77]电报引导船舶去往需求最大的地方。电报促进了贸易所严重依赖的贷与借的转移,并降低了其价格,在世界范围内稳定利率。

但是,需要的不仅仅是一项新技术。蒸汽运输需要比先前和平时期更大规模的资本调动。英国的铁路建设需要投资公众的狂热(经济学家称之为"非理性繁荣")。铁路股票的所有者不得不相信,(与大多数商业交易不同)收入流将持续至无限的未来,让铁路与地产一样"安全"。在国外的铁路建设,以及码头、港口和城市公用事业的并行基础设施,需要信念的新飞跃。必须由资本的大量输出来提供资金,因为当地的财富很少能被用来支付这笔费用。欧洲的投资者通常更喜欢将自己的储蓄委托给移民国家的企业,尤其是美国,那里的商业安排耳熟能详,而法律提供了一些(但只有些许)防止盗窃和欺诈的保护。英国投资者欣然购买印度铁路的股票，因为在那里，（英国人的）印度政府保证他们从印度纳税人支付的收入中获得5%的股息。然而，在世界上的许多地方，铁路是建在既无移民也无统治的地方。以英国人当先的欧洲人获得了大量有价值的财产，可从欧洲实施占有和管理，其规模超过以往任何时代。此外，为了让这些财产有利可图，他们必须在相关的东道国调动广泛的影响力。他们不得不招募劳动力建造他们的铁路，运营他们的矿山和种植园。这并不容易，因为对人力的控制总是引起当地精英的极大兴趣。因此，进口契约"苦力"是一种常见的依赖性做法。铁路公司急于通过获得土地出让和垄断来保护他们的投资，并抵御任何降低其收费率的压力。

然后是扩大贸易和汇回利润的问题。二者都需要当地经济的转型，以生产出世界市场将要购买的支柱产品。二者都要求扩大信贷规模。专业化的种植者需要信贷来让自己从一次收成支撑到另一次收成。他们必须信誉良好，这意味着有能力抵押他们的财产，并有抵押贷款的法律来强制执行。债权人需要一个代理人网络来区分好风险和坏风险。几乎每个港口都涌现出外汇银行，向代理人和交易商提供贷款，并管理与国外贷款人的资金往来。不过，一切都依赖向欧洲出口支柱产品。"国内"投资者和贷款人可以从这些收入中提取利息和股息，而生产商（幸运的话）有足够的钱购买他们梦寐以求的进口产品。但是，商业发展几乎处处都需要文化和政治影响力的微妙渗透，把地方统治阶级纳入国家的现代化进程中。

约1850年后的拉丁美洲国家，其中就有这些进程中最引人注目的例子。在巴西，英国商人在巴西最大的支柱产品咖啡的出口中发挥着主导作用。英国的各汽船公司提供了与欧洲的主要联系，甚至参与了巴西的沿海贸易。英国的资本和专业知识建造了从海岸到圣保罗后面咖啡产区的主要铁路。但是，这一切都要求与巴西精英建立密切联系，而吸引他们的是农业财富的前景，以及英国式现代化将有助于统一仍然松散的区域化巴西国家的承诺。[78]在铁路、码头、有轨电车和银行皆为英国人所有的乌拉圭，英国牧场主领导了平原的铁丝围栏和畜牧业的现代化，现在则专注于英国市场。到了1890年，乌拉圭总统可能会说——或许有点悲哀——他的职位实际上是"一个大牧场的经理，而该牧场董事会位于伦敦"。[79]在英国资本也是无处不在的阿根廷，英国人拥有的银行——比如伦敦与南美银行——会提供信贷，英国商人家族管理着大庄园，而铁路和公用事业的大部分基础设施都由英国公司拥有和管理。在此，当地精英也掌握了让法律适应这种新的商业环境的益处，以及模仿欧洲贵族生活方式的社会吸引力（至少对大地主来说）。[80]

与此同时，电报、邮政和更方便的旅行，为投资者和债权人提供了更大的保证，即他们的资金和财产安全无虞。但是，商品出口与信贷和资本流动之间错综复杂的联系，促使世界贸易出现了前所未有的商业和金融集中。蒸汽时代的女王城市伦敦发挥着核心作用。[81]伦敦首先是世界各地产品的大市场，1850年后大多数商品都可以自由进入。[82]从某个遥远的港口托运茶叶或木材、糖或西米、鸵鸟羽毛或羊毛的商人，可以确定会有销量（伦敦最高地位的最大例外是原棉，利物浦才是原棉的主要市场）。想要这类商品的欧洲买家，一定能在那里找到现成的货源。存在一个重要的商业机构来租用和填充船只，并安排海损保险和管理进口商品的销售。这样做的伦敦公司通过不断的通信和（往往是）私人关系，与海外商人建立了密切联系，而造访甚或联姻巩固了这些联系。自然引申来说，这些联系应该成为向海外合作伙伴及其客户和主顾提供信贷的渠道。[83]由于伦敦从英国的许多地区获得了储蓄，因此信贷很少是昂贵的或稀缺的。对一些商业行会来说，专门提供资金，然后充当海外借款人在伦敦寻求外国投资的中介，这只是一小步。投资类贸易首先取决于信息和代理人、地方性知识和信任。

取道伦敦的大量业务是最好的保证，即那里的商品和资金比欧洲的其他地方更便宜，信息也更丰富。这有助于解释为何到了19世纪晚期，世界贸易的很大一部分是通过伦敦融资的，但并没有货物在伦敦的码头上装卸。出于类似的原因，1913年，伦敦是世界上约一半外国投资的来源，尽管相当一部分几乎可以肯定是来自欧洲的其他地方，只是**通过**伦敦进行投资。伦敦是1860年代和1870年代出现的新世界经济的结算所。伦敦的首要地位得到了三个重要支柱和一笔地质财富的支持。第一个重要支柱是"英镑汇票"——一种最终可在伦敦兑现的信用票据——在世界大部分地区的商业交易中被广泛使用（当今由美元扮演这一角色）。到了1913年，约三分之二流通的英镑汇票为英国以外的第三方之间的贸易提供了资金。[84]第二个重要支柱是伦敦证券交易所的快速成长，以调动英国和其他地方的资本出口到国外。到了1914年，全球三分之一的挂牌证券在伦敦进行交易。[85]第三个重要支柱是有黄金背书的英镑的非凡稳定性，这吸引了外国储蓄，并鼓励世界各地采用了所谓的"金本位制"——将货币固定在一定数量的黄金上，并承诺按需将纸币兑换为黄金。若无加利福尼亚州、澳大利亚、新西兰、南非、育空地区和俄国的淘金热带来的黄金供应的大幅增加，这是几乎不可能的。1801年至1850年间——在大淘金热之前——约生产了3 800万盎司黄金。1851年至1900年间，这一数字增至3.36亿，并在1901年至1925年间增至4.77亿。[86]白银产量也在大幅增长，其中大部分来自美国西部。事实上，1850年后，黄金和白银的泛滥——这两种货币在世界各地都被广泛接受——本身就是对贸易和交换的有力刺激。[87]

很容易理解为什么自由贸易和向世界市场敞开大门的观念，在维多利亚时代的英国如此受人欢迎。这一观念似乎造就了1850年后开始的商业和工业繁荣的浪潮。其拥护者坚称，自由贸易是商业成功的普遍处方——对穷国和富国来说皆是如此。"棉花贸易所带来的互利互惠是持续善意的最佳保障",一位维多利亚时代中期的评论家写道。[88]
这是穷国吸引信贷和资本,从自给农业发展到经济作物生产,以及为
铁路和其他基础设施改善提供资金的唯一手段。这样做的益处将会从
拥有土地的富人"涓滴"到没有土地的穷人身上。此外——这是理查
德·科布登的主张——这将鼓励"商人阶层"的崛起,而商人阶层
支持和平与相互依存,并将贵族阶层取而代之,而贵族阶层陈旧的价
值观是战争的主要原因。"战场是贵族阶层的收获地,"他宣称,"被
人民的鲜血浇灌着。"[89]知识的传播、个人自由的增加、专制的衰落
和代议制政府的普及,共同构成了对许多维多利亚时代之人来说"进
步"的意义所在。实现这一切的前提是普遍的自由贸易——我们称之
为"全球化"。理所当然的是,那些表示反对的人充其量也心怀有害
的动机:维护他们的特权,剥削穷人,维护倒退的价值观,或者捍卫
迷信、偶像崇拜和狂热的宗教。

　　当然,蒸汽帮助创造的新全球经济也有黑暗的一面。商业一体化
带来了接触,也带来了传染病。轮船和铁路的大规模移动可能以闪电
般的速度传播疾病。1820年代以降的19世纪,霍乱在欧洲诸港口城
市相继流行。[90]单单俄国在19世纪就经历了六次大流行病。[91]越来越
多的朝圣者前往麦加,在不卫生的条件下挤在一起,形成一个巨大的
新"疾病库"并被带到欧洲边境,然后被返程的哈吉带回家乡。1866
年,来自十六个国家的代表参加了在君士坦丁堡举行的"国际卫生
会议",他们对这个问题进行了反思,并一致认为霍乱是从印度传播
开来的。"这种疾病是由人类传播的,传播速度与移民的数量和速度
成正比",这是一个明智的结论。会议要求对离开印度的船只进行检
查,并坚称可能有必要中断经由埃及的贸易,以使霍乱远离地中海诸
港口。[92]随着移民涌入美国诸港口,他们便为黄热病的"藏红花祸害"
提供了一批新的宿主群体,在19世纪余下的时间里,黄热病会反复进
行破坏性造访。[93]在19世纪末,瘟疫在印度和中国部分地区流行,在

包括澳大利亚在内的许多东部港口再次流行，[94]并蔓延至巴拉圭和巴西这么遥远的地方。[95]商业传染可能同样具有破坏性。一旦商业中心被紧密的信贷联系在一起，信贷的供应或价格的任何波动都会迅速波及各大洲。威胁到运输的流动或增加运输成本的战争和战争谣言，也产生了类似的影响。电报以一种方便的新速度传递信息，但它同样能够迅速地传播金融恐慌。

事实上，全球自由贸易能否带来物质繁荣的稳步上升，这一点远非显而易见——至少并非对所有人都是如此。"涓滴"可能意味着涓涓细流，而经济可能停滞也可能增长。尽管秘鲁通过出口海鸟粪（一种广泛使用的肥料）得以致富，但在整个19世纪，秘鲁的大部分人口仍然处于勉强维持生计的水平。[96]在哥伦比亚，到了1880年代，外国对其出口的需求过于不稳定，以致无法维持经济增长；也没有出现新的中产阶级。[97]全球市场，尤其是棉花或糖等主要大宗商品市场，长期容易受到投机性繁荣和萧条的影响。热带和亚热带的商品（棉花、糖、咖啡、茶叶、烟草和橡胶）扩散至新的种植区域——和新的竞争者。奴隶在古巴种植的甘蔗破坏了其他奴隶获得自由的"糖岛"的贸易。1870年左右，锡兰和阿萨姆种植的茶叶在英国市场上逐渐取代了中国茶叶。1900年后，马来半岛的橡胶种植园取代了亚马孙和刚果的"野生"橡胶。几乎每一个热带和亚热带经济体都尝试过染指棉花。一端的生产过剩（丰收），另一端的需求下降，可能会带来价格的跳水，导致数十家公司破产，其他公司开始"挤兑"，并威胁到他们所依赖的银行。

对外国资本的依赖可能同样风险重重。正如欧洲以外的许多借款人发现的那样，他们的贷款利息可能高得危险。他们的税收或商品价格的下降可能会让自己陷入违约，对此的惩罚则可能是大国施加的一种"财政保护国"形式——1870年代埃及和奥斯曼帝国的命运[98]——将国内财政控制权交给了由外国银行家和官员组成的一个委员会。

1914年之前，突尼斯、希腊、塞尔维亚、摩洛哥、多米尼加共和国和利比里亚也实施了类似的债务管理。[99]采用金本位制及其严格的货币纪律可能被视为财政稳定的保证，也是保持高速发展国家（比如1890年代的阿根廷和巴西）的信贷和资本流动畅通的最佳方式。但是，金本位制也带来了风险。如果伦敦和巴黎提高银行利率以遏制通货膨胀并吸引更多黄金，那么"边缘"的较小经济体的黄金储备就会减少，货币供应就会萎缩：萧条很快就会随之而来——甚至可能会出现叛乱。

我们也不应该认为以伦敦或巴黎为基地的资本主义总是良性的，或者认为在那里筹集的资本总是用于建设性目的。[100]关于外国投资的惊人增长所带来的金融弊端，我们现在更为了解。在伦敦筹集的大部分资本，尤其是用于采矿的资本，从未到达其名义目的地，而是用于金融投机或者买断竞争对手。[101]采矿招股章程是出了名的欺诈行为，矿石样本经常是"骗卖的"。正如当时观察到的那样，"公司制造商"青睐的一种技术是，一旦企业筹集到资本，就将其拆分，把其资产剥离到一个单独的"子公司"中，给投资者留下没有资产的"空壳"。[102]当不警觉的局外人对利润提出主张时，这一点尤其有用。1914年之前的几十年里，伦敦证券交易所的迅速扩张引发了人们对新一代"财阀"及其可疑财富来源的日益担忧，这并非偶然。[103]在法国，第三共和国就因金融腐败而声名狼藉。

关于全球化对发展中（西方同时代人称之为"落后"）国家的影响，人们的认识要少得多，甚至可能普遍漠不关心。在条件有利的地方，资本和自由贸易能提高生活水平，加快城市化，扩大中产阶级，并为当时分裂的国家带来更大的稳定性。这尤其是对拉丁美洲商品主导型增长的希望。但是，这在很大程度上取决于谁能控制土地和劳工。在非洲大陆，这是尤其成问题的。随着1880年代和1890年代撒哈拉以南非洲的分治，新的殖民政权应运而生。在无移民抵达的地方，通常的做法是向欧洲企业家授予"特许权"（采矿、种植园或野生橡胶收割），而不询问他们将如何找到所需的劳工。这是法属赤道非洲、德属喀麦隆和葡属东非（今莫桑比克）的做法。[104]其最恶劣的特征出现在所谓的"刚果自由邦"，即比利时国王利奥波德二世的私人帝国。[105]暴行的规模足以在当时制造一场巨大的丑闻。在白人移民迁入的地区（肯尼亚、罗得西亚——今赞比亚和津巴布韦——以及更早的南非），土地被暴力夺取，通过直接胁迫或人头税的手段征召的劳工，则以现金支付。在矿井中，劳动条件异常恶劣，惩罚殴打司空见惯，死亡率（比当时的英国高出五倍）骇人听闻。[106]在美洲，奴隶劳工在美国一直延续到1860年代，在古巴和巴西一直延续到1880年代。在所有这些情况下，奴隶制或农奴制都是自由贸易的必然结果。在土著人口只是被排斥在外，而不是被纳入农奴劳工，并被置于"保留地"的地方，流离失所和依赖成性滋生了堕落、酗酒和社会解体。"盎格鲁-撒克逊人，"一位目光敏锐的维多利亚时代晚期的英国人写道，"消灭了与他竞争的欠发达民族，甚至比其他种族在类似情况下更有效率；其实，不一定是通过激烈而残酷的灭绝战争，而是通过同样致命甚至结果更为确定的法律的实施。"[107]因此，在世界的大部分地区，全球化资本主义表现出本质上的掠夺性，而且令人担忧的是，在治理严重欠缺的殖民政权中，其免于社会约束或道德焦虑。少数与人道主义或传教士有联系的批评者试图发出警报。但是，对大多数西方同时代人，甚至深思熟虑的观察者来说，土著族群遭受的痛苦——如果有报道的话——似乎只是在迈向"道德和物质进步"过程中遭受的"附带损伤"。他们推断，毕竟摆脱原始部落主义的束缚注定是痛苦的。因此，许多土著社会的命运变得"道德上看不见"，是打造新世界经济的必要伤亡。其实，人们普遍预计，当面临"进步"时，至少部分土著族群会灭绝。[108]

就像全球化的各种早期版本，蒸汽全球化是地缘政治制度和商业制度的产物。它深受全球权力分布的影响。正如我们在本章开头所见，哥伦布时代的遗产之一是欧洲列强的帝国主义心态。蒸汽为权力投射提供的设施，增强了这些国家对帝国扩张和商业扩张的欲望。铁路、汽船和一系列新武器（最终包括连发步枪和机枪）降低了远离家乡进行武装干预的成本和风险。在海洋世界，英国处于领先地位。英国最有可能利用1800年前主导大西洋世界的"重商主义"对抗终结的优势。英国的海洋军实力首屈一指，而其商业舰队在西方拔得头筹。其对手在1793年至1815年的"大战"中被逐出了公海。到了1830年代，英国国内的工业生产让寻找欧洲以外的新市场成为当务之急。早在1820年代，伦敦就与南美洲各个新共和国围绕航行和贸易条约进行谈判，好让英国商人获得准入并保护他们的公民权利，但是收效甚微。在帕默斯顿勋爵担任外交大臣（1830年至1841年）期间，政府明确承认负有"为商人开放和保护通路"的职责。[109]1838年，奥斯曼帝国和埃及——其名义上的附属国——被迫签订一份自由贸易条约。1842年，北京的清政府被迫向外国商人开放五个"通商口岸"，并将关税限制在名义上的5%。[110]1858年的《天津条约》让大门更加敞开。1855年，英国与暹罗（今泰国）签订的一份条约强制让后者实行自由贸易。1858年，英国与俄国、荷兰和美国一起，在日本横滨获得了一个条约港口，不久便获得自由贸易的承诺。[111]在所有这些（东方的）地点，外国商人享有地方司法权和税收豁免。这些都是反映现实力量悬殊的单方面安排（并无互惠）。

英国人享有另一笔巨大的财富：他们对印度的统治。这是他们可以在好望角和日本之间，从苏伊士到横滨的广阔海域行使其权力的主要基地。从印度派出的士兵，是部署在东亚和整个印度洋世界的"炮舰外交"的重要辅助力量。1857年印度民族大起义是一场大规模危机，过了将近三年时间才被镇压。英国东印度公司政府被废除（尽管不是其在印度的管理机器），转而由伦敦进行更严格的控制。起义前完全由英国人构成的驻军，规模翻了一番还多，而原先由印度人构成的军队规模减半。结果是，1860年后，印度纳税人承担了约三分之二英国职业军队的日常开支：在印度的大型（全英）驻军——七万人左右——以及单独由英国人担任军官的印度陆军十四万人的队伍。[112] 英国也强制让印度实施自由贸易，使其成为自己最大出口商品棉布的最大客户。1858年，故意拖延的英国东印度公司被推至一旁后，印度政府劲头十足地推动铁路建设，目的是将次大陆转变为支柱商品的生产国：原棉、小麦、靛蓝植物、黄麻和鸦片。印度的海外出口商品，其中大部分流向英国以外的市场，赚取了外汇，然后汇到伦敦支付"国内费用"——印度为其英国驻军支付的"租金"，其巨额铁路债务的利息，以及付给英国官员和士兵的养老金费用。印度以这种方式获得的外国收入，对英国的国际收支做出了关键贡献，从而也对英镑的强势做出了贡献。[113]

英国人一马当先，但他们并非形单影只。在19世纪的大部分时间里，法国也追求正式和非正式帝国的结合：在地中海和北非，在撒哈拉以南的西非，以及东南亚。尽管发生许多冲撞和偶尔的叛乱（比如1840年和1898年\*），法国还是大体接受了其在"全球共管领地"中作为英国初级合伙人的地位。[114] 到了1880年代，德国对全球影响力的渴望让问题更为复杂，但并不是——显然——致命的，直到1914年。在

---

\* 1830年代，法国征服阿尔及利亚，但统治并不稳固，希望与埃及统治者穆罕默德·阿里成为盟友，后者希望法国帮助自己建立独立国家，摆脱臣服于奥斯曼帝国苏丹的附属地位。然而，英国、俄国等国不愿看到奥斯曼帝国崩溃和埃及独立，尤其是欧洲大陆推行"均势政治"的英国。1839年，奥斯曼帝国试图夺回被阿里占据的叙利亚，但被击溃，统治岌岌可危。1840年，英国撤开法国，与俄国、奥地利、普鲁士、土耳其在伦敦开会，签订《伦敦条约》，要求阿里撤出土耳其，只留下阿克省供其管辖，否则联合与之作战。法国许诺支援阿里。是年9月，英国、俄国、奥地利、土耳其四国舰队炮轰贝鲁特城，加之叙利亚人开始拿起武器，埃及军队受到内外夹击，节节败退，急忙向法国求助，法国非但没有提供援助，反而敦促其与苏丹达成和解，阿里最终选择屈服。1898年，英、法两国为争夺非洲殖民地而在尼罗河上游的苏丹小镇法绍达（今科多克）发生了冲突，史称法绍达事件。

自己的势力范围内高枕无忧的美国（1898年西班牙从加勒比海地区撤出后更是如此），似乎也愿意承认英国在全球层面的领导地位，只要本国在西半球的特殊地位得到承认。[115] "格格不入的"是俄国，该国从陆路横贯北亚，基本不受海上胁迫的影响。尤其是对英国人来说，由于其不安定的对印度的统治、开放的西北边境，以及从直布罗陀到孟买的漫长而暴露的海上走廊，俄国向达达尼尔海峡、波斯、波斯湾、阿富汗或西藏的任何推进，都是一场正在形成中的战略噩梦。1858年的《瑷珲条约》（中国根据该条约承认了俄国对黑龙江河谷*的控制权）和1859年至1860年符拉迪沃斯托克（"海参崴"是其中文名称）的建立，表明俄国对在太平洋和中国施加影响力的野心。"英国用黄金展示自己的力量，"19世纪中叶，俄国驻高加索地区总督说道，"黄金匮乏的俄国不得不以武力竞争。"[116] 但是，就连俄国都接受了与欧洲海洋大国建立共事关系的必要性，而其统治精英也采用了西欧人用来证明其帝国扩张合理性的道德思想和价值观。[117]

结果是建立了一种"竞争性共存"的制度，所有主要的欧洲大国都试图在不诉诸彼此之间公开战争的情况下推进其欧洲以外的利益。这种谨慎植根于它们拒绝为了殖民地利益而危及欧洲的均势：因此，在殖民地问题上仅有的冲突就是西班牙与美国、俄国与日本之间的冲突。这种谨慎克制的种种后果是深远的。欧洲国家在意识形态上的团结是惊人的：没有大国否定帝国的道德准则，也没有大国极力主张种族平等。各个大国普遍同意，对那些未能维持秩序和保护外国人生命和财产的国家进行干预是合法的。所有大国都接受公海航行自由，到了19世纪中叶，还接受领海限制在从海岸发射一发炮弹的距离——通常为三英里。[118] 在这些大国的压力下，通往南美洲的两大门户——巴拉那河和亚马孙河——对所有船舶开放（1853年和1866年至1867

---

* 原文为阿穆尔河谷，是俄国人对黑龙江的称呼。

年）；1862年后的中国长江也实施开放。这些大国也享有加诸奥斯曼帝国、摩洛哥、埃及、波斯、暹罗、中国和日本的治外法权特权（直到1899年），尽管并非没有摩擦，并允许其扩展到其他西方国家，包括一些南美洲国家。不过，大国勉强合作的最引人注目的证据，是对非洲、太平洋和东南亚的"和平"分割（当然不是对土著族群）。在非洲，各式各样的欧洲冒险家、企业家、强盗、建功立业的军官和有远见的次帝国主义者（最著名的是塞西尔·罗兹）之间的"瓜分行为"也最为激烈，就连在此地，巴黎、柏林和伦敦的部长或大臣也在寻求划定分界线，主要是为了安抚国内纠缠不休的游说团体，并在竞争导致不可挽回的破坏之前约束任性的"驻地人士"。正是分治外交而非帝国主义的设计，让热带非洲的大部分地区得以以最低限度的治理实现小规模统治。这种成本削减式便利的代价，是在很大程度上行政真空的情况下，由臣民人口在欧洲移民、贸易商和矿工的剥削和虐待中付出的。

到了19世纪末，这种非同寻常的地缘政治制度帮助建立了一种主要基于欧洲条件的全球化。世界现在是一个"封闭的体系"，这已经司空见惯：没有新的"空地"可供占领；已经到达边疆。在1900年，未来似乎属于少数几个"世界大国"，它们将全球划分为重叠的势力范围。非西方世界似乎注定要以托管或经济依赖的形式无限期地存在下去。几乎没有理由认为亚非抵抗会破坏殖民大国的统治：日本是唯一的显著例外，1905年战胜俄国后，日本突然崛起为（近乎）大国，这让亚洲旁观者感到惊愕，并让欧洲人担心不已。

事实上，一些资本主义帝国主义最不共戴天的批评者已经接受了这样一个事实，即各个帝国主义国家总是会找到解决分歧的方法。[119]然而，这种在很大程度上在彼时观察家视野之外的帝国地缘政治，结果证明包含一个巨大的——也是致命的——缺陷。正是在欧洲自家门口尚未完成的分治外交威胁到欧洲大陆政治的稳定；正是未能控制奥斯曼统治在巴尔干半岛的崩溃引发了1914年的爆炸，并——最终——摧毁了蒸汽全球化严重依赖的全球制度。

这就是维多利亚时代全球的外形。但是，正如我们将要看到的那样，这种全球视角在更仔细的观察之后会分解为一种接受、适应、抵制甚至反叛的复杂局面。正是在这个世界的港口城市及其背后的"落后国家"，人们才不得不真正发动反对强加西方"蒸汽现代性"的斗争。

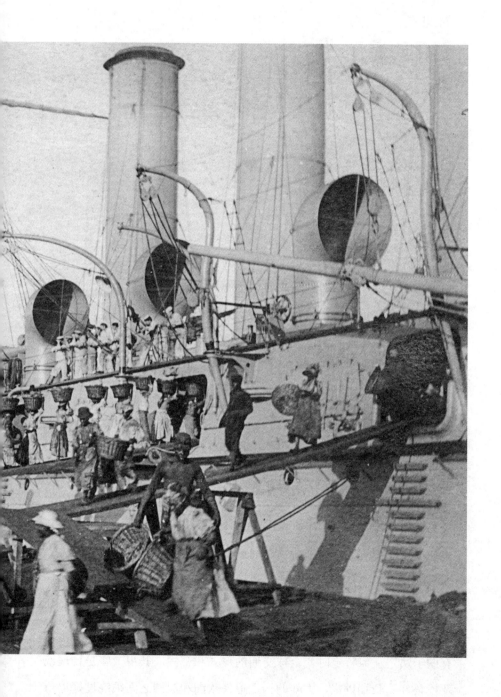

# 第四章
## 变化的海洋

纵观历史，海洋一直是全球联系的重要干道，这似乎是个显而易见的事实。早在哥伦布或瓦斯科·达伽马之前，海洋就通过欧亚大陆中部——今中东——的巨大陆地十字路口，将东亚和南亚"季风"沿海的大量人口和财富与欧洲沿海的人口和财富连接起来。欧洲一强占美洲，就使美洲也成为遍布世界各地的海运网络的一部分，该网络触及非洲的奴隶市场和亚洲的白银买家。如今，当世界贸易的90%左右是通过船舶运输时，很明显，我们的全球化经济在很大程度上依赖这种海上运输。我们也许会得出结论，海洋一直是我们全球化的重要工具，无论全球化是新是旧。

然而，将海洋想象成区区一条干道，就忽略了其在历史上的大部分意义。"干道"表明两个目的地之间有着大量的交通流。海洋从未如此。在世界的许多地方，海洋更像是一张纵横交错的密集的海上巷道网，连接着无数的港口、码头和贸易海滩。即使这样，这个海洋星球的大部分区域也没有任何人类活动，成为一片贫瘠而可怕的沙漠。更确切地说，海上交通总是受制于不断变化的条件，而这些条件有助于决定任何特定时代全球交通的形式和范围。其中一些是物理或环境条件：长期以来，大陆的构造迫使欧洲和亚洲之间须绕过好望角直航，并且使得合恩角成为去往美洲太平洋沿岸的风暴肆虐的门户；风帆驱动的船只必然会服从于风和洋流特殊的地理环境（和季节性）。有些是政治条件：葡萄牙人、西班牙人、荷兰人、法国人和英国人在不同时期强行实施的商业禁区，中国、日本或奥斯曼帝国统治者加诸海上通道的严格限制。有些是混乱和暴力的产物：海战震撼了近代早期的地中海、18世纪的大西洋和20世纪初世界上的大部分地区，给一些国家带来了财富，给另一些国家造成了巨大损失；或者是17世纪加勒比海地区、北非海岸周围（直到1820年代）、波斯湾和中国南海猖獗的海盗活动区。有些主要源于技术和海事知识的限制，或者某些商品的商业吸引力——贵金属、奢侈面料、食物和药品。在任何特定的时间，这种环境、技术、商业和政治的海上混合体，会倾向于某些航线而非其他航线，某些港口而非其他港口，某些贸易而非其他贸易。它将一些地方拉到一起，而把其他地方推开。

这种模式很少会长期稳定下来。海事知识的进步、新的航运技术、新的海上秩序、土地制度的改变或新的消费者需求，可能从根本上改变航运和海军力量的全球分布、海上航线的偏好、港口之间的选择和地方之间的联系。在世界历史的长河中，我们可以看到这些巨大的变化在起作用。在我们这个时代，集装箱船改变了海运经济学（从而改变了商业全球化的规模）。19世纪从帆船世界到汽船世界的缓慢转变，同样具有重要的意义。


## 帆船世界

风帆航行术可能至少有七千年的历史。最古老的帆船图像可以追溯至公元前3100年前的某个时候。[1]然而，依赖风、洋流和潮汐对远洋航行造成了某些明显的限制。最明显的是时机和耗时。虽然某些海上通道可以提供高度的可预测性（取决于季节），但是大多数海运旅客不得不让自己接受逆风或（更有甚者）可能持续数周的无风期造成的延误。[2] 逆着盛行西风逃离英吉利海峡往往是一件难事——这降低了军舰被困在英吉利海峡更东边的风险，是普利茅斯成为重要海军基地的原因之一。航行时间依赖顺风和洋流的助力，但也需要一条寻找到风并保持转向通道的迂回路线。风和洋流还决定了帆船停靠港口的顺序，影响了帆船获取信息的机会，以及帆船在停靠港区域层级中的位置。[3] 完成一段旅程所需的几周和数月——后来用轮船需要几天或飞机只需几小时内即可完成——增加了额外的成本，尤其是在意外延误的情况下需要携带大量的水、食物和燃料。它还增加了在航行的某些环节遭遇恶劣天气的可能性。然而，正如我们稍后将看到的那样，直到19世纪晚期，帆船仍然是从世界一端到另一端的重要货运工具。

当然，我们应该牢记，进行数千英里长途航行的帆船，只占所有帆船的一部分——或许只是一小部分。在任意港口，在三桅帆船、双桅帆船和其他装备齐全的船只周围，或者在东部海域的大型中国式帆船和普拉拉帆船周围，会聚集几十艘甚至数百艘更小的船只，这些船在河口和三角洲航行，或者在附近海岸进行被称作"沿海运输"的短途航行。在此可以看到几乎无限多样的船体形状和帆装。许多帆船也参与捕鱼或其他海上捕捞活动，比如在波斯湾捕捞珍珠。虽然较大的帆船包含相当大的投资，并且运载的货物依赖信贷和资本，但是，许多较小的船只更接近于成为海洋"自给经济"的一部分。这种船的成本不高，导航设备也很少。船员对工钱的依赖小于对一系列登陆之间少量货物贸易权利的依赖。他们一生都在海上劳作，就像被土地束缚的农民或劳力在田间地头度过一生。艾伦·维利尔斯对波斯湾和东非之间单桅帆船贸易的讲述精彩地描绘了这种生活方式，[4] 这可能是1900年前亚洲和非洲大部分海洋世界的典型。

到了19世纪晚期，人们越来越容易将世界诸大洋视为一个单一的空间，这个空间允许不受限制地进入全球每个港口。"这片一体、连绵的海洋，"1904年，富有影响力的英国地理学家哈尔福德·麦金德评论道，"……是制海权最终统一的地理条件……"[5]1893年，美国海军上将阿尔弗雷德·马汉在敦促华盛顿采取更积极的海军政策时写道："海洋是世界上最大的流通媒介。"[6]当时的地图册显示了横跨全球的航线，并列出了从欧洲旅行所需的天数（从伦敦到新西兰的惠灵顿需要四十七天）。使之成为可能的许多知识，都是英国皇家海军在取得领先的水文测量中辛勤积累的：其水文部门成立于1795年，而到了1829年，该部门由弗朗西斯·蒲福（"蒲福风级"的制定者）负责。搭载查尔斯·达尔文环游世界的英国皇家海军舰艇"小猎犬"号（1831年至1836年）的主要目的，就是"勘测智利、秘鲁和太平洋上一些岛屿的海岸"。[7]事实上，达尔文著名的《科学考察记》最早是作为官方《1826年至1836年间英国皇家海军舰艇"探险"号和"小猎犬"号勘测航行记》的第三卷出版的。1840年代，英国开始对中国沿海水域进行勘测，约翰·富兰克林爵士被派去进行他注定会失败的寻找西北航道的探险，一系列船只被派去勘测大堡礁（自库克船长时代以来就是一处著名的航运危险地）和澳大利亚北部的珊瑚海（托马斯·赫胥黎是研究该地区的博物学家）。[8]海军部海图和"领航员"的整个图书馆，为商业航运提供了海岸线和港口的详细探测和描述——美国的专长是深海海洋学，其开端补充了这一事业。[9]

对汽船来说，海洋主要是一个要素，通过它可以在两个港口之间的最短路线上强行。帆船世界与此截然不同。它需要了解各种有季节变化的风和洋流的复杂知识，可能在没有预警情况下到来的风暴和狂风的迹象，通常在现有图表上记录不佳的海岸和登陆的危险，海盗和掠夺者袭击的风险，如有延误水和食物供应的位置，以及在电报通信之前的时代一种有利可图货物的前景。结果是，帆船上的海员死亡率惊人。根据一项计算显示，死亡率是当时工厂工人死亡率的一百五十多倍：帆船时代是"大规模死亡的时代"。[10]对帆船而言，大海与其说是"一片连续的海洋",不如说是一组独特的"海景":气候的、地缘政治的和商业的条件与物理构造相结合,造就了一系列独特的海洋环境。在1830年代到1870年代间,每一种环境都发生了变化——在某些情况下发生了剧烈变化。

东方三大洋受季风控制,季风在夏季朝东北吹向内亚,冬季吹向西南:中国南海连接中国、东南亚大陆和拥有两万多座岛屿的广阔的印度尼西亚群岛;孟加拉湾(口语中的"海湾");以及阿拉伯海或西印度洋及其印度、阿拉伯和东非海岸。除了几艘当地的汽船和获得补贴的邮船,从苏伊士到孟买和加尔各答,在1840年代中期再到中国,这片水域直到1870年代仍然是帆船的领域,甚至在1869年苏伊士运河开通后都是如此。欧洲人和美国人拥有的船舶控制着亚非海岸和西方港口之间的长途贸易。但是,中东、东非和印度之间,以及印度、东南亚和中国之间旧的商业纽带得以幸存下来并蓬勃发展。这些商业纽带以及航行的复杂性,特别是在红海、波斯湾和印度尼西亚群岛,直到19世纪基本都未在地图上标明,这有利于当地的船只和船员。带有被竹子加固的巨型方形帆的中国式大帆船,继续从福建厦门启航,在交趾支那(今越南南部)和暹罗购买大米,以及这一列岛屿的森林和海洋产品:海参、珍珠、龟甲、鱼翅、樟脑和乌木。来自西里伯斯岛马卡萨的布吉人——他们的快速帆船有着三角帆和独特的三脚架桅杆——会在岛屿之间交易,收集这些产品:博物学家阿尔弗雷德·拉塞尔·华莱士在1850年代的旅行中就乘坐了这些帆船。[11]印度西部卡提阿瓦半岛的印度人所拥有的船只将棉花运往东非,以换取象牙和奴隶——这种贸易一直持续到1840年代。[12]波斯湾和阿曼的三角帆装阿拉伯帆船、巴加拉帆船和布姆帆船将海枣和盐运到东非,将象牙、奴隶和取自红树林的杆子带回木材匮乏的海湾。在顺风的情况下,一艘独桅帆船可以在两周内就从阿曼的马斯喀特驶向东非的大转口港桑给巴尔。[13]

但是,如果旧的航运和贸易模式继续下去,那么政治变革可谓剧烈而迅速。由于保有在1793年至1815年战争中从荷兰手中夺取的开普殖民地和锡兰，以及从法国手中夺取的毛里求斯，英国得以确保没有任何欧洲对手能够挑战其在苏伊士以东海域的海上霸主地位。海盗，而非海战，成为当时对商船航运的主要人为威胁。[14]1842年后中国的"开放"让中国南海不仅成为通往广州和厦门的走廊，而且成为通往上海、华北甚至日本的走廊，而日本1858年即在横滨设立了一个条约港，开始"开放"。到了1860年，在镇压了1857年的印度民族大起义之后，英国在整个印度次大陆的统治至高无上，而东印度公司统治印度的终结则创建了一个新的殖民政权（对内阁大臣负责），而该政权对伦敦（和兰开夏郡）的商业利益更加敏感。缅甸在一系列战争中被逐渐并入英属印度：1826年是阿拉坎和丹那沙林，1852年是佩古连同位于仰光的大型港口，1885年是缅甸的其余地区。柚木、大米和（后来的）石油成为缅甸的支柱产品。暹罗（另一个重要的大米生产国）于1855年对自由贸易开放。1830年代以降，波斯湾几乎成为英国的一片（汹涌的）湖泊。[15]1839年，英国人占领了亚丁和红海的门户，并从1840年代起，通过被迫放弃有利可图的奴隶贸易，将桑给巴尔的阿曼苏丹变成了不情愿的客户。即便如此，在1880年代，东非、阿拉伯半岛、东南亚和中国内陆的大片地区，仍然处于欧洲帝国及其商业先驱的直接控制之外。

大西洋是一个迥异的世界。北大西洋位于西欧的前门，它连接着两个大陆，而这两个大陆的人口和财富都在迅速增长。美国人口从1790年的三百九十万增至1860年的三千一百万；同一时期，"德意志"[*]、法国和英国的总人口从约五千五百万增至九千五百万。欧洲水手

---

* 原文为"Germany"，未提及明确的时间点，故在此进行区分。学界往往以德意志帝国成立的1871年为分界点，将1871年前的"Germany"译作"德意志"（存在各式各样的政体，并未统一），1871年及以后的"Germany"译作"德国"（除奥地利之外，所有南德意志邦国都被普鲁士纳入北德意志邦联，德意志邦联改称德意志帝国）。

直布罗陀到孟买（跨页）

N

黑 海

里 海

咸 海

奥 斯 曼 帝 国
安卡拉

亚历山大勒塔 摩苏尔
塞浦路斯
贝鲁特 叙利亚
大马士革 巴格达
阿卡 美索不达米亚
苏伊士运河
（自1869年） 巴士拉 哈尔克岛
布什尔

赫拉特 阿 富 汗

波 斯

红 海

巴林岛 波斯湾

莫克兰海岸 卡拉奇

阿 拉 伯 半 岛 马斯喀特

迪乌 苏拉特

孟买

阿 拉 伯 海

穆哈 亚丁
亚 丁 湾 索科特拉岛

| 0 | | 500 英里 |
| 0 | | 1000公里 |

早就开辟了其主要航线。[16]直接西航是一项"漫长而艰难的"工作：十到十二周的时间是回程航行的两倍。北大西洋不仅受到西风的支配，而且受到墨西哥湾洋流的支配，而墨西哥湾洋流在向东流向不列颠群岛和挪威之前是一条沿美国海岸流动的海中大河。墨西哥湾洋流的温暖，让英国和欧洲西北部周围的海域在冬季保持着无冰状态，来自加勒比海地区和美国的船只借助洋流前往东部地区。不过，北大西洋也是一片危险的海域，或许是所有主要海洋中最危险的。北方的冰和雾、南方的飓风（从7月中旬到10月中旬），以及暴风雨般的冬季都考验着船只和海员。然而，18世纪出现了大量密集的贸易，将糖、烟草、木材和（从1790年代开始）棉花运往欧洲，以换取纺织品、金属制品和越来越多的移民。汉堡、阿姆斯特丹，尤其是拉罗谢尔和波尔多，都在这一贸易中发挥了作用。[17]但在1793年至1815年间的战争和封锁之后，伦敦和利物浦占据着大部分份额。波士顿、纽约、费城、查尔斯顿、金斯顿、哈瓦那和维拉克鲁斯是其主要合作伙伴。

在1820年代和1830年代，北大西洋正从一场战略革命中崛起。叛乱和战争摧毁了西班牙和法国的大西洋帝国，并造就了一个快速发展的美利坚共和国，其土地面积在1790年至1850年间扩大了两倍。战争也证实了英国的海洋实力在大西洋至高无上的地位，其海军中队和基地（位于哈利法克斯、百慕大和加勒比海）为英国在跨大西洋贸易和航运上的巨额投资承担了经济责任。1815年后的一百年里，大西洋的商业航运在战争和掠夺中保持着惊人的安全——这是两个冲突年代之间的一个显著插曲——而在美国内战期间（1861年至1865年），联邦对南方港口的封锁只是轻微地扰乱了航运：超过90%通过封锁的尝试都是成功的。[18]尽管英国的海上霸权益处多多，但并不符合每个国家的口味。对美国南方奴隶主来说（他们关注着海地发生的事情），英国反对奴隶贸易和奴隶制的运动充其量是一种义愤，往坏了说是煽动国内的奴隶叛乱。"英格兰是我们在和平上的劲敌，是战争上的头号敌人，"1843年，海洋学家（和弗吉尼亚人）马修·莫里大发雷霆道，"英格兰在南方用一连串的岛屿、军事哨所和海军基地将我们包围……没有一片缝制的帆布可以离开海湾，除非［她］离开。"[19]莫里强调美国航运的重要性是正确的。到了1860年，拥有约二百五十万吨位远洋船只的美国（英国为四百五十万吨位），是英国在大西洋和东方海域的主要商业竞争对手，远远领先于法国、挪威和荷兰。"我们的……商业海运规模将超过世界上任何其他国家，"1847年，波尔克总统对国会说道，"已为时不远了。"[20]

北大西洋的大量船只是用于不列颠群岛、西北欧、美国大陆和加勒比海的沿海或当地贸易。[21]大西洋欧洲的大转口港伦敦，与汉堡和其他欧陆港口保持着大量贸易。到了19世纪中叶，跨大西洋的贸易主要是从美国诸港口运来的棉花和玉米，主要由美国船只运输：1860年，英国与美国的贸易中使用的四千艘船只中，美国拥有的船只数量与英国相较为二比一。[22]进出纽约的贸易中，有三分之二来自美国船只。[23]然而，北大西洋航运真正引人注目的特点不仅在于其运量，而且在于欧洲和北美之间的航行频次和规律性。为乘客、邮件和高价值货物提供定期服务的所谓"邮船"，在18世纪初曾作为战时实验进行过尝试，但在和平时期因过于昂贵而很快遭弃。[24]但从1818年起，纽约的黑球轮船公司提供了去往欧洲的邮船服务，而到了1834年，不少于九家邮船公司和四十六艘船只（有些吨位高达一千吨）将纽约与伦敦、利物浦和勒阿弗尔连接起来。从利物浦向西运输的邮船，现在可以在三十六天内到达纽约，而在东风的吹拂下只需要十六天。往东的邮船可能在十七天内到达利物浦。[25]从1821年起，新奥尔良通过邮船与纽约相连，而邮船越来越多地携带成捆的棉花、邮件和乘客。[26]到了1820年代和1830年代，大西洋两岸的主要跨大西洋港口已经形成一个沿海邮船网络。

直到1860年代末，帆船仍然是跨大西洋货物的主要运输工具。事实上，直至1874年，人们才注意到纽约的帆船数量大幅下降。[27]但是，邮件量和客运量，以及可控的跨越距离，促进了蒸汽航运从其沿海运输或短途运输的开端向外扩展。1838年是一个"奇迹之年"。加拿大建造的"皇家威廉"号进行了第一次跨大西洋蒸汽穿越。随后，"天狼星"号和伊桑巴德·金德姆·布鲁内尔的"大西方"号接连抵达了纽约，令人激动不已。两年内，塞缪尔·库纳德的桨式汽船带来了波士顿和英国之间的蒸汽邮船航线。然而，到此时为止，汽船大量消耗煤炭以及煤炭占据的空间，让汽船在运输散装货物方面缺乏竞争力，并依赖补贴（或邮政合同）来赢利。如果说这场技术革命充其量只是局部的，那么商业革命的影响则更为深远。1849年至1851年间，英国废弃了已有二百年历史的航海法——将与英国的贸易限制在英国人拥有和英国人驾驶的船只上——为"第三方"承运人将来自欧洲或英国殖民地的农产品运入英国港口开辟了道路。影响是令人激动的。长期以来被人视作伦敦前哨的汉堡（拿破仑曾说，"汉堡是一座英格兰城市"），迅速将其船队增加了一倍。[28]英国船主开始担心来自迅速扩张的美国商船的威胁。一场大灾难将他们拯救了。美国内战将美国大部分船队从海上扫荡出去。对邦联袭击者的恐惧和不断攀升的保险成本，导致美国大部分深海船舶被出售或变卖。[29]战争结束时，北大西洋已继续前进。在那里，铁和蒸汽的进军已经郑重其事地开始了。

南大西洋从加勒比海一直延伸到合恩角，从巴西一直延伸到西非。这里三个多世纪以来一直是奴隶贸易的海洋，将数百万奴隶从西非运送至北美、加勒比海地区和巴西的种植园经济。尽管英国（自1807年开始）、美国、法国、荷兰以及极不情愿的西班牙和葡萄牙都实施了正式禁令，但是这种贸易一直延续到19世纪。在缺乏地方强制执行的任何地方，这项禁令仍然是一纸空文。由于仅有十几艘船来监管整个南大西洋，英国阻止奴隶贸易的运动充其量是无效的。1830年代末，在一次雇用数百艘船只进行的交易中，仅在巴西就有超过12.5

万名奴隶非法登陆（其中一些是在科帕卡巴纳的海滩上）。在巴西直到1850年代，在古巴直到1860年代（这两个种植园经济体是奴隶的主要市场），这一贸易才逐渐被扼杀。[30]南大西洋长期以来也是帆船通往东方的干道：从欧洲出发的最佳路线是沿着从加那利群岛到巴西海岸的信风，然后转向东南，驶向好望角和印度洋。在18世纪，英国人曾经希望将里约热内卢作为其在印度海战的基地，返回的东印度士兵定期到圣赫勒拿岛去取水和食物。[31]美洲西海岸的航运和前往中国的美洲船只向南驶向合恩角（逆风绕过合恩角可能需要一个月的时间）：1848年，随着在加利福尼亚州发现黄金，这一货流迅速增长，使智利的瓦尔帕莱索成为南美西海岸的大转口港。[32]南大西洋也是来自澳大利亚的船只的返航路线，船只会沿着"咆哮西风带"\*穿越太平洋，然后绕过合恩角，朝北转向欧洲。[33]

然而，到了19世纪中叶，因为同巴西、阿根廷和乌拉圭的贸易前景光明，船只被越来越多地吸引至南大西洋。1807年拿破仑入侵伊比利亚半岛后，西班牙的统治结束，而葡萄牙严重依赖英国，巴西、阿根廷和乌拉圭都向英国商人"开放"。巴西首都里约热内卢已经是一座富裕的大城市，拥有一个宏伟的港口——很容易进入，无需领航员。18世纪，里约热内卢因黄金而蓬勃发展。到了1840年代和1850年代，里约热内卢因帕拉伊巴河流域附近腹地生产的出口咖啡而兴旺发达。1820年至1849年间，里约热内卢人口翻了一番还多，从8.6万人增至20.5万人（其中有一半是奴隶）。里约热内卢成为世界上最大的咖啡市场，并处理了巴西一半以上的对外贸易。在同一时期，布宜诺斯艾利斯的人口也翻了一番，达到九万多人。随着阿根廷的牧场边

---

\* 咆哮西风带，位于南半球南纬40度至60度之间的西风带，因为几乎全部是广袤的海洋，没有山脉阻挡，故强烈的西风劲吹，常年盛行五六级的西风，掀起四五米高的海浪，其中南纬40度到50度之间的区域叫"咆哮四十度"，南纬50度到60度之间的区域叫"狂暴五十度"，南纬60度到70度之间的区域叫"尖叫六十度"。

界深入潘帕斯草原，布宜诺斯艾利斯主要依靠牲畜和兽皮的出口而繁荣。[35]在1850年代和1860年代，巴西和阿根廷这两个国家都通过了种种商业法规，这些法规为股份制公司、银行特许经营，以及为铁路建设提供担保或补贴开辟了道路。在里约热内卢和布宜诺斯艾利斯，外国——尤其是英国——商人在很大程度上控制了它们的出口贸易。[36]到了1850年代，蒸汽邮船服务的到来进一步加强了它们与欧洲和北美的商业联系。[37]

1815年后，南大西洋摆脱了重商主义时代的竞争。不过，南大西洋的政治更错综复杂。这种复杂性很大程度上源于针对奴隶制和奴隶贸易展开的斗争。在非洲大西洋海岸，这促使英国政府勉强在岸上进行干预，首先是在塞拉利昂的弗里敦为解放的奴隶提供一个避风港，然后是如果可能的话就通过条约阻止当地统治者允许奴隶出售和出口。在西非海岸的很多地方，奴隶出口是财富和税收的主要来源：在达荷美、拉各斯（贝宁湾的主要港口）和葡萄牙人统治的安哥拉等地。里斯本不愿同意全面禁止的一个原因，是担心其在安哥拉的殖民者会宣布独立，或将他们的效忠转移到自己的主要奴隶贸易伙伴——独立的巴西。[39]对治安失败的日益沮丧（和国内废奴主义者日益增加的压力）[40]促使伦敦于1851年在拉各斯（这里的奴隶出口在1840年代末达到顶峰）实施政权更迭，并在十年之后进行全面吞并——事实证明，这是在后来的尼日利亚南部缓慢扩张的前奏。同样难处理的，莫过于巴西种植园主统治精英不愿切断其繁荣所依赖的奴隶劳动力的持续补给（进口奴隶的预期寿命低得惊人）。事实上，他们怀疑英国废除奴隶贸易其实是一个诡计，即以巴西为代价来使自己的殖民地富有，并将西非变成英国控制下的第二个巴西。巴西官方对奴隶贸易的纵容可谓厚颜无耻。随后，英国军舰在1850年和1851年进入巴西港口，扣押或击沉载有奴隶或适合贩奴航行的船只，事态在急剧升级。[41]当地的强制执行迅速跟进，但是奴隶制本身一直延续到1888年。

这三个南美国家——巴西、阿根廷和乌拉圭——也不是拥有明确国界的稳定政体。三者都是间歇性内战的现场，而这是殖民时期强烈的地区认同和陆路运输原始状态的结果，扩张欲望都颇为强烈。1828年，阿根廷试图吞并乌拉圭（"拉普拉塔河东岸区"），但是因为英国的干预而受挫。1840年代英、法两国的封锁，迫使布宜诺斯艾利斯放弃了控制通往大陆内部的大河之路巴拉那河的努力。巴西、阿根廷和乌拉圭为争夺此河的指挥权进行了一系列战争，而此河是通往巴西内陆最容易的路线（在铁路之前）。这些战争的顶点，则是巴西、乌拉圭和阿根廷一方与弱小的巴拉圭一方之间，从1865年持续到1870年的激烈斗争。但事实上，到那时为止，三个胜利者国家（巴拉圭被摧毁）在有效中央政府治下的巩固已经基本实现，三者作为欧洲和北美商品生产国的"现代化"正在顺利进行。

太平洋是19世纪最后一个重要的海上边疆。它广阔的范围，岛屿登陆处稀疏分散，让局外人望而却步。他们局限于穿越其广阔的海面，就像1742年的乔治·安森，但往往对其确切位置几乎一无所知。[42]库克船长的伟大航行和1788年对植物学湾*的占领是一个转折点。1770年代，来自北方的俄国人和来自南方的西班牙人向美洲大陆西北部的太平洋进发，亦复如是。几乎在同一时刻，人们了解到来自今日阿拉斯加和不列颠哥伦比亚省海岸的海獭毛皮在广州的价格高昂；第一条近代跨太平洋贸易线得以出现。[43]在1820年代和1830年代，太平洋成为辽阔的鲸鱼和海豹狩猎场，吸引了来自新英格兰和英国的船队，而鲸鱼和海豹的油和毛皮有着巨大的市场。夏威夷的火奴鲁鲁（东北信风和东南信风的"十字路口"）成为捕鲸者的主基地；位于新西兰北岛的群岛湾，则是寻找性和酒精的船员最喜欢的度假胜地。[44]1820年至1850年间，火奴鲁鲁也成为北太平洋重要的商业转口

---

* 植物学湾，位于澳大利亚新南威尔士州首府悉尼东南部，库克船长因其船员在此处收集了大量植物标本而将其命名为"植物学湾"。

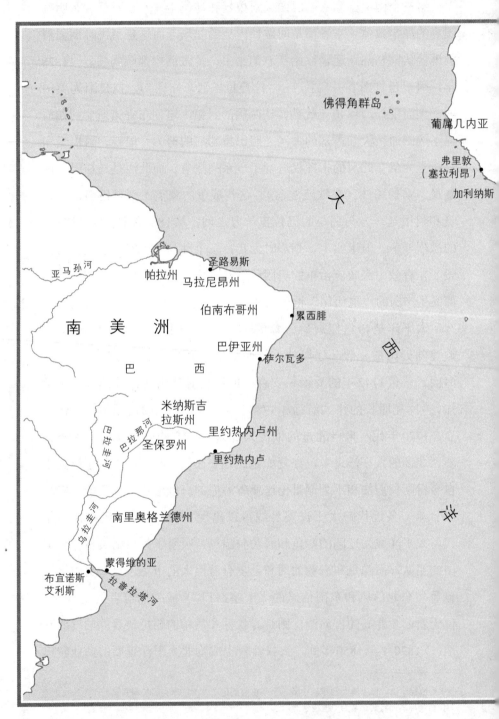

佛得角群岛

葡属几内亚

弗里敦
（塞拉利昂）

加利纳斯

大

西

亚马孙河

南　美　洲

巴　　　西

帕拉州

马拉尼昂州

圣路易斯

伯南布哥州

累西腓

巴伊亚州

萨尔瓦多

米纳斯吉
拉斯州

里约热内卢州

圣保罗州

里约热内卢

巴拉圭河

巴拉那河

乌拉圭河

南里奥格兰德州

蒙得维的亚

布宜诺斯
艾利斯

拉普拉塔河

洋

19世纪中叶的南大西洋海域（跨页）

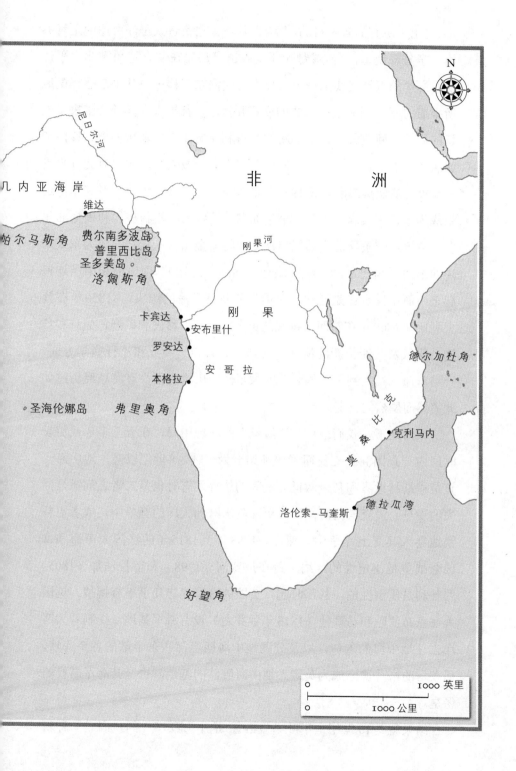

N

非　　洲

尼日尔河

几内亚海岸

维达

帕尔马斯角

费尔南多波岛
普里西比岛
圣多美岛。

洛佩斯角

卡宾达

安布里什

罗安达

本格拉

圣海伦娜岛

弗里奥角

刚果河

刚果

安哥拉

赞比西

德尔加杜角

克利马内

洛伦索-马奎斯

德拉瓜湾

好望角

0 _____ 1000 英里

0 _____ 1000 公里

港。"出于所有的实际目的,"哈得孙湾公司负责太平洋海岸的主管乔治·辛普森说道,"桑威奇（即夏威夷）岛民在从合恩角到北太平洋所有海岸的直达路线上……明显不方便向左偏移……几乎是盛行微风所必需的。"[45]所有这些形式的交流和接触,都给太平洋社会带来了无意的后果。商业关系带来了新的既得利益集团,以及传教士、移民和旅居者的敢于直言的社区。他们还带来了一波太平洋人口对此几乎没有免疫力的疾病浪潮。在19世纪的前几十年,太平洋岛屿及其东部边缘成为人口和文化崩溃的尸骨存放地。[46]后来,随着在加利福尼亚州发现黄金,一条新的交通线出现了,将旧金山（一夜之间成为东太平洋的枢纽）与巴拿马（纽约旅行者的陆上运输）、南美洲和中国连接起来,而中国现在是通往"金山"的新移民流的源头。[47]1850年在澳大利亚和1860年在新西兰发现的黄金,推动了移民和矿产、信息和货物、船只及其船员新的流动。在环境、人口、商业和流行病学方面,一场革命已经来到了"偏远"的太平洋。历史上很少有海域经历过如此突然而剧烈的转变。

相形之下,我们最后的"海景"——地中海,在五千多年或更长时间内一直因商业交易而紧密地结合为一体。8世纪以降,地中海一直是穆斯林世界和基督教世界之间的边界,有时也是二者之间激烈冲突的现场。没有其他海洋比其更深陷于欧洲大国的竞争中,或者更频繁地卷入其海上斗争中。然而,1793年至1815年的法国大革命和拿破仑战争是决定性的。纳尔逊在尼罗河（1798）和特拉法加（1805）的胜利是压倒性的。从那时起,英国的海军优势几乎不容挑战。英国人在直布罗陀和马耳他（1813年吞并之）设有海军基地,控制着大西洋去往地中海的入口,以及分隔地中海西半部和东半部的各个海峡。瓦莱塔的格兰德港成为英国人地中海舰队的基地,也是其海军霸权的堡垒。

结果就是19世纪上半叶"盎格鲁-地中海秩序"的巩固:一种新

的地缘政治和商业制度。[48]这需要灵活的外交手段和海军的胁迫。但是，在1821年至1841年间长达二十年的东方危机结束时，其主要因素已经就位。奥斯曼帝国在俄国以及反叛的埃及总督的双重攻击中勉强幸存下来。奥斯曼帝国仍然是地中海和黑海之间的海上门户，以及通往波斯湾的陆地通道的守护者。埃及一度试图成为一个统治安纳托利亚、阿拉伯人的土地和波斯湾、苏丹和克里特岛（伦敦担心，这是法国的棋子）的新东方帝国，不过它被打得缩回了尼罗河流域。一个小小的希腊王国正浮出水面。法国已经开始征服阿尔及利亚，但是，其在东地中海的野心（如果存在的话）已经遭到遏制。最重要的是，1841年的《海峡公约》，即这个新体制的宪章，禁止军舰在和平时期通过黑海海峡——将俄国的海上力量封锁在黑海。这种地缘政治架构的重要必然结果，是1838年强加给奥斯曼人、进而加诸埃及的《巴尔塔利曼公约》，而严格来说埃及仍为奥斯曼帝国的一部分。该公约的条件非常苛刻。奥斯曼帝国和埃及的计划经济，包括国家对市场的控制和（在埃及）国家对原棉销售的垄断，将被终结。二者的内部贸易将向外国商人开放，而到那时为止，外国商人都是被迫通过当地代理人进行交易。他们可以征收的关税也有严格的上限。自由贸易已经来到近东。

地中海贸易一直是将地区商品交换与"东方"贸易结合在一起，通过陆路或红海和埃及将其带到黎凡特地区诸港口。1815年后，地中海参与了全球贸易的普遍扩张，但方式非常特殊。首先，地中海的海岸变得更有生产力，或许是因为更干燥、更温暖的气候使耕种近代早期的"小冰河期"被废弃的土地成为可能。[50]其次，一种新的农业秩序让埃及成为棉花主要生产国，使其陷入依赖西欧金融、贸易和航运的关系中。[53]再次，虽然陆路商队贸易在安纳托利亚得以幸存，但是地中海已经成为通往两个新目的地的干道。

第一个新目的地是黑海。黑海海峡的奥斯曼帝国守门人，长期以来将欧洲商人和船只拒之门外，在18世纪晚期才首次（被俄国）撬开。后来的种种协议接纳了更多欧洲国家，但是，土耳其当局的拖延和货物搜查一直令人恼火。[52]1841年的《海峡公约》扫除了这些障碍，并将特权扩大到所有商业航运。正是"新俄国"（今乌克兰）的殖民让这一点变得重要。从1780年代起，俄国南部成为重要的粮食生产区，尤其是小麦生产区。1794年建成的敖德萨成为俄国南部的港口城市。数百艘船只可通过黑海海峡为南欧和西欧购买小麦——1846年《谷物法》的结束让外国小麦可以自由进入英国，南欧和西欧的市场迅速成长。敖德萨的小麦出口在1817年至1846年间翻了一番，到了1853年几乎再翻一番。[53]俄国的商业经济现在转向南方，敖德萨的人口从1803年的八千人迅速增至1850年代的十万人。第二个新目的地是印度。正如我们稍后将更详细看到的那样，早在苏伊士运河开通之前，邮件和客运就更青睐取道埃及和红海，而非绕行更远的好望角。随着英国对印度统治的扩张，这一地峡的交通变得愈发重要。荷兰和法国增加了自己的份额。在短短的几十年里，地中海已经变成欧洲强国与其东方殖民地之间非常敏感的走廊。

18世纪，法国航运在地中海贸易中占据主导地位。拿破仑战争是法国航运衰败的原因。法国航运的位置被希腊拥有的船只占据，而这些船只起初主要来自仍由奥斯曼人统治的岛屿，或者由英国人统治的爱奥尼亚群岛，直至群岛于1864年被割让给希腊。希腊船只现在越来越多地从波拉卡帆船的斜挂大三角帆装转变为北欧双桅横帆船的方形帆装。[54]希腊船只以及拉利斯和阿根提等公司迅速进入黑海及其小麦贸易。到了1850年代，地中海东部和黑海约80%的深海帆船悬挂希腊国旗。[55]汽船很早就来到地中海，那里的距离不远，煤炭很容易从英国运来，而且风平浪静或风向突然变化的频次使其特别吸引人。到了1830年代，蒸汽邮船已经司空见惯。总部位于哈布斯堡统治下的的里雅斯特的奥地利人劳埃德航运公司，从1837年起就为君士坦丁堡和其他港口提供定期蒸汽航运服务；马赛（仍是地中海最大的港口）的帝国信使航运公司（后来叫海上信使航运公司）和英国的半岛和东方蒸汽航运公司提供了类似的航运安排。转折点可能在1853年至1856年间的克里米亚战争。凭借一支被雇为运兵船的汽船舰队，利物浦的船主们很快就接管了通往北欧的大部分长途贸易。蒸汽运输已成定局。

可能看起来具有讽刺意味的是，19世纪全球经济的许多基础都是由帆船奠定的。然而在1880年代，在世界上的大部分地区，帆船仍然是大宗商品（其价格趋同是全球化经济的严峻考验）的主要运输工具。帆船从加利福尼亚州运来小麦，从澳大利亚运来小麦和羊毛，从东南亚运来大米，从中国运来茶叶，很容易与价格更高的汽船竞争。对英国煤炭的需求（用于铁路和越来越多的加煤站）有助于使得帆船的外出航行有利可图，避免了仅仅装载压舱物的需要。在汽船的先驱英国，1860年注册的帆船吨位是汽船吨位的十倍，而1870年注册的帆船吨位依旧是汽船的四倍。事实上，随着19世纪时间的推移，帆船的效率已经大幅提高。到了1870年代，正在建造的两千吨级的铁制帆船，其尺寸是18世纪晚期典型的跨大西洋船只的十倍大。由于船上有节省劳动力的（蒸汽）机械，船员减少了50%。蒸汽拖船大大加快了进出港口的速度。对通过达达尼尔海峡进入黑海的船只来说，蒸汽拖船避免了盛行北风所造成的延误。[57] 更准确的风向图和洋流图（尤其是马修·莫里制作的海图）有助于船长缩短航行时间——在前往澳大利亚的情况下，用时最多可缩短四分之一。[58] 贸易增长所依赖的运费的大幅下降，似乎早在汽船成为货运船之前就开始了，并反映出1830年代至1860年代建造的帆船数量的大幅增加。[59] 蒸汽全球化在最初的半个世纪中，既受到海上风帆和蒸汽合作的推动，又受到陆上蒸汽胜利的推动。

## 汽船全球

远洋汽船的时代真正始于1860年代和1870年代。1854年以后，随着复合式发动机的逐渐采用，转折点出现了。通过使用两个气缸，压力可以提得更高，增加发动机功率的同时将煤炭的消耗减半。到了1866年，半岛和东方蒸汽航运公司已拥有十艘复合式发动机的汽船，而中途无须再次加煤即可到达毛里求斯——航程八千五百英里。[60]由于有更多的空间可供乘客使用并收取高昂的运费，即使将汽船派到中国这么远的地方也变得有利可图。使用螺旋桨而非桨轮，则进一步提高了性能。1880年代出现了三胀式发动机，它比以前的船用发动机更强大、更经济。除了少数幸存的航线和某些对耗时不那么看重的大宗产品贸易（比如来自澳大利亚的羊毛和谷物）之外，汽船已经成为乘客、邮件和货运的首选。

一旦汽船时代完全确立，煤炭就变成了国王。任何名副其实的港口都必须出售燃料煤，因为只有少数船只可以在不添加燃料的情况下依靠蒸汽动力行驶三千英里以上。虽然煤炭矿床广泛分布在世界各地，但是沿海地区煤炭储量可观的地方相对较少。在此方面，英国享有巨大的优势。由于南威尔士和英格兰东北部（以及其他许多地方）有大型煤田，煤炭可以方便而廉价地运到包括伦敦在内的主要港口。随着其他国家实现工业化和修建铁路，到了1913年，煤炭成为英国一大出口产品，仅次于棉纺织品。许多英国船只都在世界各地运送煤炭，包括运往印度和南美洲；这些煤炭中有很多注定是要堆入煤舱的。

煤舱堆煤是一件复杂的事。煤炭的质量参差不齐。如果不小心保存，煤炭也可能变质。煤炭价值的关键指标是其碳含量，这决定了给定吨的煤炭将会产生多少热量（因此也决定了蒸汽能）。如果船舱的空间非常稀缺，而保持高速是必不可少的（因为合同中约定的邮递承运商有指定的航行时间），那么优质的煤炭是不可或缺的。最顶尖的是威尔士蒸汽煤，从19世纪晚期的主要煤炭港口加的夫出口。[61]到了1880年代，威尔士蒸汽煤在世界各地的加煤站都有出售：长崎、上海、新加坡、科伦坡、孟买、亚丁、苏伊士、塞得港、里约热内卢、布宜诺斯艾利斯、瓦尔帕莱索、马耳他和直布罗陀——此处仅举了一些例子。煤炭运输机构如雨后春笋般涌现，安排不同煤炭的运输，并组织混乱的加煤作业。其中最大的是理查德·科里和卡迪夫之子公司（后来的科里兄弟公司），该公司拥有一支运煤船队和自己的矿山。到了1908年，该公司在世界各地有118个机构和约78个储煤仓库。[62]对船主——和海军——来说，了解不同港口有哪些煤炭以及价格多少，是关键的信息。了解如何组织加煤也很重要——尤其是在时间至关重要的情况下。[63]在许多港口，如果不是大多数港口的话，煤炭用驳船运到船上，然后用大篮子拖上船——这是一个缓慢、费力、肮脏的过程。一个可以直接将煤炭放入船上煤舱的加煤码头，是一项成本高昂但非常节省时间的改进措施。对大型航运公司来说，在其主要停靠港储存高质量煤炭是战略上必需的。1853年，马修·佩里带着三艘汽船从弗吉尼亚州的汉普顿锚地向东航行，前往日本执行他著名的任务时，就发现新加坡的煤炭供应由半岛和东方蒸汽航运公司控制，而且不得不与他们就加煤讨价还价。[64]加煤需要大量的体力劳动——必须铲起煤炭，用手推车或篮子将煤炭从仓库运到码头，或者装在驳船中，有时得趁晚上完工，因此不得不招募一大批——通常是临时的——运煤工人（通常包括女性）。在港口职业的等级制中，运煤工人是当时最卑微的：肮脏、有害健康、有人身危险、不正规且工资微薄，饱受雇主和监工的剥削和暴行。[65]

　　加煤并非汽船改变海上劳工性质的唯一方式。在一艘帆船上，大部分船员是被雇来起帆的，这是一项艰巨的任务，在任何天气下都要完成，而且往往要将风帆升到令人眩晕的高度。[66]汽船也需要"舱面水手"，尤其是因为直到19世纪晚期，船帆仍被用作蒸汽的"备用设施"。但是，汽船的大部分船员都在甲板下面工作，照管发动机并为之添加燃料。当工程师照看锅炉、管道和传动轴时，"锅炉工"和"修煤工"（有时是"司炉工"）则为加热锅炉的熔炉提供燃料。即使在温和的气候下，这也是一项极其炎热的工作，温度会高达五十摄氏度。锅炉工用大铲子来分配煤炭并取出"煤渣"。修煤工用大锤把煤舱中的煤打碎，然后用手推车把煤运到熔炉。煤炭经常会释放气体，由于担心爆炸，故不能使用任何照明工具，而船只的行进所造成的晃动会将修煤工和手推车甩到煤舱和熔炉之间狭窄的金属通道中。锅炉本身必须清洗，这项工作通常由男孩（吉卜林的《迈安德鲁的赞美诗》中的"锅炉小狗"）爬进去完成。这些都是累人的、使人衰弱无力的任务，尤其是对修煤工来说。难怪锅炉工和修煤工自杀的可能性是其他船员的四倍。[67]

在苏伊士以东，汽船的兴起增加了对当地船员或"拉斯卡"——这个词逐渐不仅包括印度人（最初的用法），而且包括阿拉伯人、索马里人、马来人和中国人——的需求。拉斯卡船员长期受雇于东部海域的帆船，往往优先于不守纪律的欧洲人，而且薪酬总是低很多。残忍的司炉制以及汽船对廉价、非熟练劳动力的贪婪需求，导致拉斯卡船员剧增，尤其是在半岛和东方蒸汽航运公司及英属印度航运公司。到了1914年，他们占英国人拥有的船上船员的四分之一。[68]

当然，对锅炉工和修煤工的需求与日俱增。从1860年到1910年的五十年里，远洋运输规模大幅增加：从一千零六十万吨增至二千八百多万吨。[69]帆船吨位在1880年达到一千三百万吨的峰值；即使在1890年，八百六十万吨的汽船吨位也还是低于帆船总吨位。但此后，汽船吨位迅速增加，到了1910年已经超过二千二百万吨。当时世界上近一半的商业船队为英国人所有或悬挂英国国旗，这是对英国在煤和铁方面的禀赋、早期工业化的领先地位以及海外贸易规模的致敬。与此同时，商船的规模和容量也大幅增加，部分是因为用铁建造而不是用木头建造，部分是因为更大的船只航行时更为经济。在约四千艘远洋汽船组成的英国商船队中，货运公司的平均货运量接近两千吨——这意味着货物容量为四千吨至五千吨。就"邮轮"来说，平均规模更大，而且越来越大。到了1910年，正在建造四万五千吨级至五万吨级的船只，用于穿越北大西洋。其中一个结果是，彼此竞争的港口之间展开"军备竞赛"，以提供让大型船只能够尽快装卸货物和添加燃料的设备——因为船舶只有在海上才能赢利。这意味着对码头、吊车、铁路和仓库进行投资，以将乘客和货物运进和送出港口，并管理不断增长的码头工人、煤炭装卸工、文员和官员队伍。最重要的是，这意味着港口航道的不断拓宽和加深。正如我们稍后将看到的那样，这种港口改善的成本和收益可能会引起激烈的冲突。

"班轮"的兴起是19世纪下半叶的一个显著特征。除了邮船之外，帆船通常由个人或小型合伙企业单独所有或两三家共同所有。远洋汽船的经济性则决定了一种不同的模式。长期以来，远洋汽船只有在提供补贴邮件服务时才可行。这意味着有一个固定的时间表，在单一管理下使用一支船队，作为一家"航运公司"运行。半岛和东方蒸汽航运公司（1837）、皇家邮政蒸汽邮船公司（1839）和冠达邮轮公司（1840）是其中最早的几家，[70]但在1850年后，出现了越来越多的航运公司，为欧洲与世界各地的联系提供服务。到了19世纪末，至少有二十到二十五家英国客运航运公司，包括艾伦航运公司（通往加拿大，后来与加拿大太平洋轮船公司合并）、毕比航运公司（通往印度和缅甸）、英属印度航运公司（通往印度、缅甸、波斯湾和澳大利亚）、克兰航运公司（通往南非、东非和印度洋）、埃尔德登普斯特航运公司（通往西非和加勒比海）、"蓝色漏斗"航运公司（通往印度洋和中国）、皇家邮政蒸汽邮船公司（通往加勒比海比和南美洲）、肖萨维尔航运公司（通往新西兰）和联合城堡航运公司（通往南非），以及冠达邮轮公司与半岛和东方蒸汽航运公司。这些客运公司与大型外国航运公司竞争，包括汉堡-美洲航运公司（拥有一百六十艘汽船）、北德意志人劳埃德航运公司（也在北大西洋）、奥地利人劳埃德航运公司、海上信使航运公司、红星航运公司（比利时的航运公司）、皇家荷兰航运公司和日本邮船株式会社等。

班轮提供了巨大的便利：为乘客、邮件和高价值货物提供了快速、定期的连接，特别是其市场对时间敏感的货物。不过，这也是有代价的。班轮的运营成本和管理成本非常高——远远高于快速帆船的成本。按照日程安排开展业务是对速度的重视。这意味着要燃烧大量煤炭。在慢速、"不定期"的船上，煤炭可能占运营成本的四分之一；在班轮上，这一数字可能高出一倍。班轮不得不购买最昂贵的煤炭，其大型煤舱限制了赚取收入的货物的空间。班轮需要大量船员为乘客服务，像冠达邮轮公司旗下"阿基坦尼亚"号这样的大型班轮，就需要近二百七十名锅炉工和修煤工。1869年苏伊士运河开通，在运河宽度限制汽船规模的苏伊士以东，成本和风险都特别高。"如果没有补贴，"1901年，半岛和东方蒸汽航运公司董事长托马斯·萨瑟兰爵士对一个特别委员会说道，"永远不会为东部贸易建造像我们为邮件服务而用上的汽船。"[71]一艘航速能够达到十八节的快速邮船的建造成本，是一艘慢速货船的三倍。快速邮船的客运量可能有很强的季节性：除了一年中的两个月外，快速邮船可能会在大部分客舱都没有人的情况下航行。回程的货物可能稀少。正如萨瑟兰出席委员会时表明的那样，当补贴至关重要时，航线管理的作用就既是政治性的，也是商业性的。在伦敦金融城维系关系网至关重要，但也要与海军（因为运兵船合同很有价值）、白厅和议会保持联系。1867年，半岛和东方蒸汽航运公司曾经受到威胁，将失去与法国帝国信使公司的印度邮政合同。因此需要打爱国牌让议会干预，以平息对该公司来说原本会是一场灾难的局面。[72]大西洋邮政合同也是激烈竞争和游说的主题。[73]

影响力和补贴无法消除所有风险。在世界上的许多地方，班轮之间的竞争变得激烈，北大西洋的竞争更是如此。在北大西洋，包括冠达邮轮公司和汉堡-美洲航运公司在内的著名航运公司，其主要利润来源是前往纽约的大量移民交通，由"统舱"（通常是船尾的一个大型公共空间）运送移民——通常是在肮脏和令人难受的条件下。[74]这并不是对行使在欧洲和东方世界之间的航运公司开放的贸易——尽管"统舱乘客"（坐、睡、吃都在统舱）可能被人从印度和中国运至东南亚，作为前往东南亚种植园和矿场的移民劳动力流动的一部分。就像在其他地方，东南亚不断面临着减少航行时间的压力，这意味着要购买新的、更快的、更昂贵的船只。就像半岛和东方蒸汽航运公司的情况，每隔几年，其邮件合同必须续签，通常条款会更严格：续签失败在商业上可能是致命的。运费在19世纪晚期稳步下降，并在20世纪初跌至谷底。但是，运费也受到剧烈波动的影响。商业衰退、战争或战争谣言、作物歉收抑或瘟疫、霍乱等疾病的流行，可能导致一些港口的贸易中断，造成容量过剩危机，因为有太多的船只追逐太少的货物。同样，任何特定地区高运费率的消息都可能吸引来自世界各地的船只——然后导致费率大幅下降。对一家航运公司来说，收入下降（乘客量和运费率通常同时波动）迅速压低了公司船队的"账面价值"，并损害公司的股价，使其难以筹集新的资本。为了公司的生存，所有者和管理者需要找到减少影响其业务的多重不确定性的种种方法。

明显的求助手段是买断与之竞争的航运公司或将其合并，通常是在残酷的运费率削减战之后。事实上，合并在英国航运业变得司空见惯：最壮观的是1914年半岛和东方蒸汽航运公司与英属印度航运公司之间的合并。除了进行毁灭性的运费率竞争之外，另一种选择是组建卡特尔。这就是所谓的"班轮公会"制度。班轮公会在1875年始于加尔各答，并迅速传播至其他地方：中国（1879）、澳大利亚（1884）、南非（1886）、西非（1895）、巴西和阿根廷（1895年至1896年），并最终在1900年后到达北大西洋。[75]班轮公会包含两个关键要素。特定航线的生意在班轮公会成员之间共享；而利诱——"回佣"——会付给主要的进出口公司，以将其货物限制在一家成员航运公司。通过这种方式，一组航运公司可以垄断价值更高的货物，驱逐非成员公司，并随着时间的推移，推高运费率。班轮公会远非完美。在出口的大部分"粗劣货物"——大米、谷物、亚麻籽——更适合杂货船的情况下，班轮公会用处不大。在某些航线上，班轮公会规则只适用于一个方向，这取决于贸易的规模和价值。有时，强加运费率的尝试会遭到当地商人的强烈抵制，尤其是在他们担心高运费率会损害港口作为地区枢纽转口港功能的情况下——这在新加坡尤其令人担忧。班轮公会侵犯了"自由贸易"，必然会受到审查——这也是1906年任命英国皇家"航运公会"调查委员会的原因。在被审查时，船主们赢得了胜利，或许是因为他们能够辩称禁令会摧毁他们的商业活力。"我们认为，"《多数派报告》总结道，"在需要定期和有组织服务的情况下，因与托运人的某种纽带而得以加强的航运公会制度，作为一般规则是必要的。"[76]重要的英国航运公司已经变得"太大而不能倒"。不过，或许这也是因为破坏班轮所提供的庞大全球连接网络几乎是不可想象的。

与班轮相比，杂货船是汽船中的杂役。杂货船占英国商船队的三分之二，或许还占所有远洋汽船的三分之一。到了19世纪末，通过海运的大宗货物中，有很大一部分搭载杂货船漂洋过海。班轮按照固定停靠港的时间表运行。杂货船会去往任何能拿到货运合同的地方。英国人所拥有的杂货船中有很大一部分从事"交叉贸易"，很少返回英国。他们的货物通常是班轮避开的"粗劣货物"，比如煤炭、铁轨、谷物、大米、金属矿石。他们不得不接受运费率的巨大波动，作为满载货物航行的代价。

1880年至1881年"孟加拉"号的航行有一定的代表性。此船于1880年9月驶离加的夫，载着一船煤炭前往位于红海最北端的苏伊士港。该船从那里出发，继续前往吉达（船长明智地获得了红海的海图），载着朝圣者前往麦加。在麦加，此船搭载哈吉前往槟城和新加坡，并停在新加坡上煤。到了1881年2月，"孟加拉"号先是在横滨，然后在日本的神户，运送一批茶叶到纽约。船长没有绕行合恩角回国，而是先在上海，然后在厦门和香港的移民港口寻找额外的"货运"。在那些港口，他发现了一批"统舱乘客"的"货物"正前往东南亚最大的移民目的地新加坡。到了3月下旬，"孟加拉"号已经抵达亚丁，后从此地出发，经苏伊士运河驶向直布罗陀，并从那里前往哈利法克斯和纽约运送茶叶。该船最终在1881年6月满载美国谷物抵达伦敦。[77]

像博勒尔家族和朗西曼家族这种杂货船的船主，能够通过航运发财致富。但是，成功取决于对细节的细致关注和对商业形势的非凡警觉。杂货船的船主不得不密切关注其船舶运营的方方面面：无数港口的成本和效率，不同种类货物的装卸时间，世界各地运费的可能变动——因为安放他的船只是对技能的真正考验。他的利润将依赖于密切关注可能构成运费的作物和其他商品的季节性，不同煤库和加煤站的煤炭价格，以及一年中不同时间的预期天气。他不得不决定购买船只或出售船只的最佳时机。他不得不选好远方的代理商，并仰仗他们找到付款货物并签订一份好合同。处理这些变量是一件压力很大的事情，尤其是当运费率越来越低的时候。杂货船必须准备好运送任何所提供的货物——从铁轨或谷物换成活牛——并安排好货舱以适应新的货物。但是，或许大多数杂货船成功的最大因素是煤炭。

煤炭是杂货船从英国出港航行运送的主要货物。将煤炭运往除了美国以外的几乎世界任何地方，都是有利可图的。通常，一批煤炭占杂货船收入的四分之一到三分之一。不过，即使有煤炭和最精明的管理者，杂货船在1902年后也面临着艰难的十年，这可能是因为世界航运船队的容量严重过剩。煤炭运输的长期合同、不定期租船或赢得政府合同，可能会有所帮助。然而，杂货船也受到班轮运输货物越来越多的趋势，以及"货运班轮"之兴起的威胁，而这些班轮按时间表运行并夺走他们至少部分贸易。英国煤炭出口下降是攸关生死存亡的危险。"我们减少煤炭出口越多，"当时一位专家评论道，"我们就越会减少英国杂货船的就业。"[78]但是，一线希望也是有的。可能是1914年战争的爆发，让许多杂货船免于毁灭。[79]

## 海运革命

一场既是地缘政治上的，又是商业或技术上的海运革命，处于19世纪全球化的核心。直到1870年代，这主要是一场帆船革命，蒸汽充其量只是在混合技术中发挥辅助作用。正是在那时，世界的大部分地区更充分地融入了以西方为中心的全球经济。中国、日本、暹罗、奥斯曼帝国和埃及，被强迫或"说服"向自由贸易"开放"。南美洲和太平洋地区则被卷入欧美贸易范围。对水道的旧有限制遭到废除：凭借1841年的《海峡公约》，以及取消丹麦和瑞典之间的厄勒海峡和斯海尔德海峡的通行费（均因1863年达成的种种协议）。在欧洲以外的地方，拉普拉塔河口（1853）、长江（1862）与亚马孙河（1863）被宣布对"自由航行"开放。最初通过邮船进行的频繁、快速、定期的航行，在地中海、北大西洋和南美洲变得司空见惯，并通过埃及的陆路运输延伸至印度和中国。海图的改进和蒸汽拖船的使用缩短了航行时间。帆船船队的大幅增加带来了运费率的大幅下降，并刺激了贸易。这是汽船时代的帆船遗产。

1870年后，蒸汽稳步地从辅助航行转变为在海洋贸易中发挥主要作用，其影响是以种种变革的方式重塑全球化。其中，最明显的是汽船为海外贸易带来巨大的附加容量。1870年至1913年间，世界贸易量增加了约三倍。[80]在同一时期，**实际的**远洋船舶吨位增长了四到五倍。汽船的吨位（到1913年占比最大）是帆船的三到四倍，因为汽船可以经常性航行。[81]只要港口能够在没有过度延误的情况下为汽船装卸和加煤，就能大大提高效率。事实上，码头货物处理的改善似乎在很大程度上促进了海运贸易成本的下降。[82]"现代"（集装箱之前）港口拥有大批吊车、密集的铁路网、封闭的港池和码头、加煤码头和煤仓、谷物或矿石的货栈和码头、装卸工人大军，以及管理整个综合体的宏伟"港务局"，这实际上是1880年后汽船时代的产物。海上运输的快速工业化，巩固了西方的商业霸权（几乎世界上所有远洋汽船都归少数西方国家所有）。到了19世纪末，航运业和其他行业一样，拥有无产阶级劳动力、管理阶层、控制着巨额资本资产的董事和股东。

同样引人注目的，是连接欧洲和世界其他地区的定期汽船服务的巨大扩张。在汽船时代的鼎盛时期，约有八十或九十家汽船航运公司为前往北大西洋和南大西洋港口的货物或乘客提供定期服务，而且至少有七十条航线通往印度洋诸港口，并可向东远至日本。从伦敦或利物浦出发的旅行者可以六天到达纽约，十九天到达加尔各答，二十天到达开普敦，二十三天到达新加坡，三十四天到达悉尼，三十八天到达上海。人员、货物和邮件运输时间的规律性和确定性，几乎已经变得普遍——这本身就是一场历史性的革命。这也让多次穿越大西洋的"连续移民"这一新现象成为可能：在帆船时代，很少有移民返程。[83]连续移民似乎在移民流中占了很大一部分，加深了美洲和欧洲之间的社会交流和文化交流。在印度洋及其之外的地方，更轻松、更快速地移动很大程度上是汽船时代的另一个伟大产物：苏伊士运河。

苏伊士运河的构想，最早出现在长途汽船不仅仅是一个梦想之前。红海航行的危险以及需要将一艘帆船拖过一百英里长的运河，肯定会限制运河在帆船时代的商业效用。事实上，苏伊士运河于1869年开通，恰逢技术进步让苏伊士以东的远洋汽船成为一种利润高得多的经营项目。这一组合很快便产生显著的效果。苏伊士运河大大缩短了欧洲港口与印度、东南亚和中国港口之间的距离：伦敦到孟买的距离缩短了40%，伦敦到加尔各答的的距离缩短了32%，伦敦到新加坡的距离缩短了29%，伦敦到香港的距离缩短了26%。[84]其结果是节省了大量的时间——和煤炭。最后，汽船不仅可以作为货运工具与帆船竞争，而且（除了"慢速"贸易）可以让帆船出局。到了1877年，汽船甚至将最快的茶叶快船赶出了中国贸易。[85]1883年以后，使用苏伊士运河的航运吨位超过了绕过好望角的航运吨位。[86]通往亚洲的短途航线，长期以来为乘客和邮件提供了便利，现在已经成为一条重要的贸易干道。

事实上，取道苏伊士运河的航运量在以惊人的速度增长：从1880年的三百万吨增至1900年的近一千万吨，而1914年超过一千九百万吨。[87]北上的货运很快就占据主导地位，部分是因为印度的出口越来越多地指向欧洲（而更少指向中国）。印度的小麦、黄麻、棉花和茶叶以及缅甸的大米在欧洲找到了新市场。从苏伊士运河开通到19世纪末，印度的出口额增长了三倍。[88]印度次大陆成为英国在亚洲的贸易和航运的枢纽，哪怕只是因为出口的煤炭货物总是可以在此出售。事实上，印度、缅甸、锡兰和（稍晚的）马来亚成为苏伊士运河北上货物的主要来源，远远超过中国或亚洲其他地区。[89]棉花和大米贸易的很大一部分是运往南欧的，而苏伊士运河的一个作用是让地中海成为印度的一个巨大市场。

苏伊士运河的开通不仅恰逢更高效的汽船的到来，而且恰逢将印度、中国和澳大利亚与欧洲连接的电缆和电报的东扩，这当然也至关重要。"苏伊士地峡的刺穿，就像大坝的决堤，"约瑟夫·康拉德在1902年写道，"让大批新的船只、新的人员和新的贸易方式涌入东方。"[90]商业情报加速，价格和合同调整，新的消费者出现。印度洋成为大西洋经济的巨大延伸。人员（现在包括旅客、妇女和更多朝圣者）、信息和思想的流通量和速度都在增加：1870年至1910年间，通过苏伊士运河的乘客人数增加了近九倍。[91] 亚洲的港口，尤其是印度的港口，面临着容纳新的汽船队的压力，变得更像西方的"工业化"港口。在文化上，苏伊士运河可能起到了将亚洲港口城市的侨民社区从其腹地拉离而更靠近"家"的作用。[92] 在战略上，苏伊士运河加强了东地中海特别是埃及的地缘政治敏感性。在文化想象和战略想象中，苏伊士运河已经成为通往东方的门户，是其中一把"锁住世界的钥匙"。

苏伊士运河突显了汽船时代的第四大趋势：交通集中的大型海上"枢纽"的出现。在帆船时代，为了寻找风，船只通常分散在广阔的海域。大多数帆船的航行都是从出发港直接到达最终目的地——因为在途中停留可能会因为逆风而被困在港口。[93] 汽船可以沿着最短的航道行驶，因此某些海上航线上挤满了船只，需要"交通规则"。无须担心延误，汽船可以按照固定的时间表为一系列港口服务，提供铁路或巴士服务等前向连接。正是那些能够提供最好的港口设施、最快的后续连接（通过铁路或当地的船只）、最现代化的加煤设备和最容易到达腹地的港口，才成为汽船时代的"枢纽"港口。全球铆接了一种新的模式：一系列从一个枢纽到另一个枢纽的"干线"，延伸至世界各地，但在北大西洋和北印度洋最为密集。沿着每条航线（尽管不在"短的"北大西洋），都有煤炭运输交会点，船只在这里会合加煤：为南大西洋船只服务的加那利群岛和佛得角；塞得港、亚丁、科伦坡和新加坡则为向东航行的船只提供服务。这些是贸易、移民和权力的渠道，将欧洲与其市场和帝国紧密地联系在一起。它们体现了"蒸汽全球化"的形态：以欧洲为中心的地理位置，独特的技术，巨大的海洋偏见（既有想象的，也有实际的）。正是在这个航线网络中，伟大的港口城市可能崛起——有时亦可能衰落。

第二部分

# 蒸汽的统治

# 第五章
# 美洲的门户

## 三 城 记

19世纪的第二个二十五年，随着蒸汽动力时代的到来，进入北美大陆有三个主要门户。北方的门户是蒙特利尔，当时船只可以航行至圣劳伦斯河的最上游。在遥远南方的门户是新奥尔良，此地位于密西西比河畔几乎海拔最低的宜居地点，距离河口一百英里。坐落于二者之间的是"帝国城"纽约，连同其拥有的极佳港口和（自1825年开始）通往中西部中心的水上干道。三地的财富都依赖蒸汽。随着移民为了美国的奖赏而来到西部，而美国的产品往东流向欧洲的城市和工业，三地都希望利用大西洋两岸快速增长的运输。三地都赶上了"大西洋经济"——"蒸汽全球化"的第一个重要区域——的惊人增长。三地对财富的争夺是不公平的。出于我们将看到的原因，几乎从一开始纽约就让自己的竞争对手黯然失色，并随着世纪的推移而愈发占据主导地位。然而，三地的三段历史可能会告诉我们，这些港口城市在多大程度上（如果有的话）能够重塑自己的腹地，以及在什么条件下能够将其背后的广阔内陆"全球化"。而且，这些港口城市可能有助于我们理解，第一次现代全球化远远不只是整合市场经济的问题。政治、地缘政治、意识形态、技术以及蒸汽驱动的"大企业"的突然出现，塑造了北美洲进入新的世界经济的入口。正如后面的章节可能揭示的，从其港口城市和内陆地区的命运来看，北美洲的全球化是极不寻常的。


## 新奥尔良：南方女王

前往新奥尔良的海运旅客穿过墨西哥湾后，通过密西西比河的一个河口或"水道"——通常是西南水道——进入密西西比河。在此，（自19世纪初）帆船会等待领航员或蒸汽拖船的到来，将其拉上通往该市的一百英里之旅。拖船会在每一侧各缚一艘船，如果动力足够强劲，还会在后面拖曳一队较小的船只。成千上万的旅行者——商人、移民和奴隶——就是通过这种方式首次看到了"新月城"，该城环绕着密西西比河的大河湾，而杰克逊广场的圣路易斯大教堂主宰着它的天际线。

密西西比河本身形成了一个延伸的港口，在1830年代和1840年代挤满了各种各样的船只。"在该镇上城的对面，"1847年，一位游客写道，

> 河上主要是驳船和龙骨船，这些船在河上进行短距离的穿梭航行……并专门用于为港口内的船只装卸。在稍下游的地方，你可以看到许多横帆船，各种吨位几乎都有，并排停泊着……在这些船的下游又是几十艘汽船，而这些汽船以最奇妙的方式建造，并涂上了最花哨的颜色，其中大多数是内河船，但也有一些往返于新奥尔良和得克萨斯州之间。还有拖船和渡船……再往下游，靠近港口下端的是双桅帆船、纵帆船和单桅帆船，主要用于墨西哥湾的沿岸贸易……航道中心和码头都很拥挤，一些船只顺流而

下，另一些船只则被拖着逆流而上——一些汽船从上游到达，一些从下游到达，另一些则向上游和向下游离开。[1]

1830年代和1840年代的新奥尔良是一个奇观，一个飞速发展的城镇，是一个财富突然集中的地方。该城的贸易额从1821年的约一千万美元增至1840年的四千四百万美元、1855年的七千二百万美元和美国内战前夕的一亿二千九百万美元。[2]人口也迅速增长，从1803年的约八千人（其中一半是奴隶或自由的有色人种）增至1830年的五万人，1840年的十万多人，再到1860年的十七万多人。1834年至1842年间，新奥尔良的出口贸易规模超过包括纽约在内的任何其他美国港口。[3]繁荣背后是一个无所不能的事实。新奥尔良掌控着一个庞大的内陆河流商业帝国，横跨密西西比河、密苏里河、俄亥俄河及其支流（几乎到达匹兹堡），以及田纳西河、阿肯色河、亚祖河和雷德河。新奥尔良在其鼎盛时期吸引了包括俄亥俄、印第安纳、伊利诺伊、密苏里、肯塔基、田纳西、阿肯色、密西西比以及亚拉巴马和路易斯安那北部在内的腹地的农产品并为它们提供进口产品。随着印第安各部族被连续的战争和迁移所驱逐，白人移民及其奴隶的迁入，到了1830年，超过三分之一的美国人口居住在阿巴拉契亚山脉以西和以南。对许多观察家来说，这个巨大的中央盆地——被同时代人仅仅称作"河谷"——似乎很快就会成为美利坚合众国的中心地带。一个最受欢迎的比喻是将密西西比河比作尼罗河。"毫不夸张地说，"辛辛那提的智者丹尼尔·德雷克在1833年宣称，"……此河谷比世界上任何河谷都更胜一筹。"[4]新奥尔良作为河谷大都市的崛起将势不可挡。1838年，当地一家报纸宣称，"新奥尔良注定要成为西半球最伟大的城市"。[5]

从长远的视角来看，新奥尔良壮观的崛起几乎和随后的衰落一样难以预料。新奥尔良由法国冒险家西厄尔·德·比安维尔于1718年建立，以实现法国对魁北克至墨西哥湾水路的控制，从而阻止大西洋沿岸的英国殖民地向西扩张。一系列种植园沿着该镇上游的密西西比河涌现出来，形成了一个小的蔗糖殖民地，圣多明各（今海地）的大陆附属地，而圣多明各是法国殖民地皇冠上的加勒比海明珠。"七年战争"的失败终结了法国建立北美帝国的梦想：1763年，密西西比河以东的一切都移交给了英国（尽管时间不长）。不过，或许是为了先发制人，阻止英国向密西西比河以西地区推进，法国将其庞大的跨密西西比河领地（名义上而非实际占有）——即所谓的路易斯安那——让与西班牙。坐落在河流东岸的新奥尔良被卷入了这场交易。因此，在1783年，当新生的美国继承了英国对密西西比河以东土地的所有权（除了"东、西佛罗里达"*——今佛罗里达，以及今路易斯安那和亚拉巴马的部分地区——被归还给西班牙）时，美国发现，新奥尔良被一个不友好的西班牙政权统治，而该政权似乎有意切断西部新州的出海口。在新奥尔良与跨阿巴拉契亚山脉的内陆重新统一之前，地缘政治命运又经历了两次转折。1800年，拿破仑迫使西班牙将路易斯安那归还给法国，作为他建立新的西方帝国计划的一部分。一支军队被派去夺回在1791年奴隶起义中失去的圣多明各。这次远征是一场灾难，既是疾病的受害者，又是军事失败的受害者。拿破仑厌恶地放弃了他的计划。"我已经认为这个殖民地［路易斯安那］完完全全失败了"，他说。[6]法国的失败是美国的机遇。对托马斯·杰斐逊来说，自1780年代开始，"我们必须拥有密西西比河的航行权"是显而易见的。路易斯安那其余约九十万平方英里的地区，一直延伸到现在的加拿大国界，是一个巨大的红利，让这个新生共和国的面积翻了一番。[7]对拿破仑来说，卖给美国是不让美国与英国结下友谊的最佳保证："我刚刚给了英格兰一个海上对手，这个对手迟早会让她放下自己的骄傲"，他宣称。双方商定的价格为一千五百万美元或三百万英镑。讽刺的

---

* 1763年，英国通过《巴黎条约》从西班牙获得了佛罗里达的全部领土，后来将佛罗里达分为两个殖民地，即东佛罗里达和西佛罗里达，大力推动定居和开发。

是，这笔交易是通过在伦敦筹集的贷款完成的。

地缘政治解释了新奥尔良繁荣的大部分原因，但不是全部。新奥尔良已经获得了一个由帝国征服、殖民战争（还有更多的战争即将到来）和管辖权转移开辟的腹地，而土著居民对此完全没有发言权。然而，"路易斯安那购地案"也恰逢一系列技术变革，新奥尔良将成为这些变革的巨大受益者。第一个也是最普遍的变革是英国纺织品制造的快速机械化，这带来了兰开夏郡对棉绒的旺盛需求，而棉绒是纱线的原材料。在美国南方，棉花种植最初仅限于南卡罗来纳和佐治亚的海岸，而且仅限于"长绒"（即长纤维）棉——唯一可以很容易就用手摘出棉绒的品种。第二个变革是伊莱·惠特尼于1793年发明的著名的轧棉机。这提供了一种将短纤棉从籽粒中既便宜又容易地分离出来的装置。生产率得到极大的提高。一名农场工人每天可以手工分离一磅棉花，但用轧棉机可以分离三百磅棉花。[9]短纤维（或"高地"）棉花可以比长纤棉更广泛地种植，而且有了轧棉机，利润非常可观。随之而来的是一场大规模的土地争夺战。到了1830年代和1840年代，西南内陆的大部分地区，包括卡罗来纳高地、佐治亚、亚拉巴马、密西西比、田纳西西部以及路易斯安那、阿肯色、得克萨斯和密苏里的部分地区，已经成为一个巨大的棉花种植园。第三个变革是蒸汽。正如蒸汽拖船让新奥尔良在帆船时代成为一个更容易到达的港口，内河汽船也将其触角延伸至中西部内陆，并成为其贸易核心的原棉包的重要运输工具。

还有一个"巧合"，如果没有这一点，新奥尔良的进步就不会那么壮观。臭名昭著的是，到了1830年代末统治着南方大部分地区的大"棉花王国"依赖奴隶制。奴隶是清理森林和沼泽的劳动力，而森林和沼泽会化作种植园，然后种植、除草、收割、轧棉和打包他们种植的棉花。但在棉花王国还不是种植园主眼中的一抹亮色之前，美国已经于1808年加入英国的行列，禁止奴隶贸易。巴西种植园主可以依靠的新的非洲奴隶供应，已经不再适用于美国种植园主。但是，由于命运的一个奇怪转折，棉花南方的兴起与旧蓄奴区种植业的衰落相吻合——尤其是在弗吉尼亚——那里的土壤枯竭似乎可能导致旧奴隶经济的逐渐消亡。许多种植园主都遭受财务崩溃，包括两位来自弗吉尼亚的前总统托马斯·杰斐逊和詹姆斯·麦迪逊：杰斐逊去世后，他的蒙蒂塞洛庄园被零星出售。就这样，在一个巨大的奴隶新市场进一步向南方开放的时候，更北部的蓄奴州出现了奴隶"过剩"，驱使奴隶劳动的价值因此黯然失色。结果是，到了1860年已经有八十多万奴隶从旧种植园向南迁至新种植园，其中绝大多数（约有84%）是在奴隶主的陪伴下。对剩下的奴隶来说，新奥尔良现在成为一个内部奴隶贸易的商业总部，"顺流而下"出售奴隶，将他们用船运往海岸，或者将他们排成缓慢移动的"奴隶大军"赶过陆地——正如旅行者所遇到的。[10]纺织革命、北方佬的创造力、蒸汽动力和奴隶制，将地缘政治财富变成了一条黄金之河。"新月城"成为一场以奴隶为基础的现代性奇怪试验的中心。

就像其他港口城市，新奥尔良所在的位置既不稳固，又具有限制性。[11]此地距离公海一百英里，而建城者之所以选择此地，部分是因为担心海军袭击，部分是因为在密西西比河春汛期间，没有一个较低的地点可以安全无虞地避免被洪水淹没。比安维尔将殖民地建在一个有些年头的印第安人的营地上：河边的一道狭窄山脊与附近的两个海湾形成一个运输通道。[12]后面和周围是沼泽和藤丛，即河流形成的天然淤泥堤坝之外的所谓"漫滩沼泽"。该城紧贴着河岸，拟着其蜿蜒曲折的河道。新奥尔良最初是个讲法语的城市，后来割让给西班牙和美国，其船员和商人的流动社区和大量奴隶人口带来了语言的混乱，访客对此多有评论。1803年后，新奥尔良迅速吸引了大批渴望从上游贸易中获利的英美移民。这个新的盎格鲁商业阶层（其中犹太人变得突出），在以杰克逊广场为中心的法国区"老广场"以北建造了仓库和账房。新的郊区——花园区——为该城的富裕居民而发展壮大，其希腊风格的豪宅与克里奥尔传统形成了鲜明对比。运河街——新奥尔良的"主街"——将英裔与这座克里奥尔人的城市区分开来。1809年，来了新一波讲法语的克里奥尔人：八千多名来自圣多明各的难民（及其奴隶），他们曾首先去了古巴。克里奥尔人和美国人、奴隶和自由黑人——有色人种——让新奥尔良成为一座国际化的城市。[14]在1840年代和1850年代，成千上万的爱尔兰人和德意志人加入了他们的行列，他们是白人工人阶级，在不断扩张的城市里挖掘运河和沟渠——奴隶主认为这种劳动对他们的财产太过苛刻。[15]1837年至1861年间，在新奥尔良登陆的移民数量仅次于纽约——尽管只有五十五万人，不及纽约的七分之一。[16]

种族和民族的这种混合，让新奥尔良成为一个不安且频现动荡的社会。奴隶随处可见，他们站在奴隶围栏里，在人行道上被人贩卖（1852年才被禁止），或者成群地在街上工作。1842年，该城约有185名奴隶贩子和25个奴隶市场。[17]对1831年弗吉尼亚的纳特·特纳叛乱那种奴隶起义的恐惧，是白人持续不安的根源。圣多明各难民带来的记忆，以及对1811年距离该城几英里远的地方起义的回忆，滋养了这种持续的不安。比叛逆的奴隶更现实的危险，是无序的白人。成群结队的水手和船夫寻求酒水和陪伴，这让新奥尔良成为一个拥有无数酒吧、妓院和赌博窝点的城市：南方的巴比伦，或者，在一些不以为然的观察家看来，是南方的所多玛和蛾摩拉。毫不奇怪，暴力犯罪是家常便饭。事实上在南方，"绅士"通过从背后伏击甚至在冒犯者睡觉时向其开枪或刀刺来实施报复都是正当的（尽管不合法）。[18]结果令人惊叹。据新奥尔良《每日新月报》报道，在截至1860年年中的二十三个月里，警方以谋杀罪逮捕了62人，以蓄意刺伤罪逮捕了146人，以诈骗罪逮捕了232人，以使用致命武器袭击罪逮捕了734人，以袭击、殴打、威胁和其他违法行为逮捕了47 403人。[19]对一座总人口十七万

通往新奥尔良之路

的城市来说，这一数字令人印象深刻。

犯罪、酗酒和对奴隶叛乱的恐惧，并非造成紧张局势仅有的原因。新奥尔良是一座亚热带城市。该城较久远的建筑承载着其与加勒比海地区的联系。该城的气候也是如此。事实上，新奥尔良的亚热带气候和湿地环境是一对致命的组合。强降雨形成的沼泽和水池是蚊子的庇护所。高地下水位（新奥尔良的墓地都必须高于地面）、原始的卫生条件以及将河流用作下水道，助长了其他传染病。新奥尔良并非唯一一个切身感受到疾病祸害的美国港口，但是该城比大多数港口遭受的痛苦更甚。霍乱是一位常客：在1832年的大流行病中，一些死者被直接扔进河中。[20]疟疾司空见惯。弗吉尼亚的一位年轻种植园主告诉他的未婚妻，他每天必须服用三次"树皮"（即金鸡纳树皮或奎宁）。[21]但是，最致命的威胁来自黄热病。黄热病是由蚊子传播的。直到1905年，黄热病的病因和治疗方法一直是医学之谜。当时舆论将其归因于部分干涸的沼泽地"引起瘟疫的发散物"。[22]黄热病的载体可以停留在船上的水桶，然后飞进城市家庭的水桶和蓄水池。受害者会迅速死亡，令人深感痛心。[23]更令人恐惧的是，黄热病明显是随机来袭：带走了家庭中的一些受害者，却放过了其他人，而且对财富或地位毫不关心。雪上加霜的是，死亡率随着时间的推移而增长。1810年后，每三年会暴发一次重大疫情，一次造成数十人死亡，甚至数百人死亡：1833年、1837年、1839年和1841年的四次疫情，平均有一千二百多名受害者。事实上，该城的人口越多，其为一种黄热病媒介——埃及伊蚊——提供的宿主就越多。1848年后欧洲移民的大量涌入是蚊子的契机。以大群的蚊子为预兆的1853年疫情，让这座城市陷入停滞。仅仅8月份的死亡人数就超过一千六百人，一天最多死亡三百人。当黄热病最终消失时，约有一万人去世，约占常住人口的10%。[24]所有殷实的人都逃离了该城。事实上，长期以来，商人和其他富裕的居民在夏天为了躲避炎热和疾病的威胁而离开该城就很常见。一位北方棉花买家写道："我不太喜欢在夏天去新奥尔良。"[25]生意基本陷入停顿。据估计，在炎热的几个月里，该城的人口减少了三分之一。

尽管有这样的危险，新奥尔良还是商业野心的麦加。新奥尔良的腹地广阔，在1860年之前的三十年里以惊人的速度发展。就在该城的正北方，密西西比河沿岸有约一千三百座甘蔗种植园，其中一些可以追溯到18世纪中叶。随着1790年代颗粒化过程的发现，蒸汽磨的引入和奴隶的现成供应，产量迅速上升，而由克里奥尔人和英美人构成的甘蔗种植园主成为南方最富有的群体之一。[26]他们的财富规模在其宏伟的新古典主义豪宅中就可见一斑，其中一些豪宅在路易斯安那景观的转变中幸存下来。再往北些，在密西西比的南部边缘，坐落着纳切兹区，1770年代首次有人定居于此。这是一个传说中的肥沃地带，也是这一早期土地热的原因所在。[27]这里也有坐拥着非凡财富的种植园主——其中一位据说拥有二千名奴隶——据说美国有半数百万富翁居住在该地区。[28]在移民军事力量和安德鲁·杰克逊1830年《印第安人迁移法》的法律胁迫所强加的一系列协议和购买行为下，密西西比的其他地区才逐渐被从乔克托人和奇克索人手中夺过来。[29]到了1830年代，印第安各部族占据了该州一半以上的土地。可到了1836年，整个州都向移民和土地投机者开放，棉花狂热由此开始。不到二十年之后，密西西比的原棉产量就超过了美国的四分之一，多于南方任何其他州。[30]其奴隶劳动力也按比例增长。1830年，在密西西比的中心和北部"开放"之前，该州拥有约6.5万名奴隶。三十年后，这一数字增长了近六倍，超过43.6万。[31]

更多棉花从阿肯色和密苏里流入新奥尔良，并通过田纳西河从田纳西西部和亚拉巴马北部流入新奥尔良，而田纳西河在俄亥俄河与密西西比河在开罗的交汇处汇入了俄亥俄河。从俄亥俄河谷运来了不同的农产品：小麦、玉米、燕麦、豆类、猪肉、木材、麻类植物和烟草，最初是用简单建造的平底船带到下游的，船上有一个简陋的甲板室，用来保护货物和船员。1828年，年轻的亚伯拉罕·林肯乘坐这样一艘小船，从俄亥俄河上游二百五十英里的洛克波特登陆点出发，前往新奥尔良，航程一千三百英里。[32]其中一些产品在运往河边种植园的途中出售，但大部分在新奥尔良转售或出口。[33]平底船和龙骨船建造成本低廉，但是平底船无法逆流而上，而在龙骨船上，旅程缓慢而费力。平底船继续将中西部的农产品推向市场：1846年至1847年，将近三千艘平底船停泊在新奥尔良。[34]但到了1830年代，汽船几乎连接着新奥尔良广阔的河流腹地的每一个地方。[35]1830年，约有一百五十艘汽船在役；到了1840年，共有五百艘汽船；到了1860年，有八百多艘汽船。[36]大部分汽船是在俄亥俄河上游建造而成的。1860年，有三千五百多艘汽船抵达新奥尔良码头。[37]

汽船是整个密西西比河水运系统的主力军。汽船宽、浅、平底，这一设计旨在越过浅滩和沙洲，并能推进上岸边从船头装卸。汽船几乎不需要通过码头或埠头——在种植园经济增长如此之快的时候，这是一个至关重要的优势。到了1850年，这有助于将内河运输成本降低约60%。[38]汽船的燃料来自河边茂盛的林地。乘客住宿条件简陋而方便——通常是供男性入住的肮脏宿舍——而时间表也以不确定著称。汽船的甲板上堆满棉花包（有时一次多达五千包），几乎被水淹没，致命事故也绝非罕见。密西西比河没有指示其危险的灯光或浮标，而且容易发生洪水和干旱，而这些以不可预测的方式改变了其可通航的航道。充满敬畏的查尔斯·狄更斯惊呼，发洪水时的密西西比河是"一个看起来可怕的黏糊糊的怪物"。撞到一根"尖刺"——即一棵被连根拔起藏在水面之下的树——是经常发生的危险：以极快的速度驶入，它可能会刺穿薄薄的木制船体，造成致命的后果。汽船烟囱冒出的火花可能会点燃包裹：携带油和酒也可能造就地狱。1849年，一场汽船大火烧毁了圣路易斯的大部分地区。突然的涡流或水流，可能使汽船倾覆；在沙洲和浅滩使主航道变窄的地方，很容易就发生碰撞事故。但是，最可怕的风险来自汽船的锅炉。汽船需要高压锅炉来驱动船只逆流而上，或穿过减缓其通过速度的淤泥和沙子。速度和经济性使锅炉对汽船船主具有双重吸引力。[40]不过，升压过高或过快，在锅炉中使用浑水，金属疲劳或倾斜过大，都可能导致爆炸，造成乘客和船员死亡或烫伤。（马克·吐温在其1883年出版的《密西西比河上》一书中给出了汽船爆炸的生动描述，而他的弟弟就在爆炸中丧生。）1820年代中期至1840年代末，汽船事故造成一千多人死亡。尽管汽船很危险，但是仍然比战前美国的火车更安全。此外，安全性也在提高：到了1850年代末，汽船已经变得像1970年代的美国汽车旅行一样安全。[41]然而，汽船的寿命很短：很少有汽船能撑到四五年以上才遇到尖刺或其他灾难。

1860年，《加德纳新奥尔良名录》吹嘘道：“世界上没有哪座城市能够占据更重要的商业地位。”该城有近二千家商店，出售各种进口商品，其中一些卖给内陆富裕的种植园主。新奥尔良有七家日报，四家大型银行，数十名代销商、经纪人（棉花、烟草、糖和房地产）、航运和汽船代理人，以及奴隶贩子、众多律师和近八十名医生（后者需求量很大）。新奥尔良码头上挤满了装卸工、船夫、运货马车车夫和“棉花装船工”——他们把棉花包打紧准备装运。有文书会对顺流而下的棉花或蔗糖货物进行分级和记录。在这座商业金字塔的顶端，站立着约一百名棉花代理商，而他们是新奥尔良商业经济的支点。

就像许多19世纪港口城市的商业精英，这些代理商很少是在本地出生的：他们通常是来自纽约或新英格兰的移民。[42]最具影响力的代理商利扎尔迪兄弟，是来自墨西哥的难民。[43]这些代理商从种植园主那里收集原棉，并将其卖给（以委托或作为种植园主的代理人）欧洲主要棉花港口利物浦和勒阿弗尔的（最终）买家。棉花是一种充满投机性、多变的贸易。任何数量的冲击都可能扰乱市场。干旱或虫害可能会损害作物，推高价格，但减少销售量。利物浦的供过于求或兰开夏郡的经济放缓都可能会压低价格。1837年发生的金融危机导致信贷枯竭，可能会破坏市场多年，使棉花价格减半。代理商在确定他将支付多少钱以及以多少钱卖出时，会关注来自欧洲和主要棉花区的每一条新闻片段，包括世界其他地区的新闻片段。他竖起耳朵倾听上游或海外的每一场战争、破产或疾病暴发的谣言。1842年，一位棉花买家悲伤地写道："来自中国的关于结束与英国的战争的消息，打乱了我所有的算盘。"[44]

代理商的大部分时间都花在与他的客户，即内地种植园主的通信上。他需要与他们保持密切联系，以获得有关作物和种植园事务的最早消息，尤其是奴隶劳动力的规模和健康状况，这是影响种植园财富最关键的因素。因为代理商不只是一位买家。他以种植园主生产的棉花包作为抵押贷款给种植园主，充当他的代理商，安排购买纺织品、食品甚至奴隶，并在城里招待他。富裕的纳切兹种植园主威廉·纽顿·默瑟从其代理商处得知，他的猪肉和盐的订单是搭载"埃伦·道格拉斯"号汽船运来的。[45]如果种植园主去了北方，或者去欧洲度假，那么代理商会与自己在纽约或利物浦的通信者联系为种植园主的旅行安排信贷。代理业务竞争激烈，风险重重。代理商可能高价买入，但被迫以低价卖出。他可能会因不可信的代理商、无能的种植园主、失去一艘船或无远见的债务人而失望。[46]但是，需求的稳步增长、棉花王国范围的现象级增长，以及1850年代的大繁荣，让大多数人摆脱了麻烦，并使一些人变得极其富有，从而有足够的财富投资于他们自己的种植园。这是一批富裕而自信的精英。

信心似乎有充分的理由。作为一个棉花港口，新奥尔良远远超过其南方的主要竞争对手：查尔斯顿正在衰落，[47]萨凡纳只为佐治亚服务，莫比尔（服务于亚拉巴马南部的港口）的沙洲耽误了下游二十英里的船只。就腹地来说，三座城市无一能与新奥尔良匹敌。新奥尔良酝酿着向南扩张的计划，首先扩张至得克萨斯，[48]然后是中美洲，最重要的是古巴。将古巴吞并为另一个蓄奴国家（甚至可能是两个国家）将巩固南方，并抵御来自英国废奴主义压力的威胁。[49]新奥尔良的政客们是通过强盗入侵推翻西班牙统治的几次失败尝试的幕后黑手，并热切地支持1854年和1859年从西班牙手中买下古巴的两次失败尝试。[50]一些人甚至梦想着在巴西亚马孙地区建立另一个由美国人殖民的蓄奴帝国：海洋学家马修·莫里声称，亚马孙将是"密西西比河流域的延续"。[51]然而，即使在脱离联邦和战争的大破裂之前，在批评者看来，新奥尔良的未来前景也有许多不确定性——甚至有更多理由怀疑这座重要的南方大都市在政治、文化甚至商业上是否真正掌控着其腹地。

这部分是因为，就新奥尔良所有的优势而言，它作为一个不断扩张的港口城市经受了越来越多的缺陷所带来的痛苦。与美国的其他港口相比，新奥尔良所费不赀。[52]船主抱怨上游蒸汽运输的成本和延误。到了1850年，一千吨以上的船只发现很难通过沙洲进入河流，并可能面临长达两个月的延误。[53]堆放在新奥尔良码头的进出口货物，暴露在天气和盗窃的危险之中，码头通常是一片泥泞的沼泽，摇摇晃晃地靠着遮泥板航行。作为一个港口，新奥尔良很少能够平衡其进出口，因此船只经常会空载来收集棉花或蔗糖货物——这是一个重要的成本因素。雪上加霜的是，到了1850年代，该城正在失去作为密西西比河上游和俄亥俄河流域大部分地区商业出口的地位——这是其最初的腹地。在1840年代，运河的建设开始吸引他们东向纽约的部分贸易。不过，真正的破坏是1850年代连接中西部和纽约的铁路建设的激增造成的。1850年，中西部仅有的几条铁路线在19世纪末变成了一个相对密集的网络。[54]新奥尔良在1840年代中期大幅增长的粮食贸易，就此开始收缩。铁路运输让种植者付出更多成本，但是铁路运输避免了长途河流之旅的延误和（由于高温）品质劣化。到了1860年，纽约出口的小麦是新奥尔良的十倍多，出口的玉米也多得多。[55]新奥尔良愈发依赖支柱产品棉花。但即使在这方面，新奥尔良也扮演着一个奇怪的从属角色。大量棉花作物的融资在很大程度上取决于来自纽约或通过纽约提供的信贷。1840年，当时的一位专家写道："对来自南方的货物的偿付频频通过纽约以间接的方式进行。"[56]到了1860年，新奥尔良长期以来一直将金融的至高地位拱手让给帝国城，而南方商人通过北方而不是这座南方大都市安排购买进口商品已司空见惯。尽管人们大肆谈论南方向加勒比海及其他地区扩张，但若无华盛顿联邦政府的积极支持，新奥尔良几乎无法取得任何成就。若无自己的商船队（大多数商船都归北方所有），新奥尔良商人非正式"次帝国主义"的范围就会非常有限——这或许可以解释为何徒劳地依赖强盗和流亡者。

许多南方人谴责他们眼中的对北方航运和金融的依赖，尤其谴责向纽约支付的"贡品"（利息、保险和运费）。不过，视南方为落后、停滞或"前资本主义"的地区，深陷其注定要失败的奴隶劳动制度，将是一个错误。1861年，当南方的蓄奴州脱离联邦而成立南部邦联时，它们共同构成了世界上第四繁荣的经济体，人均收入（甚至包括奴隶人口）高于比利时、法国、荷兰和德意志，仅次于澳大利亚殖民地、美国北方和英国。的确，除了非常富裕的东北部之外，北方各州的大部分地区人均收入都低于南方。[57]蓄奴州的棉花提供了美国一半的出口，其数量和价值似乎呈指数级增长。1840年至1850年间，棉花产量翻了一番，到19世纪末又翻了一番，其中大部分增长发生在1857年至1860年间。这便让南卡罗来纳种植园主詹姆斯·亨利·哈蒙德有足够的理由在参议院宣布"棉花为王"。欧洲和美国北方工厂激增的需求似乎没有极限。奴隶种植经受住了1837年后的长期萧条；棉花种植面积得以扩大，而且似乎会进一步扩大。

并不令人意外的是，资本主义的态度在种植园主的心态中根深蒂固。棉花的利润以更多奴隶的形式转化为资本，因为"奴隶造就了作物"。没有奴隶的白人，渴望获得奴隶作为经济流动和社会流动的手段；而且，由于奴隶是资本，一个奇特的事实是，资本在南方的占有率（在白人当中）比在北方更平均。[58]种植园主借助"市价表"的广泛传播敏锐地保持对商业环境的警觉，关注土地管理和肥料的问题，并不断试验棉花的新品系以提高产量。[59]他们大幅提高了奴隶的生产率（1800年至1860年间，可能提高了近400%），部分是通过使用更容易采摘的棉花新品种，并采用了"队工制"，即奴隶的工作会全天受到监督，而非分解成单独的"任务"，完成任务之后奴隶的时间即可自由支配。目前尚不清楚使用残酷的"激励措施"和鞭笞来提高采摘率的情况有多普遍。[60]事实上，许多南方人承认奴隶制是不人道的，但坚持认为奴隶制在经济和社会上是必要的。

他们这样做提醒我们，全球化可以产生许多不同形式的现代性。正是全球的棉花贸易让奴隶南方在经济和社会上能独立发展。全球的棉花贸易让南方白人（和他们受到强迫的奴隶）的流动性惊人。[61]大多数种植园主不住在有门廊的豪宅中，而是住在快速建造的木屋里。游客们经常评论的凌乱景观，多半是棉花王国（到1860年还不满三十年）的原始和新鲜，以及种植园主阶级游牧式习惯的产物，他们会不断地向更肥沃的土地迁移。在1850年代，阿肯色的种植园主阶层仍在形成之中。[62]如果说贵族真的是"古老的财富"，那么棉花王国的贵族少得可怜。种植园主生活在"竞争激烈、迅速变革、充满破坏性和混乱的边疆资本主义的旋涡之中"。[63]奴隶制也与白人之间强大的平等主义伦理相兼容。事实上，许多响亮的声音坚持认为，奴隶制是维护杰斐逊式共和制平等传统，避免陷入阶级分化和寡头政治的最佳手段。[64]"以奴隶为基础的现代性"是资本主义的，白人男性之间似乎是平等的（事实上，贫穷的白人愈发被奴隶经济边缘化）[65]，而且流动性强：其在空间上的流动让扎根成为一种反常行为。[66]地位主要源于财富和炫耀性消费。[67]奴隶制的捍卫者声称，奴隶制不仅在历史上是"正常的",而且是亚热带全球大片地区可以进行商业开发的唯一手段。臭名昭著的是,他们动用的是种族上的正当理由,即若无白人的控制,黑人就无法进行有目的的劳动(维多利亚时代称之为"进步")。他们谴责废奴主义是通往倒退和混乱之路:"文明本身,"南方商业和政治的主要评论刊物《德鲍评论》宣称,"几乎可以说取决于美国黑人的持续奴役。"[68]他们非但不认为历史对其不利,反而认为全球化将证明奴隶制是合理的。奴隶制依据的种族意识形态与北方当前的种族主义假设亦非大相径庭。[69]亚伯拉罕·林肯的家乡伊利诺伊于1848年认定奴隶制非法,但两年后又禁止非裔美国人入境:违反者将被卖到州外成为奴隶。[70]北方人和"自由派"南方人都认为,将获得自由的奴隶送回非洲(利比里亚建国的最初目标)才是解决奴隶制问题的最佳方案——这是一个由活跃在北方和南方的"各个殖民学会"宣传的计划。新奥尔良最富有的公民、奴隶主约翰·麦克多诺,就是一位热心的支持者。

所有这些都让人对新奥尔良作为一个重要大西洋港口城市的作用产生了好奇。我们可能会预计一个港口城市在经济上"掌控"其腹地,并在全球化时代充当其与世界其他地区(包括其主要市场)的主要中介。作为商业大都市,我们可能会认为,港口城市对内陆地区产生了重大的政治影响,使其法律和意识形态与经济上更强大合作伙伴——在新奥尔良的例子中是英国和法国——的法律和意识形态更紧密地相一致。在文化上,我们也可以想象,港口城市的价值观和态度会在其内部委托人和客户中传播,部分是因为其商业声望,抑或因为它是新时尚、知名消费品以及至少是外国新闻的来源。但是,正如我们所见,几乎在所有这些方面,新奥尔良都有所欠缺。到了1850年代,新奥尔良的很大一部分腹地被砍断,并因铁路建设而转向纽约或巴尔的摩。在其核心的"棉花王国",出口的很大一部分流向了纽约,并从那里通过北方拥有的船只运往欧洲。棉花生产依赖的金融机制主要由纽约管理。从政治角度来看，新奥尔良一直是一个世界性异类，因其"非美国"观点而被英美人怀疑，尤其是对自由黑人的看法。1849年，新奥尔良被剥夺了路易斯安那州府的地位。对许多南方白人来说，新奥尔良的克里奥尔传统和商人精英的"北方佬"血统使其变得双重陌生。塑造新奥尔良腹地的法律和意识形态，并非来自该城或其外部的联系。他们来自古老的"上南方"，来自弗吉尼亚和南卡罗来纳，两州的种植园主和较贫穷的白人曾经在亚拉巴马、密西西比、路易斯安那北部、得克萨斯东部、阿肯色、密苏里和田纳西西部拓殖。这个地区在商业上依附新奥尔良之前，曾经在安德鲁·杰克逊的战争中被白人移民实际征服。其政治精英主要由那些从"上南方"迁至"下南方"的人组成，并宣扬其强化版的价值观。在文化上，新奥尔良代表寻欢作乐的白人的一个好去处，而非品味的灯塔或文学磁石。南卡罗来纳的南方文学元老威廉·吉尔摩·西姆斯就抱怨道，南方没有"伟大的城市"。[71]就连到达那里的新闻也通常首先通过大西洋邮包从纽约传来，而南方报纸通常是从纽约而非新奥尔良获得商业情报的。[72]因此，全球化给南方带来的独特现代性，几乎没有被归功于新奥尔良。事实上，新奥尔良非但不是其腹地的主人，反而是其真正的依附者。

　　1861年的脱离联邦危机生动地说明了这一点的种种代价。新奥尔良的领导人反对脱离联邦，并希望按照之前蓄奴州和自由州之间重要妥协的路线达成解决方案。随着分离运动的蔓延，他们与南方其他地区保持一致，尤其是因为他们自己的财富与其种植园主委托人的财富一样依赖奴隶制。事实上，许多领导人本身就是奴隶主和种植园主。[73]或许该城的一些人认为，脱离联邦会把新奥尔良变成南方的纽约。[74]南方自行实施的棉花出口禁运（旨在迫使英国人和法国人承认邦联，并可能代表邦联进行干预）冻结了新奥尔良的贸易。新奥尔良的防御对邦联领导人来说是低优先级事项，而该城在1862年被联邦海军占领。众所周知的是，1865年4月邦联投降，强制结束奴隶制，破坏了南方的大部分经济，也破坏了新奥尔良的经济，即使只是暂时的。[75] 奴隶"资本"的没收、种植园主的贫困和在整个棉花南方采用的分成租佃制，破坏了代理商和种植园主之间的商业关系，因为这种关系是建立在种植园主作为奴隶拥有者的信用基础之上的。给棉农的预付款，现在下放给了能够更好地监控大量小种植者的乡村商店老板。[76]

新奥尔良本身陷入了如画式衰落，变得愈发破旧不堪。19世纪的最后二十五年中，新奥尔良的码头摇摇欲坠，1890年代通过该港口的贸易价值低于1859年至1860年的贸易价值，而且该城深受黄热病（1878年导致四千多人死亡）、伤寒、天花和白喉的困扰。新奥尔良从1860年的美国第六大城市跌至1900年的第十二大城市。[77] 1860年，新奥尔良运送了约32%的美国出口产品；到了1901年，这一数字仅为7%。[78] "1913年，在商业上，密西西比河已经死亡"，一位英国经济学家如此干脆地评价。[79] 近来有位历史学家总结道："1860年后，没有哪个美国一流城市的财富像新奥尔良那样迅速崩溃。"[80] 这座"西半球最伟大的城市"陷入了艰难时期。

到了20世纪初，旧的法国区（今天的城市旅游圣地）几乎成了贫民窟，只因一位富有的慈善家才免于破坏。新奥尔良的大部分棉花业务向北转移至圣路易斯，或向西转移至得克萨斯东部附近的加尔维斯顿。新奥尔良作为一个港口幸存下来，密西西比河在慢慢恢复成一条商业干道。后来，穿过路易斯安那的路段成为炼油厂和化工厂的"化工走廊"。但是，或许到了1920年代，新奥尔良是作为充斥着爵士乐手和文学新星的肮脏的"波希米亚"而为人所熟知。对其中一位文学新星、诗人罗伯特·佩恩·沃伦来说，这是一座尤其适合喝醉的城镇：

**沿着皇家大街——周日，大街**

跟我的银行账户一样空空如也

两张支票遭到拒付——我们——

C., M.和我，每个

男人——杰克臭鼬——喝醉了

来了。[81]


# 北方女王：蒙特利尔

就像新奥尔良，蒙特利尔俯瞰着广阔的河岸腹地。它向北和向西延伸至哈得孙湾、苏必利尔湖以外的草原和森林，向南和向西延伸至五大湖、俄亥俄河流域与密西西比河流域。一如新奥尔良，蒙特利尔是一个位于美洲原住民旧址上的法国人住地，并将在北美新法兰西的宏伟设计中发挥作用。就像新奥尔良，蒙特利尔主要是由蒸汽造就的。一如新奥尔良，蒙特利尔的商业财富将经历地缘政治变化的过山车，并因纽约市的竞争而紧张不已。但是，不像南方城市新奥尔良，蒙特利尔的大好时光并非出现在蒸汽世纪的上半叶，而是在下半叶的后期。

1535年，法国探险家雅克·卡蒂埃造访了当时的印第安人城镇霍切拉加，即后来的蒙特利尔的位置所在。当法国人于1642年返回时，它是作为主要基地魁北克的一个上游分站；而魁北克建于1608年，是"新法兰西"的核心。[82]蒙特利尔起初是一个传教站，反映了耶稣会士和其他天主教派在赢得加拿大内陆印第安部族友谊方面的重要作用。但是，蒙特利尔很快就成为毛皮贸易的主要内陆仓库，而毛皮是新法兰西的支柱出口产品，也是其商业经济的支柱。该定居点位于一座岛屿的东侧，岛屿上高耸着"皇家山"，定居点因此得名。定居点的重要性源自该地位于圣劳伦斯河的航运中心。法国人心怀希望地将上游几英里处的一处急流命名为"拉钦"，它阻碍了通往圣劳伦斯河

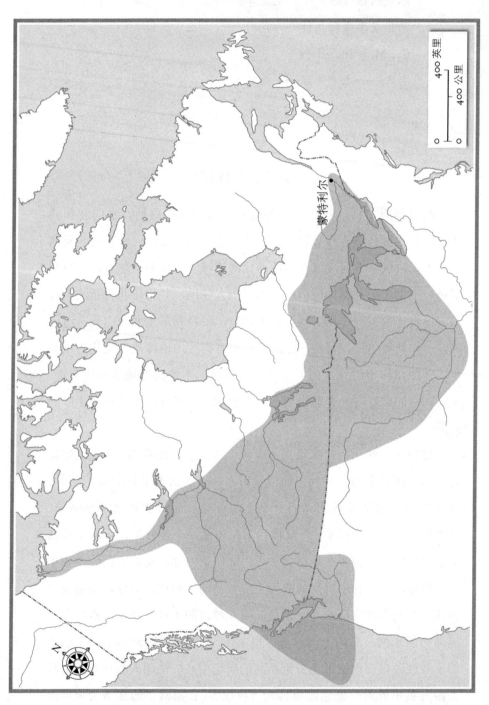

蒙特利尔商人的贸易地域（……）

上游和五大湖的道路，以及沿着渥太华河向上进入毛皮丰富的西北部的北向河道。这两条通往北美内陆的重要通道在那里交汇。第三条河流的河道向南穿过尚普兰湖，汇入哈得孙河（和纽约）。因此，蒙特利尔是河岸的"十字路口"，也是"水陆联运地"；[83] 货物必须被搬运绕过"拉钦"的急流，然后在那里再将货重新装进江轮和独木舟，船只会载着货物航进圣劳伦斯河或渥太华河。魁北克长期以来一直是新法兰西和英属加拿大的主要港口，不过蒙特利尔才是实现大陆雄心的关键。

1763年，当法国被逐出北美大陆时，蒙特利尔为英国人所有。一群商人从英国殖民地涌入南方。他们希望利用蒙特利尔与后来的美国中西部的联系，接管其毛皮贸易。[84] 事实上，新的英属魁北克省深入到更南的"美利坚"殖民地后面的跨阿巴拉契亚内陆，部分是为了防止白人移民的殖民，并保持与印第安各部族的舒适关系。这些希望很快就因为美国革命而化为泡影：1783年，五大湖以南广大地区被割让给新成立的共和国，但是蒙特利尔和加拿大仍为英国的领土。到了1814年，在五大湖以南的印第安各部族中，残存的英国（和蒙特利尔）的影响力在一系列的边境战争中被粉碎，后来称为"旧西北"的地方被迫向美国移民开放。对蒙特利尔及其贸易商来说，他们的商业未来就取决于**加拿大**的西北部及其毛皮贸易。一连串的独木舟路线和无数的水陆联运地（途经渥太华河、苏必利尔湖，以及前往雷德河和温尼伯湖的艰苦跋涉）[85]，将蒙特利尔与"越冬伙伴"联系在一起，而后者从佩恩豪特的土著猎人那里换取毛皮。但在这里，蒙特利尔人也面临着一场斗争。随着毛皮边界的逐渐远离，与英格兰特许公司哈得孙湾公司竞争变得越来越困难，该公司在哈得孙湾上的堡垒使其更接近毛皮来源。[86] 到了1821年，当蒙特利尔的毛皮利益集团接受失败并与哈得孙湾公司合并时，该城的经济需要一个新的基础。

这些预兆喜忧参半。大部分内陆地区一直延伸到北部和西部，形成了加拿大的"屏障"：贫瘠的石质土壤，漫长的寒冬，让想要务农的人望而却步，充其量是伐木工的度假胜地。"上加拿大"（今安大略省）的南部地区更有希望，不过那里的河流路线受到急流的阻碍，尤其是"拉钦"的急流。作为一座大西洋港口，蒙特利尔深受三大障碍之苦。圣劳伦斯河一年有五个月的冰封期，从11月到翌年4月；汹涌的水流让上游航道变得缓慢，航行船只难以通过；无论如何，取道圣皮埃尔湖通往蒙特利尔的航道对大型船只来说实在是太浅了。更糟糕的是，从蒙特利尔商人的角度来看，1791年，伦敦帝国政府将旧魁北克省的剩余部分划分为两个独立的殖民地，即"上加拿大"和"下加拿大"：前者主要讲英语、信奉新教而且是"英国裔"；后者主要讲法语、信奉天主教而且是"法国裔"。蒙特利尔的商人精英越来越多地得到来自英国的其他移民的支持，他们发现自己被困在这样一个省里，其中，当地政客怨恨他们的影响力，他们对"落后"**居民**毫不掩饰的蔑视，以及他们想让蒙特利尔成为上、下加拿大的"英国"大都市的明显意图。这种相互的敌意助长了1837年至1838年的法裔加拿大人叛乱，而叛乱主要就集中在蒙特利尔的乡村地区。[87]

这些苛刻的条件，让先前的毛皮贸易代理商摆脱了当地评论家所谴责的新奥尔良棉花大王身上的"致命惰性"。他们立刻领悟到，蒙特利尔的繁荣将依赖于动员政治支持来改善其水道连接。在蒙特利尔，商业即政治，政治即商业：要说服当地立法者为改善交通提供资金是商业生存的代价。因此，拉钦运河于1825年由公共开支资助竣工，随后对圣劳伦斯河上游进行了进一步改进，让从安大略湖到蒙特利尔的水道更加方便。从很早的时候（1830年）起——远早于利物浦或伦敦——蒙特利尔的港口设施就被置于一个港务委员会的控制下。蒙特利尔商人也很快抓住了其河源地区的机会，将业务多样化，进入当地制造和加工领域：最初从事酿酒和面粉加工，但很快就进入了鞋、服装和金属制品领域。一位名叫约翰·莫尔森的酿酒商资助了首条连接蒙特利尔和魁北克的汽船服务航线，而魁北克仍为加拿大货真价实的港口城市。帝国政府出于战略原因愿意为运河建设的高昂成本做出贡献，这对他们是有帮助的：美国入侵的威胁和将英国军队运至边境的需要，直到1870年代才得到缓解。尽管如此，但运河带来的巨额债务无法被其带来的收入抵销，并破坏了上、下加拿大两省的公共财政，这一危险是对政治稳定的持续威胁。实际上，1840年上、下加拿大的统一似乎没带来什么改变。这提醒了我们，蒙特利尔——和加拿大——参与国际经济的基础是脆弱的。[88]

真正的危机发生在1840年代末。到那时为止，从蒙特利尔一直到休伦湖北端，人们可以通过帆船或汽船进行交通往来。[89]货流的很大一部分源自一项特殊的有利可图的规则，即在《谷物法》对外国小麦征收高额关税的时期，通过加拿大运输的美国农产品获允免关税进入英国。但在1846年后，伦敦政府迅速取消了殖民地保护机制：像加拿大这样的殖民地就必须同外国生产商在平等条件下竞争，借"加拿大"之名出售美国小麦有利可图的故事被一扫而光。在蒙特利尔，商业灾难的威胁迫在眉睫。单单关税本身就使其与南方的美国港口，尤其是纽约的港口进行竞争。经济萧条和种族间的冲突让该城沦为火药桶。1849年，暴动和混乱最终导致国会大厦被烧毁（上、下加拿大于1840年合并，而蒙特利尔为联省首府）。很大一部分商界人士签署了臭名昭著的《吞并宣言》，要求允许加拿大并入美国——这是对几年前大声宣称的对英国的爱国奉献的惊人否定。该宣言称，"我们在帝国事务中没有发言权"。[90]对蒙特利尔来说，自由贸易形式的早期全球化是一次地震式冲击。

结果并没有商人们担心的那么严峻。1854年，伦敦与美国就非制成品的自由贸易进行谈判，这给蒙特利尔和加拿大运河系统将继续吸引美国向圣劳伦斯河出口谷物带来一些希望，至少在夏季，谷物可以比美国的港口更快地运往欧洲。但在现实中，几乎没有证据表明这一点。[91]1855年，蒙特利尔的一位船主抱怨说，如果没有与美国中西部更好的联系，经由蒙特利尔将一桶面粉运往利物浦的价格就仍为经由纽约的两倍。[92]更重要的是，在繁荣的1850年代大西洋经济的扩张为加拿大的粮食拓宽了市场，并扩大了上加拿大的农田，而上加拿大是蒙特利尔的大部分商品和服务的市场。[93]由于下游河道挖深，1853年第一艘远洋轮船得以抵达该城。三年后，休·艾伦的远洋汽船公司确立了一项与利物浦之间的补贴邮船服务。[94]得益于当地的农业腹地，即土地肥沃的蒙特利尔平原，该城本身的规模迅速增长（从1851年的五万七千人左右增至十年后的九万人）。1864年，一位（英格兰）游客写道："我几乎没有准备好遇见这座如此高贵、繁荣且彻底英国化的'岛屿城市'。"[95]不过，正是铁路的到来——一个结束冬季商业监狱的**全天候**运输系统——奠定了蒙特利尔作为加拿大主要港口的地位，最终取代了魁北克。

铁路热在1850年代蔓延至整个北美洲。对蒙特利尔和圣劳伦斯河流域的商业利益集团来说，危险在于五大湖地区的粮食出口，包括上加拿大的粮食出口将沿着美国的铁路运至纽约、波士顿或巴尔的摩。早在1840年代末，一群蒙特利尔商人就与缅因州波特兰商人建立了合作关系，建造圣劳伦斯和大西洋铁路，并为蒙特利尔提供了11月至4月冰封期的重要海上路线。1853年，一个更雄心勃勃的项目启动，即修建一条"大干线铁路"，从圣劳伦斯河口到底特律的美国边界，贯穿整个运河。与波特兰相连的蒙特利尔将成为枢纽。[96]1856年，当这一系统大部分开放时，一份庆祝报告《1856年的蒙特利尔》宣布，蒙特利尔商人就此能够像纽约或波士顿一样迅速地向西方消费者（包括加拿大人和美国人）提供他们想要的商品。"加拿大贸易从铁路中获得的一切还没有到来，"报告中热情地写道，"你自己判断［蒙特利尔的］前景，并说我们——她的公民——是否还没有理由期待一个辉煌的未来。"[97]当维多利亚大桥于1860年开通，将铁路线穿过河流直接引入了该城时，辉煌的未来似乎是板上钉钉的。

然而，正如蒙特利尔历史上经常发生的那样，现实并没那么乐观。到了1860年，大干线铁路破产，其政治成为一桩丑闻。在世界的大部分地区，铁路建设依赖公共补贴、贷款担保和垄断承诺（通常不乏争议，而且往往滋生腐败）。在加拿大，这种依赖性因该国在铁路时代东西向交通固有的脆弱性而加剧，而无法对抗由北向南的磁性拉力：美国的铁路及其无冰期港口的商业力量，尤其是纽约。更糟糕的是，信奉新教的"英裔的"上加拿大和信奉天主教的"法裔的"下加拿大之间日益激烈的跨地方政治，在二者岌岌可危的联盟中几乎没有留下协调一致的经济发展计划的空间。事实上，以农业为主的上加拿大对蒙特利尔及其银行家、商人和铁路倡导者持强烈的怀疑态度：美国铁路可以比加拿大铁路更便宜、更快地将其作物运往市场。蒙特利尔本应作为一个港口和地区制造业中心而存在（到了1871年，其半数人口从事制造业）。[98]蒙特利尔是加拿大最大的城市、主要的银行中心和主要的商业中心。蒙特利尔有一家证券交易所、一家谷物交易所和众多的商品经纪人和代理商。[99]蒙特利尔远远大于其最接近的竞争对手多伦多，而多伦多的商家仍然依赖蒙特利尔的供应商。[100]蒙特利尔已经成为最接近加拿大大都市的地方：但是，想成为整个北美大陆北半部分的重要港口城市的雄心——其主要商人群体想象的"辉煌未来"——需要的可不仅仅是铁路和汽船——这些已经最终让距离海洋一千英里的蒙特利尔成为大西洋的主要海港。

这种变化总是要发生的，但是以迂回的方式，而且是在三十多年后。在1860年代中期，"英属北美"的各个省份排成了一条约三千英里长的细线，范围从纽芬兰（一个贫穷的捕鱼殖民地）、新斯科舍、新不伦瑞克和东部小小的爱德华王子岛，经过上、下加拿大"联合省"，到太平洋沿岸刚刚起步的淘金热殖民地不列颠哥伦比亚，其人口仅为南边利维坦——美国——的十分之一。现在加拿大的大部分陆地表面是鲁珀特兰的领土，由哈得孙湾公司根据其特许状进行管理：一片有着苔原、广阔针叶林和无树木大草原的区域，稀稀疏疏地住着土著印第安人和雷德河定居点（靠近现在的温尼伯）的**混血儿**，他们把水牛狩猎和务农结合在一起。[101]这些零散的殖民地躲过了美国"昭昭天命论"的北伐，部分是因为奴隶南方对更多"自由州"的厌恶，部分是因为大不列颠的海军力量：封锁和轰炸美国港口的威胁。[102]不过，随着美国内战在1865年接近尾声，英国与获胜的北方之间的紧张关系，因华盛顿认为英国参与了邦联的商业突袭而加剧，重新引发了吞并的威胁。由于美国拒绝恢复"天然"农产品的自由贸易，商业关系破裂。正是在这种高度紧张的气氛中，上、下加拿大及新斯科舍和新不伦瑞克的政客组成了一个引人注目的联盟，由技艺高超的政治家约翰·A.麦克唐纳领导（一些同时代的人对他的描述不同），在1864年至1867年间建立了加拿大邦联。[104]邦联旨在抵御美帝国主义的危胁，加强殖民地对英国保护的诉求。邦联的发起人也希望得到其他好处。新斯科舍和新不伦瑞克希望与蒙特利尔的铁路连接，能将加拿大的农产品带到自己的港口。在如今被称作魁北克的下加拿大，该地区让法裔加拿大人摆脱了人口更多的上加拿大的统治，而后者如今是独立的安大略省。在"英裔的"安大略省，邦联的大部分吸引力则在于期望新的版图将获得鲁珀特兰，并在大草原上开辟一个广阔的农业定居点新边界，即第二个安大略省。蒙特利尔的英裔新教徒感情复杂。"商业、贸易、银行业、制造业和普遍意义的物质进步的巨大而多样的利益团体，本应以蒙特利尔市为中心，"人脉广泛的律师、蒙特利尔议员约翰·罗斯宣称，"他们已经考虑过这项计划……并故意得出这样的结论，即这是为了促进最大的利益，并极大地促进本国的繁荣。"[105]但是，蒙特利尔一半的"英语"报纸表示反对，担心在一个以法裔为主的加拿大省遭到孤立。[106]

新版图以最低价正式获得了鲁珀特兰的转让，这对加拿大的未来是一个巨大的空间禀赋，就像"路易斯安那购地案"之于美国那般重要。新版图还凭借承诺修建一条从大西洋到太平洋的横贯大陆的铁路，说服了遥远的不列颠哥伦比亚省加入邦联。这是一个激发蒙特利尔商业兴趣的前景。汽船所有人休·艾伦匆忙提出了一项太平洋铁路的计划。该计划以丑闻告终：艾伦与首相麦克唐纳和保守党在财务上的联系，以及有人披露该计划的大部分资金是美国的资金，从而摧毁了该计划的可信度。[107]建立一个重要的西部定居点，以及太平洋和远东贸易直通线的梦想，在1870年代覆盖整个加拿大的经济萧条中烟消云散。成千上万的加拿大人迁至边境以南，到19世纪末可能超过一百万人。1878年通过的关税保护的"国家政策"，是对全球经济寒风的绝望防御。国家政策庇护了快速增长的蒙特利尔，在1871年至1891年间，蒙特利尔的人口几乎翻了一番，达到约二十九万人。不过，这就是蒙特利尔，一个日益工业化的城市，它服务于一个部分封闭、远未充满活力的经济体，以及一片有限到令人沮丧的腹地。

然而，修建横贯大陆的铁路仍然是邦联的承诺，1878年回归的麦克唐纳的保守党政府比以往任何时候都更渴望这样做。蒙特利尔的银行金融区圣詹姆斯街酝酿了一项新的计划。这项计划汇集了蒙特利尔最有权势的三位金融家：哈得孙湾公司（该公司在前鲁珀特兰保留了宝贵的土地）的唐纳德·史密斯；他的侄子乔治·斯蒂芬，他同时拥有大量的制造业利益，从明尼阿波利斯-圣保罗到曼尼托巴的铁路的大量股份，以及蒙特利尔和加拿大最大的银行蒙特利尔银行的行长职位；R.B.安格斯，直到那时他还是蒙特利尔银行的总经理，也是一位重要的金融家。[108]1880年，他们从麦克唐纳处获得了一份慷慨的合同，合同承诺提供大量启动资金、铁路沿线的大片土地，并在二十年内对任何竞争对手线路的垄断。即便如此，加拿大太平洋铁路在1885年竣工前仍摇摇欲坠，不得不接受政府以及史密斯和斯蒂芬个人的救助。原因简单明了。一条穿过无人定居的森林和大草原的线路需要支付巨额的管理费用，商业上的成功充其量是高度投机性的。[109]到了1890年代中期，就连铁路的主要设计师乔治·斯蒂芬都开始失去信心。随着粮食价格跌至谷底，大草原作为加拿大的重要新麦田看起来是最疯狂的梦想。但是，加拿大和蒙特利尔的情况即将发生令人震惊的突然改变。

第一个迹象是1896年后小麦价格从约四十年来的最低点上涨，加之美国西部的移民，以及适应性更强的小麦品种的利用，最终改变了加拿大大草原的前景。随着移民的涌入，其中许多人来自边境以南，那里的小麦产量迅速增加。1901年至1914年间，对英国的小麦出口增长了十四倍，达到一亿多美元。[110]除了小麦之外，一种新的出口商品——新闻纸的木浆——以及安大略省北部的新基础矿物铜、镍、锌、钴和黄金也构成了补充。1900年以后，增长的速度急剧加快。1900年移民人数约为每年四万人，1914年达到惊人的四十多万人。最引人注目的（对蒙特利尔来说也是最重要的）是加拿大对外国投资者，尤其是英国投资者的新吸引力。加拿大金融家不得不在伦敦金融城哄骗和恳求的日子已经一去不复返。加拿大的移民热潮和出口热潮预示着，对其铁路、公用事业、矿山、农田和城市房地产的投资将获得丰厚回报。英国的投资从1900年的不足一千万美元飙升至1913年的将近四亿美元。[111]在十年多一点的时间里，加拿大的经济得以全球化，其对外贸易价值增长了三倍，而1900年至1913年间的世界贸易仅增长了一倍。与以往相比，加拿大经济的稳定更加依赖不断增长的出口和不断增加的进口资本，以支付铁路建设和经济增长所依赖的基础设施建设的巨额开销。1913年，颇具影响力的伦敦银行家罗伯特·布兰德评论道："加拿大对维持来自英国的资本流动的兴趣，跟一座城市对防止供水中断的兴趣一样大"。[112]事实上，到了1911年至1912年，输入资本占了加拿大新增资本的一半。[113]

蒙特利尔是这一新的商业和金融体制的中心。总部就设在蒙特利尔的加拿大太平洋铁路公司支付了10%的股息；它的汽船航运公司使其成为一个全球品牌。蒙特利尔是加拿大太平洋铁路公司向其码头运送大量出口小麦的主要出口地。西部的快速扩张扩大了蒙特利尔不断增长的工业和取道该城诸港的进口制成品的市场。[114]最重要的是，蒙特利尔的财富反映了其作为加拿大金融中心的作用。大部分新的资金流都经过蒙特利尔的银行、金融机构和金融家。已然跻身加拿大最大银行的蒙特利尔银行，通过自己在伦敦的办事处管理着加拿大约一半的借贷。[115]伦敦的金融家们（如拉扎德投行的罗伯特·布兰德）正在寻找有利可图的企业，因此很需要它的商业智慧。作为一个铁路和航运交通枢纽，一座工业、商业和金融城市，蒙特利尔正在成为一个全球性大都市。接着，就在战前的繁荣似乎逐渐消失之际，1914年战争的爆发又增加一个巨大的刺激因素。加拿大不仅成为重要的小麦供应国，而且愈发成为军火生产国，（具有讽刺意味的是）成为帮助过度紧张的英国经济及其日益减少的外汇储备的借款来源。到了战争结束时，加拿大已经成为世界贸易中的一支重要力量。加拿大在1922年世界出口中的份额为4.4%，高于印度、意大利或日本，也远远高于澳大利亚或阿根廷。[116]随着加拿大成为一个更加一体化、更加全球化的经济体，蒙特利尔的重要性——看起来——只能与日俱增。

蒙特利尔的卓越地位，可以追溯至该城市发展的几个显著特征。当然，蒙特利尔对通往加拿大内陆的铁路和河流路线的控制，是一项至关重要的禀赋。商界精英不像有时所说的那样是清一色的苏格兰人：他们也包括英国人、美国人和法裔加拿大人。[117]不过，商界精英的核心是一个紧密团结的、经常通婚的苏格兰人社区，而来自祖国的新成员经常充实之。[118]该城商界最有权势的人物——约翰·扬、乔治·斯蒂芬、唐纳德·史密斯、乔治·德拉蒙德爵士、休·艾伦和约翰·罗斯爵士——都是苏格兰人。[119]关键的是，这些商业精英迅速从商品贸易转向制造业和运输业，投资铁路、汽船、食糖精制、纺织、钢铁厂、鞋类和服装（与新奥尔良的对比令人震惊）。像休·艾伦这样的人建立了一个横跨航运、铁路、蒙特利尔电报公司、银行、保险、纺织、烟草和煤矿的商业帝国。[120]正是铁路、工业、商业和金融的资本集群的早期出现，让蒙特利尔得以度过多年的停滞期，开发世纪之交已开放的新世界。正是哈得孙湾公司（长期驻扎在蒙特利尔）的唐纳德·史密斯和他的侄子蒙特利尔银行的乔治·斯蒂芬的私人财富，让加拿大太平洋铁路在线路建成前免于财务崩溃。[121]1913年之前，正是蒙特利尔银行和伦敦金融城之间建立的密切联系，加速了英国资本的流动。根据一项计算结果显示，1900年蒙特利尔的商界精英控制了加拿大70%左右的经济。[122]

引人注目的是，这些商业精英并非自由贸易商：恰恰相反。他们的本能是重商主义的、保护主义的和垄断主义的。如果不想被纽约的利维坦压倒，他们就需要政治帮助和政治诡计，并准备为此付出代价：贿赂和附带交易就是蒙特利尔政治的内容。他们的关税和国家援助发展计划，就是由亚历山大·高尔特在1850年代末制定的（从利益和见解来看，他是蒙特利尔人）。[123]1911年，在约翰·A.麦克唐纳爵士的领导下，这一计划成功地成为反对"互惠"（与美国的自由贸易）的"国家政策"。[124]然而，蒙特利尔商人以其特有的实用主义，仍然希望将美国中西部的贸易吸引至圣劳伦斯河下游。他们敏锐地意识到，蒙特利尔的经济成功在很大程度上依赖伦敦金融城的情绪，就像小麦的价格是在利物浦敲定，并通过"利物浦电缆"传来一样。[125]他们从美国铁路工人中招来加拿大太平洋铁路的前两任总经理（威廉·范·霍恩和托马斯·肖内西），并从纽约募集大部分早期资本。蒙特利尔银行和其他加拿大的银行，也例行公事地在纽约和伦敦留着随时待命的准备金。[126]蒙特利尔距离联邦首都渥太华只有很短的火车路程，可能会对其施加强大的暗中影响。蒙特利尔对阵渥太华，就像纽约对阵华盛顿。但是，全面地看，蒙特利尔对其广阔的横贯大陆的腹地的控制还远未完成。

　　蒙特利尔的"盎格鲁-新教徒"精英将该城视为一座"英国"城市。自1809年开始，蒙特利尔就有了自己的纳尔逊纪念柱。对1904年的一位法国观察家来说，看起来"游客可能会在那里度过整整几个星期，频繁光顾酒店、银行、商店和火车站，一刻也没有想到该镇绝大多数居民是法裔。英格兰社会……似乎视蒙特利尔为他们的财产"。[127]19世纪晚期，在商业和金融联系的加强以及对英国市场和资本的依赖感的推动下，这种"英裔"身份的主张变得越来越强烈。它在第一次世界大战期间达到了狂热的程度，许多英裔蒙特利尔人都在战争中服役（法裔加拿大人的志愿兵率低是令人耿耿于怀的牢骚）。在蒙特利尔，医院、学校和慈善机构都富有教派和种族色彩。这里有一个"新教勤劳和避难之家"和一个"新教无家可归者事务局"。蒙特利尔首屈一指的大学麦吉尔大学是盎格鲁-新教徒的堡垒。蒙特利尔的精英私立学校下加拿大学院在英国寻找教师。但是，蒙特利尔并未宣称自己就是英属加拿大的文化大都市。大多数英国移民都绕过该城，直接前往安大略省或西部大草原。与"加拿大的贝尔法斯特"多伦多不同，蒙特利尔从来都不是一座以新教徒为主的城市。蒙特利尔英语社区分为新教徒社区和天主教爱尔兰人社区，后者构成讲英语的工人阶级。到了19世纪晚期，天主教徒占该城人口四分之三以上，而意大利和波兰的移民让这一比例进一步上升。[128]更重要的是，从19世纪中叶开始，由于蒙特利尔的工业吸引了越来越多的乡村居民，法裔加拿大人占大多数。穿过市中心的圣劳伦斯大道，把讲英语的西区和讲法语的东区分开。这两个社区作为"两个孤独地"[129]共存而不会混杂——尽管商业精英包括一些法裔加拿大人和像艾伦这种被精心培养起来的法裔加拿大人盟友的大亨。蒙特利尔的英裔民众敏锐地意识到自己生活在一个社会和政治飞地，而这也是他们的主要报纸《蒙特利尔星报》咄咄逼人"英国化"的原因之一。此外，到了19和20世之交，蒙特利尔正成为强烈的法裔加拿大民族主义的熔炉，亨利·布拉萨和他在1910年创办的《义务报》，就为这种民族主义发声。[130] 以牧师、历史学家利昂内尔·格鲁克斯为首的法裔加拿大知识分子，谴责了英法合作的神话（所谓的情投意合），坚称法裔加拿大人是寻求解放的被征服、被压迫和被剥削的民族。[131] 格鲁克斯及其追随者，因城市和工业生活对法裔加拿大人家庭及其宗教忠诚的影响而深感焦虑。因此，蒙特利尔是赞成一种谨慎受限的全球化形式的商业精英的家园；是其领袖对这种全球化的社会和伦理影响愈发敌视的大多数人口的家园。

1918年战争的结束，给加拿大的繁荣带来了严重的阻碍。[132] 不过，1920年代后期是经济扩张的年代。1928年，加拿大生产的小麦约占全球小麦出口量的53%，其中大部分都通过蒙特利尔运输。[133] 随着大萧条而来的1930年至1931年世界贸易的崩溃，是一次残酷的冲击。加拿大主要出口商品的价格下跌了一半——这无情地提醒人们，大范围接触全球经济会带来巨大的风险。对蒙特利尔的影响是令人痛苦的。到了1934年初，约有二十四万人，占总人口的28%，正在接受政府救济。[134] 这种影响因蒙特利尔现有的贫困规模而加剧了，部分是加工厂低技能工作的后果，部分是因为许多工作（在运输中或在码头上）是季节性的。在世纪之交，蒙特利尔的死亡率一直高于工业化的英格兰，而其婴儿死亡率也高得多。[135]

问题越来越严重。在1920年代，已经有迹象表明，加拿大经济正逐渐变得更加区域化，不再那么集中于蒙特利尔。自1890年代开始，多伦多一直在挑战蒙特利尔在大草原西部的商业和金融支配权。到了1890年，多伦多通过铁路与大草原诸省相连，可以在那里销售自己的产品。多伦多的报纸、期刊和出版社，使其成为讲英语的加拿大的文化之都——约占加拿大人口的三分之二。[136] 长期以来，蒙特利尔在金融领域最具主导地位，1930年代在某种程度上是一个分水岭。到了20世纪中叶，在采矿业（尤其是黄金价格的上涨）的推动下，多伦多的证券交易所比蒙特利尔的证券交易所规模更大，也更活跃，从此一直保持了这一地位。[137]蒙特利尔最大的优势在于它与英国的长期联系：利物浦、格拉斯哥和伦敦是其主要的航运伙伴。在1930年代，英国的资本停止流入，随着英国农业保护政策的开始——直到那时英国仍为加拿大粮食的最大市场——小麦不再是国王。随着新的大宗商品出口——矿产品、木浆、天然气、石油和水力发电——取而代之，加拿大经济越来越多地转向其重要的南方邻国：事实上，在1920年代，美国在加拿大的投资超过了英国。那场突出了加拿大对美国的战略依赖，并使英国陷入贫困的第二次世界大战加速了这一变化。多伦多是这种重新定位的受益者，但并非一蹴而就。迟至1939年，多伦多还被认为是"一个前哨，一种纽约的郊区"，遭人不屑一提，而纽约控制着多伦多的采矿和木浆公司。蒙特利尔仍然是独一无二的"大都市"。[138]在战后的年月里，这两座城市的规模和重要性可谓不分伯仲。然而，到了1970年代，美国在加拿大的投资是英国的八倍，多伦多在制造业、商业和金融领域的至高地位已经牢固确立。将蒙特利尔与伦敦和利物浦联系在一起的商业纽带已经消失。毕竟，是纽约取得了胜利。

## 帝 国 城

"纽约是西部大陆的伦敦，所有重要的交易业务都集中在这里，不断收到世界工业的贡品。"尽管与伦敦（作为帝国的首都、贵族消费中心和欧洲转口港）有着实际差异，但是，1852年《纽约每日时报》（后来的《纽约时报》）的这一吹嘘并非没有实质内容。北美洲大西洋海岸的一个显著特点是，一座重要的港口城市——纽约——很快就在商业上占据海岸的主导地位，而纽约一直在稳定地发出凌驾于整个大陆腹地的大都市声明。

我们将会看到，这在很大程度上归功于纽约独特的城市发展模式、创业传统和得天独厚的地理环境。不过，纽约也是种种地缘政治事件的受益者（就像许许多多港口城市一样），而研究该城崛起的历史学家很少承认这一点。让纽约在未来控制内陆成为可能的是，1763年将法国驱逐出北美大陆的帝国战争，1803年拿破仑放弃了他在新世界的雄心壮志，以及在无数次殖民和征服战争中将美国边疆推向西部和南部的移民帝国主义。同样，如果1865年未能用武力粉碎南方邦联，纽约将成为美国金融之都的前景也会受阻，就像第一次世界大战的不同结果（或未发生第一次世界大战），将推迟或中止纽约接替伦敦成为西方世界金融之都。自1945年以来，纽约在全球经济中发挥的核心作用，很大程度上要归功于纽约之前所经历的历程，但也要归功于远远超出其控制范围的事件：美国在第二次世界大战结束时突然成为"超级大国"，以及与之并驾齐驱的美元的至高地位。

纽约于1623年建立，是荷兰西印度公司的前哨基地。就像蒙特利尔，纽约也是一个岛屿选址，借此可以通过河流进入毛皮内陆：迟至1750年，毛皮就占其出口贸易的16%左右。[140] 自1664年起，纽约成为英国的属地，在十三个殖民地中占据中心地位。1755年，纽约因地理便利而被选中，成为伦敦向美洲殖民地提供邮船服务的终点站，也是英国陆军在美洲的行政总部。陆军在殖民地时代的纽约是一笔大生意，纽约商人成为默认的承包商，为遍布殖民地的约四十支驻军提供服务——这预示着该城后来的野心。[141] 然而，在1790年，即新共和国成立的第一个十年，纽约在商业重要性和（就费城而言）人口方面远远落后于费城和波士顿。费城是通往南方和俄亥俄河流域新移民世界的门户，也是新国家的第一个首都；波士顿坐拥很深的避风港，与加勒比海和欧洲有着古老的海上联系，是美国的主要港口，其商业视野已经延伸至太平洋和中国。由于失去英国人的青睐，在独立战争中受到严重破坏（其大多数主要商人都是保皇派，并在战争结束时离开了纽约），而且缺乏广阔的腹地，纽约看起来很可能会无限期地落后于其竞争对手。

这种劣势地位如此迅速地得以逆转，仍然成谜。但到了1796年至1797年，纽约的进出口贸易量超过了费城，（到了1810年）也拥有更多的人口。截至1820年代初，美国将近40%的进口产品通过纽约的港口。在这方面，地缘政治也可能发挥了作用，因为欧洲大战是中立的（美国）贸易繁荣的机遇。[142]世纪之交，规模更大的商船航运更青睐纽约，而非通往位于特拉华河上游的费城的较浅航道。事实上，正是纽约海港的卓越品质成就了该城的商业财富。纽约海港很深，可避风，（通常）没有冰，有很大的转动空间——一旦大型汽船开始穿越大西洋，这就是一笔宝贵的财富。纽约海港位于四条海道的交会处：通往欧洲，通往加勒比海和南美洲，经由长岛海峡通达新英格兰，通往南方的海岸。沿着东河的曼哈顿海岸有一长串码头，这里就是该城的商业中心——南街。华尔街在1792年就开始了每天的股票拍卖，而纺织品交易中心珍珠街就在附近。纽约的中心位置，促进了其在带来出口货物和运送进口货物回家的大批沿海航运上的转口作用。哈得孙河蒸汽运输的早期发展，纽约北部的快速拓殖，以及后来1820年代伊利运河的修建，很快就强化了这一点。[143]1825年后，纽约拥有了通往中西部大片新定居地区的廉价水上通道，而运河系统为其他公共工程带来了可观的收入。[144]

这种喧闹的商业活动可能反映了纽约商业精英的反叛性格。清除保皇派商人阶层为新来者创造了机会，尤其是新英格兰的新来者。与费城或波士顿相比，纽约为新移民提供了更多机会，包括来自大西洋彼岸的商业移民，而且数量越来越多。他们利用了纽约作为欧洲进口商品集散地的有利地位，因为东部沿海和内陆的当地商人不得不汇款在那里购买商品。纽约成为可以找到汇票来支付进口商品的中心——

即使是那些会运往沿海其他港口的商品。纽约成为英国商人可以购买美国农产品的所有权最方便的地方，而美国商人可以在此购买伦敦的票据——19世纪贸易的商业"储备货币"。这可能鼓励了纽约商人投资穿越大西洋的邮船，它们自1818年就开始携带最快捷、最正规的商业信息——这是给该城的金融机构注入的一针强心剂。不过，纽约商人做出的最关键决定是进入棉花贸易，而棉花是整个19世纪美国的支柱出口商品。

在此，他们可以利用快速扩张的奴隶南方金融欠发达的状况，南方港口入口通道浅的缺点，以及对欧洲进口的需求有限。就连我们之前见识过的新奥尔良，吸引的进口也远远少于其出口所能保证的数量。正是纽约提供了信贷，让南方的代理商和种植园主挺过大半个棉花季；并且取道新奥尔良，南方的许多棉花可以沿着海岸运往纽约，再运往欧洲。纽约很快成为南方真正的金融中心——南北战争前美国最具活力的首都之外的地区。如果说棉花是国王，那么纽约就是宫廷总管，吸走了国王的收入：40%的棉花收入可能留在了纽约。[145]

到了1860年，纽约的人口超过一百万，几乎是其最接近的竞争对手费城人口的两倍（也是蒙特利尔的近二十倍），纽约的商业地位似乎已经达到了《纽约每日时报》所宣称的大都市阶段。棉花出口在整个1850年代翻了一番。1860年，纽约港处理了美国三分之二左右的进口和三分之一左右的出口。[146]在铁路建设的狂热中，纽约正成为最受上密西西比河谷大部分地区欢迎的港口。纽约从1852年起就与芝加哥直接通过铁路相连，将前往芝加哥的时间从三周缩短至两天，而芝加哥已经是上中西部地区最大的农产品市场。[147]纽约的纸币在大陆内部流通得最为广泛。[148]"纽约汇兑"是指可以在任何地方流通的钞票。[149]纽约有一百多家报纸，包括五家大型日报，还有大量期刊，与欧洲大陆的大部分地区都有电报联系，还有通往欧洲港口的快速定期邮件服务，这些提供了最新鲜、最可靠的新闻和商业信息。纽约庞大的印刷和出版业，也是该国图书的主要生产商。[150]纽约是欧洲时尚的橱窗，无论是文学时尚还是物质时尚。总的来说，纽约的惊人崛起似乎证实了《纽约每日时报》的说法，即"每个国家都有一个大都市港口"——这一说法旨在说服费城"承认其竞争对手的至高地位"。[151]

不过，一场巨大的危机即将来临。整个1850年代，纽约商人一直在不顾一切地安抚南方的不满，避免对联邦——和他们的棉花贸易——造成任何威胁。"如果没有奴隶制，纽约会是哪副模样？"新奥尔良记者詹姆斯·德鲍嘲笑道，"船会在她的码头腐烂，华尔街和百老汇都会长出草来。"[152]随着1861年的分裂，他们面临着南方抵赖不承认巨额债务的局面。[153]战争扼杀了华尔街已经依赖的欧洲外来投资。事实上，内战及其结果与其说是一次挫折，不如说是对纽约命运的非凡提升。纽约已经是北美主要的制造业中心——在服装、制糖、机械制造、造船和其他许多领域，皆是如此。战争带来了巨大的新需求。密西西比河（和新奥尔良）因封锁而关闭，让大量的西部贸易流向东海岸，尤其是纽约。对纽约金融机器的影响同样巨大。由于庞大的战争开支和有限的收入，联邦政府别无选择，只能在国内筹集贷款——这是华尔街现在承担的任务，造就了后来的纽约债券市场。华盛顿给出的奖励是1863年的《国民银行法》，该法将纸币的流通限制在所谓的"国民"银行，其中许多就在纽约，因此纽约成为美国金融事实上的首都——其有实无名的储备银行。[154]随着战争的结束，这场斗争所动员的大量投资涌入了西部，西部现在正在进入自己的黄金时期，成为小麦、面粉和肉类出口的生产者。棉花生产迅速恢复，到了1873年，纽约的棉花出口量是1861年的两倍。[155]1880年，棉花与食品和其他初级产品一起，占美国出口的60%以上。[156]

事实上，纽约的大部分资本都投入了铁路建设。1865年至1873年间，美国的铁路里程翻了一番，从三万五千英里增至七万英里。到了1890年，铁路里程又翻了一番，为十四万英里，并在1920年达到超过二十五万英里的惊人峰值。在这场巨大的扩张中有很多功能失调的地方：线路的重复，不计后果的竞争，夸大的期望，金融恶棍的投机、腐败和盗窃造成的损失。然而，铁路是美国的第一大生意，需要新的管理方法来控制成本和处理交通，需要比和平时期任何一家企业都更大规模的资本。[157] 为铁路提供资金，是纽约证券交易所和华尔街银行家们的主要业务。事实上，1850年至1900年间投资于铁路的金额超过所有其他行业的总和。[158] 对那些管理主要铁路公司的人来说，获得资本以及谈判合并与费率协议，或者抵御政治干预所需的财务和法律专业知识，成为他们的首要任务。他们踊跃地将总部迁至纽约，而这里的投资银行家和公司律师激增。随着美国庞大的铁路和电报基础设施的建成，出现了依赖大规模营销和大规模分销的新一代制造企业。生产石油、烟草或钢铁的大型企业，对财务和管理专业知识的需求与铁路公司相似，而这些需求也将这些企业带到了纽约。事实上，到了19世纪晚期，纽约的商业精英更多关注的是国内制造业的管理和财务，而非海外贸易。1870年至1930年间，"纽约发生了变革……从一座重要的港口转变为美国新的制造企业的中心"。[159]

当然，纽约仍然是一座非常重要的港口。1860年至1900年间，通过纽约港口的交通量增长了五倍。[160] 在19世纪的最后三十年里，美国一半的对外贸易来自纽约：约三分之二的进口，40%以上的出口。[161] 纽约的海岸上有着无数的突堤和码头。为了克服码头的拥堵，以及没有铁路线在奥尔巴尼以北一百五十英里处穿过哈得孙河的不便事实，纽约付出了巨大的努力。事实上，纽约长期以来一直受到自身岛屿选址和连接水道成本的阻碍。1916年，世界上最长的桥梁中有五座位于纽约市，通过该市的大部分货物被艰难地运至横跨哈得孙河的泽西海岸。[162] 纽约是新的大型班轮船队的终点站，而这些船队以先前难以想象的舒适性将大西洋航程缩减为五天。纽约是1865年后来到美国的二千万移民的主要目的地，其中许多人留在该市，加入其不断增长的工业劳动力队伍——并生活在贫民窟之中。然而，就像大多数港口城市，纽约也容易受到一系列风险的影响。纽约激增的无产阶级和严重的不平等，使其面临社会动乱和政治动荡的危胁——这也是以庇护、腐败和恐吓为武器库管理城市政治的"工头"制度的原因之一。众所周知，纽约的大宗商品出口容易出现繁荣和萧条。欧洲的大丰收，或者棉花需求的下降，可能引发大西洋两岸的支付交易危机。南部或中西部忧虑的农场主和经销商，可能会索要他们留在纽约的存款，并开始挤兑银行。一再发生的崩溃情况——1837年、1857年、1873年、1883年、1893年和1907年——可能会引发长期的萧条，就像1840年代、1870年代和1890年代前五年发生的那样。发生这种情况时，面临收入大幅下降的愤怒的生产商，就会谴责金本位制（纽约银行家的约柜）的通货紧缩限制，并敦促回归更便宜的银币或纸币——这是1890年代的民粹主义呼声。对许多美国人来说，纽约是一座陌生的城市，1900年其40%以上的人口是在外国出生的；也是一个投机和欺诈的巢穴。或许直到1920年代，纽约的形象才开始被重塑为典型美国式的。[163]

讽刺的是，到那时，纽约已经基本摆脱了困扰全国大部分地区的文化因循守旧的压力。纽约的各个族群社区在居住方面是隔离的（当然不是法律规定的），但规模足够大，可以维持繁荣发展的不同文化。纽约政界承认，如果要赢得选举，就需要混合的族群"门票"。纽约的作家和知识分子在其庞大印刷业的滋养下，对"外国"思想——尤其是来自欧洲左翼的思想——仍然比美国其他地方更开放，纽约是富兰克林·D.罗斯福1933年后"新政"的知识堡垒。[164]纽约已经成为西方世界城市现代化的典范，这体现在其摩天大楼建筑、不断的重建、无处不在的广告、流行的娱乐和贪婪的商业主义上。这是一个不断流动的世界，约翰·多斯·帕索斯的小说《曼哈顿中转站》（1925）就因捕捉到了这一点而颇为著名，这是一部由简短的电影情节拼贴而成的作品。纽约的报纸和杂志（如《名利场》、《纽约客》和《时尚先生》）设计了一种名人、消费、优雅和智慧的时尚新模式，吸引了林·拉德纳、多萝西·帕克、詹姆斯·M.凯恩和约翰·奥哈拉等畅销书作家。[165]连同戏剧制作（尽管不是电影）和流行音乐，纽约已经成为北美的文化之都，并与伦敦争夺英语世界的文化中心地位。

纽约由一座港口城市转变为大都市的独特轨迹，为美国蒸汽全球化的经历提供了有趣的视角。早在1783年独立之前，北美洲殖民地就已经紧密融入大西洋经济，与欧洲和加勒比海地区进行贸易。奴隶种植的棉花和兰开夏郡纺织业的结合，极大地加深了这种跨大西洋联系，这是来自英国和欧洲的工业品、投资和移民流的回报。在19世纪晚期，小麦和肉类强化了对大宗商品出口的严重依赖，而移民潮则演变为洪流。尽管如此，纽约向制造业城市及庞大的金融和管理中心的转变提醒我们，美国向全球化敞开是高度选择性的。1830年至1900年间，美国的出口仅占其国民生产总值的6%左右，而1879年至1914年间最多占其工业产出的6%。[166]英国在爱德华时代的这一数字为25%左右。[167]尽管有大量的外国投资，特别是在铁路方面，但是输入资本平均仅占美国资本需求的5%[168]（就澳大利亚而言，这一比例接近50%）。到了1913年，美国轻而易举地成为世界上最大的经济体，但其对外投资微不足道，约为英国的六分之一，而当时美国的经济规模三倍于英国。尽管欧洲的大多数国家在世纪之交实施了5%至8%的关税保护，但是美国的关税至少四倍于此，[169]而在钢轨等一些产品上的关税高达100%。[170]尽管外国拥有的或管理的企业在欧洲以外的世界大部分地区发挥了相当大的影响力，但若与逐渐主宰美国工业界的大公司相比，可谓小巫见大巫。

作为美国的大都市，即向西延伸至芝加哥的"核心地带"的总部，[171]纽约在形成这种混合了开放与部分封闭的独特经济方面发挥了重要作用。纽约是美国通往世界的门户，也是美国大力保卫的工业经济的首都。讽刺的是，正是因为美国的工业、运输和商品出口的融资高度集中在纽约，商品价格特有的波动所带来的外部冲击才如此迅速地传导至这一经济体的其他地区。[172] 但是，如果说纽约的一些银行家将目光投向了东边，那么其他许多银行家则将目光向西投向了拥有庞大国内市场的内部经济。事实上，尽管欧洲移民大量涌入，但大部分美国舆论在前景方面仍然是坚定的大陆性的，而非全球性的——尤其是对纽约的世界性利益的不信任。当然，1918年后，美国在海外的投资规模经历了大规模扩张，而外国市场对美国的大公司来说也变得更加重要。从那以后，美国的产品——尤其是汽车——娱乐、音乐、文学和生活方式，开始发挥自身所享有的全球吸引力。不过，只有随着以伦敦为中心的旧全球经济的最终崩溃（1940年至1942年英国地缘政治灾难的后果），美国和纽约才开始构建我们在过去的七十年里与之共存的全球贸易和金融的新格局。或许正是在那时，纽约才真正超越了自己的大都市地位，成为——出于某些目的——世界的中心。

加拿大、美国和西北欧构成的"大西洋世界"，通常被视为19世纪全球化的经典竞技场，19世纪全球化从此传播至世界其他地区的核心区域。在这里，移民和资本朝一个方向流动，商品则朝另一个方向流入，这即使并非逐渐变得相互依赖的来源，也是大西洋两岸巨大的共同利益的来源。运输成本的下降和水上、铁路或电线（用于信息）运输的加速，让价格和（更廉价可得的）生活水平逐渐趋同。大陆之间的巨大人口流动（或许有三分之一的移民在汽船时代返回家乡）建立了一个社会和商业联系网络，而在英国和加拿大之间、伦敦和纽约之间的联系最为密切。直到蒸汽时代晚期，（尽管是一部分）思想和意识形态的趋同才减少，而那也是因为1930年后发生了灾难性逆转。

北美洲拥有规模惊人的自然资源，可以如此轻松地吸收大西洋移民，这在很大程度上解释了这一过程。但是，正如北美洲三个主要港口城市的历史所示，北美大陆的全球化模式并不仅仅是自由市场经济不可避免的结果。三者最初都是位于广阔内陆边缘的"门户城市"，而截至1800年，这一广阔内陆几乎没有被人勘察。三者的商业繁荣都得益于水上或陆上的蒸汽动力。不过，蒸汽全球化不仅仅是一个商业机遇的问题。新奥尔良是由遥远统治者的地缘政治算计"造就"的，这些统治者赢得了、失去了、争夺了或者放弃了该城及其腹地。当新奥尔良有望成为整个西半球的大都市时，它享受了一阵短暂的荣耀统治时期。这一突然崛起，在很大程度上要归功于白人移民军队驱逐跨阿巴拉契亚山脉内陆土著人的残酷效率，更要归功于黑奴从上南方被迫迁至下南方以提供即时的劳动力——美国南方奴隶制的复苏是其全球化的反常结果。正是这一点，让棉花经济在短短三十多年的时间里出现了惊人的增长。但是，奴隶制及其所引发的"无法抑制的冲突"，也决定了新奥尔良作为一个"前未来"大都市的命运。由于对其腹地政治的影响微乎其微，并致命地沉迷于棉花国王的轻松利润，新奥尔良沦为奴隶经济的不幸依赖者，奴隶经济过度自信的主人则将其推向了悬崖。

蒙特利尔也是地缘政治红利的受益者，但是这种红利持续的时间要长得多。一旦早期在五大湖以南建立影响深远的商业的希望破灭，自身西北部的毛皮贸易也逐渐消失，蒙特利尔就只剩下一个适度的商业帝国，其中大部分是无人定居的荒野。现在安大略省的南部逐渐有人定居，自身的河流通道也得以大大改善，这让蒙特利尔成为约有三四百万人口的殖民地经济中心——但也使其不断受到强大的南部邻国贪婪触角的威胁。到了19世纪末，蒙特利尔的非凡发展其实是对三个政治事实的致敬。第一个事实是1867年加拿大邦联的实现。第二个事实是，加拿大从哈得孙湾公司手中收购了五大湖以西的内陆帝国。第三个事实是，加拿大作为一个自治殖民地（其自治权由英国海权保障），在"国家政策"的关税墙后面保护其工业和昂贵铁路系统的能力。就加拿大而言，全球化是通过一张经济防御和帝国关系之网过滤出来的。这些共同保护了蒙特利尔的工业基地，帮助为其铁路融资，并让圣詹姆斯街享有连接伦敦金融城的特权。

在通往北美洲的所有门户中，纽约在地理上是最受青睐的。一旦移民势力征服了中西部，而伊利运河为纽约提供了一条通往俄亥俄河谷及其他地区的水上干道，纽约港的崛起就势不可挡。然而，正是纽约（乍一看）不太可能充当棉花贸易——美国整个世纪的主要出口——的金融枢纽这一角色，才让纽约首次发家致富，并巩固了其成为金融和商业大都市的诉求。利用了华尔街可以调动的资本和专业知识的美国铁路网的巨大扩张，证实了纽约在19世纪下半叶的非凡统治地位。纽约成为美国工业日益组织起来而形成的大公司的总部。

纽约因此扮演着双重角色。纽约是美国通往世界其他地区的大门。到了1910年，纽约庞大的跨大西洋运输使其成为世界上最繁忙的港口。它是数百万移民通过纽约港的埃利斯岛踏上美国土地的入境点。纽约庞大的意大利人、德意志（德国）人、犹太人、非裔美国人和加勒比海人社区，使其成为著名的国际化城市。但是，作为一个主要的工业中心和"公司美国"的首都，纽约也坚定地致力于关税保护，而这是围绕美国工业经济的长城。渴望渗透他人的市场，决心保护自己的市场，纽约一直忠实于这种"半全球化"，直到第二次世界大战赋予该市意想不到的工业和金融霸权。正是在那时，真正开放的全球经济的吸引力变得不可抗拒。

第六章

# 英国对印度沿海的统治

印度对蒸汽全球化的回应，必然迥异于北美洲。在1870年代和苏伊士运河开通之前，印度仍然需要等六个月的时间才能收到来自欧洲的海运大宗商品（从19世纪初开始，邮件和乘客就通过埃及和红海运输）。在北美洲的铁路时代到来二十年后，印度的铁路时代才姗姗来迟，而建成后的印度铁路网既没有那么密集，也没有那么广泛。1900年，美国的铁路里程约为印度的八倍。在新的商业方向上扭转印度农业经济——这是北美洲"经济奇迹"的核心特征——的范围受到了更多的限制。除了少数加工靛蓝和（后来）种植茶树的英国种植园主外，本地居民仍然占领着这片土地。没有奴隶劳动力来创造在美国南方腹地兴起的"快速的"商品生产经济。印度也无法指望在保护性关税壁垒背后的北美模式下实现工业化。伦敦不敢坚持在英国的定居殖民地实施自由贸易，因为到了19世纪中叶，这些殖民地的地方自治已经成为准则，比如在美利坚合众国，它几乎不可能这样做。但是，在成为兰开夏郡最大纺织品市场的印度，则没有这样的疑虑。对外国投资来说，印度也不像北美洲那样具有吸引力：事实上，外国资本（其中大部分用于修建铁路）通常只有在殖民政权即印度政府的慷慨担保下才会流入，而这个殖民政权是由纳税的农民来买单的。实际上，外界主要希望印度的殖民政府而非私营企业，让印度经济向新的全球贸易"开放"。

在这些差异的背后，是印度历史上更深层次的对比。在1800年之前的约五个世纪里，印度一直是世界工厂。印度的高质量纺织品在欧洲、非洲和亚洲都有很大的需求，而且贸易非常广泛。就像中国，印度的经济命运饱受西方工业化引发的"大分流"[1]之苦，而西方工业化复制了亚洲的纺织品和陶瓷，不过成本只有亚洲的十分之一。就印度来说，席卷次大陆的政治革命加剧了这些影响。到了1750年代后期，英国东印度公司已经变成一支军事力量。在1757年之后的一个世纪里，它的"公司统治"是一个征服的状态。通过系统地肢解印度主要土邦及其君主宫廷，东印度公司削减了当地对印度高价值纺织品的需求，而兰开夏郡则进入了印度先前的外国市场。与此同时，通过提高税收来支付军队和战争的费用，公司的"税收攻势"降低了乡村精英阶层的收入。结果出现了从1820年代到1840年代的长期经济萧条，以及对被迫回归农业的纺织工人和工匠的"去城市化"效应。[2]东印度公司的无情扩张所引发的爆炸性事件——1857年印度民族大起义——摧毁了该公司，并施加了一种更谨慎的统治。不过，这恰逢印度也逐渐融入了新的全球经济（以与过去截然不同的方式），其贸易量也出现了巨大的绝对增长：1913年的出口额是1834年的二十五倍，而进口额是1834年的三十多倍。[3]

不足为奇的是，殖民统治对印度的影响一直主导着印度历史的书写方式。殖民政权的征服、巩固和解体的历史，以及外国统治对一个以农业为主的社会的影响，都不可避免地会被赋予一种强烈的陆地偏向。虽然印度也存在外部和海运联系的另一段历史，但在很大程度上是局限于1750年之前的前殖民时代。然而，英国对印度的统治既是一种陆上的统治，也是一种海上的统治。与印度次大陆之前的征服者不同，英国人是通过海路到达印度的。他们的桥头堡是港口和沿海贸易

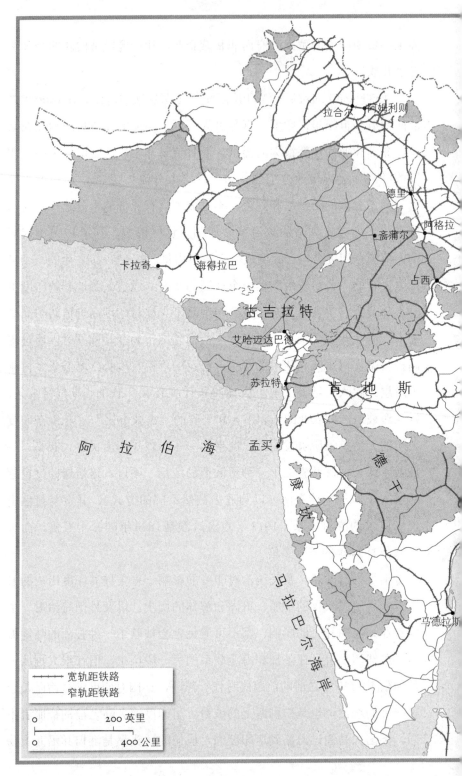

约1920年的印度，阴影部分为土邦（跨页）

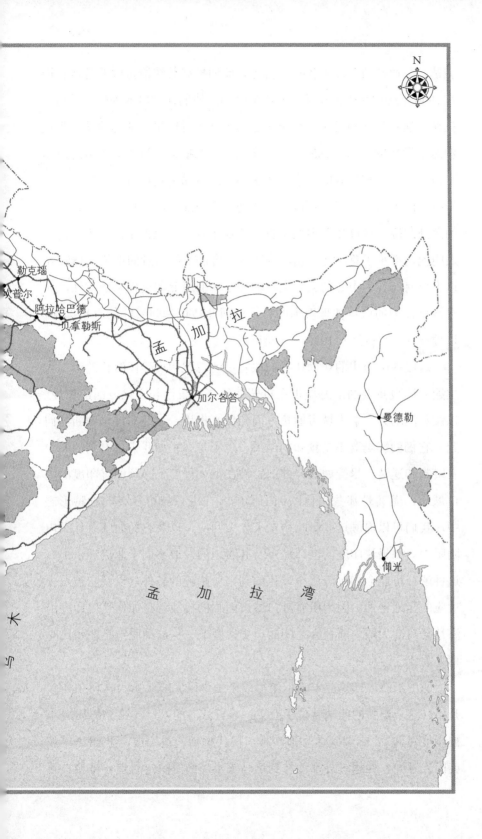

N

勒克瑙
坎普尔
阿拉哈巴德
贝拿勒斯

孟　加　拉

加尔各答

曼德勒

仰光

孟　加　拉　湾

城镇。马德拉斯、加尔各答和孟买是他们扩展其统治范围的基地；而在1946年这种统治正在瓦解的绝望时刻，他们计划撤退到的正是马德拉斯、加尔各答和孟买。在历史上的大部分时间里，他们的统治都依赖海上增援的人力（1857年更是如此），依靠支付其外部成本的商品出口，以及依赖伦敦的主子所要求的海上贸易的自由进入。然而，随着时间的推移，英国人将自己重塑为一个内陆帝国，似乎在否认自己的海外起源。1911年，他们将首都从加尔各答迁至德里，似乎是为了表明他们继承了莫卧儿王朝作为印度（合法）统治者的地位。1857年以上恒河河谷为中心的大起义，加强了他们对北印度内陆的关注，而对沙皇计划的偏执性恐惧则助长了对西北边境和阿富汗的军事痴迷，这种痴迷一直持续到1930年代及以后。

这段内陆历史的戏剧让我们很容易就忽视印度殖民时代的第二大主题：印度重要的沿海城市在重塑其经济、政治和文化方面的作用，以及蒸汽动力在扩大城市触角方面的核心作用。这并非过早判断的问题：它们的影响既不是预知的结果，也不是（正如我们将看到的）没有限制和逆转。尽管如此，外部影响在很大程度上必须通过印度的港口城市，尤其是那些来自欧洲的影响。在港口城市社会的独特形态中，我们可以追溯这些影响引发了什么回应，以及它们面临着什么内陆阻力。如果说印度的港口城市及其腹地的发展不同于北美洲，那么这种解释可能会揭示蒸汽全球化的到来所依赖的条件，以及它被迫去适应的当地条件。因为所有港口城市面临的挑战都是如何克服印度沿海社会与次大陆内陆社会之间的历史性脱节——这种脱节早在殖民时期之前就已经存在。[4]

印度沿海以斯里兰卡为枢纽形成了一个巨大的双弧。自1830年代开始，这一双弧的西端就位于亚丁，靠近红海的入口（亚丁在1839年被印度吞并）；东端到达丹那沙林，现代缅甸的最南端，于1826年被英国人吞并，并越过丹那沙林到达马来半岛的海峡定居点：槟城、新加坡、马六甲和威尔斯利省，由加尔各答一直统治到1867年。几个世纪以来，印度人一直穿越阿拉伯海和孟加拉湾进行贸易。但是在印度洋，英国治下的和平及其在印度洋沿岸的收购、吞并和干预范围，开启了与印度联系的新阶段。作为英国的臣民，印度商人在阿曼、波斯湾和东非海岸的旅行和贸易更加自由。在1820年代、1850年代和1880年代，马德拉斯的切蒂亚\*跟随英国军队进入缅甸，并提供资金帮助将广阔的伊洛瓦底江三角洲变成了一个水稻产区。[5]在斯里兰卡、马来亚、斐济、毛里求斯、纳塔尔、特立尼达和英属圭亚那，印度契约劳工和其他劳工移民为咖啡、茶叶、蔗糖和橡胶等种植园经济提供了劳动力，并为修建东非铁路提供了"苦力"。结果形成了一个巨大的势力范围，其中，印度的影响力不仅是外交和军事上的（英属印度军队的行动领域），而且包括商业、文化和人口上的。在印度商人长期活跃其中的西印度洋，英国的海上力量和廉价的制造业提供了更好的保护和更多的商业优势。印度的商业企业几乎是至高无上的。[6]"沿着非洲及其群岛约六千英里的海岸线，以及在亚洲几乎相同的范围，"1873年，巴特尔·弗里尔爵士（前孟买总督）评论道，

> 印度贸易商即使不是垄断者，也是商界最有影响力、最持久、最无所不在的要素。我猜从德拉戈阿湾到库拉奇（今卡拉奇）的整个海岸至少有六个港口……在这些港口，作为一个整体的印度贸易商比其他任何阶层的人都更有能力买卖货物，在大多数重要港口，货物只能通过他们出售或收集……[7]

到了19世纪中叶，印度洋的两大狭长港湾仅仅受到英国海上力量的轻微监管。长期以来一直沦为政府邮差的印度海军，于1863年

---

\* 切蒂亚，印度的一个细分种姓，在历史上是一个从事银行业的商会。

被收编。1869年至1870年，英国皇家海军的东印度群岛基地（1864年与中国基地分离）只由八九艘船只巡逻，其中两艘被海军部勉强投入了波斯湾。[8]但在商业上，整个海洋愈发成为英国的财产。苏伊士运河的开凿预示着汽船作为东方海上货物运输工具时代的到来。孟买、加尔各答和马德拉斯的航运吨位增长了近六十倍，从1798年的十万吨增至1914年的六百多万吨，[9]其中大部分是英国的，且大部分是蒸汽运输。独桅帆船贸易凭借成本和便利得以幸存，但并不是在孟买一度经常看到的来自阿曼的大型帆船。斯里兰卡的科伦坡成为亚洲重要的煤仓，也是世界上最繁忙的港口之一。东行或西行，服务于中国、东南亚、澳大利亚和孟加拉湾的汽船都来这里加煤。从缅甸的毛淡棉到信德省的卡拉奇，再到波斯湾、东非、澳大利亚、东南亚和中国，1862年成立的英属印度蒸汽航运公司的触角一直延伸到印度海岸线，并得到印度政府的大力补贴。到了1873年，该公司拥有三十多艘船只；二十年后拥有将近九十艘船只。[10]苏伊士运河开通后，该公司也开始向英国提供"回国"服务。对大多数英国船只，尤其是庞大的杂货船船队来说，印度是其整个东部贸易的枢纽——因为在出口环节，英国的煤炭可以在印度西海岸获利出售。[11]尽管如此，印度港口的大部分贸易只是与英国和欧洲间接相连：东非和波斯湾的象牙和椰枣，缅甸的大米和木材，从印度到东南亚和中国的鸦片。印度是亚洲和欧洲的贸易与同样快速增长的旧日亚洲内部贸易的交会点。

因此，印度的港口城市俯瞰着广阔的沿海腹地，也俯瞰着身后的农业世界。这些城市的海运联系将其吸引到东亚、非洲以及欧洲。不过，这些城市也是帝国政权的受益者——甚至可能是帝国政权的产物，而该帝国政权在南亚历史上是独一无二的，既控制着向海的水道，又控制着次大陆的内部。这些城市构成了这一怎样的前景，我们将在下文进行探讨。

## 孟买：西部的门户

在蒸汽时代的早期，从伦敦到孟买的旅程（客运）远比先前四到五个月的绕过好望角的航行要快，但按照今日的标准，仍然是艰难而缓慢的。在1840年代中期，旅客将乘坐火车离开伦敦前往南安普顿。在那里，他（大多数乘客是男性）将登上一艘开往里斯本和马耳他的半岛和东方蒸汽航运公司（熟悉的"P&O"标志）的班轮汽船，如果天气不佳，将进行为期两周的旅行。在马耳他，他将转乘另一艘半岛和东方蒸汽航运公司的汽船，继续前往亚历山大，航程为期六天，亚历山大则已经因为埃及的棉花出口而蓬勃发展。下一个阶段是乘船沿着马哈茂迪运河而上，前往尼罗河。乘坐汽船，二十四个小时就能到达开罗，而乘坐帆船可能需要几天的时间。从开罗到地峡南端的苏伊士（一位不满的游客写道，这是"一个特别肮脏的小镇"），旅客在八十五英里的旅程中共用一辆马拉的"厢式客车"，途中会遇见运送煤炭到港口的骆驼。在那里，他登上了一艘运送邮件和乘客的汽船，这是"印度的浮动碎片"：英国船长和工程师，一名阿拉伯领航员，来自果阿的讲葡萄牙语的乘务员，充当锅炉工的穆斯林或低种姓的印度教徒，以及在五十多摄氏度高温下工作的非洲"修煤工"（司炉工）。如果旅客在一个多月内非常幸运的话，九至十天可到亚丁，再过十天可到孟买，由此完成这段旅程；如果不够幸运的话，历时则近两个月。[12]

1830年代和1840年代的孟买是一座繁荣的港口城市，人口从1833年的二十万左右增至1849年的五十多万。[13]孟买并非总是如此。尽管孟买拥有印度西海岸的最佳港口，但对15世纪晚期抵达印度的葡萄牙人或一百年后追随他们的英格兰人来说，孟买几乎没有吸引力。当时，再往北约一百五十英里的坎贝湾的苏拉特，吸引着亚洲和欧洲

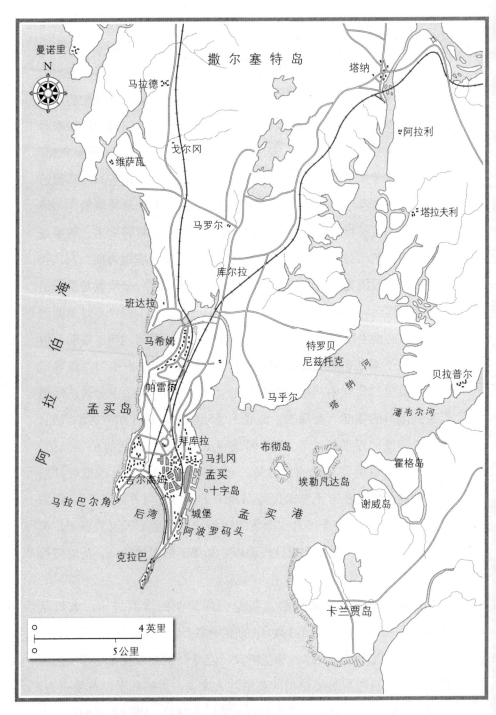

孟买

商人购买古吉拉特和卡提阿瓦半岛的纺织品。孟买岛与内陆被陡峭的海拔三千米高的西高止山脉所隔绝，它只是位于勃生的葡萄牙小基地的前哨。1661年，出于一些不为人知的原因，孟买岛被送给了查理二世，作为他的葡萄牙新娘的嫁妆之一。因为这份礼物毫无用处，1668年，他将其交给了东印度公司，获得了封建土地使用权和胡椒租金。对东印度公司来说，孟买亦无多少用处，除了作为防御欧洲竞争对手或印度"东道主"袭击的据点。即便如此，孟买的价值还是有限的。1689年，该镇被"西迪"——莫卧儿王朝随心所欲的海军指挥官——洗劫一空，并不断受到安格里亚的威胁，而安格里亚是德干内陆崛起的势力马拉地帝国的世袭"大元帅"。随着1756年安格里亚的最终失败，孟买得以不再受到海军的攻击。不过，孟买仍然是东印度公司一个不稳定的前哨，而公司的商业利益和军事野心目前主要集中在东海岸和孟加拉。随着东印度公司征服和战争的成本在1780年代和1790年代急剧上升，孟买的负担对公司的财务压力越来越大，而孟买从孟加拉获得了大量补贴，对英国的出口却少之又少。对加尔各答一位脾气暴躁的新任领地总督来说，最好的解决方案是砍掉总督和城堡这一头重脚轻的机构，把孟买变成一个次要的"商站"，让一名公司雇员驻扎于此。[14]

命运的奇妙转折改变了孟买的命运。1790年代，印度与法国重燃战火，由于担心法国与印度最强大的军事力量迈索尔人和马拉地人之间的阴谋，西印度洋连同孟买的战略重要性得到了提升。与此同时，东印度公司的利润开始依赖与中国的茶叶贸易，而印度商品，尤其是原棉和鸦片，为其提供了重要交换物。由于其中一些可能来自孟买，伦敦坚持要求东印度公司在那里的基地火力全开。东印度公司与马拉地帝国的斗争则给予了进一步的激励。孟买商人帮助资助了对该城东北部肥沃的古吉拉特马拉地封地的袭击。孟买所获奖励，是被授予该封地一些最富裕地区的收入。孟买一举获得了腹地和扩大腹地的手段。事实上，到了1818年，孟买岛统治了古吉拉特、卡提阿瓦、其南部沿海平原（康坎）和德干内陆高原的大部分地区。孟买由此不仅是一座港口城市，还是一个拥有一支陆军可供调遣的陆上大帝国的首都。

然而，直到1800年后，孟买才取代苏拉特成为印度西海岸首屈一指的商业和金融中心。[15]孟买新地位的背后，是东印度公司的海军和外交力量以及商业的造诣。在几支地方海上势力——不出所料被东印度公司谴责为"海盗"——试图对商船征收自己的通行证和通行费时，东印度公司的孟买海运公司（约有二十艘武装巡洋舰）作为海岸船只"通行证"的供应商，强制执行了东印度公司的垄断地位。在18世纪末拥有五十万人口的苏拉特城，东印度公司是莫卧儿帝国衰落的受益者。苏拉特商人愈发需要向东印度公司寻求保护，以防受到马拉地诸邦或更多地方骚乱的干扰。孟买也成为印度西部交付白银以支付出口费用的港口。东印度公司在海岸的实力不断增强，其在1800年正式吞并苏拉特，在1803年收购古吉拉特的创收区，这些都增强了这座岛屿城市对帕西人、穆斯林博赫拉人、霍加派和巴尼亚印度教徒的吸引力，扭转了其作为苏拉特商业卫星城的旧角色。

这表明，虽然孟买有一位英国总督和少数欧洲商人，虽然孟买已经成为一个范围广泛的"管辖区"的首府，但它仍是一座印度城市，而不仅仅是欧洲的一个前哨。1813年后，欧洲商人的数量有所增加，当时东印度公司对英国和印度之间的贸易垄断被废除（亚洲内部或"跨国"贸易一直是开放的）。孟买的大部分对外贸易都掌握在古吉拉特的印度商人手中，尤其是帕西人。正是他们处理了从古吉拉特冲积平原经海路运到孟买的原棉运输。印度贸易商也在孟买的第二大出口业务中占有很大份额：从远在印度中部东北方的马尔瓦贩运鸦片。

马尔瓦的鸦片是东印度公司的牵挂。早在1770年代，东印度公司就确立了对孟加拉的鸦片生产和销售的垄断地位，并在巴特那和贝拿勒斯（今瓦拉纳西）拥有自己的工厂。鸦片是运往中国的，以交换东印度公司在广州购买的茶叶。为了避开中国对鸦片进口的禁令，鸦片在加尔各答的拍卖会上被卖给私人贸易商（怡和洋行是最著名的），这些贸易商安排了鸦片在中国的分销。不过，马尔瓦的鸦片超出了东印度公司的控制范围。它通过许多路线到达西海岸，但是孟买很快就成为主要的出口中心。在禁令的尝试失败后，东印度公司在1831年勉强同意征收出口税。结果是一场利润丰厚的贸易（马尔瓦的鸦片可以比孟加拉的鸦片便宜），其中像詹姆塞特吉·吉吉博伊这种帕西人的公司（到了1840年代，怡和洋行一半的鸦片都是由他供应的）和卡玛这样的公司占据着主导地位。1830年代后期，对中国的原棉和鸦片出口主导了孟买的出口贸易，其价值是运往英国货物的两倍多——1836年至1837年为三千二百万卢比，而运往英国的货物价值为一千三百万卢比。[17] 正是从这些贸易中获得的利润，让孟买的印度商人积累了财富，从而确保了他们的社会和商业地位，以对抗英国商人和官僚的傲慢优越感。

孟买（与中国、英国和波斯湾）的贸易和人口都在快速增长。1830年代至1850年代，其商品贸易增长了四倍。[18] 孟买是印度西海岸从喀奇和卡提阿瓦到南部马拉巴尔的转口港。但是，孟买进入其背后内陆的通道仍然十分有限。1820年代后期，一条道路穿过博尔加特，提供了一条通往德干高原的更方便的路线，并且从1835年起，浦那成为炎热天气时政府的首都。然而，刚被纳入东印度公司治下的内陆地区经常动荡不安，除非因公出差，否则很少有欧洲人进入远离大城市的地区。孟买商人把目光投向了肯地斯，这个地区后来成为一个重要的棉花产区。不过，肯地斯被马拉地军队和饥荒摧毁，许多村庄被遗弃，（据一份当时的报告称）"几乎没有一个城镇名副其实"。[19] 更糟糕的是，通往肯地斯的道路穿过了比尔人控制的错综复杂的森林和山丘，而比尔人是反抗英国权威的"狂野部落"之一，甚至雇用了阿拉伯雇佣军来帮助自己。[20]商人们苦苦抱怨称，来自内陆的农产品在旅途中花了数周时间，被搁在驮牛上或缓慢移动的牛车上，暴露在风、天气和当地的掠夺之下，运输价格翻了一番，[21]他们谴责东印度公司未能投资修更好的道路。在法律和行政上，孟买城也被严格隔离。孟买城享有非常有限的地方自治（通过其太平绅士）和（更重要的）进入高等法院的机会，在高等法院中遵循英国的司法程序，由受过英国训练的法官主持，（到了1820年代）英国出庭律师很活跃。然而，正如历任总督坚持的那样，在管辖区内部高等法院没有管辖权。在管辖区，由英国官员和当地的抄写精英吉特巴万婆罗门解释的"习惯法"版本占据着主导地位。孟买的总督，就像他们后来在英属西非的同行，害怕"英格兰法"对内陆社区复杂的种姓、土地保有关系和家庭关系的影响——作为他们与当地精英契约的一部分——他们发誓要保护这些关系。[22]

如果说孟买已经成为印度西部的首要港口城市，那么在孟买商人眼中，孟买的大部分商业前景仍未兑现。尽管孟买拥有无与伦比的地位和更多人口，但是，它的出口贸易远远小于大西洋重要的棉花港口新奥尔良——约占新奥尔良贸易额的60%。[23]面对英国的竞争，甚至在蒸汽出现之前，孟买自己的航运和造船业就已经衰落。[24]在向欧洲运送货物（而非乘客）方面，孟买与加尔各答相比没有任何优势：在风和洋流统治航运的帆船时代，对这两个港口来说，从欧洲出发的航行时间是相同的。自1833年开始，被剥夺了贸易垄断权的公司统治，对商业需求漠不关心，并危险地专注于——在孟买商人看来——徒劳而代价不菲的征服战争。商人们的新闻机构《孟买时报》抱怨说，"阿富汗狂热"浪费了一百万英镑，征服信德省——"一个多病的省份"——的成本落在了孟买身上。[25]成立于1836年，拥有印度和欧洲成员的孟买商会，谴责东印度公司的出口税和其他缺点。很容易理解为何与欧洲的蒸汽交通成为孟买的痴迷所在。新成立的"孟买蒸汽委员会",就"蒸汽航运到印度"游说伦敦的特选委员会,该委员会的报告于1834年发表。但是,尽管通往苏伊士和从亚历山大至英国的蒸汽连接改变了邮件和旅行的速度和频率,可即使在1840年代,蒸汽连接能给孟买带来什么更广泛的益处也远未明了。运货的汽船在漫长的好望角路线上还不可行,而货物几乎无法通过埃及进行陆路运输。印度也未能免受席卷英国和北美洲的"铁路狂热"的影响。在1840年代初,伦敦和曼彻斯特开始酝酿印度的铁路计划。然而,在当地人看来,这种计划充其量是高度投机的。《孟买时报》宣称,印度的铁路将是"一个巨大的商业投机",[26]尤其是因为沿海山脉的可怕屏障。

事实上,正是在1850年代,孟买开始崛起,到19世纪末成为维多利亚时代的大都市,成为欧洲的"印度门户"。一个早期迹象是,孟买的原棉出口更多地转向欧洲,而非中国,这是1850年至1864年间太平天国运动带来的混乱和兰开夏郡日益增长的胃口的可能症状。平均而言,在1850年代的大部分时间里,运往英国的原棉是运往中国的三倍还多。[27]驶往利物浦的船只开始挤满孟买的港口。[28]接着,在1853年,宏伟的大印度半岛铁路铺设了从孟买到大陆城镇塔纳的第一英里铁轨。又花了八年时间,大印度半岛铁路才爬过西高止山脉这一可怕屏障,到达德干高原的浦那。之所以进展缓慢,部分是因为博尔加特山口的工程挑战,部分是因为英国承包商在地质、建筑材料或当地劳动力供应方面对印度的环境缺乏经验。[29]然而,到了1860年代中期,这条铁路已经到达肯地斯,并有望提供丰富的棉花货物。就在那一刻,孟买进入了一场巨大的棉花热潮,成为一场遥远斗争的意外受益者。当美国南方邦联的各州自行停止原棉出口(以迫使英国和法国在外交上承认自己),随后不久美国北方联邦又实施了封锁时,棉花价格飙升。孟买的棉花出口价值翻了两番,现金大量涌入,投机狂热开始了。南方邦联的崩溃与南方棉花经济的预期复苏所带来的萧条同样极端。在一系列丑闻中，萧条使孟买的主要银行破产。[30]这种短暂的繁荣也留下了更正面的遗产。商业财富和政府收入的突然激增，促进了该城雄心勃勃的公众形象重塑。"今天的孟买，在其建筑、码头和土地开垦上，"1881年，《印度的帝国地名录》评论道，"就像在这四年不健康的兴奋中开始的公共事业宏伟计划的纪念碑。"[31]孟买开始有了一座欧洲城市的外观。

的确，在19世纪余下的时间里，孟买的商业扩张几乎是持续的。随着孟买的铁路延伸至恒河河谷和旁遮普——旁遮普已成为印度的重要麦田——谷物和油籽的出口补充了孟买先前对棉花和鸦片的依赖。反过来，孟买进口了越来越多的兰开夏郡棉制品。在某种程度上，这种贸易是印度政权更迭的结果。1857年印度民族大起义给旧式"公司统治"造成了致命伤，取而代之的是一个更有力地维护伦敦控制权的体系。其中的一个结果是，印度在1882年实行了几乎完全自由的贸易。另一个结果是来自英国商业游说团体的持续压力，他们要求修建更多铁路（并分销更多英国商品）。不过最重要的是，1869年苏伊士运河开通引发的海上革命改变了孟买的前景。

孟买的英国人口长期以来一直痴迷于该城与欧洲的交通。除了乘客的流动，商业邮件和个人邮件的及时到达也触动了欧洲人的神经。自1855年开始，邮件运输一直由半岛和东方蒸汽航运公司接管，每年能从伦敦获得补贴。合同是可以续签的，每次续签都会看到孟买的主要商人发起激烈的运动，竞相给出比该公司约定的更快的时间。1874年7月，一次愤怒的集会同意向下议院请愿，并召集英国和亚洲的其他商会，反对一份允许半岛和东方蒸汽航运公司二十一天完成从伦敦到孟买之旅的合同。[32]四年后，英国商人和印度商人的一次会议要求公开竞争邮件合同，并在十六天内完成送达任务。[33]苏伊士运河的开通为邮件和乘客的运输带来了重大改善的希望，而且极大地促进了贸易。孟买现在比其劲敌加尔各答更接近北欧：苏伊士运河将通往伦敦的海路缩短了40%。此外，苏伊士运河将为印度产品在地中海国家开辟新的市场，棉花可以直接运往法国、意大利的纺织品生产商，并能通过黑海的敖德萨运往俄国的纺织品生产商。几年内，作为波斯湾、哈得拉毛和桑给巴尔的阿拉伯帆船和巴加拉帆船专属区域的西印度洋，已经成为欧洲与亚洲、澳大利亚和太平洋港口之间的主要干线。当英国的商业公司在西印度洋海岸搜寻新的贸易和客户时，印度的巴尼亚人作为西印度洋新的商业阶层得以进入。孟买成为这片广阔海域的中心，这一点要甚于以往任何时候。

秘诀是蒸汽。正是苏伊士运河让蒸汽航运在东方世界变得可行，并且不再依赖得到补贴的邮件运输。几年之内，铁制汽船已大举侵入帆船业务，正如我们早些时候看到的那样，帆船业务被迫退回到更粗糙、更慢的大宗货物领域。孟买的印度船主（尽管有英国的竞争）与东南亚和中国进行了有利可图的贸易，但他们无法与随处可见的由英国钢铁建造并燃烧英国煤炭的汽船竞争。事实上，尽管"本土工艺"得以大量幸存下来，以满足完全本地化的需要，[34]但印度与欧洲和亚洲的对外贸易，印度向东和向西的客运服务，甚至沿海的邮件和货运贸易，几乎完全集中在英国人拥有的公司。到了1880年代，印度政府青睐的大型企业集团英属印度公司，为孟加拉湾和西印度洋周围的不少于九十七个港口提供定期服务，并将其网络扩展至澳大利亚。对孟买来说，最大的奖励就是成为欧洲通往印度的主要入境口岸。1871年后，如果愿意的话，到达孟买的旅客现在可以乘火车穿越印度前往加尔各答。1872年《印度时报》大肆宣扬，"孟买"正"成为东部邮政系统的中心"，[35]是欧洲新闻和报纸的首个停靠港。该港口于1873年由港务局管理。"新的'王子码头'于1880年开业，而1887年竣工的大印度半岛铁路的宏伟的'盛期哥特式'维多利亚火车站，象征着孟买对'蒸汽现代性'的热情拥抱。"

苏伊士运河可能给孟买带来了一场海上革命，但加上铁路与1864

年后连接孟买和欧洲的电报（起初缓慢而昂贵），它也带来了一场商业革命。《印度时报》评论说，旧的公司现在"就像前膛枪一样多余"。[36] "电报、旅行的增加，苏伊士运河的开通和水上运输的普遍改善，彻底改变了贸易，减少了利润，让世界市场更加紧密地联系在一起，并且以英国为中心，彼处的价格规定着此地的价格……"[37] 随着孟买的棉花业务向西发展，航行时间缩短，通信速度加快，旧的贸易方式遭到废弃。孟买商人购买当地棉花并将其"委托"给利物浦，或在那里代销，已经不再那么常见。欧洲买家愈发直接向孟买商人下订单，后者提供所要求数量的棉花，而且必须达到原棉等级的"利物浦标准"。[38] 铁路公司坚持要求将棉花压成紧密包装的大捆，以节省运输空间。所有这些变化都有利于孟买的欧洲公司，"国内"的买家更愿意与他们交易，而他们有能力支付铁路终点站蒸汽压机的费用。印度公司愈发将自己的业务限制在中国，或者转而为印度国内市场生产棉纱或棉布，其中许多公司在1866年至1867年的"萧条"中毁于一旦。[39] 1870年代，棉纺厂在孟买周围如雨后春笋般涌现，主要由包括塔塔集团在内的印度公司管理或拥有，而塔塔集团很快成为印度重要的商业王朝之一。就像其他地方的港口城市，孟买开始从一座依赖贸易的城市转变为一座着眼于国内市场的工业城市，并从四面八方招募劳动力。

在19世纪下半叶，港口城市的社会也在开始发生变化。孟买长久以来一直吸引着各种不同的社区。就像之前一样，1900年，孟买的四分之三人口是在其他地方出生的。1901年，"欧洲人"社区（在印度，包括英国人在内的所有白人都被称作"欧洲人"）都不到一万一千人，是最小的社区之一。"欧洲人"社区包括供职于秘书处的官员和少数专业人士——医生、律师、教师和记者。有一支小规模的驻军，驻军军官在欧洲社会备受追捧。两家铁路公司雇用了欧洲经理和工程师，在半岛和东方蒸汽航运公司及英属印度航运公司的员工中，以及在航运机构和不断扩大的码头中，都可以找到欧洲人。最富有的，可能是那些最重要的"代理公司"中的人，他们管理棉花贸易和其他一系列成长起来为大型城市综合体服务的企业。也有一些过客，如水手、被英国军团除名的军人或旅行的艺人。其中一些人被当作流浪汉关进了欧洲劳教所：1874年，劳教所的囚犯包括一名音乐家和一名马戏团小丑。[40]欧洲商界精英统治着商会，但并没有垄断商会。在孟买，没有正式的居住隔离，许多欧洲人发现自己住在帕西人拥有的房屋中。

然而，欧洲人是"候鸟"。他们经常来来去去休假，或者因为身体抱恙而被迫回国。很少有人期望在职业生涯或合同期满后留下来。事实上，对一些人来说，与怀旧的错觉相反，"从船尾看到的是印度最好的景色"。当一位欧洲商人退休时，他会卖掉自己的合伙企业，来到切尔特纳姆、坦布里奇韦尔斯或贝德福德，或"老印度通"青睐的消磨时光的其他地方。臭名昭著的是，很少有欧洲儿童被允许在印度长大，以免他们受到气候的影响或习得不良口音，而且欧洲人口主要是男性。在这两方面，他们都不同于帕西人。帕西人和欧洲人一样是少数民族，1901年在接近一百万的人口中他们的人数不到五万。作为琐罗亚斯德教徒，他们在中世纪时期从伊朗迁至古吉拉特。他们最初是工匠，后来进入了贸易和航运领域，成为东印度公司青睐的代理人。他们是早期在孟买定居的商人和造船者。孟买城变成他们的故乡。他们很快成为英国贸易和统治不可或缺的一员，而最重要的帕西商人受到尊重和荣誉奖励。首个被封为爵士的印度人就是帕西人——詹姆塞特吉·吉吉博伊。[41]总督们不遗余力地对他们的成就大加赞扬。一位总督慷慨陈词，称"你们帕西人……拥有亚洲最蓝的血液"，[42]帕西人的回应是确认忠于"同英国的联系"。在1902年爱德华七世的加冕典礼上，帕西显贵被安排在特殊的位置。[43]

然而，不应该认为他们是其帝国主人的不加批判的仆人。不尊重他们的仪式可能会引发激烈的反应。[44]就像其他与欧洲人打交道的亚洲人社区，帕西人采用了一种混合的着装模式，保持了独特的外表。他们的商业财富大量用于教育和慈善事业，旨在加强帕西人的宗教团结。1909年，在珀蒂诉吉吉拜一案中，他们（从孟买高等法院）获得了一项裁决，即任何人都不能改身份为帕西人，帕西人现在是法律上的**种族**身份。[45]他们非但没有仅把自己看作印度人，反而回过头来看伊朗，热切地欢迎伊朗领事，并以一定的代价说服沙阿解除了对"国内"宗教弟兄的限制。[46]"波斯琐罗亚斯德教改良协会"的成立，是为了教育伊朗的帕西人并修缮他们的礼拜场所。[47]正如非洲-亚洲港口城市常有的情况，它们的前景是复杂的。孟买富有且受过良好教育的商业巨子，对位于统治核心的种族排斥感到不满。"印度民族主义之父"达达拜·瑙罗吉是帕西人。一位英国官员可能会嘲笑帕西人"对印度人民来说就像英国人一样陌生。他们对本地人的同情确实不及其对英国人的同情"。[48]不过，1885年带头组建印度国民大会党的人士之中就有帕西人。

孟买也是一个犹太人小社区的家园（1901年约有五千人），其中最著名的是沙逊家族，甚至是规模更小的亚美尼亚人社区的家园。不过，印度教教徒和穆斯林构成了最大多数。穆斯林占该城人口的20%左右，而孟买除了其他方面，也是一个重要的穆斯林中心。穆斯林又分为许多不同的教派，他们信奉不同版本的伊斯兰教，住在不同的社区中，在不同的清真寺祈祷，并采用不同风格的服装和发型。[49]其中最著名的是哈得拉毛阿拉伯人，他们在印度西部作为商人活跃了几个世纪；博赫拉人，其中一些人声称拥有埃及或也门的血统，践行什叶派信仰；米蒙派，一个遍布印度洋的贸易阶层，被认为是孟买的主要财产所有者；霍加派（或伊斯玛仪派），他们最初是来自伊朗的难民，其部分呈现欧洲风格的服装和短发让他们很难与帕西人区分开来。霍加派效忠于世袭酋长阿迦汗（并向他支付什一税），他于1840年从伊朗迁至印度，1848年搬到孟买，并占据了一座宏伟的宫殿。还有来自埃塞俄比亚和东非海岸的奴隶和水手的非裔印度人后裔西迪人，他们为孟买不断增长的汽船船队提供了大部分劳动力。一座特殊的造船厂神龛为他们而建。

一如对于帕西人，对富裕的穆斯林商人来说，社会声望的关键在于献身慈善之举，即通过建造神殿和支持宗教学校来"提升"他们的宗教学者。与伊朗、波斯湾和东非海岸沿岸的宗教关系，加强了孟买的海洋腹地西向的吸引力。成千上万的朝圣者在前往麦加的途中经过孟买——随着轮船降低了前往吉达的费用，人数越来越多。出版约五十家印度语报纸的孟买印刷业，推出了大量阿拉伯语、乌尔都语和波斯语书籍，以及乌尔都语、古吉拉特语、泰米尔语、马来语和斯瓦希里语伊斯兰文本。[50]对西印度洋及其之外的穆斯林来说，孟买是一座伊斯兰大都市。

然而，如果计算数字的话，孟买是一个压倒性的印度教城市，在19世纪末，印度教教徒约占人口的三分之二。来自古吉拉特的巴尼亚人是其商人精英的一部分，印度教教徒、穆斯林和帕西人广泛使用古吉拉特语。这座城市及其不断发展的加工业的大部分苦役，都是由来自孟买南部贫困沿海平原康坎的移民完成的。孟买一通过铁路与德干高原相连，就吸引了许许多多马拉地移民，他们逃离了高原上的贫困乡村和频繁的饥荒。不太受宗教禁令限制的识字的马拉地人，比穆斯林更容易接受西式学校教育和1857年成立的孟买大学提供的学位。他们更有可能受雇于公共服务部门或担任教师和记者。但是，孟买的马拉地人比帕西人或穆斯林更不可能视该城为自己的文化家园。得到其他马拉地人尊重的抄写精英吉特巴万婆罗门，回过头来看向马拉地帝国的故都浦那。"浦那，"1886年的《印度时报》评论道，"是管辖区政治生活和知识生活的核心和大脑……是印度为数不多的几个民族精神幸存于世的地方之一。"[51]到了19世纪晚期，浦那已经成为马拉地觉醒的文化、宗教和政治中心，成为那些支持与英国密切合作以（一步一步）扩大印度人在政府中份额的人（英国人称其为"温和派"）和他们的对手（"极端主义者"）之间的战场，比如巴尔·甘加达尔·蒂拉克，他通过呼吁宗教复兴来动员乡村群众。[52]

到了19世纪和20世纪之交，孟买确立为世界上最重要的港口之一。孟买吸引了比加尔各答更多的汽船运输，并处理了更多的进口（加尔各答保持着出口领先地位）。对许多西方游客来说，孟买不仅是通往印度的门户，而且是通往亚洲的门户——因为印度通常是人们前往东南亚或中国的第一站。前往欧洲的乘客可以选择六家以上提供定期服务的航运公司，包括半岛和东方蒸汽航运公司、奥地利人劳埃德航运公司、意大利鲁巴蒂诺航运公司、通往马赛的克兰航运公司、安科航运公司、鲍尔航运公司和英属印度航运公司。来往麦加的朝圣者络绎不绝，欧洲人来来去去休假（《印度时报》仔细记录了他们的动向），以及将英国部队的正规军特遣队带到印度的运兵船，以保持自1857年印度民族大起义以来就维持的七万人的驻军（在当地募集的、英国人担任军官的"印度陆军"中，严格维持一名英国士兵对两名印度士兵的比例）。服务孟买的是该城的两大铁路公司，即大印度半岛铁路公司与孟买、巴罗达和印度中部铁路公司，二者让孟买得以与印度的大多数主要城市相连。作为一个金融中心，孟买仍然仅次于加尔各答；作为一座工业城市，孟买自豪地成为亚洲最大的棉纺织品生产地，几乎垄断了中国市场。[53]

与许许多多的港口城市一样，孟买也有黑暗的一面。孟买的快速增长意味着该城大部分人口都是新移民。穷人的生活条件骇人听闻，他们的生活水平非但没有提高，反而在19世纪末急剧下降，因为工资（已经很低）停滞不前，而生活成本却在上升。[54]80%左右的人口居住在单间公寓里，1901年记录的一个案例是，一个单间公寓里住着五十四人。孟买的沼泽、积水和强降雨让情况变得更加糟糕。巨大的粪池司空见惯。城市大部分地区都没有排水沟，所以垃圾在街道上流动。这些问题大多在1860年代中期就已经显露无疑。[55]在城市北部的工业区，大部分人口居住在臭名昭著的棚屋中，在棚屋中有一条三英尺宽的通道（实际上是一条开放式排水沟），借此得以进入人满为患的黑暗而无窗的隔间。[56]1925年，有人指出，"孟买拥有婴儿死亡率可能是世界上最高这一特点：每1 000名婴儿中有667人死亡"。[57]事实上，1896年之后，孟买多次遭受腺鼠疫的侵袭，死亡率急剧上升，死亡人数远高于包括加尔各答在内的其他亚洲城市。[58]大部分人口逃离了该城，英国当局强行进入住宅，将瘟疫病例转移到城外的营地，对棚屋进行熏蒸，并（在某些情况下）将住宅夷为平地，由此带来激烈的抵抗。孟买本身就俯瞰着被饥荒席卷的内陆乡村，在19世纪后半叶，饥荒让该省的总体人口增长率降至接近零的水平。虽然该城是许多不同种族和宗教社区的家园，但是正如我们所见，它不是一个熔炉。事实上，随着帕西人和穆斯林之间的摩擦，以及到1890年代印度教教徒和穆斯林之间的暴力事件，社区紧张局势似乎在加剧。1893年，三天的社区暴乱造成八十一人死亡，七百多人受伤。[59]

　　孟买与蒸汽现代性的独特相遇（对许多人来说是致命的拥抱）注定会限制其内陆影响力。孟买的铁路和电报将其与印度遥远的地区连接起来。该城中的印度商业舆论对英属印度中央政府（1911年之前一直在加尔各答）决定的保护和税收问题非常感兴趣。塔塔公司在印度东部的贾姆谢普尔建立了一座钢铁厂。但在许多方面，孟买仍然是一个社会、文化和政治飞地，对其地区腹地的商业影响有限。大印度半岛铁路运输的货物，约有60%来自省外。[60]尽管德干的棉花种植有所扩大，但对改善乡村的投资不多，乡村社会结构变化不大。[61]这部分是因为担心社会动荡的殖民当局严格限制了既有耕种种姓以外的土地出售。但是，大片区域距离最近的铁路太过遥远，以致无法从运输成本的下降中受益，而没有铁路的内陆城镇面临着商业衰退。[62]就社会和文化而言，孟买城是帕西人和穆斯林在一个以印度教为主的省份的家园，不过印度教教徒（正如我们所见）将德干高原或古吉拉特视为自己的家园。甚至在该城中，对西方文化的接受也是模棱两可和选择性的，更多是用来强化当地的宗教和文化身份，而非采用欧洲小社区的外来态度。[63]

在政治上，孟买的印度商界精英被英国的代议制政府思想和格莱斯顿式自由主义的精神深深吸引——尽管他们对自由贸易持保留态度。他们谴责"英国统治的非英国性"：它依赖威权主义方法，统治"种姓"——印度公务员制度——的种族排斥性，刻意拒绝授予印度代表机构对税收或行政部门的任何实际控制权。他们要求在印度中部建立"负责任的"（即议会）政府，但这是在将选举权扩大到大众之前。孟买的商业大亨也许渴望成为一个新印度国家的领军人物，但是政治算术对他们不利。孟买城的政治——没有一个单一的社区占主导地位——需要一个复杂的利益联盟，并谨慎避开地区或宗教诉求。[64]但在城市之外，这种政治在乡村社会几乎毫无吸引力，因为在乡村，宗教忠诚、种姓身份、土地税和有关土地的冲突才是农民的主要关切。不是孟买的商业巨子激发了印度大众的动员和次大陆政治的彻底变革，而是流亡的古吉拉特人圣雄甘地，他于1915年返回印度，向农民社区宣讲道德复兴的信条。[65]1918年后，印度一进入大众政治时代，孟买管辖区就成为风暴中心。然而，造就这一政治气候的不是孟买城，而是古吉拉特的乡村。[66]因为正是在那里，甘地找到了他最亲密的盟友，并运用非暴力抗议的技巧来颠覆殖民政权的合法性（和士气）。甘地的示威、游行、静坐和联合休业罢工策略很快蔓延至孟买。[67]正是古吉拉特人控制了印度国民大会党的省级分支机构。商界巨子领导人依靠着"温和派"政党流产的计划，并抵制甘地的公民不服从计划。[68]但是，他们小心翼翼地尊重甘地的道德权威。事实上，当面对孟买工厂工人罢工和动乱时，他们会求助于甘地这个不可或缺的和事佬。

就像世界的大部分地区，第一次世界大战在印度是一道分水岭。尽管孟买继续发展壮大，但印度的贸易在战后实际上停滞不前，然后从1930年开始急剧下降。在许多方面，印度已经向内转了。随着印度国民大会党开始动员乡村反对英国的统治，印度的乡村中心地带，而非港口城市，成为印度政治的焦点。宪法改革和遏制动乱主导着政府的议程。宗教身份的动员变得更加激烈，社区冲突也更加严重。孟买当地为推动一个能够调和欧洲利益与印度利益的政党所做的努力付诸东流。随着英国人对印度的控制有所弱化，他们开始削弱印度在其海上边界的影响力。亚丁和缅甸与印度分离，在英属东非宣告非洲利益至高无上。部分是为了满足印度战时的巨额支出，伦敦在1919年承认了"财政自主权"——其实是对英国商品征收关税的权利。进口税很快成为政府收入中最大的一项。到了1925年，随着制成品进口关税达到15%，印度变成一个保护主义经济体。[69]在日本竞争和1930年肇始的大萧条的压力下，兰开夏郡棉制品的往日支柱贸易土崩瓦解，让在孟买做这项生意的英国商人承受了明显的后果。孟买的原棉出口越来越多地运往日本。在两次世界大战之间的大部分时间里，孟买政府都受到在古吉拉特最为强大的甘地大众运动的围攻。作为英国权力和影响力的桥头堡，西方蒸汽现代化的动力源泉——两次世界大战之间的孟买——看起来已经接近山穷水尽。

## 加尔各答："英属印度的大都市"[70]

"在所有建立了远方定居点的欧洲民族中，"在1840年代，一位严谨的观察家评论道，"英国人一贯最不重视殖民地城市的适当选址。"[71]他指的是出了名的加尔各答有害健康的选址。加尔各答位于离公海一百英里的地方（与新奥尔良并无二致），沿着一条蜿蜒、浅滩密布的渠道，矗立在胡格利河的天然河堤上，河堤向内倾斜朝向东三英里处的沼泽地和咸水湖。在现代卫生设施出现之前，排水困难的后果不可避免，疟疾流行，死亡率居高不下。后来的加尔各答，是1690年从其扎门达尔地主手中购得的三座河边村庄。英国东印度公司选择这个位置是因为它的商业优势。在进入孙德尔本斯地区洪水泛滥的荒野之前，该地是胡格利河畔最适合居住的地方。河流的弯曲为东印度公司的船只提供了深水锚地。胡格利河当时是通往孟加拉生产力最高地区的重要干道，即是东印度公司在欧洲以巨额利润出售的贵重平纹细布和其他昂贵棉制品的来源。[72]

众所周知的是，1756年，因为与孟加拉的纳瓦布闹翻，东印度公司的事务陷入危机，而纳瓦布在上游的首都穆尔希达巴德进行统治。大多数英国人逃离了该城，除了那些被关在臭名昭著的"黑洞"里的人（人数存在争议）。但是，当罗伯特·克莱夫率领海军中队和东印度公司军队的一支特遣队从马德拉斯（当时是东印度公司在印度的主要基地）返回时，于1757年6月在普拉西击溃了纳瓦布，让大部分敌军倒向东印度公司这一边。不到八年，东印度公司就成为孟加拉事实上的统治者，并开始了向恒河河谷的征服之旅，于1803年抵达德里。由于孟加拉是印度最富有的省份，可以支持一支庞大的塞博伊军队，加尔各答不仅成为孟加拉的首府，而且从1773年起成为东印度公司在印度的总部。正是从这里，"最高政府"和领地总督指挥了让东印度公司在1820年成为次大陆大部分地区最高权力的战役。

因此，作为港口城市，加尔各答的起源与孟买截然不同。从1760年代起，加尔各答就是英国在印度的权力和事业的中心。在掠夺时代，东印度公司官员对孟加拉的贸易行使特权（和胁迫）控制时，正是在加尔各答，通过掠夺和贸易获得了巨额财富，并被所谓的"纳博布"汇到了英国。1800年后，当东印度公司开始将其商业职能与行政职能分离时，最严重的权力滥用行为得到了遏制。不过，海盗式掠夺时代留下了永久的印记。从一开始，加尔各答就吸引了比印度其他

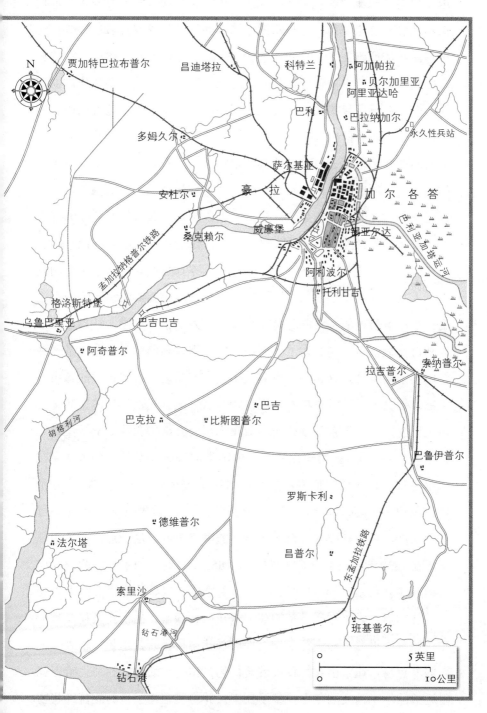

N

贾加特巴拉布普尔　　昌迪塔拉　　科特兰　　阿加帕拉

贝尔加里亚
阿里亚达哈

巴利　　巴拉纳加尔

多姆久尔　　　　　　　　　　　　　　　　　永久性兵站

萨尔基亚

安杜尔　　豪拉　　　　　　加尔各答

桑克赖尔　　威廉堡　　锡亚尔达

阿利波尔

格洛斯特堡　　　　　　　　　　托利甘吉

乌鲁巴里亚　　巴吉巴吉

阿奇普尔　　　　　　　　　　　　拉吉普尔　　索纳普尔

巴吉

巴克拉　　比斯图普尔　　　　　　　　　　　　巴鲁伊普尔

罗斯卡利

德维普尔

法尔塔　　　　　　　　　　　昌普尔

索里沙

钻石港河　　　　　　　　班基普尔

钻石港

胡格利河

孟加拉纳格普尔铁路

东孟加拉铁路

比利亚加珠尔河

5英里
10公里

加尔各答

地方更多的欧洲"自由商人"(那些非受雇于东印度公司的人，他们在亚洲境内合法交易，并与欧洲非法交易)，以及准备满足"纳博布"奢侈品味的欧洲工匠、店主，甚至仆人。[73]这里也是有欧洲军官的东印度公司军队的主要营房，是东印度公司高薪官员的主要住所。欧洲商人的商业场所聚集在东印度公司政府的办公室周围，接近市中心的河流，靠近"老堡垒"。[74]加尔各答的大部分商业生活，都是由东印度公司的文职和军事人员渴望将其薪水投资一家有利可图的企业所驱动的，在理想的情况下，这家企业可以让他们将利润送回英国。与孟买形成鲜明对比的是，正是欧洲资本(无论是怎样获得的)和欧洲商人主导着加尔各答的经济，是欧洲官员主导着加尔各答的社会生活。

进入19世纪以后，为了自己的利益，东印度公司和加尔各答的自由商人更有可能把目光投向东方，而非西方。在18世纪和19世纪之交，东印度公司的主营业务是在中国购买茶叶销往英国，结果形成了一种奇怪的三角贸易。为了支付茶叶的费用，东印度公司发现了一种要比英国纺织品或金属制品更被人接受的产品，而且比往日的备用银条更容易提供。这就是鸦片，从1770年代开始在恒河沿岸的东印度公司工厂生产。由于东印度公司不敢在广州公开出售鸦片，于是在每年1月，当冬季季风把第一批船只从中国带回来时，东印度公司就会在加尔各答的拍卖场里把成箱的鸦片球拍卖给"国家贸易商"，这些个体商承担了风险，并获得了大部分利润。[75]鸦片是加尔各答商业皇冠上的明珠，是使其成为"众殿之城"的财富来源，这一点比在孟买更甚。在1830年至1831年和1862年至1863年之间，加尔各答的鸦片出口增长了九倍多。[76]但不同于孟买，主导这一贸易的是欧洲商人。加尔各答的第二大支柱产品是靛蓝，这是一种深蓝色的植物染料，从植物的汁液中提取，并进行干燥处理成糕状出口。靛蓝也是一种"欧洲人的"贸易。通常由农民种植靛蓝作物，但是，坎普尔和阿拉哈巴德附近的欧洲"种植园主"控制了加工，并将装在箱子里的靛蓝糕状物送到加尔各答。[77]靛蓝的主要市场在欧洲，而靛蓝跟鸦片一样在加尔各答创造了商业财富。

1820年代和1830年代的加尔各答，是对这两种"神奇作物"狂热投机的地方，这是因为大多数欧洲商人旨在尽快发家，在疟疾、霍乱、痢疾、天花或斑疹伤寒肆虐之前退居英国。结果往往是不计后果过度冒险的"代理行"——控制加尔各答市场的那种商业合伙企业——它们不顾海外不确定的收入，吸收存款并向当地客户和种植园主大量放贷。1830年，首屈一指的代理行约翰·帕尔默公司因靛蓝价格下跌而倒闭，不到三年，其他所有代理行都破产了，给那些在这些机构存款的人（通常是欧洲人）带来了巨大的损失。[78]新的代理行出现了，而在1840年代后期，在更稳定的条件（也许还有更明智的管理）占据上风之前，又出现一次破产潮。但是，这两场灾难留下了持久的遗产。在1830年代之前，代理行愈发聚焦于富有的印度人来扩大自己的资本，一些孟加拉商人也加入了合伙企业。一家名叫卡尔泰戈尔的公司，是一位欧洲商人和该城重要的孟加拉家族成员德瓦尔加纳特·泰戈尔的合资企业。两场商业灾难足以劝阻加尔各答的孟加拉精英再次将自己的财富托付给欧洲商人，这是有着重要社会后果的幻灭。

加尔各答希望成为一座重要的商业大都市，即恒河河谷的新奥尔良，这取决于它通过与恒河相连的胡格利河和巴吉拉蒂河进入北印度获取其农产品的机会。但是，不像新奥尔良，加尔各答的河流网络远远称不上可靠。在一年的大部分时间里，当水位较低时，从巴特那、阿拉哈巴德、坎普尔或米尔扎布尔（"北印度的大集市"）顺流而下是不可行的，除非将船只改道至加尔各答东部，然后穿过孙德尔本斯，距离增加一倍多。从米尔扎布尔乘船将货物运至加尔各答需要长达三个月的时间，[79]而且货舱往往无法使用。汽船亦无多大帮助，因为河流往往太浅，汽船无法安全巡航。结果，内河运输的成本（包括保险）、延误和损失大大削弱了印度的食糖和棉花的竞争力，并限制了通过加尔各答进口的货物的市场。陆上运输成本更高，也更缓慢，因恶劣天气造成的损失更大。（一个抱怨点是，驮牛会吃掉它们背上驮着的原棉。）

从1840年代初开始，就出现一场艰苦的铁路建设运动。1849年，这场运动赢得了领地总督达尔豪斯勋爵的支持，而东印度公司（对成本感到紧张）做出了让步。一条长约一百五十英里的"试验铁路"获准，并于1855年开通。这条铁路将加尔各答与布德万周围的煤田连接起来，但是距离到达恒河还差得很远。在1857年大起义的冲击下，一种新的紧迫感出现，到了1865年，东印度铁路已经到达距离加尔各答一千英里的德里，让北印度向加尔各答的贸易开放。[80]铁路重塑了加尔各答的商业联系。鸦片（像靛蓝一样）仍然非常重要，[81]但加尔各答商人现在更倾向于朝西面向欧洲，而非朝东面向中国。然后，从1860年代开始，黄麻——鸦片初级产品需装在其中运输的无处不在的"麻袋"的原材料——以及英国消费者的茶叶（逐渐脱离中国的品种），[82]与棉花和靛蓝一起成为支柱出口产品。到了1900年至1901年，生黄麻和人造黄麻以及茶叶占印度出口价值的25%以上。[83]但在很大程度上，这些新行业和旧行业一样，仍然掌握在加尔各答的英国公司手中。

大部分解释可以在所谓的"经理行"体系中找到。老的"代理行"充当着靛蓝作物种植商的贸易商和代理商，并从当地（主要是欧洲的）储户那里收取存款。经理行也从事进出口业务，吸收当地的储蓄并充当着代理商。不过，经理行的典型职能是提供管理服务，为加尔各答北部和东部地区的黄麻加工、茶叶种植和煤矿开采等众多主要由欧洲人所有的企业，以及服务于加尔各答的内部贸易及其航运、运输和保险的大量附属公司。在克莱夫街设有办事处的重要经理行是（加尔各答）世界的主人。它们的合作伙伴是连孟加拉政府尊贵的官员都不敢忽视的要人。它们主导着商会（与孟买商会不同，成员都是欧洲人的公司）和加尔各答贸易协会——主要的商业游说团体。一家首屈一指的机构——麦金农麦肯齐——为威廉·麦金农创立的英属印度航运公司提供管理服务，而其影响力遍及印度洋。[85] 最重要的是，赋予经理行商业权力的，是其从英国吸引资本在印度投资的能力——这种能力建立在对它们在伦敦的声誉的谨慎管理之上。它们是印度新的企业计划和国内紧张的（信息不足的）投资者之间的关键中介。[86] 它们与有担保的铁路公司一道，是英国在印度私人投资的关键。它们象征着次大陆的商业生活到了19世纪晚期出现了奇怪的分歧，其中印度资本和企业集中在印度国内市场，英国资本和企业几乎完全局限于运输和出口部门，而管理权依旧牢牢掌握在英国人的手中。事实上，在第一次世界大战前夕，据估计，英国在印度60%的投资是在加尔各答，或通过加尔各答进行管理。[87]

到了19世纪下半叶，加尔各答发展成了哪种城市？最重要的是，加尔各答仍然是一座河流之城。不过，加尔各答河的上、下游都是变幻莫测的。通往大海的深水航道不断变换。上游的粗放耕种（和砍伐森林）带来了越来越多的淤泥，减缓了水流，并让浅滩的情况恶化。1865年的一份报告指出，大型船只在抵达加尔各答之前必须等待高水位，从而造成了"严重的延误"。[88] 随着船只变得越来越大，问题越来越严重，因此，加尔各答作为一个主要港口的生存取决于疏浚、不断改善其出海通道，以及河边码头的货物装卸。一张不断扩展的铁路网像扇子一样散开，为该城带来了旧的经济作物（如棉花）和新的经济作物（黄麻和茶叶）：不仅有重要的东印度铁路，而且有主要运输黄麻和煤炭的东孟加拉铁路（到了1920年代，黄麻占其收入的40%以上），[90] 通往阿萨姆及其茶园的铁路，以及一系列窄轨距铁路。然而，加尔各答的河流连接仍然至关重要：事实上，由于加尔各答商业越来越以来自东孟加拉和阿萨姆的黄麻、大米和茶叶为主，而非印度北部的产品，其通往三角洲东部的水上通道成为更重要的优先事项。到了

20世纪初，通过内河汽船运至加尔各答的茶叶是通过火车运来的三倍，而发往胡格利河的半数黄麻也是借助同样的方式。[91]

尤其是黄麻的日益集中——到了19世纪和20世纪之交，黄麻占加尔各答出口贸易的近40%——以及该城区域利益的东移，产生了重要的社会和政治后果。随着时间的推移，加尔各答的欧洲人小社区对该城商业生活的控制非但没有放松，反而变得越来越紧。制造业的增长无甚影响。在孟买的棉花工业中，印度商人起着带头作用。加尔各答的同类产品，即在该城北部工厂区的黄麻织物的批量生产，牢牢掌握在欧洲人手中。黄麻、茶叶和煤炭与内河汽船和铁路公司以及航运利益集团的联结，是一个拥有巨大权力的商业复合体，殖民政权通常必定会听命于它。詹姆斯·莱尔·麦凯从1893年起担任英属印度航运公司的实际负责人，他是总督立法委员会的成员，并在爱德华时代的大部分时间里成为英国政府与印度商业关系的非官方顾问。[93]加尔各答的欧洲人以内向著称，这也许与他们的商业生活相呼应：与印度人接触或者与他们建立伙伴关系的社会（和种族）障碍仍然很高，除了在教师、神职人员和记者之间，他们的职业鼓励不那么严格的与世隔绝。[94]这种模式既讽刺又悲哀。因为加尔各答是次大陆上最大的印度人社区的所在地，他们熟悉西方文化、英格兰文学和英格兰法律。自19世纪初以来，该城涌现出许多学校和学院，为识字的孟加拉人提供"英语"教育。有时有人评论道，加尔各答的主要产业实际上是教育产业。对成千上万的孟加拉印度教教徒来说，加尔各答提供了供职于政府的就业机会，在那里英语是必需的或有用的，以及从事该城商业中越来越多的文书工作的机会。加尔各答社会中的关键社会群体是上流社会人士，即"备受尊敬的人"，他们识文断字，受过教育。[95]许多人（即使只是部分）依赖于（通常相当朴素的）乡村房产的租金。从他们的行列中产生了由律师、教师、记者和文人组成的发声队伍，帮助加尔各答在19世纪后半叶成为印度最具有政治意识的城市。对商业和政治权力的排斥加剧了人们对"英国统治的非英国性"的不公正感：英国人宣扬的自由主义价值观，与他们在实践中经常表现出的威权主义式种族主义之间的冲突。

这种政治上的不满，是更广泛的社会和文化现象的一部分。欧洲人的态度——强调个人主义、体力消耗和"男性气概"（欧洲人通常贬低孟加拉男人是所谓的软柿子和"女里女气"）——和他们的穿着方式和休闲追求，产生了强大的吸引力。但是，这些还引发了焦虑的回应，并引起了一场道德论争。[96]这些新的行为模式在多大程度上是谦逊的或是体面的？它们是否能与传统的美德观念、与对亲属或孟加拉社会的关键社会单元扩大家庭生活的义务相调和。这些论争和困境在诗歌、小册子、戏剧和新形式的小说中都有所表现。它们鼓励发展出一种新的、更灵活的孟加拉语，而这是一种新孟加拉意识的载体。因此，达尔豪斯广场（欧洲人商业区的中心）自信的英国"小商贩们"发现，孟加拉民族主义正在他们脚下成长起来。"孟加拉的无冕之王"苏伦德拉纳特·巴内杰亚（1848—1925），在他的论文《孟加拉人》中抨击了英国的不公正。对这位加尔各答上层社会人士来说，他们的城市和省份处于外来统治之下：在一个更公正的世界里，政治王国应该是他们的。起初，这种分享（最低限度）政治权力的要求，可以与接受"与英国的联系"和效忠"女王-女皇"或国王-皇帝相调和。但是，过分活跃的英国总督寇松勋爵在1905年提议将该省一分为二（将东孟加拉与穆斯林占多数的阿萨姆分开），公然试图粉碎上层社会人士的愿望——（"统一的孟加拉是一方势力，"他的一位高级官员说，"分裂的孟加拉将以不同的方式各自为政。这就是该计划的优点之一。"[97]）——引发了愤怒的反应：抵制英国商品的"斯瓦德希"运动和日益增长的政治暴力趋势。政治上的挫败让孟加拉变成炸弹之地。1911年（首都迁至德里之时）的逆转分治来得太晚：一种深深的疏离感现在比以往任何时候都更将英国人与那些曾经认为自己是英国统治"天意"受益者的人分隔开来。正如殖民地政治中经常发生的情形，上层社会人士声称代表整个孟加拉，甚至整个加尔各答，结果证明这一点脆弱到了危险的地步。

在19世纪和20世纪之交，加尔各答继续以惊人的速度发展壮大。加尔各答的欧洲人口（1856年约为六千人）仅在适度增长。但到了1901年，整个城市的人口规模增加了一倍还多，达到八十多万，其中绝大多数出生在该城之外的地方。加尔各答的大部分劳动力来自比哈尔和联合省（今北方邦），他们说的不是孟加拉语，而是北印度的通用语"印度斯坦语"（现代乌尔都语和印地语的组合）。人口增长的疯狂速度（人口在19世纪最后十年增长了30%）造成了可预测的后果。人满为患得可谓绝望，而贫民不得不居住的贫民窟、陋室和棚屋的生活条件是难以想象的肮脏和危险，几无卫生设施可言。在这座"恐怖之夜的城市"，[98]成千上万的人露宿街头。1903年，瘟疫导致八千多人死亡，而水源性疾病（穷人饮用了严重污染的胡格利河或公共蓄水池的水）不断席卷其他许多人。城市的改善，比如污水处理系统、铺装道路、照明和有轨电车，主要服务于欧洲人聚居区和南部较富裕的郊区，比如巴利冈吉，而印度的专业人士开始搬到那里。[99]对大多数人来说，加尔各答直到1914年的长期繁荣带来的好处，如果真的存在的话，实际上是非常微弱的：实际工资正在下降。但是，对这座"帝国第二城"来说，一个重大的变化即将到来。

经过1914年战争的初始冲击——加尔各答的航运中断（德国商业袭击者在孟加拉湾造成短暂骚乱）和黄麻价格暴跌——加尔各答和黄麻在无处不在的战壕沙袋后面迎来了战时的繁荣。[100]在战后短暂的萧条期后，1920年代也是繁荣的年代。1931年，加尔各答的人口为一百四十万左右，多于孟买，是印度最大内陆城市德里或海得拉巴的三倍。加尔各答在出口货物运输方面保持领先于孟买。但在商业和政治上，这座港口城市的轮廓开始变得非常不同。孟加拉和加尔各答被卷入了甘地伟大的"一年自治"运动——1920年至1922年的"不合作"运动。一部新的宪法为该省带来了选举政治和上层人士统治的迹象。加尔各答市政当局于1923年进行改革，赋予印度代表真正的行政权力。[101]商业上，原籍印度北部拉贾斯坦的马尔瓦里商人进入了黄麻贸易和黄麻制造业，而印度资本在该行业中变得愈发重要。[102]欧洲人的经理行因急于将印度人拥有的公司留在制定生黄麻价格的卡特尔内部而不得不达成协议。[103]欧洲人中的较明智者，比如重要的伯德公司负责人爱德华·本索尔，就认为他们的商业生存依赖于跟印度商人的和解，比如甘地的崇拜者G.D.比拉，以及统治该城并越来越多地统治该省的印度政客。随着1930年大萧条的爆发，进而黄麻价格暴跌，贸易急剧萎缩，印度公司和欧洲公司之间的团结，以及培养政治亲善以抵御劳工骚乱或不受欢迎的监管，变得比以往任何时候都更加重要。然而，当1937年省级的自治政府成立时，欧洲人的商业利益集团仍然相当强大，足以确保特别代表权。他们在省级议会内部保持权力平衡，对那些私人财富与黄麻有关、政治生涯需要谨慎补贴的阁僚施加了影响。[104]"我们在本届政府中的地位多么强大啊，"该城非官方欧洲人的领导者本索尔说道，"我相信他们会采取任何我们喜欢强加给他们的政策。"[105]喘息是暂时的。

臭名昭著的是，加尔各答向一座印度人统治的城市过渡的结局是悲惨的。加尔各答信奉印度教的上层人士，一个等待中的统治阶级，曾希望继承一个统一的孟加拉（寇松的分治在1911年遭到废除）。但到了1920年代，该城和该省的命运正在遥远的地方被人决定。甘地的不合作运动严重依赖对穆斯林的动员，以及他们对1920年英国推翻奥斯曼帝国哈里发的不满。穆斯林的政治意识一旦被唤起，结果证明很难平息：孟加拉是穆斯林占多数的省份——主要是该省东部地区贫困的耕种者。甘地坚称，国大党必须代表印度教教徒和穆斯林，而英国人坚称自治之路意味着扩大选举权，这摧毁了上层人士的权力：1932

年的《教派裁决书》*承认孟加拉是穆斯林占多数的省份，上层人士的国会议员不敢抵制。[106]穆斯林政客于1937年接管了该省。但是社区冲突早已增加：1926年加尔各答发生了野蛮的社区骚乱，造成一百多人死亡，将近一千人受伤。随着1939年战争的爆发，殖民地加尔各答的最后阶段拉开了大幕：1943年可怕的孟加拉饥荒夺走了三百万人的生命；1946年，随着英国统治的崩溃，该城发生了大规模屠杀；1947年的创伤性分治将孟加拉一分为二，让数十万难民逃向东部和西部。

## 蒸汽进入印度：港口城市与"进步"

孟买和加尔各答主导了印度的海上联系和海上贸易：马德拉斯和卡拉奇远远落在后面。在1860年至1940年的大部分时间里，二者也是印度规模最大、最富有的城市。乍看之下，它们象征着英国人在印度的主要影响：推翻了内陆国家和帝国长期以来的支配权，转而支持沿海及其海上商业。孟买和加尔各答是欧洲在次大陆上的桥头堡：通过它们，欧洲的多重影响——政治、商业、文化、宗教和技术上的——预计可能流入印度内陆，而且正如（英国）同时代人所想象的那样，将能量和活力注入一个停滞的社会。不过，一如我们所见，变化的模式远远没有那么一目了然。

孟买和加尔各答都因为蒸汽而繁荣发展。汽船和铁路对二者进行改造，将其从面向东方中国的港口变成了西方通往印度的门户。它们成为印度航运和铁路的主要枢纽，拥有两个深入次大陆的铁路系统。事实上，这些铁路的历史揭示了印度港口城市的不少优势和劣势。到了1930年，铁路网的里程约为四万二千英里，而对一个人口超过三

---

*《教派裁决书》，英国政府于1932年通过的裁决，也叫"教派名额裁定""少数族裔选举法"，是一种分别选举制，承认不可接触者和穆斯林等少数教派群体的选举权，但是实行保留席位的单独分区选举制。

亿的次大陆来说，铁路网只能称作骨架。19世纪和20世纪之交的一份报告显示，虽然美国每383人就有一英里的铁路线，即使在"落后的"俄国，每3 556人也有一英里铁路线，但在印度，是每12 231人有一英里铁路线。[107] 这个数字在1930年仍然高达每8 400人有一英里铁路线。这种稀少的规模在一定程度上反映了当地需求的局限（北美洲的铁路通常是由当地倡议推动的），但主要反映了除去建设铁路的少量资本之外几无其他。众所周知的是，印度的铁路建设需要政府的财政保障：北美模式的土地出让制度无法用于人口稠密的内陆地区。对金融风险深恶痛绝，经常专注于内部安全或边防的悭吝的殖民地政权，是印度对宾夕法尼亚铁路公司或纽约中央铁路公司资本家的脆弱替代。事实上，印度的主要铁路非但没有被"私有化"，反而在1920年代中期回到了由国家完全控制的状态。与北美模式相比，印度铁路动用的资本和印度铁路系统所需的管理规模微不足道。孟买和加尔各答都不像纽约的一个原因是：帮助纽约发展起来的铁路金融和管理的高度集中在它们那里没有出现。

还有一个巨大的反差。尽管孟买和加尔各答自命不凡，有时甚至开展动辄暴怒的竞争，但它们都无法宣称自己作为印度主要港口的绝对首要地位：商业利益在二者之间进行分配。或许更重要的是，这两座城市都找不到一种在规模上可以与让纽约发展繁荣的庞大棉花贸易相媲美的重要出口贸易。在1830年后蒸汽世纪的大部分时间里，印度的商业意义是作为兰开夏郡棉花制品出口的主要市场——从而间接成为美国棉花的主要市场。印度港口城市的大部分活动都转向了扩大市场，并找到能够支付纺织品进口费用的商品的迫切需要。后来，棉布（在孟买）和黄麻织物（在加尔各答）的制造也将二者变成了工业中心。不过，这两个行业的金融和管理揭示了印度港口城市经济的一个关键特征。

孟买棉布主要在印度销售；加尔各答的黄麻织物出口，主要用于将世界粮食、大米、糖和咖啡贸易进行"装袋"。孟买的棉纺厂主要由利用印度资本的印度商人拥有和管理，加尔各答的黄麻厂则由英国侨民拥有和管理。这种差异并非偶然。除了少数例外，外籍商人和资本将自身局限于对外贸易和出口商品，而将国内市场留给印度人——这反映出他们对自己在市场情报、获得信贷和政治影响方面战略优势的判断。因此，尽管银行和其他机构从港口向内陆延伸，尤其是在铁路沿线，但内陆经济与主要港口城市及其全球联系的商业一体化充其量仍是零散的、局部的。外籍商人，即全球经济的代理人，非但没有用他们的技术和资本"殖民"次大陆，反而更喜欢开拓一系列有利可图的"利基"*，比如黄麻，并抵御与之竞争的生产商。到了1920年代，他们类似于商业驻军，由特权守卫，并（随着英国资本的枯竭）面临衰落。

这一演变的背后隐藏着另一个重要的事实：除了旁遮普省那种借助灌溉渠开辟了"新"土地的地方，印度乡村社会似乎无法根除掉贫困。乡村贫困驱使了向孟买和加尔各答（还有新式贫困），以及从特立尼达到斐济的热带殖民地种植园的移民。严酷的景观（比如德干高原）是部分原因，但生态不稳定是另一个重要因素。粮食收成所依赖的年度季风是出了名的变化无常：失败可能意味着饥荒。地震、暴风雨和洪水是常客。在孟加拉，恒河向东改道让西孟加拉邦失去了淤泥的肥土能力，也失去了每年对小溪和池塘的"净化"能力。西部地区越来越多地充斥着疟疾流行的沼泽：那里的耕种者迁移，农业衰落。有人焦虑地预测，加尔各答自己的生存都受到了威胁。"正是该地区活跃的三角洲环境的持续衰退，很可能导致港口加尔各答的毁灭，"一位悲观的专家写道，"加尔各答港总有一天仅仅跟古老的塔姆鲁克或萨特冈一道被人铭记在历史的石碑上。"[108]环境的不确定性降低了

---

* 利基，源自法语"niche"，最初指外墙上开凿的供奉圣母的神龛，虽然规模小，但是自成一体，后来引申为大市场中的缝隙市场或细分市场。

农业改良的吸引力，强化了人们对自给作物而非经济作物的偏好，并可能鼓励了土地持有的集体形式的持续存在，作为抵御生态厄运的保险。当然，永远没有足够的资本来改造小农农业，而殖民政权也害怕对农业社会施加任何改变。仅凭这一点就足以削弱印度港口城市对内陆的影响。在孟买和加尔各答的欧洲公司的商业利润迟早会汇回英国。

因此，印度在蒸汽全球化方面有着非常独特的经验。超过80%的人口以之为生的印度农业变得更加商业化，而所有权得到了极大的扩展——部分是因为殖民政权对土地征税的方式。更多的土地被买卖，或者被用于筹集抵押贷款。棉花、小麦和黄麻等经济作物则得以广泛种植。理论上，这原本应该改变这一农业经济的效率和生产力。但在实践中，结果是非常不平衡的，而成功取决于是否靠近铁路，是否有灌溉系统，以及"湿润"地区和"干燥"地区之间的气候变化。劳动力的实际工资（即粮食价格）仍然停滞不前，部分是因为粮食的成本在上升，而且（正如我们所见）港口城市的实际工资其实在下降。1860年后的五十年里，农业产量的增长主要是通过可耕地的扩展实现的：当"新的"土地耗尽时，农业增长枯竭，作物产量开始减少，而生活水平下降——1930年后作物价格的大幅下跌加速了这一倒退。技术惰性和缺乏投资是罪魁祸首——这与北美模式形成了另一个巨大反差。在这种情况下，内陆的大片农业区就一直陷于贫困之中。[109] 两次世界大战之间，印度的对外贸易规模远远小于加拿大（加拿大人口仅占印度人口的三十分之一），几乎未触及印度大多数人的生活。[110]

然而，孟买和加尔各答的历史不仅揭示了蒸汽全球化商业或技术渗透的有限程度，还揭示了蒸汽全球化的更多内容。这两座城市的历史表明，让印度对工业化的欧洲"开放"，需要与中国的三角贸易这一催化剂，并一直到19世纪都严重依赖鸦片。其商人精英迥异的特点表明，即使在殖民地的港口城市，也无法保证欧洲的主导地位。这两座城市不仅仅是制成品和商品的进出口所在地：它们培育出一个工业基地，而加尔各答的欧洲黄麻商人决心保护该基地免受"祖国"的干扰。全球化在政治和文化上的影响是非常模棱两可的。西方的法律和宪法形式得以吸收，西方的教育受到欢迎。但是，它们引发了道德辩论，而非现成的接受，并在被吸引到这两座城市的不同社区中引发了不同版本的种族-宗教动员。事实证明，印度港口城市的商业表现和社会稳定，也并不主要取决于当地的努力或其海外的联系。1914年后，它们的未来与印度北部内陆的政治变革息息相关，英国统治的命运在那里被决定：讽刺的是，它们的大都市主张发生了逆转，在这个关键阶段，它们的影响力微乎其微。加尔各答的繁荣需要一个统一的孟加拉，需要随时可以获得其东部地区的资源：但是，这些资源在1947年的创伤性分治中被切断了。[111]孟买（就像马德拉斯）可能更喜欢在独立的印度成为一个独立的"城邦"省份，并维护其国际化社会：二者都未能战胜内陆政客的要求。二者都需要与印度以外的世界自由贸易：但1947年后，为了独立印度"计划式发展"的利益，国会的"许可证制度"实施了限制和配额，一直持续到1990年的放松管制。"加尔各答在1947年后是在去全球化和去工业化。"[112]就像其他地方，在印度，全球化可能是在贸易和技术的支持下才到来的，但全球化不稳定的进程——其前进和后退——则是由地缘政治变迁之风驱动的。

第七章

# 从南洋到长江：中国海域的港口城市世界

　　"南洋"——一个仍然流行的术语——是"Southern Ocean"的中文词，这个海上世界从中国向南延伸至广阔的印度尼西亚群岛。引申开来，"南洋"逐渐包括中南半岛（今越南和柬埔寨）、暹罗（1939年起为泰国）、马来半岛，甚至缅甸南部这些地方的沿海地区。自16世纪以来，南洋一直是欧洲通过贸易和外交与中国接触的干道。随着上海和横滨分别于1842年和1858年作为"通商口岸"开放，南洋成为重要的海上通道，欧洲人在此取道，力求到达中国的商业中心长江流域，然后到达日本。到了1870年代，当蒸汽进入苏伊士以东时，全球化似乎正在以惊人的速度重塑这一整个广阔地区的商业、文化和政治格局，尽管结果并不确定。

　　然而，南洋的环境与英国统治的印度的环境截然不同，更不用说移民占领的北美洲了：其19世纪的全球化走的是一条迥异的道路。事实上，南洋长期以来一直都是全球经济的一部分。自16世纪以来，南洋的香料和舶来品一直都在进行交易，远至美洲。南洋一直是印度和中国制成品的市场，历时更久。印度商人、阿拉伯商人、荷兰商人、葡萄牙商人，甚至英国商人都曾争夺南洋的产品。但最持久的商业存在一直是中国人，有时与荷兰人合作。南洋几乎可以被认为是中国的

"非正式帝国"，中国商人在此进行着一种微妙而有影响力的贸易。如果说这里有一个区域性大都市，那它就是广州，在那里，广东、福建（茶乡）和江南（长江下游）之间的内部贸易，与南洋的市场和产品相连。欧洲人的存在并非微不足道。但在1600年后，欧洲人的存在主要集中于西属菲律宾和爪哇岛，而荷兰东印度公司在此建立了一个遍布南亚的商业联系的密集网络，以满足公司的日常开支，并维持其对与欧洲香料贸易的垄断。[1]

然而，从更广泛的角度来看，18世纪末的南洋仍然明显没有外国霸主，无论是欧洲人还是中国人。在暹罗和越南，本土的君主政体在掌权。在该区域的其他大部分地区，包括马来半岛、苏门答腊岛、婆罗洲、西里伯斯岛（苏拉威西岛）和通往澳大利亚的"外岛"，贸易和统治被分割进即使没有数百个，也有数十个小型的"内河政体"或"港口国家"。在那里，马来酋长、苏丹和王公与森林民族进行"上游"交易，与形形色色的中国、印度、阿拉伯和欧洲的商人进行"下游"交易，并从事有利可图的贩卖奴隶和海上抢劫的生意。这是"海洋民族"的世界，是一个由与世隔绝的岛屿、溪流和水道组成的迷宫。在大陆和岛屿上，政治分裂反映在宗教和文化多样性上。佛教在缅甸和暹罗占据主导地位。越南是一个儒家君主国。菲律宾和葡属帝汶都有天主教皈依者。许多森林民族都是万物有灵论者。在巴厘岛上可以找到印度教教徒。但在马来诸政体和爪哇岛，伊斯兰教长期以来一直都是法律、宗教和文化的基础。

贸易和地缘政治是这种旧制度的溶剂。到了1780年代，英国东印度公司与中国的茶叶贸易迅速增长，这让该公司对通往广州的海路更加感兴趣。这还鼓励寻找有助于平衡对华贸易的商品。这方面的早期迹象是1786年从吉打苏丹手中买下槟城岛，希望使其充当地区贸易的转口港。以印度为基地的英国和帕西的"国家贸易商"变得愈发活跃。接着，当1790年代欧洲爆发战争，而荷兰落入法国统治之下时，英国开始在亚洲吞并荷兰的财产，在1795年占领了好望角（形式上是爪哇的属地）、锡兰和马六甲。加尔各答的英国东印度公司政府嫉妒地看着荷兰王冠上的宝石——爪哇，并于1811年派出一支军队将其拿下。东印度公司的领土有望得到大规模扩展。但在1814年至1815年的和会*上，恢复荷兰（由其殖民财富维持，并扩大到后来的比利时）作为法国扩张的战略障碍的紧迫性，让东印度公司的在场人士斯坦福·莱佛士建立新东印度帝国的计划落空。莱佛士从这些计划的失败中夺得新加坡岛这个安慰奖，而此岛于1819年从附近大陆的柔佛统治者手中买下。经过一段时间的争夺，1824年的《英荷条约》在新加坡以南画下一条分界线。英国人放弃了他们在苏门答腊岛的贸易站，以换取马六甲，而马六甲现在是马来半岛周围港口城镇的一部分，即所谓的"海峡殖民地"。不过，他们的野心仍然是控制整个印度尼西亚群岛的贸易，并确保加尔各答和广州之间取道马六甲海峡和中国南海的航道安全。

在新加坡建城时，莱佛士提出了一个更宏伟的项目。"我们最终的目标，"他告诉一位宫廷中的朋友道，"当然是确保我们在过去七十年里一直与其结盟的婆罗洲、苏门答腊和其他国家的独立……"不得不将他们的贸易从"荷兰人日益衰弱的手中"拯救出来。新加坡离中国"不到一周的航程；更靠近位于群岛中心的暹罗、交趾支那等地……我们的目标并不是领土，而是贸易；是建立一个重要的商业集散地和一个**支点**，我们可以在这里根据未来的情况扩大我们的政治影响力"。[2] 自由贸易是"促进和改善本土国家的手段……方式是维护本土国家的独立性，强化它们的权力和重要性"。[3] 荷兰人将被留在爪哇岛和摩鹿加群岛，但该地区的其他地方将指望英国人的贸易和启蒙。

---

* 指1814年9月18日至1815年6月9日的维也纳和平会议，由奥地利政治家梅特涅提议和组织，主要内容是处理后拿破仑时代欧洲的领土问题。会议确立了俄国、奥地利、普鲁士、英国四国支配欧洲的国际政治秩序，史称维也纳体系。

事实上，莱佛士期待他的"新加坡书院"（后来以他的名字命名）成为该地区"高等阶级"的一所重要培训学院，鼓励消除奴隶制、债役和搜捕，为华人提供现代教育，并向东印度公司官员教授阿拉伯语和马来语。[4]

在新加坡建城后的五十年里，新加坡本应控制的领域发生了莱佛士无法想象的变化。1819年，除了广州，中国仍然对西方人及其贸易"关闭"。第一次鸦片战争后，1842年签订《南京条约》，向西方商人开放了包括上海在内的五个"通商口岸"。英国人占领了香港岛，而该岛从此成为他们在中国的主要基地和鸦片贸易的安全港。就像新加坡，香港岛变成一个"自由港"，没有关税或收费。1855年，英国与暹罗国王签订了《鲍林条约》*，废除了国王对贸易的垄断，并让该国向英国（以及很快就有其他西方国家）商人开放。这项允许鸦片自由进口的条约很快得以缔结，据鲍林自己说，当时他威胁要将"响尾蛇"号巡洋舰带到上游的曼谷王宫。[5]但是，莱佛士设想的大自由贸易区迟迟没有出现。事实证明，荷兰在爪哇的殖民政权远非行将灭亡。在五年的爪哇战争（1825—1830）中，该政权镇压了当地的反对派，并实施了臭名昭著的"强迫种植制度"，根据该制度，爪哇农民被迫为殖民国家生产糖和咖啡。一家国营垄断公司——荷兰商业公司——在欧洲出售这些产品。与此同时，让新加坡的英国商人越来越警觉的是，荷兰人稳步地控制着苏门答腊东海岸和婆罗洲沿岸的多个本土政治实体，限制了它们的贸易自由。1850年代后期，一个新的竞争对手出现了。1858年至1864年间，法国对交趾支那、越南最南端和该地区的"米篮子"实施了殖民统治。

从商业角度来看，在这个时期的大部分时间里，北部的上海和西部的新加坡之间的海洋世界，仍然是一个充斥着不确定性的广阔地

---

* 鲍林为时任英国驻香港总督，是他与暹罗国王拉玛四世签订了《鲍林条约》（又叫《英暹条约》），条约破坏了暹罗的关税自主权和司法独立，暹罗从此逐步沦为半殖民地。

带。该地带的大部分生意远远不是一个开放、合法的贸易领域，而是由走私者经营的，因为将鸦片进口到中国仍然是被禁止的。事实上，鸦片几乎在任何地方都是商业交换的润滑剂。贸易经常被战争中断：爪哇战争、1839年至1842年间和1856年至1860年间的两次"鸦片战争"，以及1850年至1864年间席卷了中国大部分地区的太平军发动的内战。[6]中国沿海和整个印度尼西亚群岛的海盗活动十分猖獗。1847年4月，新加坡一家报纸报道称，每年的12月至次年1月，一支由二百艘快帆船组成的海盗船队会沿着望加锡海峡航行，然后分成各个突袭队，以俘获船只和奴隶。[7]个体贸易商则寻求马来王公和苏丹的影响力，最著名的是詹姆斯·布鲁克，他于1841年在婆罗洲收购了沙捞越作为私人帝国。在中国沿海，第一批抵达通商口岸的英国领事努力将他们的权威强加给当地的抵抗或骚扰，而欧洲船员的暴力或无序行为——摩擦的持续来源——以及这一时期反复发生的战争和叛乱，都让这项任务变得更加困难。[8]印度尼西亚群岛的大部分地区是一个"中间地带"，殖民政权、欧洲的"自由职业者"、马来王公和中国的公所或曰兄弟会（比如那些在婆罗洲西海岸淘金的人）在此分享政治权力，并就政治权力激烈争辩。正如博物学家阿尔弗雷德·拉塞尔·华莱士发现的那样，在该群岛上旅行可能是一件艰难而简陋的事情，乘坐在小型敞蓬船上进行令人紧张的航行，并面临疾病或被捕食的危险。[9]

这就是1880年代约瑟夫·康拉德仍然熟悉的世界，当时蒸汽全球化已经开始重塑之。

## 新加坡：转口港城市

"对来自欧洲的旅客来说，很少有地方会比新加坡的城镇和岛屿更有趣，"1854年至1862年间频频造访的阿尔弗雷德·拉塞尔·华莱

士写道，

> 政府、驻军和主要商人都是英国人；但大部分人口是华人……
> 当地的马来人通常是渔民和船夫……马六甲的葡萄牙人提供了大
> 量的办事员和小商人。印度西部的克林人多为伊斯兰教徒，他们
> 与许多阿拉伯人一道，是小商人和店主。马倌和洗衣工是孟加拉
> 人，还有人数不多但非常受人尊敬的帕西商人。除此之外，还有
> 许多爪哇水手和家庭佣工，以及来自西里伯斯、巴厘岛和群岛其
> 他许多岛屿的商人。港口挤满了许多欧洲国家的军舰和商船，以
> 及数百艘马来快帆船和中国式帆船……该镇有着漂亮的公共建筑
> 和教堂、伊斯兰教清真寺、印度教寺庙、中国寺庙、优质欧洲住
> 宅、大型仓库、奇怪的老克林人和华人集市，以及华人和马来人
> 的农舍构成的长郊。[10]

不过，凌驾一切的印象是个中国小镇。在岛上的内陆，大部分地区仍
然被茂密的森林覆盖，华裔商人开辟了种植园，种植胡椒和黑儿茶
（一种用于鞣革的植物），由从中国带来的苦力种植。

这座城镇的商业中心是新加坡河，而河流旁很快就建起了仓库、
碾米厂和制革厂。较大的船只在外港装卸，它们的货物用驳船运入河
中。但正如华莱士所见，大部分运输都是借助小型船只，即中国式帆
船和快帆船。"中国式帆船季"从1月到3月，东北季风从中国带来
了中国式帆船，这些船只运载着陶器、粉丝、香、南京布（中国棉织
品）、丝绸、樟脑和茶叶；还有乘客，那些商人和寻找工作的劳工。6
月至11月是"布吉人季"，来自西里伯斯的布吉商人将"海峡产品"
带到了新加坡，其中大部分是为华人消费者准备的：象牙、玳瑁、海
带、黑儿茶、金粉、藤、燕窝、海参、蜂蜡、锡和檀香木。苏门答腊
的马来商人带来了西米（一种从西米棕榈中提取的食物），来自爪哇
的"阿拉伯"船只带来了咖啡和糖。接着，来自暹罗和交趾支那的中

国式帆船带来了糖、大米、椰子油和生丝。欧洲人拥有的船只从印度运来鸦片，并从英国运来制成品。[11]

新加坡是一个自己几乎什么都不生产的市场。新加坡贸易的快速增长首先是其有利位置的体现。新加坡位于苏门答腊岛、婆罗洲、马来半岛和爪哇岛之间的海上十字路口，并靠近西里伯斯岛、巴厘岛、摩鹿加群岛、帝汶和菲律宾。在帆船时代，新加坡也是一个十字路口，利用苏门答腊岛和爪哇岛之间的巽他海峡构成从欧洲通往东南亚和中国的海上通道，并与从印度穿过马六甲海峡的海上通道交汇。新加坡位于从欧洲到中国的主要海上航线以西仅仅五十英里处（可能需要半天的航程）。[12] 莱佛士可能已经发现了它的潜力，但马来半岛的南端长期以来一直是该地区各族群的交换之地。"新加坡"本身早在14世纪就已经是个定居点；南部几英里外的廖内群岛一直充当着转口港，直到被荷兰人摧毁。[13] 就像在他之前的荷兰人，莱佛士明白，商业成功的关键在于吸引华裔商人，并将新加坡纳入华裔经营的商业网络，该网络连接了印度尼西亚群岛、东南亚大陆和中国的港口和贸易。他在规划新加坡时已经为他们预留了一个聚居区。不过，或许主要的吸引力是让新加坡成为一个没有关税或税负的自由港，成为英国保护下的商业避风港。

新加坡的发展壮大当然迅猛。麦考洛的《商业词典》评论道，新加坡的崛起及至取得商业繁荣，"导致它的进步被比作美洲殖民地，而非亚洲殖民地"。[14] 新加坡建立不到五年，人口就突破了一万。到了1865年，新加坡的人口多达九万。截至1860年代中期，其贸易额在按比例增长，达到约一千二百万英镑。[15] 其中可能有四分之一是与欧洲的贸易，而与印度和中国的贸易各占15%左右。新加坡的大部分贸易（超过40%）是与东南亚其他地区进行的，尤其是在1850年代暹罗和交趾支那对国际贸易开放后。[16] 虽然截至1860年代，新加坡的大部分贸易都是通过西式横帆船（其中许多为中国人所有）而非中国式帆船或马来快帆船进行的，但是，新加坡在很大程度上仍是一座东方的港口。新加坡的贸易主要是用担和斤进行的，其称重可能因港口而异。来自该群岛的大部分农产品都是以小捆收来的：《中国名录》评论道，没有做过适当的调查，婆罗洲西南海岸"只有小船来过，一般由中国人和马来人武装和指挥"。[17]这座城市里的欧洲人数量极少：在1860年的人口普查中，[18]只有三百六十人，而欧洲商人很少能亲自与对方做生意。

在1870年后的轮船时代前夜，新加坡是一座不同寻常、极具特色的港口城市。新加坡的贸易量很大，但并不是压倒性的：与悉尼大致相当，远低于黄金涌出的墨尔本，不到孟买的一半。[19]不像孟买或加尔各答，没有内陆腹地可以通过铁路开发：直到很久以后，新加坡才通过铁路与马来半岛相连。在这个阶段，新加坡也不能依赖少数几种重要的支柱产品，比如源源不断地从孟买出口的棉花和鸦片、悉尼的羊毛、上海的茶叶、里约热内卢的咖啡或来自新奥尔良的奴隶种植的棉花。新加坡与西方的商业联系相应地更窄，西方商人的范围也受到更多的限制。或许同样引人注目的是新加坡缺少附属领土，这一点很奇怪。海峡殖民地不过是弹丸之地，而新加坡自1832年开始就是其首府。对欧洲商人来说，加尔各答（从他们被统治直到1867年）或伦敦不愿在该岛附近地区增加更多领土是一个长期的过错。由于没有土地收入来支付行政成本，也没有可能破坏其贸易的关税和税负，新加坡被迫采取一种特殊的权宜之计。从印度进口鸦片长期以来一直是贸易的一个关键项目，而人口快速增长的当地需求异常旺盛。将政府进口的鸦片零售业务外包给华裔商人辛迪加，似乎是显而易见的处理方式（因为英国人坚称，鸦片和其他任何商品一样只是种商品）[20]。事实上，鸦片零售外包的收入在19世纪剩余的时间里成为新加坡公共财政的关键要素。

在19世纪下半叶，新加坡的前景在三次大变革的共同作用下发生了变化。第一次变革是苏伊士运河的开凿，并最终于1869年11月开通。苏伊士运河极大地促进了欧洲和亚洲之间通过蒸汽的直接交通，新加坡由此成为一座重要的汽船城市：到了1877年，新加坡的汽船吨位就已经远远超过了帆船。[21]第二次变革是英国对马来统治者的控制逐渐扩大，加速了对新加坡的后院马来半岛的经济开发。新加坡获得了自己明显缺乏的东西，一个主要出口锡和（后来）橡胶的领土腹地。第三次变革是，1869年后，在马来半岛"开放"的刺激下，来自中国的移民流大幅增加，让新加坡成为一个重要的移民港口，（甚至比以前更甚）一个绝大多数是华人的城市。

苏伊士运河让从新加坡到欧洲的航程缩短了将近三分之一（从约一万二千英里缩短到八千三百英里），并加快了剩余距离的运输速度。事实上，来自英国的乘客很快就开始不在伦敦或南安普顿登船，而是在马赛或布林迪西登船，节省了在比斯开湾和绕过直布罗陀的时间。现在，从欧洲出发的汽船需要约四十天的时间即可到达新加坡，到了1913年，通过特快列车和班轮的组合，从伦敦出发可以在二十三天内抵达。新加坡对苏伊士运河的开通给出了欣喜若狂的回应。"苏伊士运河必定会推动商业发展，最终全世界都能感受到这一点，"商人的喉舌《海峡时报》欢呼道，"欧洲和中国之间的运输，最终将从巽他海峡转向新加坡海峡；帆船将被汽船取代，汽船必须把新加坡作为自己的加煤站和停靠港。"[22]当然，在现实中，这一愿景取决于更大、更重的汽船使用苏伊士运河，并与无通行费和燃料成本的帆船竞争的能力。事实上，早期的计算表明，收益充其量是非常微不足道的。[23]但乐观主义者是对的。1870年至1885年间，新加坡港口的船舶吨位迅速从一百三十万吨增至五百万吨。[24]不过，或许令人意外的是，苏伊士运河并未将新加坡变成欧洲的商业前哨。因为尽管从1870年到19世纪末新加坡的贸易增长了六倍，但是欧洲在这一贸易中的份额仅略有增长。[25]相反，对新加坡的商人来说，最重要的仍然是控制东南亚的区域贸易，并抵御群岛和大陆其他港口与中国和欧洲开放直接贸易的威胁。如果威胁成为现实，那么新加坡将沦为"区区加煤站和停靠港"。[26]正如我们将看到的那样，在接下来的四十年里，人们会经常表达这种恐惧。

到了1880年代，从欧洲到亚洲的新汽船干线经过科伦坡，穿过孟加拉湾，到达马六甲海峡和新加坡海峡。英国、法国和意大利的航运公司竞相提供定期的服务，并在前往中国和日本的途中停靠在那里。1870年，欧洲电报的到来意味着新闻和商业（尤其是价格）信息（电报主要用于此）首先到达新加坡，就像班轮从欧洲、印度和中国提前运送邮件和报纸。电报还可以用于管理航运活动，让航运代理人和经纪人能够更快地对货舱的需求和运费的涨跌做出反应——这是一个至关重要的考虑因素，尤其是对杂货船来说。随着汽船取代了东南亚地区贸易中的帆船（这一过程甚至在苏伊士运河之前就已经开始了）——1872年《海峡时报》报道称，"现在到处都是小型汽船，像一群黄蜂般在每条小溪里穿梭"[27]——新加坡通过电报与南洋的其他港口相联，成为许许多多前向联系的枢纽。新加坡提供了蒸汽航运所需的新基础设施：船上锅炉用的煤和水（对缺水的担忧是一个周期性关切），为班轮所需的快速转弯提供停靠设施，补充船员的海员库，承诺为停靠的杂货船提供货物。回报是惊人的。从1870年到1913年，世界远洋吨位增长了三到四倍，而使用新加坡港口的吨位（并非全部为远洋航行）增长了九倍。[28]

虽然新加坡的转口贸易得益于蒸汽和苏伊士运河的出现，以及暹罗和中南半岛大米出口的快速增长（新加坡充当着大米在东南亚的主要市场和分销中心），但是，新加坡在1870年后也逐渐成为一个重要的支柱产品贸易港口。这在很大程度上是由于中国和英国对马来半岛的"共同拓殖"。长期以来，中国矿工一直积极在半岛西海岸淘锡。19世纪晚期，为了制造防锈镀锡板（其中大部分用于罐头行业），对锡的需求激增，带来了"淘锡热"，这部分是因为"水锡"矿石开采方便。令人不快的结果是，边境变得越来越混乱，矿工在此为争夺所有权而斗争，或者与没有能力控制他们的马来统治者斗争。1873年，《海峡时报》怒斥道，霹雳州和雪兰莪州（主要的锡生产地）是"贸易商的恐怖，资本家的麻烦"。与过去时常发生的一样，伦敦政府因未能采取行动或吞并而受到谴责：这是"一项没有明确目标的乱管闲事、冷漠的政策……"在雪兰莪州，苏丹政府的软弱阻碍了资本的投资。[29]当地舆论的压力迫使殖民当局出手。"我们应该拥有马来半岛的整个西海岸，"《海峡时报陆路杂志》在1876年敦促道，"华人移民将让两个地区［霹雳州和雪兰莪州］都充斥着它们需要……的劳动力。英国和中国的资本将让这块土地的财富完全可及……"[30]在接下来的二十年里，半岛国家在保留马来统治者那种间接统治下沦为保护国。不过，这些国家实际上对华人劳动力以及英国和中国资本的结合开放。锡产量飙升，在1874/1877年至1896/1899年间增长了五倍，相当于世界产量的一半。[31]然后，在世纪之交，亚马孙的橡胶苗于1876年被首次带到锡兰，开始在马来亚种植。对橡胶的需求是蒸汽动力的产物。探险家、地理学家克莱门茨·马卡姆宣称："每艘漂浮的汽船，每列火车和每家工厂……使用蒸汽动力，必须使用橡胶。"[32]1900年后，随着汽车革命的兴起，先前对蒸汽管道和垫圈的需求首先得到了满足，然后被对橡胶轮胎的需求超越。1900年，马来亚仅种植了两千英亩的橡胶；到了1913年，这个数字已经增至一百万。[33]新加坡成为捏炼橡胶的主要出口国，其中大部分不是运往欧洲，而是运往美国。到了1907年，美国已经消耗世界橡胶产量的37%，十年后则消耗四分之三以上。[34]

　　随着腹地的开放，新加坡不仅成为一座支柱产品贸易港口，而且成为一座大规模移民港口。来自印度东海岸的泰米尔人通常作为契约"苦力"穿越孟加拉湾。不过，绝大多数是来自中国的移民，他们抵达新加坡后便被送往更远地区的种植园和矿场。来自中国的移民在1877年已经达到每年约一万人，十年后达到了每年十万人，在1911年至1913年间达到了每年平均二十五万人。[35]几乎所有人都来自华南的贫困地区，来自福建（闽南语和潮州话社区）和广东（讲"粤语"的人）。厦门、汕头和香港（对广东人来说）是主要的移民港口。除了暹罗，海峡殖民地和马来半岛都是主要目的地。移民对航运公司和经纪人来说是一笔大生意，而在4月和5月的主要移民季，许多旅馆为有意移民者提供住宿：开往东南亚的船只需要六到八天的时间，通常一次运送一千名移民。[36]在新加坡，不间断的移民流（几乎完全是男性，年龄通常在17岁到35岁之间）被欧洲商人和中国商人认为是可取的，而且是必不可少的。"华人移民是海峡殖民地和马来联邦的支柱，"《海峡时报》在1904年评论道，"可以肯定地说，输入的中国劳动力越多，大体上对贸易、工业和商业就越有利……"[37]该报以更具哲理的语气评论道："总体而言……世界上的环境是相当平等的。亚洲国家将拥有广阔的地区，我们一直竭力主张，其中一个地区是澳大利亚大北方或……热带地区，白人可能生活在那里，但永远不会兴旺发达……"[38]这一观点在"白澳"*不会受欢迎。

移民让新加坡的命运与中国的命运共生。当第一次世界大战及其余波大幅减少了移民流，白银价值的上升让中国的货币充裕时，新加坡商人陷入了绝望。"白银数量的可怕骤降，以及连续几年的歉收，再加上辅助的移民、丰富的航运设施，以及一个清点并派遣苦力……的组织……没有什么将帮助我们摆脱困境。""难以置信"的是，新加坡的工业竟然能够继续发展下去。[39]与中国南方的联系不仅仅是劳动力和商业问题，它还重塑了新加坡港口城市社会的文化和政治。

新加坡从一开始就是一个醒目的多民族聚居地。新加坡吸引了来

---

* 白澳，澳大利亚联邦的种族歧视性移民政策，反对亚洲移民，1901年成为国策，在此背景下，许多亚裔特别是华人被迫离开。

自孟买的印度商人，来自马德拉斯的切蒂亚金融家，以及作为契约劳工来的泰米尔人；来自哈得拉毛的阿拉伯贸易商和船主，据说拥有新加坡的大部分房地产（新加坡还有一条"阿拉伯街"）；犹太人和亚美尼亚人（他们在1830年代拥有自己的教堂）；爪哇人、布吉人和当地马来人；欧洲人和欧亚混血儿。但从一开始，华人就占据主导地位，到了1860年代占人口的一半，而至19世纪末占人口的四分之三以上。然而，"华人"一词远远不能表达单一的身份。最有声望的是"海峡华人"。顾名思义，他们是长期定居在该殖民地的华人。"海峡殖民地"或"马六甲"华人通常与当地马来人通婚，形成一个峇峇社区\*。他们采用了一种独特的克里奥尔文化，将中国的风俗和服饰与当地的变体相结合。因此，峇峇社区的男性保留了中国大陆人被要求展示的长辫，以及中国服饰特有的长袍。不过，他们抽烟喝酒，用欧式握手作为问候方式。他们在家中使用"马来语"作为通用语，但在更正式的场合保留了中国话。有些人变成了基督徒。马六甲华人长期以来熟悉欧洲的商业方法和语言，完全可以成为新加坡的前景所依赖的商业中介（正如斯坦福·莱佛士所见）。他们很快就搬到新的定居点。英国人很快将他们不仅视为地区贸易的代理人，而且视为税收的"承包人"，尤其是鸦片。将垄断和税收的"现金流"与商业活动相结合，海峡殖民地的主要华裔商人形成了一支强大的精英队伍。他们是寺庙的赞助人，寺庙的周围是主要的中国方言群体（闽南人、潮州人、客家人和广东人）。英国人（很少有人会说中国话）指望他们在自己无法进行社会和文化渗透的人群中维持秩序。[40]

这项任务因移民流而变得复杂，甚至在移民流演变成移民潮之前。来到这里的中国移民与海峡华人几乎毫无共同点。他们从自己的宗族(中国农村的关键社会单位）分离出来，在自己的方言群体和填

---

\* 严格来说是峇峇娘惹（baba nyonya）社区，其中男性称作"baba"（峇峇），女性称作"nyonya"（娘惹）。

补空白的秘密社团中找到了社会团结。各个方言群体之间在获得空间、就业或仪式问题上的敌意（可能还有绝大多数年轻男性）导致了暴力的爆发：1854年，不同华人派别之间的暴乱导致四百人死亡。[41] 英国人不确定这些秘密社团是对法律和秩序的威胁还是稳定的因素，但最终将其禁止。在1870年代，他们放弃了对海峡华人显要的非正式依赖，成立了华民护卫司署，后来又成立华人参事局。与此同时，中国不断扩大的移民规模（清朝于1860年非正式地解除移民禁令，1893年正式解除移民禁令），以及华商占主导地位的东南亚地区贸易，正在改变新加坡华人社区之间的平衡。当地出生的华人可能会申明自己对英国的忠诚，但是他们对自己的华人身份保持着敏锐的感觉——这是宗族的象征。1898年，退休的第一任华民护卫司署署长毕麒麟认为，海峡华人的忠诚只是表面上的。"这些在我们的统治下出生、在我们的学校接受教育、在我们的保护下致富的人，无论他们会说什么或写什么，"他抱怨道，"他们在内心深处都认为自己是中国人，鄙视所有其他种族，认为他们是低人一等的外国人，只会在强制行使债权或当他们遇到麻烦时才请求英国国籍的助力。"[42]

对海峡华人和更多新来者来说，问题没有那么简单。1890年后中国加深的危机必然会激起强烈的政治情绪。富有的新加坡华人同情旨在让中国"自强"的改革运动，而且也忠于陷入困境的清朝君主制。许多人保留了与大陆家乡城镇的联系，并渴望获得士绅地位——这一地位是由引人注目的乐善好施和当地官僚的精心培养所保证的。就像孟买的帕西人，这些"华人资本家"希望利用他们的"英国关系"及其提供的保护来振兴自己的祖国。[43]意在成为中国南方现代灯塔的香港大学，自身的生存就部分归功于新加坡的资金（和学生）。[44]事实上，中国移民的外流是由汇款回国的内流所补充的，其中大部分是通过香港汇款。尤其对海峡华人来说，关于忠诚的冲突可能会变得尖锐。林文庆就是一个出生在海峡殖民地的华人，他是一名基督徒，曾在英国接受医生的培训。1895年，他被任命为海峡殖民地立法议会——殖民地的立法机构——的"非官方"成员，这类成员是提名而非选举产生的。就像其他海峡华人，他对出生在这座城市的华人日益增长的影响力感到不安。海峡侨生公会成立于1900年，旨在重申他们对英国制度的基本忠诚："我们海峡侨生是自由人"，林文庆在1900年说道，含蓄地与清朝政权进行对比。[45] 不过，林文庆也赞成在新加坡有意推广中文（而非英语）教育，敦促复兴儒家文化。[46]

新加坡就像其引以为典范的英属印度的港口城市，也为自己不同的种族社区划分了不同的区域。欧民街占据了河流以北的黄金地段。河流以南被分配给华民甘榜和丘利亚甘榜（给印度人的）。河流以北，在欧民街之外，则是阿拉伯人的聚居地，在那之后则是布吉人和马来人的甘榜。到了1840年代，欧民街已有了一些宏伟的别墅住宅，比如马德拉斯或加尔各答的欧洲富人居住的住宅，以及一系列在英属印度流行的古典风格的公共建筑。在厦门街周围的福建人聚居区，在驳船码头沿岸的潮州人聚居区，或远至丹戎巴葛的客家人聚居区，截至1830年代，精致的寺庙已在建造中。丘利亚清真寺（1830—1835）和马里安曼兴都庙（1827—1843）反映了来自印度的穆斯林和印度教教徒的存在（和财富）。沿着南桥街及其众多的小街，所谓的"店屋"激增，从街上的商业场所一直延伸到一片黑暗且往往不卫生的隔间。到了19世纪末，新加坡拥有宏伟的酒店、重要的银行（汇丰银行、渣打银行）和西式中央商务区：1900年后的繁荣时期涌现出了大型办公楼和商店。富裕的欧洲人和华人建造了郊区豪宅：最宏伟的郊区是东陵。[47] 不过，就像其他地方的港口城市，该城大部分地区是马赛克般的"专门贸易区、集市、密集的公寓楼，以及集中的餐厅、剧院和妓院"。[48] 人满为患（大规模移民的代价）司空见惯，卫生条件可谓原始，结果导致死亡率甚至高于印度的城市或中国的香港：1900年至1929年间的婴儿死亡率达到了可怕的程度，华人为每千名婴儿中有

305人死亡，马来人为每千名婴儿中有近344人死亡。[49]结核病、疟疾和霍乱是主要杀手。在一个如此依赖大量人口流入、如此无情地致力于商业的城市里，无论是强制改进的手段还是意愿，都不容易调动起来。

如果说持续且几乎不受监管的人员流动给健康带来了巨额成本，那么这也鼓励了新加坡的另一面，而其殖民主人发现这一面同样难以控制。人口的流动也是与帝国和殖民统治格格不入或颠覆帝国的信息、思想和忠诚的流动。作为伊斯兰东南亚的航运枢纽，新加坡是前往麦加或从此返回的穆斯林的天然登船港。[50]在19世纪晚期，伊斯兰改革主义和"泛伊斯兰"效忠的吸引力由朝圣的统舱乘客携带着，沿着世界上的汽船航线传播开来。一旦民族主义在中国赢得了大批追随者，它也可能追随移民的足迹。作为一名历史学家所说的"全球滨水区"的一部分，新加坡是水手、码头工人和其他港口工人的流动社区所在地，也是19世纪晚期通过他们扩散开来的激进、无政府主义或社会主义思想的宿主。[51]作为一座"开放城市"，新加坡和其他港口一样，也有自己的"反城市"，[52]一个超出了统治者控制的空间。开放也带来了印刷厂和出版社，并鼓励出版针对印度洋各地臣属人群的报纸、小册子、时事通讯和书籍，这是充实旅行者和朝圣者信息的有力手段。如果说新加坡蓬勃发展的中央商务区是东南亚全球化现代性的公众面象，那么该城流动的滨水区劳动力、与激进或非西方运动的远距离联系，以及为遥远读者服务的小巷印刷商和涂鸦者，就是它的颠覆性伴生物。

在1915年和这一年印度士兵短暂的兵变（但对新加坡的欧洲人来说是可怕的）之前，这带来的影响可能只是轻微的。直到1914年及以后，新加坡的生意一直是航运：收集中国南海和马来半岛的农产品；将暹罗和越南的大米重新分配给地区的消费者（新加坡是东南亚最大的大米市场）；销售从西方运来的制成品（首先是棉布制品）。作为一个重要的海上枢纽，新加坡是世界主要海上航道网络的一部分。但是，新加坡在该网络中的地位与伦敦、利物浦、汉堡或马赛等海运大都市截然不同。

在一定程度上，这是一个"传统"船只顽强生存的问题：中国式大帆船和"布吉船……奇怪的小纵帆船"，在1902年的新加坡港口仍然可以看到，还有中国人拥有的杂货船，它们的"木质船体打了补丁，几乎不适合携带发动机"，但运输"很大一部分当地的贸易"。[53]《海峡时报》在1903年指出，除了"远东"（东亚）与欧洲和澳大利亚之间的长途贸易外，中国船只的比例"确实很大"。[54]不过，无论是对中国商人还是对像宝德集团或格思里集团这种主导与西方贸易的欧洲领先代理行来说，都有其他因素提醒我们新加坡在海运贸易中的边缘地位。与黄金和白银一样，船只也流向了需求（和运费价格）最高的地方，并逃离了供过于求的局面。在1899年至1902年的南非战争期间，商船卷入了英国军队所需的庞大供应链。在海峡殖民地，船只短缺，价格飙升，贸易延误，随之而来的则是损失。1903年，日俄战争的前景导致该地区的保险费率翻了一番。[55]随着汽船变得越来越大，终点装卸时间加快，新加坡和其他港口城市一样，被迫进行竞争。当新加坡码头、装煤和修船设施的主要所有者丹戎巴葛码头公司拒绝进一步扩张时，商业焦虑如此之大，以致殖民地政府于1905年采取了极具争议的没收该公司之举，使其成为公有，而该公司的大部分资本则在伦敦——殖民部不情不愿地予以批准。更有争议的是，为新加坡服务的英国和欧洲的主要汽船公司决定成立一个"班轮公会"——实际上是一个卡特尔——在它们之间汇集货物，并通过所谓的"回扣"来吸引主要托运人。尤其对小商人来说，运费不可避免的上涨，看上去可能会损害新加坡作为印度尼西亚群岛的主要转口港在伦敦和利物浦的利润圣坛上的地位。1902年，《海峡时报》宣称，"这群母国的托运人正在摧毁这个城镇的繁荣"。[56]尽管新加坡商人大肆宣扬新加坡独特的商业优势，但是他们生活在对邻近港口的竞争、法国在中南半岛的保护主义、德国介入新加坡与曼谷的重要贸易的恐惧之中，或者生活在对丧失被普遍视为繁荣基础的自由港地位的恐惧之中。

在实践中，正如我们所见，新加坡为锡矿提供资金和管理以及加工、营销和出口设施，然后在马来半岛和附近的荷兰属地生产橡胶，它的商业未来得到了其作为支柱产品贸易港口快速发展的保证。如果说第一次世界大战是一次难以对付的停滞，那么1920年代则是一次繁荣。就在那时，新加坡成为该地区苏门答腊岛和婆罗洲油田的主要出口中心，获得了自己的第三大支柱产品。到了1920年代中期，新加坡的贸易规模超过了加尔各答或孟买。[57]但在英国的帝国势力支持下，蒸汽全球化时代正接近高潮。如果说危机时刻对新加坡的影响比世界其他地方晚，那么还不如说其影响将更具破坏性。

## 新加坡与全球化

新加坡乍看之下是一座典型的港口城市，它充当着欧洲的前哨，将其全球化影响传递到中国南海的海洋世界。当然，不难解释它在商业上的成功。位置是首要的，但这不仅是因为新加坡位于船只在印度洋和中国南海之间必须通过的两条主要海上航线（和两个主要"咽喉点"）的十字路口。正如我们所见，一旦苏伊士运河让蒸汽在欧洲和东亚之间的长途贸易中具有竞争力，这种区位优势便得以极大地放大，因为汽船更青睐新加坡后门的马六甲海峡，甚于更南边的巽他海峡。到了1904年，经过马六甲海峡的船只数量约为经过巽他海峡的五倍。[58]由于汽船需要经常加煤，这让新加坡显然成为科伦坡以东的加煤站。除了作为"联运"的必要停靠港，新加坡还坐拥东南亚岛屿和半岛世界的中心位置。由于事实证明吸引本土船只很容易，所以新加坡可以在广阔的地区收集产品，而无须像其他地方那样建造通往内陆的昂贵且耗时的公路或铁路基础设施（它与南北战争前的新奥尔良共享了这一好运）。截至19世纪晚期，新加坡结合了区域转口港和支柱产品贸易港的功能。事实上，新加坡在其支柱产品方面出奇地幸运：随着西方制造技术的发展，对锡、橡胶和石油的需求急剧增加。然而，就像大多数成功的港口城市，政治和地缘政治也发挥了关键作用。英国人从一开始就意识到，东南亚的商业生存需要与华裔商人和航运"结盟"：新加坡完全不可能成为专属于欧洲人的殖民地。也正是一个小而喧闹、在伦敦有着良好人脉的英国商业团体的存在，才维持了自由港地位的关键让步，并确保了（1867年）"直辖殖民地"宪法的有限自治权，而该宪法对遥远的伦敦负责，而非专横的加尔各答。这有助于新加坡的欧洲少数群体视该城为永久的家园。因此，在威权统治和欧洲特权的外衣下，新加坡政府享有非凡的自由来"管理"与华民和其他社区的关系，更值得注意的是，对来自中国（和印度）的移民保持完全开放的大门，直到令人担忧的1930年代政治情绪发生变化。或许只有在那时，新加坡对一个由英国的帝国势力支持的良性地缘政治体制的真正依赖程度才变得明显至骇人。

新加坡对货物、资金、人员和信息流动的异常开放，其全球航运联系，以及贸易侨民——华人、印度人、马来人、阿拉伯人、犹太人、亚美尼亚人和欧洲人——的存在，使其成为一座超群的全球城市。但是，新加坡在经济、政治和文化上对周围地区产生了多大影响呢？它是"全球化"的影响向外辐射以重塑南洋的中心吗？当然，如果说没有新加坡，那么其他港口城市可能会取而代之：巴达维亚、泗水、曼谷、西贡和马尼拉或多或少都是竞争者。在商业上，新加坡的关键作用是，将英国的商业信贷和从19世纪中叶开始迅速扩张的华人商业网络结合在一起。它为二者提供的安全保障，加上自身的区位优势，加速了南洋融入维多利亚时代的新全球经济，以及南洋自身的**区域**一体化的步伐。新加坡成为荷属东印度群岛农产品（尤其是糖）的输出点，也是从暹罗和越南向马来亚、爪哇、苏门答腊、婆罗洲和其他地方的消费者分销大米的"大米转口港"。新加坡依靠锡、橡胶和石油的利润而蓬勃发展。但是，它为支柱产品生产（支柱产品贸易港的重要功能）提供投资和管理的部分，在很大程度上仅限于邻近的英属马来亚。[59]

在政治上，新加坡的影响力更为模棱两可。莱佛士怀揣着英国从新加坡统治印度尼西亚群岛及其他地区的希望，但是这一希望从未实现。东南亚被瓜分，除了面对孟加拉湾的缅甸，英国的份额相对较小。结果证明，荷兰人是比预期更强大的帝国主义者，到了19世纪末，他们已经巩固了自己对1824年条约规定的广阔领域的控制。1898年，菲律宾落入美国手中，而美国是一个比西班牙更富有、更强大的殖民大国。中南半岛落入法国人手中，而当伦敦和巴黎为独立的暹罗而争吵时，彼此都不占主导地位。新加坡也是那些梦想**结束**殖民主义的人的避难所，但在1940年之前，这只是一个梦想。更真实的是新加坡华侨和中国大陆之间的联系。

不过，海峡华人精英和新来者希望与中国香港及内地沿海城市的"现代化主义者"联合起来，重塑清帝国，并与西方列强稳定地和解。或许他们希望的是，一个习惯同西方打交道（并坚定地打交道）的富商阶层，将取代士绅连同其儒家精神。一个中华民族将自上而下建立起来：安抚了西方，但又不受其牵制。但如果这是目的的话，那么也没按照计划进行。1911年到来的中国革命，几乎丝毫不归功于商人。1914年后，随着西方的动荡，日本成为占主导地位的外部列强，1915年的"二十一条"中体现了这一点——其实是为了对中国进行非正式统治。1919年，当日本似乎决心保留德国在中国北部的所有权和租界时，巴黎和会上提出的自决承诺似乎消失了，中国的大众民族主义变得（可以理解）越来越排外。1925年5月，当上海公共租界（但是由英国人管理）的警察向示威者开火时，广州的罢工和抵制迅速让香港陷入瘫痪。

对新加坡的海外华人来说，这是一个关键时刻。他们继续在财政上支持国民党，这是中国民族主义的重要载体。国民党的一个分支机构在新加坡设立，并在英国的禁令下得以幸存。但是，新加坡华人精英拒绝以直接行动支持中国大陆的反殖民运动，甚至拒绝加入抵制日货运动。他们利用自己的社会力量阻止让中国香港屈服的罢工和抵制。[60]随着共产党在中国大陆的崛起，与国民党结成了不稳定的联盟，新加坡作为一座重要的贸易城市，与一场旨在将外国势力逐出中国的大规模民族主义运动之间的利益分歧变得尖锐起来。随着中国陷入内战，日本的野心变得更加昭然若揭，而在经济萧条的情况下，国内的稳定而非国外的影响，成为首要任务。新加坡已经成为英属马来亚无可争议的大都市。

如果说商业上是此番情形，那么文化和政治上则不那么明显。一如我们所见，就像孟买和加尔各答，在新加坡，对西方现代性的适应是高度选择性的。新加坡的政治权威仍然属于一种种族排外的殖民官僚体制。华人、印度和马来精英都专注于保持他们对自己（分裂的）民族社区的影响力。虽然没有正式的种族隔离，但是新加坡几乎没有成为国际化"大熔炉"的迹象。恰恰相反，"全球现代性"最强大的影响之一就是，将各国人民的更多融合与通过种族或宗教身份动员效忠的手段和动机结合起来。政治和文化交织在一起。在新加坡的商业、政治和文化腹地马来半岛，这种影响至关重要。在那里，在华人拓殖者的大规模向内运动中，英国人小心翼翼地维护（并加强）了马来苏丹的"传统"权威。共同的宗教忠诚强化了马来人作为真正的"大地之子"的独特身份感。新加坡是一座外来的华人城市，马来少数群体规模较小，该城对住在马来苏丹国的华人的影响是不安的来源。即使在战争的破坏之后，马来统治者也会在1946年断然拒绝以新加坡为首都的"马来亚联盟"的想法，而新加坡在1963年被纳入独立的马来西亚联邦仅仅持续了两年。尽管新加坡在商业上取得了巨大成功，但它注定要保持其在蒸汽全球化时代成长起来的样子，即一个具有独特政治文化的重要贸易转口港，自身的安全依赖它几乎无法控制的地缘政治制度。

## 连接"沿海地区"：中国沿海的崛起

新加坡最初被布局为英国的前沿阵地，以便在只有广州对外国人开放的时候掌控与中国的贸易。第一次鸦片战争和夺取中国香港让这一角色变得多余。香港是中国南海的北极。它靠近台湾海峡，海峡外是东海和长江口；再往北是黄海和北京的港口天津、"隐士王国"朝鲜、对马海峡，以及在1840年代之前西方船只很少造访的日本海。1842年的《南京条约》向西方商人开放了五个"通商口岸"——上海是最北端的——这标志着西方强行进入中国的开端。但是，这也引发了中国社会的重大转变，让财富和权力的平衡从农业内陆向沿海倾斜。首先是改革，然后推翻君主制，并更新中国文化的民族主义计划始于通商口岸，这绝非巧合。就像其他地方的亚洲民族主义，它同时被西方吸引和排斥，在寻求自强的过程中最终转向大众，并取得戏剧性结果。

众所周知，1841年占领香港在伦敦被一名固执的男子当场视作一个令人遗憾的错误。一块没有华裔商人的"贫瘠的岩石"，它能提供什么贸易呢？事实上，即使在六年后，英国议会的一个特选委员会也蔑视其商业潜力。或许更糟糕的是，在靠近福建茶区的广州和拥有广阔河岸腹地的上海，通商口岸的开放表明，香港的商业前景充其量可能是有限的。[61]不过，就像其他港口城市，拯救香港的不仅是其宏伟的港湾对海上入侵者来说的吉兆，而且是自身的好运：对中国人来说，香港与广州及其内地的联系，只是其外围防御的一部分，也是一个渔村和一座小城郭城市九龙的所在地。长期以来，鸦片一直是香港繁荣的基石。即使在《南京条约》之后，进口鸦片到中国仍然是非法的。香港被英国统治，是印度鸦片可以卸下然后走私到中国的避风港。以怡和洋行为首的鸦片进口商投资香港前滩的仓库和办事处，香港也有少量但富裕的欧洲人口，以及驻军和殖民地官员。[62]由于五个通商口岸的商业环境花了十年或者更长时间才得到解决，香港作为"先行者"保持着自己的优势。香港长期以来一直是进口鸦片加工、重新包装和运往中国消费者的中心。幸运的第二部分更为戏剧性。1848年，在加利福尼亚发现了黄金。翌年，澳大利亚淘金热开始了，新西兰的北岛和南岛连带着出现了规模较小的淘金热。劳动力需求和财富前景对华南的贫困社区产生了磁吸效应，移民"热潮"开始向连续的"金山"蔓延。香港很快成为这些跨太平洋移民的主要出发港，定期有船往返旧金山。由于加利福尼亚和澳大利亚的华人保持着与家乡的联系，经常在几年后选择回国，并希望在这段时间内汇回他们的收入，香港很快就发展出这种人员运输所需的服务范围：掮客预付通行费，公寓安置有意向的乘客，处理汇款的银行和机构，与那些海外人士保持联系的报纸。因为华人移民（就像大多数其他人）更喜欢消费他们熟悉的东西（包括鸦片），香港也成为这个新海外市场的主要供应地。[63]

到了1850年代，这一切的影响让香港成为中国沿海的海上枢纽，将其太平洋的连接与其已有的南洋、印度和欧洲的连接结合起来。早在1845年，它就已经成为经由苏伊士通往欧洲的半岛和东方蒸汽航运公司服务的终点站，也是欧洲在东亚的邮箱。并不让人意外的是，造船和修船成为一项主要活动，而香港也成为英国皇家海军新的"中国站"的主要基地。船只经销商成倍增加，也正是在这里，来自中国和其他地方的船员可以被招募进行东方之航。英国人开始依赖当地的疍家人——传统上是一个由船夫和渔民组成的受压迫的"水上社区"。

随着汽船在中国沿海的扩散，以及1869年后欧洲汽船的抵达，香港成为一个庞大的加煤站——另一项大生意——至1890年代进口了八十多万吨煤炭。不过，或许是第三份好运真正"造就"了香港，此乃一股对其有利的逆风。1850年代开始，在十多年的时间里，华南和华中因反对清朝的太平天国运动而动荡不安——经济、宗教、社会和种族的不满在这场运动中融合起来。由此带来的混乱，使得广州和华南其他地区的许多中国富人到香港避难。这座城市的华裔人口得以迅速增长，推高了房地产的价值，并吸引了一批与内地有联系的新商人精英。通过这种方式，香港变得与新加坡类似：其统治者和狭隘的欧洲重商主义阶层，在自由港地位和帝国保护的帮助下，现在可以依靠不断增长的华人商业网络来扩大贸易。就像新加坡的政府，香港本地的政府有充分的理由对华人进出香港保持完全开放的大门。到了1890年代，伦敦的一位精明的殖民地大臣就注意到，香港实际上是一个华民社区，而非一个欧民社区。[64]

所有这些都未能让香港成为一个安逸或宁静的追求事业的地方。附近的广州长期以来被认为强烈反洋和反英——英国在1839年至1942年和1856年至1860年的两次鸦片战争中的行动并未消除这种厌恶。在香港的欧洲人一直担心针对他们的谋杀阴谋。关于一场大毒杀阴谋的周期性谣言席卷全城。在最初的几十年里，华南沿海地区的大规模海盗活动扰乱了航运，抬高了保险费，并在如何监管当地船只方面带来了几乎无法解决的问题。[65]香港也是出了名的有害健康，饱受随恶劣卫生条件而来的疟疾和水源性疾病之苦。大量的人口流入，加上糟糕透顶的居住条件，导致瘟疫在该城流行直到1920年代。然而，结果证明，香港对快速增长的华人和非华人人口来说是一块磁石。巴格达犹太人、亚美尼亚人和帕西人以及欧洲人，都是为了寻找商业财富而来的，通常以鸦片为载体。正式的隔离得以避免，但欧洲人和中国人会面似乎是为了生意，而非为了娱乐：香港赛马会只为欧洲人服务。到了19世纪下半叶，香港被确立为中国沿海的主要港口，中国多达40%或更多的进出口货物在这里转运。[66]当时一位观察家评论道，香港是"一种国际化的克拉珀姆交会站，乘客在这里转车，货物在这里转运到任何地方"。[67]在香港作为转口贸易、鸦片销售商（带来大量白银）、移民港口和汇款接收者的角色基础上，一项更持久的成就是成为中国的主要金融市场，中国的"金融城"。正是在这里，有关投资机会、货币走势（在中国尤其复杂）、商品价格和运费率，以及世界其他地区市场状况的金融信息最可轻松获得。该城很大一部分非华人受雇于管理货币，1864年，汇丰银行在此成立，很快便成为中国最强大的银行。同样关键的是，香港是两个"社会资本网络"——欧洲人和华人——相互接触的地方，动员当地的中国资本对该地区的大多数商业企业至关重要。[68]

到了1914年，全球环境和当地环境不可预测的结合，让香港成为中国两大沿海门户之一。控制着珠江三角洲的广州，仍然是一座重要的商业城市，而天津（1860年起为通商口岸），作为北京的前哨迅速发展，是另一个沿海门户。[69]不过，香港最大的竞争对手当然是上海。即使以其他亚洲港口城市的标准来看，上海的崛起也是突飞猛进的。1842年前，上海只是一个重要的商业城镇：在长江三角洲开垦的土地上大片棉花种植和制造区域的中心，有着可观的沿岸贸易。[70]实际上，正是上海的大型中式帆船贸易吸引了英国人的注意，[71]并使其成为他们要求进入的五个通商口岸之一。上海的地理位置很快就变得无与伦比。上海位于黄浦江上游不远的地方，这是一条靠近长江口的可通航支流，（与新奥尔良或加尔各答一样）拥有深远的河流腹地，其中就包括中国最富足、商业最发达的江南地区。上海也是中国最北端的不冻港。如果说早期迹象不确定的话（广州在十年的大部分时间里一直控制着中国的对外贸易），那么在1850年代，上海就摆脱了它的竞争对手。上海的运输量增长了九倍；其进口商品的价值增加了三倍；人口翻了一番，达到五十万人。

　　这在很大程度上与上海作为通商口岸的特殊历史有关。通商口岸开放了对外贸易，只须缴纳严格限制的关税，按价值计算为5%。那里的外国商人豁免于中国税收和中国法律制度，只对他们的领事负责：这是重要的治外法权。因此，领事是一名地方法官、行政官和死因裁判官，也是与中国当局打交道的外交中介。在通商口岸，外国商人通常被分配到城镇的一个单独部分作为他们的仓库和住所。被称为"租界"的地方，是为外国人保留的；而在"居留地"，中国居民也获允居住。在上海，英国人获得这座中国城市北部的一个大型江畔定居点，后来与美国人的地盘合并，形成了臭名昭著的"公共租界"，在黄浦江岸占地九平方英里。到了1850年代中期，公共租界的欧洲居民获得了很大程度的地方自治权，人称"上海公共租界工部局"，拥有自己的志愿防卫军和警察。它实际上成为一个欧洲殖民地，有着殖民主义的态度，以及——在它自己看来——几乎是移民共和国的地位。对几乎所有在中国寻求业务的大型外国企业来说，上海公共租界很快成为他们青睐的地点。1880年代，公共租界的江岸被填满，形成著名的"外滩"，外滩上排列着与中国进行贸易的重要机构：怡和洋行、太古洋行、宝顺洋行、旗昌洋行、半岛和东方蒸汽航运公司及英属印度航运公司办事处、汇丰银行、海关大楼和占地七英亩的英国领事馆。[73]与香港、新加坡、孟买和加尔各答一样，这种贸易严重依赖鸦片，而鸦片长期以来是上海最有价值的进口商品。因为进口鸦片严格来说是非法的，所以鸦片被储存在停泊在江里的船体残骸中，以逃避频繁的检查，但是鸦片赚来的白银可用于购买茶叶和丝绸，而对外贸易正是靠这些茶叶和丝绸蓬勃发展起来的。

　　然而，上海的商业成功不仅仅是西方商业能量的结果。在中国每个地方，西方人的商业交易都需要中国的中间人。这些是"买办"。[74]语言是一个障碍，因为很少有西方人能学会一点"洋泾浜"。中国的度量衡是出了名的复杂，并因地区而异。货币的问题也很麻烦。大多数小额交易都使用铜"钱"——一串低价值的硬币。不过，这些货币的价值可能与银两有所不同，银两是指金额较大的货币。"两"（实际上是银的重量）在中国不同地区也可能有所不同（有北京两、广州两、天津两、汉口两和上海两），用于交易的银锭可能根据地点的不同而有不同的纯度（因此也有不同的价值）。"在中国各地旅行……的旅客，"当时的一位专家H.B.莫尔斯提醒道，"会小心地携带一竿小秤和一串精选的'现金'，而这些现金的确切重量……他知道。"[75]西方商人面临的一个更大问题是进入中国内地的商人网络，并建立凭货物承诺预付信贷时所需的互信。对于所有这些职能，买办是必不可少的。早期买办来自上海众多"本土"银行的所有者，这并非偶然：[76]他们拥有支付西方商人要求的按揭贷款的手段，可以将西方的预付款转化为当地贷款，并判断金融交易的风险。

因此，上海原先的商人精英是这座城市商业扩张的重要组成部分。来自广州和附近宁波的商人很快也加入进来。不过，一场政治大动荡将上海从一个繁荣的通商口岸提升为（到1930年代）中国最大的城市，"现代"中国的国际化之都。到了1940年，上海的人口是中国第二大城市北京或第三大城市天津，以及印度加尔各答的两倍。[77]太平天国运动助推中国富人进入香港的安全地带。同样的事情也发生在上海，规模要大得多，首先是1853年至1855年的"小刀会"之乱，然后是太平天国运动。在上海，中国士绅和商人在公共租界避难，将其变成一个大型中国城，其中非华人形成了一个极小的（但占统治地位的）少数群体。到了1880年，租界中有十万多中国人，只有一千多英国人。[78]房地产价值飙升，对大城市中心商品和服务的需求增长惊人。"外国人的"上海已经不仅仅是一个商业中心。在19世纪余下的时间里，上海逐渐呈现出一座现代大城市的外观，拥有宽阔的大道、酒店和百货公司，以及优雅的郊区和外滩沿岸的宏伟建筑。这里有剧院、现代医院、学校和学院、图书馆和博物馆，还有一座赛马场（很早就传入）。这里有欧洲和中国的报纸，包括创办于1850年的《华北先驱报》，该周报长达九十页，充斥着来自世界各地的新闻，以及与之相对应的《华北日报》。这里还有无数为中国人和外国人提供饮食与服务的酒馆、妓院和鸦片馆，以及许多中国人——店主、工匠、磨坊工人、劳工、搬运工、小贩、人力车夫、妓女和仆人——不得不居住其后（就像在新加坡或者香港）的店屋：这些就是"棚民"。20世纪有位观察家写道，上海是"一座建在二十四层地狱之上的四十八层摩天大楼高的城市"。[79]上海的外国人口不仅仅是富有的"大班"*精英——富商。汽船公司、银行和保险公司、公用事业、造船厂和工部局本身所有都雇用了欧洲的员工，其中许多人的工资不高。欧洲人当教师、护士、警察、速记员、职员、客栈老板、领航员、印刷工、税务员和殡仪承办人——也当妓女。[80]到了1925年，欧洲人最大的就业类别是"面粉厂、缫丝厂和工厂员工"。[81]对其中许多人来说，由于"老家"的机会有限和生活水平低得多，回去前景很没有吸引力。《华北先驱报》在1919年评论道，"除少数幸运儿之外"，上海是其他所有人的永久住所。[82]这是一个移民的世界。即使对在中国的其他欧洲人来说，上海人也可能显得狭隘、无知和极度自满。[83]

在19世纪即将结束时，随着中国对外贸易的迅速发展和列强争夺铁路特许权，上海的商业发展似乎势不可挡。到那时，上海的港口经过改进和扩建，已经消化中国一半的贸易。在那里，以及在中国的其他主要港口，一个从1860年代开始的新组织接管了海关的管理，以及灯塔和浮标等导航设备的供应。这就是清廷海关总税务司署，形式上向清政府负责，但由西方人（主要是英国人）组成，由其令人敬畏的总税务司阿尔斯特人罗伯特·赫德（1835—1911）领导。"我想让

---

\* 大班，在19世纪和20世纪初的中国，指在英国或其他外国公司中担任高级职务的人，尤其指在香港和上海的贸易公司中的首席执行官。

中国强大起来，"赫德说道，"而且我希望她让英国成为自己最好的朋友。"[84] 在中国港口的现代化方面，海关总税务司署是一个强大的机构，为日益陷入困境的政府提供了不断增长的收入来源。[85] 连同西方强加的治外法权和低关税制度，沿海及长江上游的许多通商口岸和其他"开放场所"，都有警卫和驻军以及数十艘炮舰（最终是英国、法国、意大利、日本和美国）用以"监督"中国的水道，保护分散的西方人社区（1929年《华北先驱报》宣称，"外国炮舰仍然是保护海岸和河流航运的基本要素"），[86] 海关总税务司署构成了"钢架"的一部分，它塑造了——并限制了——中国的外交关系。

蒸汽和长江以及其他任何东西，都是西方人的上海所构建的。直到1860年，除了少数几个通商口岸，西方人一直被限制进入中国内陆。该禁令的结束让西方拥有的汽船涌入长江，以获取其贸易。汽船可以在几天内逆流而上，抵达汉口，一个巨大的内陆茶叶市场：在中国内陆水道进行大部分贸易的帆船需要数周的时间。包括怡和洋行和旗昌洋行在内的英国和美国在上海的主要商业王朝投资了汽船船队，而到了1890年代，一位勇敢的英国游客伊莎贝拉·伯德在上海发现了十八艘汽船，这些汽船提供到汉口的定期航运服务。上海成为枢纽，在此江轮交通与越来越多的沿海汽船以及来自欧洲和北美的远洋船只相遇。在19世纪末，对内陆蒸汽水上运输的剩余限制得以取消，部分是因为日本在1895年的甲午战争中战胜了中国（直到1890年代，无论是中国还是外国的汽船，都只能在通商口岸停靠——这也是存在让上游开设新通商口岸的压力的一个原因）。到了1913年，一千多艘汽船正在开凿长江流域内外的内陆水道。[87]

在上海和香港，一个"沿海"社会正在演变，在这个社会中，富裕的中国精英被西方的政治自由和个人自由、行政和法律、教育和休闲（尤其是跳舞）、举止和穿着等观念吸引着。到了1920年代和1930年代，上海有许许多多咖啡馆、舞厅和电影院。[88] 钱锺书于1947年首次（以中文）出版的讽刺小说《围城》，就欣然捕捉到了些许氛围。与新加坡和其他地方的华人一样，沿海社会期待着中国的"现代化"，以此来抵制西方控制的主张。许多俱乐部和协会涌现出来讨论这些想法，其中就有1894年的"兴中会"，国民党的先驱：兴中会领导人孙中山在香港待了很久——也在汽船上度过很长时间。1911年，清朝的君主制在各省的起义中崩溃，中国开始了一场由民选国民议会和共和政府组成的宪法实验。但是，1915年后日本的干预，"君主式"总统和民选议会之间的斗争，以及在当地掌权的省级"军阀"的出现，造成了政治混乱。接着，1919年，日本拒绝放弃在战争中夺取的德国在山东的租界，引发了一场大规模的民族主义运动，在这场运动中，社会和经济的不满与对日本和西方的影响和控制的不满融合在一起。工会得以成立，罢工和抵制在通商口岸和租界变得司空见惯。1922年1月至3月间，一场海员罢工让香港航运陷入瘫痪。三年后的1925年5月，上海一场劳资纠纷导致十二名中国人被公共租界警察杀害，并由此引发了席卷全国的"五卅运动"。6月23日，在华南爆发大规模反英示威之际，英国和法国的士兵在广州沙面租界的对峙中枪杀了五十二名中国人。民众怒火的爆发引发香港长达十六个月的大罢工。由于在中国对其公民和治外法权的保护变得越来越令人担忧，伦敦政府准备放弃"不平等条约"，以作为维护英国经济利益的代价，但英国仍然是中国境内最大的外国势力。[89]

或许令人惊讶的是，席卷中国大部分地区的南北斗争（国民党最初驻扎在广州）似乎对上海的繁荣没有什么影响，也许是因为它的大部分外资企业（包括现在的纺织和其他制造业）为上海本身或其邻近地区服务：这在一定程度上是一种飞地经济。中国相互竞争的派系向1920年代崭露头角的富裕的中国资本主义银行家、船主和实业家阶层索取贷款，[90]并瞄准了上海的巨额海关收入，而这一收入过去被用作北京外债的担保。1928年是一个转折点，因为这一年蒋介石领导下的国民党军队在中国恢复了统一政府，现在的首都是"南都"南京，而非"北都"北京。国民党或许考虑到需要西方的同情来对抗日本的威胁，因此放弃了——哪怕只是暂时的——终止治外法权的要求。但是，在中国的外国企业不得不接受一个强加严格的保护主义关税、要求征收新税、可能策反其劳动力或阻碍其贸易的政权。这一变化与英美烟草集团、荷兰皇家壳牌石油公司、英国帝国化学工业公司、亚细亚火油公司和联合利华等新的跨国公司的出现不谋而合，这些公司放弃了旧的买办制度，而使用中国员工进入通商口岸或香港以外的市场。他们选择与国民党政府务实地和解，而不是维护自己的条约权利。[91] 在大萧条最严重的时候，伦敦说服国民党政府通过将新货币与英镑挂钩来鼓励贸易和贷款，因为英国的银行和企业仍然是中国最大的外国商业存在。与国民党合作，而非捍卫通商口岸特权，变成当务之急。英国特使李滋罗斯爵士对通商口岸的种种做法不屑一顾：他说英国商人在炮舰和领事的帮助下享受着"庇护和虚假的生活"。"上海思维"已经过时。[92] 这一切可能会导致什么结果还不得而知。在日本于1932年占领中国东北后，国民党治下的中国和日本帝国之间的冲突不断升级，1937年爆发为全面战争，这改变了地缘政治环境，其中来自欧洲的全球化影响在中国根深蒂固。事实上，在亚洲的大部分地区，与欧洲的经济关系正在发生剧烈变化。在中国（和印度一样），随着关税壁垒的提高和一个强大的新贸易对手登场，英国棉花商品的市场崩溃了。[93] 截至两次世界大战之间的岁月，上海的日本人数量远远超过欧洲人的数量，即便包括1920年后涌入上海的白俄罗斯难民。到了1930年代中期，在亚洲，在西方帝国主义铁砧上建立起来的旧的全球化秩序正在瓦解。

香港和上海一直是中国蒸汽全球化的重要桥头堡。蒸汽将二者塑造成形。上海的大部分腹地通过江轮相连，这是其快速商业扩张的关键（一如在新奥尔良）。香港是东亚蒸汽航运的枢纽，也是重要的加煤站，提供造船和修船、轮机工程和锅炉制造等服务。[94]在两次世界大战之间的岁月里，香港仍然是一座重要的港口，按吨位计算，在1935年排名世界第七。[95]在1930年初的三周时间里，就有约四百次报纸广告宣传汽船航行到欧洲和亚洲的六十多个目的地。[96]香港商会宣称，"香港的存在完全归功于航运"。[97]香港的主要报纸《中国邮报》充斥着汽船广告。该报每天都有一个"航运栏"，并经常报道海军事务。"[新加坡]基地，"该报宣称，"对香港及其贸易线的安全，与对新西兰、澳大利亚甚至印度及其贸易线一样重要。"[98]在两次世界大战之间的时间里，香港保留了其作为一个重要银行中心的地位而免受掠夺，是海外华人汇款和投资的接收者。但是，香港的领导者很清楚它在多大程度上依赖与内地的联系：香港40%以上的贸易是与内地的贸易，港币小心地追随上海的法币。[99]因为在商业重要性上，香港早已将首要地位让与上海。1939年的一项调查得出结论，称"作为英国在中国大陆的商业活动中心，上海对英国的重要性远远超过香港"。[100]香港凭借其自由港规则和转口经济，在两次世界大战之间发展了一些当地工业。[101]不过，上海已经开始大规模的工业化——这一转变受到第一次世界大战和欧洲制造业转移的鼓励。中国资本开始大规模动员，随之而来的是大量劳动力涌入。正是中国的工业以及上海的对外联系，让拥有三百万人口的上海成为中国最大的城市。

蒸汽全球化留下了一份文化和政治遗产：事实上，国民党政府就是其模棱两可的遗产，尤其是该政府对铁路建设的热情投入。但是，中国对西方开放九十年的结果显然喜忧参半。1870年至1913年间，中国的出口额翻了一番，但仍不到印度出口额的一半。中国人均收入继续进一步下滑，落后于西方国家。[102]当时有位专家声称，中国的生活水平是印度的一半。[103]或许中国98%的经济仍然处于"前现代"。[104]乡村贫困、基本上人迹罕至的腹地、陈旧水利基础设施的腐朽，以及陆路运输（到1930年代只有区区一万英里的铁路）的缓慢发展，造就了"两个中国":一个是港口城市世界及其沿海周围地区,一个则是广阔的内陆地区。这些沿海经济体能在多大程度上(以及何时)改变自己的腹地,仍然是一个悬而未决的问题。在两次世界大战之间的时间里,剧烈的政治动荡、内战和日本的侵略,破坏了它们更紧密融合的任何前景。到了1930年代后期,中国的大部分沿海地区正在被残酷地拖入日本封闭的经济集团"大东亚共荣圈"。20世纪最大的战争之一,日本和国民党治下的中国长达八年的全面战争即将到来。在中国,我们可以看到港口城市的命运,以及它们重塑身后内陆地区的机会,如何剧烈地改变着地缘政治命运,这一点或许比在世界上任何地方都更为生动。

# 第八章
# 大都市的危机

## 被解放的全球化

到了1913年，蒸汽全球化已经成为一股拥有看似无限能量的改变世界的力量。它的规模和速度非但没有放缓，反而继续以惊人的速度在增长。截至1880年，世界贸易额已经增至约三十亿英镑，1900年达到四十亿英镑，到1913年几乎翻了一番，达到约八十亿英镑。[1] 正如我们在前面某一章中所见，1870年至1913年间，世界上的船舶容量（大部分贸易都是在其中进行的）增长了四到五倍，直至这一时期快要结束时增长惊人。令这些数字更显重要的是，它们揭示了世界不同地区从事贸易的程度大幅增加，并使其经济和社会（自愿或相反）接触到外国制成品或产品。权威估计表明，以商品形式出口的全世界地区生产总值所占比例，从1820年的1%上升到1913年的近8%，[2] 总体贸易（进出口）在1820年相当于全世界地区生产总值的2%，但是到了1913年则为22%。[3] 当然，人均贸易额相差悬殊，在澳大利亚和加拿大这样的定居殖民地很高，而在中国和印度等国家很低。但是，即便在印度——1834年至1870年间贸易增长了七到八倍，到1913年增长了近四十倍[4]——和中国，人们也普遍认为，越来越多的经济活动将转向贸易。

　　同样，在世界各地流动的资本流变成了洪水。对此的估计只能是粗略的。但在20世纪伊始，在世界各地（包括欧洲和美国）投资的外国资本总额按现值计算约为五十亿英镑。截至1914年战争爆发，这个数字上升至八十亿英镑到九十亿英镑之间。几乎所有的外国资本都来自欧洲，来自美国的比例要小得多（可能为8%）。[5]在1913年，世界上近一半的外国资本来自英国，或是通过伦敦、欧洲（和世界）的金融总部汇款。法国的份额略低于20%，德国则接近13%。根据一项估计结果，截至1913年，自20世纪初以来，英国每年一半的储蓄都被放在国外，其海外财产收入几乎翻了一番。这种资本出口的大幅加速与欧洲移民潮相匹配，绝非巧合。英国30%以上的对外投资流向了美国和加拿大；英国另有20%的对外投资流向了阿根廷、澳大利亚和巴西。[6]绝大多数欧洲移民的目的地都是这些国家：1892年至1900年间，欧洲移民有近七百万人；1901年至1910年间移民人数超过一千一百万；1911年至1920年间，尽管因为战争受到中断，移民仍有将近八百万人。[7]来自中国和印度的人口流动（尽管规模较小）反映了这种加速从欧洲移民的态势。来自华南（主要是去东南亚）的移民人数，从1901年的每年不到三十万人增至1911年的四十多万人。[8]在1880年代末，每年有二万名印度人漂洋过海来到马来半岛，到了1911年已经增至十万人。世界在移动，而不仅仅是漂洋过海。1906年至1913年间，三百五十万俄国人定居西伯利亚，使西伯利亚人口增加了50%；1898年至1908年间，中国约有一千万人闯关东，使中国东北人口翻了一番还多。[10]缅甸、荷属东印度群岛和法属越南，都出现了大规模的国内人口流动，以开垦新土地。受雇于南非兰德公司矿井的非洲移民工人，人数从1903年至1904年的不到八万人，激增至1913年的二十一万四千多人。[11]

　　贸易、移民和资本流动的爆炸性增长，伴随着当时人们眼中欧洲对世界其他地区殖民化的最后阶段，而这是欧洲在自身支持下进行更密集剥削的前奏。有名的是，1893年，弗雷德里克·杰克逊·特纳曾呼吁人们注意美国定居点边疆的终结，即"自由"土地的终结。1900年至1914年间，加拿大大草原被人们以疯狂的速度占领。在澳大利亚，对热带昆士兰和维多利亚州北部"桉树"土地的迅速占领，意味着白人定居点的极限也有类似的进展。在草原土地也被大地主迅速侵占的阿根廷，边疆到了1914年已经终结。[12]温带世界的这种瓜分与西方列强（包括到1898年的美国）对热带和亚热带世界的瓜分是类似的——尽管"有效占领"（据说是殖民合法性的标准）在撒哈拉以南非洲的大部分地区只不过是一种渴望。奥斯曼帝国（到1913年已经大大削弱）和波斯（已经被划分为多个干涉范围）的最终分裂被推迟；在"缔约列强"的互惠互利下，中国的分裂暂停了。不过，这是一个在1870年之前难以想象的世界，而这个世界已经对西方国家的商业和资本开放。

蒸汽技术的传播及其对运输和制造业——尤其是纺织品——的革命性影响，很容易解释蒸汽全球化的迅猛发展。资本的流通、移民的流动，以及欧洲列强通过条约或规则迫使市场开放的意愿，英国可谓一马当先，推动了这种以欧洲为中心的新经济深入到亚洲和美洲。或许不甚明显的是，为何蒸汽全球化在1900年后获得了"第二股风"，以及为何变革的步伐非但没有放缓，反而变得越来越快。部分答案必定在于从1890年代开始的欧洲工业化的快速发展，这产生了新的财富，提高了城市化水平，以及带来了更多的原材料和粮食消费。在欧洲的很多地区，工业化恰逢农村人口过剩和贫困危机，在意大利、西班牙、东欧和俄国造就了庞大的新移民库（包括永久移民和临时移民）。低廉的汽船票价，让这一庞大的劳动力库得以转移至美洲更具生产率的就业岗位。临近19世纪末时，电力、化学品和内燃机——所有这些都是蒸汽技术的继子——方面的第二次工业革命，降低了许多工艺的成本，创造了新产品，并需要新的原材料，比如橡胶和石油。但是，为何欧洲的投资者是如此愿意提供新的资本流，将其现有赌注翻倍呢？当然，法国和德国投资者的大部分贷款都是为欧洲其他地方的借款人准备的：作为法国在1892年后的重要盟友，俄国政府的借款吸收了法国的大量放款。相形之下，英国的大部分投资都流出了欧洲，其中大部分资金来自前期转移的利润。事实上，正是这些早期的开拓性投资为新资本的有利使用创造了更安全、更可靠的条件。[13]至少在英国，专家意见几乎没有怀疑国内的繁荣需要增加对外投资。时任财政大臣大卫·劳合·乔治在征求首席统计学家乔治·佩什的意见时，佩什宣称，"当英格兰为殖民地和外国自由发行新资本时，她一直都很繁荣"。[14]年轻的约翰·梅纳德·凯恩斯则认为，对外投资的风险正在下降，任何对外投资的减少都会破坏英国出口贸易的很大一部分。[15]

截至20世纪初，我们可以称之为一个复杂的全球化体系的事物已经就位：它的商业、货币、意识形态和地缘政治要素创造了强大的动机，让人们接受它的纪律并追寻它的轨迹。这些在欧洲得到了最强烈的认可，但是世界各地都感受到了它们的影响——尽管程度不同。在欧洲的工业地区，产品和生产产品的劳动力有很大一部分都依赖外国市场，而且比例在不断上升。由一大群"白领"工人组成的一种精心设计的商业机制，在为进出口贸易提供服务，安排进出口产品的分销，并提供保险和信贷。通常布局在港口的加工业利用来自遥远农场和种植园的谷物、大米、糖和油籽，来为欧洲的城市人口提供食物和清洁。汽船公司和铁路公司以及银行和金融机构，都在拓宽贸易渠道以及抵制保护和关税压力方面拥有既得利益。事实上，人们普遍认为，在欧洲以外的世界寻找新市场，扩大世界贸易，是经济增长的最佳保障。相形之下，所有正统观点都认为，通过提高工资或由干预主义式国家重新分配收入来增加国内消费，是经济上的文盲行为：危险、愚蠢，在科学上是错误的。英国很少有"专家"支持保护主义的观点，即完全开放的经济会给劳动人口带来贫困、无保障和失业，造就城市的贫民窟，摧毁工业城市。这些"大都市"的正统观念，反映在欧洲以外世界大部分地区的商业精英和地主精英的态度中。在土地丰富的国家，将商品出口似乎是把财产转化为收入、支付消费品费用，以及为铁路、港口、城市交通和公用设施等设备提供资金的唯一途径，这些设备将让经济现代化并吸引更多移民。即使在中国或印度这种新土地相对稀缺的地方，经济进步似乎也取决于增加出口，以便将更多资金吸引到内陆地区，减少乡村贫困，并为改善买单。在印度则出现了谴责财富"流失"的批评，矛头直指挪用印度出口的收入来支付"宗主国费用"：伦敦为其在印度驻军征收的租金、侨民养老金成本以及印度在伦敦借款的利息支付。1914年之前，印度国大党领袖中很少有人会赞成，甘地将印度视为一个由自给自足的乡村共和国组成的无政府主义联邦的观念。

人们并不普遍相信多边贸易和低关税制度的益处：美国和俄国强大的（工业）利益集团抵制其逻辑。但在大多数国家，它似乎是社会和经济稳定的必然推论。1870年，很少有国家遵守所谓的"金本位制"——致力于按需将纸币兑换成黄金，并（随后）将货币流通与黄金"储备"联系起来。到了1913年，包括日本在内的绝大多数独立国家都接受了这一准则：这有助于（正如我们先前看到的那样）19世纪下半叶开采的黄金供应大幅增长。金本位制带来了两大好处。第一，它稳定了贸易伙伴之间的汇率，并通过降低汇率风险鼓励了更多的贸易。第二，它向外国贷款人和投资者保证，他们的资本价值不会被一连串不可兑换的票据破坏。1890年代中期以降，当国际贸易强劲复苏时，金本位制的吸引力比以往任何时候都更强烈。对那些把自己日益繁荣的希望都寄托在提高商品出口额，并面临其他生产商激烈竞争的国家来说，拒绝金本位制会降低其对欧洲买家的吸引力。这可能会对他们所希望吸引的投资人产生更大的寒蝉效应而影响投资，他们毕竟需要投资来提高产量，并让产品从农场到谷仓、冷冻厂和港口的道路变得畅通。另外，在很多国家，直接税在政治或行政上也很困难，很多政府活动通常依赖从国外贷款人那里借款，因为当地资本稀缺。在这里，让出借人放心的必要性似乎更为紧迫：他们的外国现金流突然受到限制，很可能会让他们陷入政治危机，甚至政权更迭。自由贸易和金本位制的共同作用，让许多国家更深入地致力于一体化的全球经济。为了保护而放弃自由贸易，将减少出口收入。如果没有出口收入，外来的投资流就会减少或枯竭。更糟糕的是，这可能引发危机，让国家破产并颠覆政权。

依赖少数主要支柱出口产品的农业国家（明显的例子在南美洲），最为强烈地感受到这些恐惧。不知何故，欧洲大国对全球化的逻辑持有不同的看法。对当时的很多人来说，第一次世界大战前的最后十年是世界全球化的关键阶段，而在英国、法国、德国、俄国和美国五个"世界大国"之间的一系列讨价还价中，世界全球化的条件最终被确定下来。如果不能迅速采取行动来确保扩张区的安全，可能就意味着以经济受围的形式被永远排除在未来的财富源泉之外。在一个充斥着分治、占领、势力范围和租界、新工业大国和投资激增的时代，很容易理解为何这种期望会生根发芽。"不管我们喜不喜欢，"富有影响力的英国地理学家哈尔福德·麦金德在1909年写道，"我们已经到了大帝国、商业和工业托拉斯［卡特尔］的时代。"[16]欧洲其他国家早些时候也得出了同样的结论。1895年，德国海军政策的核心人物海军上将提尔皮茨就认为，如果德国的海外利益没有被"放在首位"，"她将在下个世纪迅速从大国的地位上跌落"。[17]"［亚洲］更具惰性的国家将成为强大入侵者的猎物，"1903年，俄国大臣维特伯爵对沙皇说道，"每个相关国家的问题是尽可能多地继承现存的东方国家的遗产，尤其是中国这尊巨神。"[18]不仅对领土，而且对商业影响力和金融影响力提出主张，具有新的紧迫性。但当世界被瓜分时，海上通道才是最重要的。比利时国王利奥波德二世满怀希望地说："一个沐浴在海边的国家从来都不是小国。"[19] 德皇威廉二世情绪激动地宣称："我们的未来就在水上。"全球化的世界很快就会分裂成正式帝国和非正式帝国，那些没有商业和海军等海上力量的国家有被排除在这两种帝国之外的风险。1898年，被美国剥夺了帝国（几乎）所有剩余部分的西班牙的命运，很难让人心安。

然而，尽管欧洲列强之间存在着种种较量，但是它们一致认为，欧洲大陆在世界中心的地位比以往任何时候都更加确定。蒸汽全球化的进程证实了欧洲及其在北美洲的西部附属地在商业、金融、科学和技术等方面的优势。这非但没有同等提升生活水平和财富，反而扩大了西方与"其他地区"之间的差距。军事力量和殖民统治的粗略指标都指向同一个方向，并助长了欧洲白人在体力、道德和智力方面享有"基因"优势的观点。专家意见表明，欧洲也比亚洲和非洲享有人口优势，因为欧洲人口的增长速度似乎远远快于亚洲和非洲人口的增长速度。著名统计学家罗伯特·吉芬爵士预测，一个世纪后，欧洲的人口将超过十亿，并"大大"超过印度或中国目前的人口。[20] 专家们还驳斥了欧洲人不适合殖民热带地区的神话。"我现在坚信，"1898年，最重要的热带医学专家帕特里克·曼森爵士写道，"白人种族有可能在热带殖民。"[21] 整个世界都是他们的牡蛎。实际上，一项有影响力的民族志调查就认为，美洲和澳大拉西亚的"原住民"（包括毛利人）是"垂死的种族"，他们的消失是可悲但不可避免的。这些不可抗拒的对首要地位的主张，也不仅仅是欧洲自负者的吹嘘。他们的力量在亚洲和非洲那些最为强烈地感受到欧洲影响的地区，得到了当地精英的认可。一如他们自己所认为的，他们的任务是让欧洲的制度、思想和技术去适应捍卫其宗教和文化的目标以及他们残存的政治自由。在大多数情况下，眼下真正的问题是，作为盟友（如日本）或其殖民社区的选定代表，他们与欧洲列强建立伙伴关系的条件。人们普遍认为，除少数情况之外，某种形式的无限期托管是非欧民族的最终命运。《经济学人》在1914年1月评论道，美国在加勒比海和中美洲（巴拿马运河周围的领土已被强行与哥伦比亚分离）的影响力，"很快将与大不列颠政府……对其殖民领地的影响力一样强大而不可抗拒"。[22]

（事实证明）蒸汽全球化的最后一个重要阶段呈现出一种奇特不和谐的景象。贸易和投资的异常快速增长预示着这样一个世界，在其中，经济相互依存的规模将缓和摩擦，并让战争成本高得令人难以想象。《经济学人》警告说，英国和德国之间的战争"将永远影响世界的商业平衡"。[23]但在欧洲以外的世界，贸易和资本增加带来的和平效应不那么明显。对依赖大宗商品出口的国家来说，与世界经济的深入接触，也带来了远方事件可能将其推入社会、政治和商业稳定危机的风险。[24]金融违约可能会带来外国的武装干预：夺取海关（1914年4月，海关一直是美国占领维拉克鲁斯的主要目标）。外资企业过于张扬，可能会引发害怕文化竞争或工业竞争的神职人员或工匠的叛乱。更糟糕的是，对一种价值突然上涨的商品的疯狂追求，可能会导致掠夺性的外来者入侵，他们会以可怕的暴力夺取土地和劳动力，就像在刚果发生的那样。更通俗地说，正如印度和其他国家的情况揭示的那样，蒸汽全球化更有可能扩大西方和非洲-亚洲"其他国家"之间的总体生活水平差距，而非缩小差距。

全球化的这种雅努斯\*面孔，当然源于蒸汽技术帮助确立起来的财富和权力的严重不平等。这让欧洲国家通过占领、吞并和胁迫以及商业渗透，迅速进入世界的其他地区。就其本质而言，这是一个竞争的过程，而这种竞争在1890年代升温——或者说看似如此——达到了

---

\* 雅努斯，古罗马人的门神，拥有两副面孔，一个在前，一个在后；一副看着过去，一副看着未来。

狂热的程度。因此，贸易和投资的浪潮不仅伴随着划分领土和势力范围的激烈外交，而且伴随着主要的海上强国——英国、法国、德国、意大利、奥匈帝国、日本和美国——的海军开支在1906—1907年和1913—1914年之间大幅增长了将近70%。蒸汽全球化似乎催生出日益军事化的"帝国主义盛期"。但与前几个时代一样，全球化也产生了相互矛盾的趋势。如果说全球化鼓励了强国的扩张，那么它也促进了新形式的地方抵抗。全球化有助于**领土**整合的事业，并增加了**领土**整合的吸引力，这样各国就可以充分利用全球经济，通常通过投资铁路和电报。这以早先难以想象的方式为新的"民族"国家提供了希望：铁路是"民族国家"之父。在暴露于欧洲帝国主义全部火力下的地区，新的联系模式（正如我们所见）为文化动员和种族动员提供了种种手段，就像"帝国全球化"变得更加激烈一样。事实上，可以在欧洲和近东的王朝帝国——德意志帝国、俄罗斯帝国、奥匈帝国和奥斯曼帝国——中看到这种现象。帝国主义和民族主义二者都是全球化的子孙。这可能有助于解释，除了快速的技术变革感之外，这一时期的氛围中还有虚张声势和焦虑的狂热混合。

1914年之前，尽管利益相关方哀叹不已，但是第一次世界大战的迹象并不明朗。欧洲列强在"外部世界"相互冲突的主张和野心，在很大程度上是通过有时激烈紧张的外交来解决的——如果只是因为欧**洲内部**围绕非洲沙漠和荒野爆发战争的可能性被认为荒谬而遭排除在外的话。在发生战争的地方，就像西班牙和美国、俄国和日本之间的战争，即使战争的后果有所扩大，也会被谨慎地本地化。在非洲-亚洲世界，反对西方列强的民族主义起义或种族起义要么被镇压——就像菲律宾人或赫雷罗人的起义\*——要么被英国特有的马基雅维利式的"改革"遏制。中华民国能在多大程度上摆脱强加给清王朝的"半殖

---

\* 1896年，菲律宾人发动反对西班牙殖民统治的起义，史称"菲律宾独立运动"。1904年，纳米比亚的赫雷罗人发动反抗德国殖民者的起义，史称"赫雷罗起义"。

民主义", 还很不确定。或许真正的问题是激烈的全球化必然会产生摩擦。它产生的影响也极不平衡。它肯定会在政治和经济上引发不可预测的后果。然而,管理一个其"神经系统"最近以惊人速度统一的世界所需的外交机制,充其量只发展了一半。当土耳其欧洲部分的突然分裂,威胁着要在一个被认为对欧洲均势至关重要的地区而非在非洲丛林出现一场对抗时,王朝外交的所有缺陷都暴露了出来。[25]然后,蒸汽全球化戛然而止。

## 海上欧洲

这是欧洲沿海大都市达到其影响力顶峰的背景。事实上,一切似乎都指向其商业重要性不可抗拒的增长。毕竟,世界贸易的巨大增长伴随着远洋汽船吨位的更大增长。即使在铁路时代,在交通拥堵开始之前,陆路运输的能力也是颇为有限的。一位著名的地理学家总结道,正是这个问题"有利于伦敦和纽约等数量相对较少的大型海港城市的发展",货物将从这些城市通过海路分销到较小的沿海城市。"大型海港是一个永久性的、日益增长的需求。"[26]事实上,欧洲主要港口城市——伦敦、利物浦、安特卫普、鹿特丹、汉堡、勒阿弗尔、马赛、的里雅斯特和热那亚——似乎都在进行激烈的竞争,以扩大港口,吸引船主想要的而造船厂正在建造的越来越大的商船来此。

大部分压力源自欧洲的港口城市具有双重功能这一事实。它们共同成为连接欧洲与美洲、非洲-亚洲和南太平洋这个"更广阔世界"的大都市。在这里,它们是欧洲的蒸汽全球化的代理人。但是,他们也卷入了欧洲**内部**贸易的巨大增长,而这一贸易额约占世界贸易总额的60%。不过,还有其他特点使其不同于欧洲以外世界的大多数重要港口城市。首先,欧洲的自然地理和政治地理共同促进大型港口城市的显著集中。在19世纪晚期,不少于十三个主权国家挤在西欧和中欧（挪威于1905年从瑞典分离），可以进入这个"半岛中的半岛"的锯齿状海岸线。每个主权国家都需要或想要一个大港口（最好是几个）来展现自己的利益并扩大自己的贸易。其次，它们是世界上最大的移民外流的出口（中国香港也有类似的情况），而正如我们所见，这种流动没有减少的迹象，并且强加了巨大的社会负担。再次，除了美国东北部以外，这些主权国家背后几乎是世界上所有工业化程度最高的地区。因此，大多数欧洲港口都是按重量和体积计算的"进口型"港口，接收大量粮食、原材料和燃料，而这些必须在内陆运输至工厂和消费者。与欧洲以外世界的许多重要"出口型"港口不同，它们利用了赤道以北和以南的各种生产区，因此其贸易不及后者那么有季节性——这是涵盖港口改善的成本和维持大量劳动人口的重要因素。最后，不像世界其他地区的港口城市，欧洲的主要港口城市是大型航运公司的所在地，而正如我们所见，这些公司正在加强对海运贸易的控制，并（通过"班轮公会制度"）对汽船运输强加其规则。正是在欧洲港口城市的董事会会议室中，世界诸条海上走廊是注定要被管理的。

另一个特点使其与众不同。在世界的大多数地区，港口城市不得不与希望夺得它们的外部联系，吸引它们的船只，入侵它们腹地的对手竞争。截至20世纪初，铁路和汽船"干线"与加煤站的结合，让天平向少数"枢纽"倾斜，并将许多曾经受欢迎的港口（比如魁北克市、波士顿、马德拉斯、槟城和广州）推向次要地位。然而，在欧洲，一种不同的模式占据了上风。在这里，"货运枢纽"受到旨在保护一个国家主要港口的政治影响力的约束。欧洲铁路和水路网络的异常密度，也让情况变得极为复杂。无论是连接纽约和芝加哥的大铁路走廊，还是从布宜诺斯艾利斯蔓延开来的非凡铁"扇"，在欧洲都找不到。相反（正如我们将看到的那样），腹地部分重叠，不同的"分销规则"适用于港口接收和发送的多种产品。这给竞争添加的优势和强度，或许比其他任何地方都要强烈。欧洲自身的全球化造成了相互依赖和对其政治风险的极度敏感：希望和恐惧交织在一起。

欧洲的沿海边缘地带到处都是规模巨大的港口城市。波罗的海，昔日汉萨同盟的所在地，长期以来一直沦为欧洲贸易的次要角色。哥本哈根（曾经是帝国首都，但自己的帝国早就被剥夺了）和瑞典的主要港口哥德堡，占据着靠近入海口的战略要地。哥本哈根是一个转口港，乘客可以在这里换船前往遥远的波罗的海港口。1904年，哥本哈根获得了"自由港"地位，货物可以在这里停泊而无须缴税。由德国开凿的横贯丹麦半岛颈部，并于1895年通航的基尔运河，减少了哥本哈根的贸易量。没有单独一座港口控制着波罗的海内部。德国的斯德丁港和但泽港的腹地有限，而但泽部分是因为该地的重要水道、非凡的维斯瓦河几乎没有交通登陆点，铁路连接也很差劲。[27] 斯德丁深受汉堡的竞争之苦。位于德维纳河口的里加，是俄国继圣彼得堡和敖德萨之后的第三座港口。自1870年开始，里加的人口翻了两番，在1913年达到近五十万人。里加的贸易额增长了七倍，已经成为俄国的主要工业区之一。到了20世纪初，里加是控制该城政府的讲德语的精英与被吸引到该城工厂的拉脱维亚人和俄国人之间日益激烈冲突的现场。就像欧洲之外很多港口城市的情形，里加的三个种族基本上各自为政。[28] 雷瓦尔，即现在的塔林，是一个为圣彼得堡的纺织厂服务的棉花进口港口，尽管从1880年代中期开始，一条穿过喀琅施塔得（俄国最大的海军基地）浅水区域的运河，让更大的船只可以直接进入圣彼得堡。圣彼得堡—喀琅施塔得长期以来一直都是俄国的主要港口，尽管自1860年代开始，它在俄国出口中所占的实际份额急剧下降。但是，1870年至1914年间，该城人口大幅增长，从不到一百万增至二百多万，因为该城已经成为一个重要的工业中心，工人们居住在拥挤、肮脏和危险的不健康环境中：霍乱是一种持续的威胁。[29] 不过，一如大多数波罗的海港口，该城在冬天冰封千里，较近的腹地人烟稀少。

粮食占俄国出口的一半，其中大部分种植在该国南部，从敖德萨、赫尔松和契诃夫的出生地塔甘罗格等黑海港口运出。敖德萨是其中最大的一座港口，1900年后拥有约五十万人口。不到10%的人讲乌克兰语，这是周边地区的语言；不到一半的人会讲俄语。敖德萨是一个有四十九种语言的城市，在此可以听到法语、意大利语、希腊语、阿尔巴尼亚语、保加利亚语、德语、波兰语、亚美尼亚语、格鲁吉亚语和土耳其语。不过，真正控制这座城市的是犹太人。到了1914年，他们占人口的三分之一，并越来越多地掌握该城的贸易和工业。有趣的是，敖德萨周围还有一圈"德国殖民地"——被自由土地和市政特权的承诺吸引到俄国的移民；他们后来的命运——就像到1941年敖德萨大多数人的命运一样——是残酷的。1914年之前，敖德萨本身面临着不确定的未来。在一个"俄国化"的时代，它的世界主义特征招致了官方的敌意。地方自治遭到大幅削减，大批部队驻扎在此。敖德萨自身的贸易受到邻近港口竞争的影响。富商开始离开该城，而不断增长的种族对立直指犹太人社区，1905年就发生了一场大屠杀。[30]的确，敖德萨示范了我们在其他地方看到的必要性。港口城市如果想要繁荣发展，或许甚至生存下去，就需要内陆政府的支持和保护。敖德萨两者皆无。

波罗的海和黑海都是海上的"死胡同"，它们的港口在欧洲以外的世界贸易中并未发挥重要作用，尽管敖德萨已经成为印度产棉花的目的地。地中海则不同，它的各个地区之间长期的互联互通使其拥有许多重要的港口城市。18世纪，大西洋贸易和亚洲贸易绕过地中海，地中海相对衰落的同时，低地地区变得越来越冷、越来越潮湿，种植业也在减少，这似乎是环境方面的倒退。[31]19世纪带来了更好的时代。埃布罗河与波河流域的农业得到恢复，大片沼泽地得以开垦，阿尔及利亚的米蒂贾、希腊的色萨利，以及安纳托利亚和其他地方的种植面积有所扩大。最好的是，苏伊士运河的开通突然让地中海诸港口拥有进入印度洋的特权，并将该海域变成一条主要的"直通航线"。地中

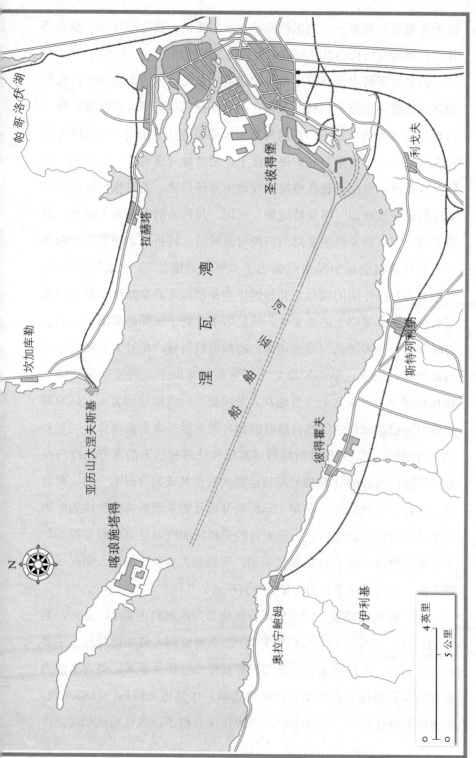

帕哥洛伏湖

坎加库勒

N

亚历山大涅夫斯基

喀琅施塔得

拉赫塔

圣彼得堡

利戈夫

涅瓦湾

船运河

斯特列利纳

彼得霍夫

奥拉宁鲍姆

伊利基

0    4 英里
0    5 公里

1910 年的圣彼得堡

海的主要港口城市——的里雅斯特、热那亚，尤其是马赛——都希望在以狂热速度增长的世界经济中发挥更大的作用。

的里雅斯特位于亚得里亚海的北端。它是帝国的产物——就像敖德萨或香港。该地于1382年被置于哈布斯堡的保护下（对抗威尼斯），1719年被宣布为自由港，原因与新加坡或香港几乎相同——鼓励外国商人前来。哈布斯堡的庇护促成在中世纪老城旁建造了一座新城，即特蕾西亚城，而的里雅斯特发展成地中海转口港。的里雅斯特被东部荒凉的石灰岩高原（喀斯特地貌）包围，与内陆的联系并不容易，而哈布斯堡家族对亚得里亚海的兴趣时断时续。转折点出现在哈布斯堡君主制在拿破仑战争结束时失去了"奥属尼德兰"（今比利时），并获得不再发挥作用的威尼斯共和国作为补偿，从而重新认识到亚得里亚海在商业和战略上的重要性。威尼斯本身处于长期的衰落中。到了1860年代，麦考洛的《商业词典》称威尼斯贸易"相对无足轻重"。[32]与此同时，在维也纳的罗斯柴尔德家族的帮助下，的里雅斯特商人1835年建立了一家名为"奥地利人劳埃德"的汽船航运公司，以发展东地中海日益增长的贸易。政府的帮衬带来至关重要的邮件合同与补贴。[33]1850年代，的里雅斯特通过塞默林铁路和后来的南方铁路与维也纳相连，而1866年将威尼斯输给意大利使其成为帝国唯一的主要海港。接着，在1869年，苏伊士运河的开通让的里雅斯特突然成为距离印度洋最近的欧洲港口：一艘来自的里雅特的汽船是第一艘穿越苏伊士运河的船只。到了1870年代中期，奥地利人劳埃德航运公司在《泰晤士报》上为去往孟买的定期航行打广告。[34]

到了19世纪晚期，的里雅斯特被确立为欧洲的主要港口之一，到了1913年，该城的船只吨位排名第八。[35]奥地利人劳埃德是一家主要的航运公司，为驶往东亚、美洲和黎凡特地区提供服务。奥匈帝国的现代海军舰艇就是在的里雅斯特的造船厂中建造而成的。1880年代，的里雅斯特获得了一个新港口，1909年又获得了一条铁路连接线。作为地中海港口，的里雅斯特本身就具有国际化的特点。如果说意大利人是该城最大的民族团体，那么他们得到了斯洛文尼亚人、塞尔维亚人和其他巴尔干民族的补充。由商人、银行家和船主组成的富裕的上层资产阶级，包括希腊人、亚美尼亚人、德国人、威尼斯人和犹太人。的里雅斯特是一个主要的咖啡港口——幸存下来的伊利咖啡公司就是一个提示——并从帝国的工业扩张和农业扩张中获利。或许1913年没有人能预料到的里雅斯特的命运。1918年，随着帝国的崩溃，的里雅斯特的大部分商业重要性像梦一样消失。它短暂的黄金时代变成漫长的衰落——即使魅力依然存在。[36] "自己的生产和需求过去都必须经过这个港口的广阔腹地被瓜分殆尽，"《经济学人》在1927年悲伤地报道说，"不再有任何令人信服的理由说明为何某些运输应该在这些码头上处理……" [37]

意大利漫长的海岸线布满了港口城市，其中大多数的背后都有美好的未来。在1860年代统一之前一直是意大利南部首府的那不勒斯，吸引了大量航运，不过这主要是因为它充当着数百万前往美洲生活或工作的意大利人的主要移民港口。19世纪晚期一次重要的文化复兴使其成为一座庞大、拥挤和贫穷的城市，俯瞰着极度贫穷的梅佐乔诺地区*。[38] 热那亚的历史则不同于此。在近代早期，热那亚一直都是地中海西部的商业和金融中心，并经历了相对衰落。19世纪晚期开启了新篇章。作为皮埃蒙特–撒丁岛的一部分，热那亚是1860年后意大利新王国的主导元素，非常适合成为意大利的主要港口，尤其是在都灵和米兰周围工业化腾飞之际。1880年代后期，意大利五分之四的贸易仅限于欧洲，而到了1913年，意大利贸易已经大大多样化：现在超过三分之一的贸易流向了其他地方。[39] 与此同时，热那亚成为一座重要的移民港口：1906年，近四十万移民离开了那里，而返回的人数几乎相

---

* 梅佐乔诺地区，在意大利语中意为"正午阳光"，泛指意大利南部地区，传统上以农业经济为主，与工商业发达的意大利北方差距悬殊，因此区域发展不平衡有"梅佐乔诺陷阱"之说。

等。[40]移民和贸易并非没有联系，因为在阿根廷和美国永久或临时定居的许多意大利人是意大利织物和食品的忠实市场。热那亚也是一家重要航运公司鲁巴提诺公司的所在地，从1870年代起，该公司通过苏伊士运河提供了"通往孟买的最快捷、最便宜、最宜人的路线"。[41]随着港口交通的扩大，热那亚的人口也在增加，到了1911年翻了一番还多，达到约二十七万人。[42]

然而，热那亚作为一个大都市的作用在许多方面受到了阻碍。这座城市坐落于一个夹在山脉和大海之间的陆架上：对近代早期的转口港来说是安全方便的，对铁路时代的港口来说则不然。通过利用滩头，热那亚在1870年代获得了一个新的港口，但其内陆交通仍然非常受限。热那亚通过铁路与都灵和米兰相连，但是陡峭的坡度和穿过海岸山脉的狭窄通道大大降低了铁路的通行能力。让铁路运输变得更复杂的是，热那亚的进口与出口严重失衡，大量煤炭、原棉和谷物进口，但是出口很少：仅有七分之一的船只满载货物。作为港口，热那亚价格昂贵，而且容易出现罢工行动。到了20世纪初，尽管有穿过阿尔卑斯山的新铁路连接，但是，热那亚在获得意大利北部以外的腹地方面也没有取得多大进展：它在欧洲的贸易只有不到5%是跨越国界的。对通往瑞士和德国南部的路线征收的高昂铁路费用，意味着热那亚与遥远的鹿特丹或安特卫普相比缺少竞争力。[43]

在一个大国相互竞争和恐惧"包围"的时代，热那亚的困境是一个更广泛意大利问题的象征。尽管有着荣耀的往昔，但是热那亚无法像伦敦、汉堡或安特卫普那样成为欧洲工业的一个重要转口港。热那亚甚至都不能自称是意大利最重要的金融和商业中心，尽管意大利三分之一的海运贸易通过自己的港口。[44]热那亚不得不等待意大利北部工业化的进一步发展。热那亚与意大利大部分地区都存在内部交通联系问题，缺乏内部交通联系阻碍了经济一体化，而经济一体化是欧洲其他地区繁荣的关键。意大利南部仍然是另一个世界。或许不足为奇的是，意大利领导人对作为大国地位平台的统一遗产深感不满，并助长了收复失地的主张和殖民野心。他们知道意大利是"最弱的大国"。[45] 但是，为了摆脱这种有失身份的地位而进行的斗争通向了灾难。

马赛是无可争议的地中海女王。马赛自古以来就是一座港口，拥有一个狭窄但格外受到庇护的港口（今马赛旧港），并由防御工事守卫，而从海上抵达的旅客对此仍然清晰可见。马赛成为1481年统治该城的法国君主政体实现地中海野心的宏伟基地。路易十四的安排完全是帝国式的，马赛在他治下被宣布为自由港，并实施了大规模扩建计划，让城市规模扩大了两倍。[46] 在近代早期，马赛是唯一一座允许通过奥斯曼人与黎凡特地区进行直接贸易的法国港口，这一特权使其既高度国际化，又容易受到瘟疫的影响，而1720年的瘟疫就导致三分之一的人口死亡。[47] 在18世纪，马赛将其业务范围扩大到美洲、西非、印度和中国，但在1793年至1815年的漫长战争中，英国的封锁摧毁了马赛的贸易。[48]

马赛的际遇因蒸汽和阿尔及利亚而复苏。法国对阿尔及利亚的征服始于1830年，马赛成为法国非洲军队的主要补给基地。从1831年起，一项定期蒸汽航运服务将马赛和阿尔及尔连接起来，而在1880年代，几乎一周的任何一天都可以在二十四小时内到达阿尔及尔。从1870年代起，马赛通过电报与北非的主要城市相联，并通过汽船服务和海底电缆与地中海其他地区相连。[49] 马赛是出口葡萄酒和小麦的阿尔及利亚殖民地经济的天然大都市，阿尔及利亚的殖民者社区到了19世纪晚期约有六十万人，当地人口要多得多，但处于边缘地位。[50] 马赛商人狂热地支持法国对从突尼斯到摩洛哥的马格里布的殖民。他们也很快意识到有必要让马赛适应蒸汽时代，并让地中海成为"法国内湖"（lac français）——这个短语在1830年代就已经流行起来。1851年，一位马赛商人创立了后来重要的海上信使航运公司，而在1844年至1853年间，马赛在旧港脚下获得了一个新港。苏伊士运河的开通，恰逢法国在中南半岛和太平洋地区的殖民扩张，由此极大地扩展了其商业野心。1857年，巴黎—里昂—地中海铁路结束了马赛长期与法国第二大城市里昂和首都的物理分离状态。

到了20世纪初，马赛是法国的主要港口，是几家大型航运公司的基地，也是一个炼糖、加工谷物（来自俄国、印度、阿根廷和阿尔及利亚）和制造肥皂的工业中心。但是，当时有项评估指出，**作为港口**，它的进展令人失望。苏伊士运河恢复了地中海作为一条重要海上航线的地位，但代价是加剧了地中海各港口之间的竞争，马赛的利益由此受损。马赛几乎没有参与对安特卫普和伦敦来说至关重要的转口贸易或中转贸易。它与德国南部的连接不畅。它的直接腹地米蒂，几乎没有出口的东西。更糟糕的是，马赛离法国更北方的主要工业中心太远，无法成为这些工业中心的主要出口地。大部分问题在于马赛的铁路连接不足，以及巴黎—里昂—地中海铁路收取的运费率。不过，马赛也受到码头容量有限，以及（就像热那亚）海岸山脉的阻碍，这让内陆交通变得困难。[51]马赛也没有得到政府太多帮助。1892年恢复高关税损害了法国的贸易，而第三共和国的"滚木立法"*——"我们微不足道的选举政治"——的做法意味着，对法国港口的任何援助必须由多个申请人分担，而每个港口在议会中都有支持者。[52]

结果是，马赛越来越依赖法国受到高度保护的殖民贸易。地中海使其成为法国在印度洋（马达加斯加于1890年代被征服）和东南亚殖民地的贸易和旅游港口。"有殖民地的马赛"是其商会的口号。[53]法国首届殖民地博览会即是在马赛而非巴黎举行。在马赛有庞大的意大利移民人口，还有来自阿尔及利亚的卡比尔人——这些从事司炉工工作的"阿拉伯人"，是1914年前困扰马赛的罢工背后的一大不满。[54]事实上，在欧洲所有主要港口城市中，马赛是当时最专注于殖民贸易和

---

　　*滚木立法，指政治议程互助，立法者支持其他政治派别的立法，以换取政治支持，好让他们自己提议的立法项目顺利通过，实为利益交换。

殖民扩张的城市（或许里斯本是类似的，但规模要小得多），也是最坚定地致力于单一殖民地阿尔及利亚的城市。这可能在一定程度上反映了地中海经济体的相对贫困，那里的收入远低于西北欧，而且差距正在扩大。[55]的确，地中海国家的贸易额仅为北方国家的十分之一多一点。马赛对欧洲其他地区的期望很低，对该城来说，"我们的殖民地才是我们的希望和未来"。[56]

欧洲大部分的海运贸易，是在西北欧一个约六百英里长、二百五十英里宽的浅矩形海域内进行的——这只是地球表面的一个针孔。这里有五个主要港口：伦敦、利物浦、安特卫普、鹿特丹和汉堡。有两个重要的例外：不来梅，北德意志人劳埃德航运公司的总部，一个主要的棉花市场；[57]以及勒阿弗尔，那里有一个紧密团结的新教上层资产阶级，在当地被称为"海岸"，他们住在悬臂住宅中，[58]主导着勒阿弗尔的棉花和咖啡贸易。

伦敦仍然是宏伟的大都市。伦敦的重要性不仅源于它的港口，尽管其港口是世界上运输价值和规模最大的港口。让伦敦独树一帜的，是它将政府、制造业、商业和金融职能与当地消费规模相结合，而当地消费规模反映了个人财富的巨大集中。它既是帝国的京畿，也是国家的首都。伦敦还是庞大信息网络的"神经中枢"，这里有报纸、杂志、小册子、大量专业期刊，也有企业和众多的专业机构（土木工程师学会就是一个例子），在此收集、消化和分发来自世界各地的新闻和专业知识。伦敦金融城既是世界最主要的商品市场——羊毛、糖、茶叶、金属和木材等——也是供当地消费的巨大农产品市场，如比林斯盖特、史密斯菲尔德、斯皮塔菲尔德，还有煤炭交易所。船舶经纪和航运公司都在这里设有办事处，而聚集在芬斯伯里广场的众多英资海外铁路公司也是如此。伦敦劳埃德保险公司就在附近，它是海上航线的每日脉搏。伦敦金融城充斥着为其海外贸易提供资金的"承兑行"、四十多家英国海外银行、近三十家外资银行，以及经营鸵鸟羽毛或黑儿茶等更不寻常商品的专业商人。[59]外国投资（约占其业务的五分之四）通过伦敦证券交易所流向外国政府、铁路公司（"美国铁路"是其中的一大部分）和公共事业，并越来越多地流向矿山、种植园和加工厂。世界金本位制的大监管机构英格兰银行（仍然是一项私人事务），掌管着这座金融之丘。1911年，金融城中有近十万人从事"商品"行业，另有三万人供职于提供信贷或资本的公司。[60]

被吸引到伦敦的许多外国企业，都是因为使用"伦敦汇票"可以轻松买卖商品，这是一种在任何地方都可以接受的纸质承诺。从这个意义上说，伦敦在一定程度上是个"虚拟港口"：商品在没有实体存在的情况下在那里买卖。对于"实际的"商品，它也提供了许多优势。英国是一个自由贸易经济体，对进口农产品的壁垒很低。伦敦提供了各种各样的舶来品或奢侈品的专业经销商，以及主要的商品市场。通过港口的货物数量之多，使得很容易就可以让船只满载货物——这是船主的一个重要考虑因素——而来自世界各地的大量船只保证了商品出口的及时交付。1912年，九千多艘船只抵达伦敦，其中九十九艘来自日本，二百一十五艘来自阿根廷，一千一百艘来自印度，一千三百多艘来自澳大利亚和新西兰。[61]当然，这些优势并非偶然。伦敦因其独特的场地和位置而备受青睐。这是泰晤士河上可以建造一座大城镇的最低点，也是可以桥接河流的最低点。[62]伦敦取道泰晤士河及其支流的内陆交通，使其可以方便地进入英格兰南部的大部分地区：在铁路时代，连接伦敦与英格兰中北部的煤田和工厂"动力带"的线路，大大扩展了这一范围。出于许多目的，英格兰大部分地区都是伦敦的腹地。对海上交通来说，伦敦的位置也同样名列前茅。泰恩河的煤很容易就能运来此地。它位于欧洲南北航线与欧洲和美洲之间东西航线交会的十字路口。来自美洲、亚洲和非洲的船只运经狭窄的英吉利海峡和多佛海峡，距离伦敦很近，这使其成为"拆卸"大型货物运往大陆各港口的公认地点。的确，伦敦进口的大部分商品随后又重新出口给欧洲买家。

然而，伦敦不是一座易于维护或扩张的港口。它坐落在一条潮汐河上，距离河口二十英里或更远，沿着一条蜿蜒的河道而上。船只需要涨潮才能及时到达更深的水体并避开浅滩。即便在18世纪，这条河都变得非常拥挤，由于成批成批的运煤船，这个问题变得更加严重。由于缺少庇护处和不安全，码头因腐败和盗窃而臭名昭著。答案是建造拥有安全仓储的船坞。到了19世纪晚期，耗费巨资建造了五个码头区：靠近伦敦塔的最初的圣凯瑟琳码头区；位于泰晤士河南岸的巨大的萨里码头建筑群；东印度和米尔沃尔码头区；维多利亚和皇家阿尔伯特码头区（容量最大）；还有最后一个，靠近泰晤士河口的蒂尔伯里码头区。每个码头区都专门从事特定的贸易：萨里商业码头区从事木材贸易，正如"加拿大码头"和"魁北克码头"的名字所示。不过，尽管坐拥长达数英里的码头，但抵达的货物极少能直接卸到岸上：超过80%的货物需越过船舷装入数百艘驳船，然后在上游卸下。约三万名码头工人，按照惯例被雇用为"临时"工人，提供了将各种货物装袋、打包、码堆或松动原木（一种笨重出了名的货物）以搬入和推出船舱所需的人力。[63] 蒸汽有助于使河流更容易管理，但是规模不断增长的远洋船只是一个巨大的挑战，需要昂贵的疏浚计划。协调河上无数的私人利益也不容易。就连提供搬运货物进出码头所需的铁路，都是一场与常住居民既得利益的斗争。在船只容量和规模迅速增长的时候，迫切需要协调港口经济的所有各个要素，这促进了1909年伦敦港务局的成立。[64]

伦敦罕见的海上连接范围，使其成为全球卓越的港口。多样性是它的优势：没有一个单一的市场占主导地位。但就像其他所有港口城市，随着竞争对手扩大与世界其他港口的"直接"联系，伦敦也担心竞争和它的转口贸易的损失。在英国本身，它没有什么可担心的。利物浦的卸货吨位接近，对出口来说更重要。可事实上，利物浦的角色

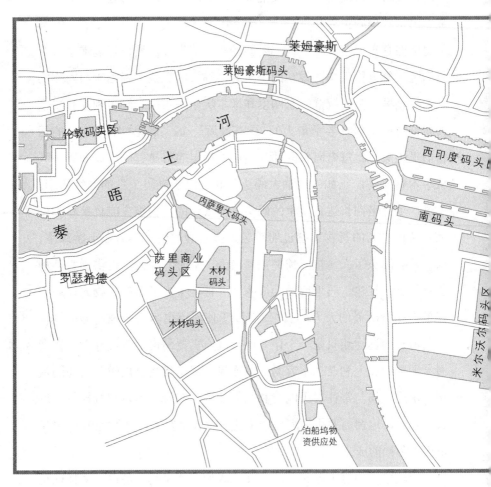

1860年代的伦敦码头区（跨页）

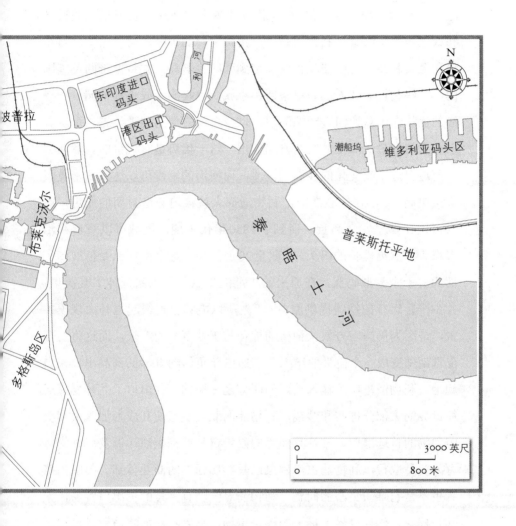

与其说是竞争性的，不如说是互补性的，因为它服务于一个独特的工业区，伦敦则因位置不利而无法供应之。伦敦和利物浦的地位远远高于其他英国港口，二者之间的贸易占英国贸易的一半以上。

当切斯特因为迪伊河淤积而衰落时，利物浦[65]作为面向爱尔兰的港口一开始表现平平。但是，（就像波尔多和南特）它很早就通过糖和奴隶积累了财富。利物浦是"三角贸易"的顶峰，而三角贸易将布料和金属制品带到西非，将奴隶带到西印度群岛，并将糖带回英国国内。有些利物浦商人，如格莱斯顿家族，也收购了奴隶种植园。利物浦的优势在于默西河宽阔的河口，以及自身方便的地理位置，可供寻求往返美洲最快海上航线的帆船使用。这一优势是有代价的。默西河的河道穿过不断变化的沙洲和浅滩，而河流的潮汐可以达到三十英尺甚至更高。[66]早在伦敦之前，利物浦商人就被迫建造封闭的船坞，船只可以在那里安全卸货，而到了1850年代中期，该城可以夸口称沿着滩头有五英里长的码头。[67]截至20世纪初，这个系统已经扩展到包括约三十个大型码头，在原来的"港池"以北和以南延伸了几英里，并由平行运行的铁路提供服务。[68]之所以能够负担得起这种大规模扩张，是因为美国南方奴隶种植的棉花与工业革命的汇聚，而这将兰开夏郡南部变成一个巨大的纺织厂，1913年英国约40%的商品出口来自此地。利物浦进口了输入英国的四分之三原棉，并出口了兰开夏郡运往世界的大部分棉布和纱线。利物浦的北美航运使其成为加拿大和美国谷物的首选港口，一旦其邪恶的奴隶贸易被棕榈油（以及后来的可可）贸易取代，利物浦也声称自己是英属西非的商业首都。英国消费者也不是它唯一关心的问题。利物浦对欧洲有大量的再出口贸易，尤其是棉花。作为世界上最大的棉花市场，它为欧洲大陆消费者设定了"现货"和"期货"的价格。[69]利物浦也是英国最大的移民港口：1870年至1900年间，五百万移民（其中许多来自欧洲的其他地方）中，约90%来自利物浦的码头，这是一种宝贵的运输，对利物浦众多汽船航运公司的利润做出了重大贡献。[71]大多数来自北美洲的旅客，无论去英国还是去欧洲大陆，都取道这座城市。

这一惊人的增长造就了一个富裕的贵族阶层，包括船主、"水街的汽船王"（约有二十五家航运公司位于该城）、棉花经纪人和商人。不过，就像蒸汽时代如此之多的港口城市中的情形，这付出了高昂的社会代价。到了1911年，利物浦的人口在半个世纪中翻了一番，达到约七十五万。利物浦是一块吸引非技术工人的磁石，而他们被在码头及其周围工作的前景所吸引。结果出现了让"临时"就业制度牢固确立起来的大量"剩余"劳动力，而利物浦的剩余劳动力规模远远大于工业城镇。1920年，利物浦约有20%的工人是"临时工"；工业城镇的这个数字平均约为5%。[72]通常每周不超过三天的非定期工作，进一步压低了本就低廉的工资。[73]贫困和人满为患，加上为铁路让路而进行的清理，让情况变得更糟，[74]破坏了靠近码头的工人阶级地区，迫使许多人生活在贫民窟般的环境下。就业不稳定加剧了天主教徒和新教徒之间的宗派仇恨，而在1914年之前，利物浦就已经因宗派暴力和劳工骚乱而声名狼藉。[75]这种民族仇恨的模式可能助长了1919年对黑人的种族暴力：西印度群岛人和西非人因战时劳动力短缺而被吸引到这座城市。[76]但在1914年之前，商业信心仍然很高。新的码头得以建造；而在1911年，滨水区建起了皇家利弗大厦，该大厦有两座钟楼，是其海运史最宏伟的象征。

伦敦和利物浦都与欧洲大陆的港口密切相连：1912年，抵达伦敦最多的是来自荷兰、比利时和德国的船只。不过，安特卫普最为生动地展示了1914年之前西北欧相互重叠的腹地和相互联系的经济。根据一些计算，安特卫普是欧洲大陆最繁忙的港口，尽管汉堡和鹿特丹也提出了类似的主张。这一增长是迅速的。在近代早期，安特卫普确实是北欧的大市场。但是，荷兰的分离，以及先是西班牙后是奥地利的统治，大大削弱了其商业实力。安特卫普当时（就像后来）在商业上的卓越地位，关键在于其位于斯凯尔特河口这个内陆深处的位置，与法国北部、荷兰和莱茵河之间的水路交通便利。不过，荷兰人利用对斯凯尔特河口的控制来削弱安特卫普的贸易，从而对阿姆斯特丹和鹿特丹有利。到了19世纪初，安特卫普与其说是一座港口，还不如说是一个制造业中心，以作为纺织城而生。三大变化改变了它的前景。第一大变化是，比利时于1830年成为一个独立的国家，需要一个港口。第二，作为比利时独立条款的一部分，荷兰被迫于1839年开放斯凯尔特河，借以缴纳某些应缴款。[77]第三，斯凯尔特河的开放恰逢比利时、法国北部和鲁尔区工业化的快速发展——所有这些都在安特卫普的水道和（不久）铁路网络的范围内。贸易和航运迅速扩张：1860年至1911年间，船只吨位增长了约二十五倍。[78]与世界上许多港口城市一样，结果是人口急剧增长，从1846年的约八万八千人增至1900年的二十七万多人，当时40%以上的居民在其他地方出生。[79]这些变化并不符合每个人的口味。对小说家乔治·埃克豪德来说，安特卫普就是"新迦太基"（他那部1888年的小说的标题）——这个名字意味着腐朽和堕落：它的上层资产阶级贪婪、无情而傲慢；工人阶级受到压迫和剥削；环境遭到破坏。[80]

到了20世纪初，安特卫普的命运与德国工业经济的崛起密切相关。它的铁路连接至关重要，将其腹地带入鲁尔区、德国南部、瑞士和奥匈帝国，1905年，安特卫普卓越的"中央车站"即"铁路大教堂"的开通，也恰如其分地象征了这一点。小麦、羊毛和金属矿石是其主要进口产品；比利时和德国制成品是其出口产品。继德国之后，英国、阿根廷和美国成为其主要市场。安特卫普也是面向比利时唯一殖民地比属刚果的港口，一座文艺复兴风格的宏伟砖砌建筑——"刚果仓库"——俯视着其滨水区。这座城市因其"廷臣"以及竭尽全力吸引生意到港口的经纪人和运送大部分货物的杂货船而声名狼藉。因为安特卫普是一个商业中心，在这里，进港货物被分配给大量不同的

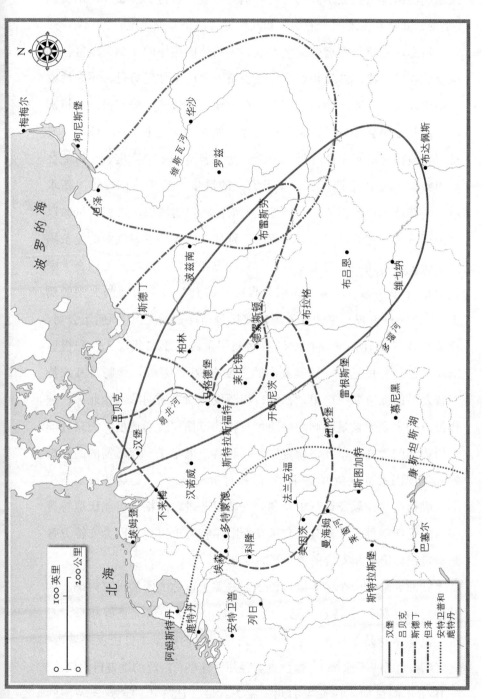

北欧相互重叠的腹地

买家，而出港货物被组合成有利可图的船货。安特卫普还成为南美洲（小麦、咖啡和玉米的来源地）和其他地方的资本输出地。[81]

　　然而，安特卫普远非无坚不摧。它的德国腹地的大部分地区依赖优惠的铁路价格，这让将货物运往安特卫普比运往鹿特丹、不来梅或汉堡更便宜。一项政治决定可能会在一夜之间改变这些。另一个担忧是，荷兰迟早会加入德意志关税同盟。如果真的发生了这种情况，安特卫普最接近的对手鹿特丹——距安特卫普不到七十英里——可能会给出致命一击。鹿特丹也取得了惊人的进步，尤其是1872年"新水道"使其能够直接出海。鹿特丹成为莱茵河口的港口，占据其90%以上的运输量。它的港口沿着河流两岸延伸，比安特卫普依赖的复杂码头系统更容易使用，也更便宜。与安特卫普相比，鹿特丹更适合大宗进口粮食和铁矿石，其中大部分直接转移到穿越莱茵河的大型驳船上。[82]鹿特丹也有一家快速发展的航运公司——荷兰-美洲航运公司，该公司成立于1873年，在欧洲各地雇用了约二千名代理人，积极追求跨大西洋移民运输，这是利润的主要来源。[83]然而，鹿特丹和安特卫普之间的竞争并不简单。在港口相距仅一箭之遥的欧洲西北部，选择出口的重要因素是不同港口凑足货物的方便程度和速度、港口处理专门货物的设施，以及将特定生产商和客户聚集在一起所需的商业机构：考虑因素可能会因港口、产品和月份而异。[84]正是这些决定了在哪里进行交易，以及谁从中获利。安特卫普进口的粮食可能比鹿特丹少，但是鹿特丹的大部分粮食都在斯凯尔特河上出售，因为安特卫普是制定粮食价格和安排粮食合同的地方。

　　欧洲大陆的两个主要港口位于那些并未自称大国的国家内部，这是地缘政治的一个特点。第三大港口城市汉堡的情况正好相反。不过，汉堡本身是个异类。它是德意志帝国境内一座"自由汉萨城市"（就像吕贝克或不来梅），像德意志各邦一样享有广泛的地方自治权。[85]在1866年同意加入俾斯麦的北德意志邦联（1871年的德意志帝国的

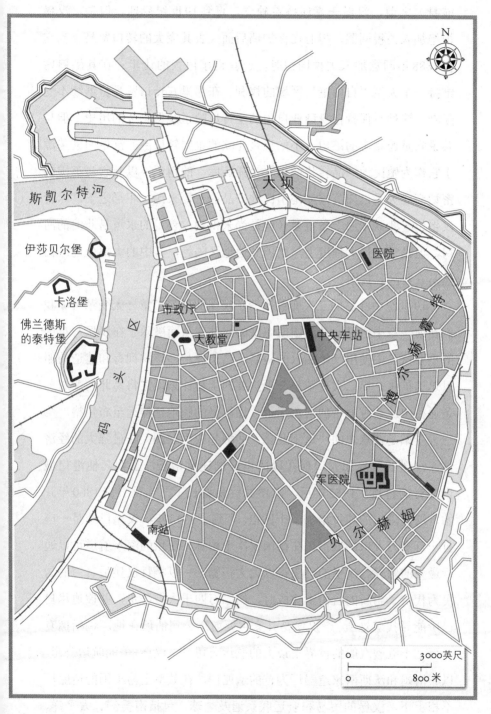

斯凯尔特河

伊莎贝尔堡

卡洛堡

佛兰德斯
的泰特堡

码头区

大坝

医院

市政厅

大教堂

中央车站

博尔赫霍特

军医院

贝尔赫姆

南站

N

| 0 | | 3000英尺 |
| 0 | | 800米 |

1910年的安特卫普

前身）之前，汉堡一直保持着独立，直到19世纪后期。但是，汉堡拒绝加入关税同盟，担心在保护墙后面失去其庞大的转口贸易。当它在1888年同意加入关税同盟时，已获得了巨大的让步：在其港口内维持一个大型"自由港"区域的权利，在那里其转口贸易将继续不受限制。这种对保持自身商业自由的坚持反映了汉堡悠久的历史，但与其说它是德意志的港口，不如说是北欧的主要转口港。汉堡的繁荣源于它作为殖民地产品转售的重要"弹药库"的角色，以及它与英国的密切商业关系，而英国才是殖民地产品的主要来源。相形之下，尽管汉堡位于北欧平原一条重要（但是尚未得到改善）的水道易北河的河口，但是它在很大程度上与德国其他地区隔绝，其中的大部分地区仍然是农业区且贫困。

19世纪中叶后的三大变革改变了汉堡的前景。第一大变革（如我们在前一章中所见）是英国航海法的终结，从而破除了在汉堡与英国的重要贸易中使用汉堡船只的阻碍。结果便是，该城拥有和建造的船只迅速扩张。第二大变革是一项重要的工程计划，它将易北河变成一条通往中欧心脏地带的河流干道，让汉堡的腹地延伸远至布拉格。第三大变革是德意志的快速工业化，并崛起成为欧洲大陆最强大的经济体。汉堡的贸易和人口现在以闪电般的速度增长，正如其他港口城市都有的特点：1852年后，汉堡的贸易增长了二十倍；自1860年开始，汉堡港口的吨位增加了十四倍。[86]到了1913年，汉堡已经是一座有一百多万人口的城市，在德国仅次于柏林。汉堡的深水航道可以通行最大的船只。汉堡的码头得以大大拓宽——以牺牲汉堡最贫穷的居民为代价。当新的自由港建成时，约二万四千人被赶走，并被迫尽自己所能寻找避难所。[87]汉堡是几家主要航运公司的所在地，包括拥有一百七十五艘汽船的世界上最大的航运公司——汉堡-美洲航运公司。以布洛姆和沃斯两家造船厂为首的造船厂，在效率上与英国的造船厂不相上下。汉堡的贸易和航运联系遍及全球，包括南美洲、太平洋、

1910年的汉堡

茨贝克
巴贝克
万茨贝克
哈姆
艾尔贝克
伯格费尔德
温特胡德
阿尔斯特外湖
多本夫
艾
洛斯克泰特
施泰林根
朗根费尔德
艾姆斯比特尔
巴伦费尔德
奥腾森
阿通纳
威廉斯堡
弗赖哈芬
罗尔布兰德
斯坦维德尔
北易河
鲁根贝尔根
瓦尔特斯霍夫

N

6000英尺
1500米

印度和东亚，以及欧洲以外它的主要合作伙伴美国。德国约四分之一的外资来自汉堡，该城处理了德国40%以上的进口和几乎同样多的出口。[88]

就像很多港口城市，汉堡由一群紧密团结的商人贵族统治，包括阿姆辛克家族、施拉姆家族、奥斯瓦尔德家族、韦尔曼家族、戈德弗洛伊家族、斯洛曼家族等——托马斯·曼关于另一座汉萨城市吕贝克的小说《布登勃洛克一家》以一种著名的方式捕捉到了这一点。他们对社会进步的抵制，让汉堡因许多穷人沦落其中的内城贫民窟和地窖而臭名昭著。一个骇人听闻的后果是1892年暴发的霍乱疫情，造成近一万人死亡，几乎可以肯定，是由来自东欧的大量移民贸易带给这座城市的，但也是由汉堡恶劣的卫生条件引发的（附近的不来梅移民贸易量也很大，却只有六人死于霍乱）。[89]汉堡的领导者们在政治上是"自由主义者"，深爱自由贸易，并敏锐地意识到他们与英国和美国的关系对繁荣至关重要。然而，到了20世纪初，他们也开始认同一种更广泛的德国观点，即他们正在为商业生存而斗争，而国家的支持在这场斗争中至关重要。阿尔伯特·巴林（曾经是一名移民代理人）是汉堡-美洲航运公司富有魅力的总经理，他精通该公司的全球扩张。他在1900年写道，德国是"世界市场中的一个竞争者"，但是"在一场国家争夺光和空气的残酷斗争中，归根结底只有实力才重要"。[90]就像汉堡的其他贵族，巴林支持建立一支由提尔皮茨海军上将领导的针对英国的新作战舰队，但随着英德关系日益恶化，他退缩了。当"七月危机"来临时，他说服自己英国将避开第一次世界大战，而当英国参战时，他悲痛欲绝。对汉堡贸易和航运的灾难性影响很快就会变得明朗。

很容易想象，蒸汽全球化是从欧洲输出到世界其他地区的某样东西。然而，在1914年的所有大陆中，欧洲是全球化程度最高的。这一点最为明显地体现在大量的人口涌入和低廉的汽船票价所鼓励的不断增长的连续移民行为中，以及往返于全球遥远地区的游客的不断流动。虽然温带世界的许多移民国家（包括美国和阿根廷）的农产品依赖欧洲市场，但是欧洲较富裕的经济体在原材料和食物方面对世界其他地区的依赖要大得多，因为这些地区是欧洲制成品的买家，而且愈发成为欧洲资本的目的地。欧洲的港口城市与世界各地有着最为广泛的联系，其港口经济依赖这些地方。欧洲国家在每一个大陆都进行了征服和殖民，或者在"半殖民地"条件下强加了他们的意愿。结果是，与其他族群和文化进行了密集尽管往往是单方面的接触，并形成了大量的民族志知识汇编，以对这种接触进行强化、正当化、浪漫化或合法化。从19世纪中叶开始，欧洲人越来越意识到他们的大陆在世界上的"中心地位"（正如他们的全球地图所宣告的那样），以及改善和启蒙其他文明和族群的世界历史"天命"——尤其是通过基督教。到了19世纪和20世纪之交，这种全球意识正在向越来越多的受众传播：世界支配地位的逻辑成为当务之急。与此同时，人们意识到（正如阿尔伯特·巴林所说）"整个世界而非大陆欧洲已经成为政治的竞技场"，[91]欧洲大国必须在其中竞争以求生存。"走向世界"的需要已经变得极为狂热。

欧洲的港口城市是其全球化的代理人，但也是其令人不安的影响发生的现场。大量需要工作和住所的新来者，拥挤不堪的"出租营房"（汉堡的说法）肮脏而恐怖，对临时工或季节性劳工的依赖，拥有船只的卡特尔的无情力量，对社会或卫生进步的抵制，流行病的风险，繁荣和萧条的脆弱性：所有这些都可以在欧洲和其他任何地方看到——尽管欧洲因为更高的生活水平而有所减轻。它们提醒我们，欧洲的全球化就像其他地方的全球化，始终是一个局部而不均衡的过程，奖励了一些地方但让其他地方变得贫穷，连接了一些地方但"断开了"其他地方，消除了一些偏见但强化了其他偏见。全球化不仅鼓励欧洲对其技术造诣感到自豪，而且鼓励欧洲愈发坚信文化甚至生物优越性，即种族主义要素。欧洲是各个大洲中城市化程度最高的，但许多地区仍以乡村为主，而农业贵族及其过时的风气则深嵌其最强军事力量的导向中。欧洲是各个大洲中工业化程度最高的，但其一半以上的地区由王朝帝国统治，而非由对代议制议会负责的政府统治。最具讽刺意味的是，西北欧是世界上商业和文化融合最紧密的地区，但正是这个地区的诸国打了人类历史上（至当时为止）最血腥的战争。全球化将带来和平，这确实是一种"巨大的幻觉"，尽管欧洲的港口城市精英拥有财富和贵族般的自信，但是他们在席卷自己的大危机中几乎毫无影响力。

## 大 混 乱

陷入1914年战争的全球秩序，比其公众形象所能显示的排场更新且更脆弱。"我们当中极少有人意识到，"约翰·梅纳德·凯恩斯在1919年评论道，"西欧在过去半个世纪中赖以生存的经济组织，具有极不寻常、不稳定、复杂、不可靠、暂时的性质。"[92]西北欧的商业一体化规模，以及对粮食和原材料外贸的严重依赖，是（除英国外）相对较新的进展。这些新的进展依赖开放的海上通道、便捷的电报通信和世界各地买卖双方之间的信贷通道。大部分海外粮食供应来自最近才有人定居的地区：加拿大大草原和阿根廷潘帕斯草原都在1890年代"开放"，当时的价格上涨使其粮食生产变得可行。南非的黄金生产——润滑国际金融的关键资源之一——在1880年代末后期才由兰德矿区开启。在第一次世界大战爆发前的最后十五年里，将世界原材料和粮食运往欧洲并带回其制成品的庞大汽船船队，实现了可见的大幅增长。在19世纪的最后几十年里，铁路里程也在急剧增加：世界铁路里程从1870年的130 361公里增至1900年的490 974公里。[93]调动信贷和资本的银行和保险公司变得更坚定自信，而其实体存在也更居高临下——到世纪之交占据着许多港口城市的中心。

事实上，这场战争将导致（正如《经济学人》预测的那样）世界经济发生的"永久"变化，还需要一段时间才能弄清。然而回想起来，当把德国人赶出他们在冲突的最初几个月占领的领土所需付出的努力规模首次显现时，那个时刻就到来了。因为俄国和法国都没有工业能力来维持这场战争（并将大量人力投入到兵役中），所以伦敦有必要资助它们从美国购买重要的战争物资，代表它们和自己预付大笔信贷。到了1917年年中，这造成了债务——欠英国的债务和通过英国欠下的债务——膨胀，而美国是最终债权人：这一数字最终达到一百亿美元左右（大致相当于1913年全部英国海外资产的40%）。这是战争造成巨大物质损失的无形背景：生命、财产、工业、基础设施和作物的损失；生产从出口转向军备（失去市场和收入）；破坏航运；封锁德国的海外贸易及其控制的地区所造成的封闭。尽管需要从战争的可怕有形影响中恢复元气似乎最为明显，但事实上——结果证明——正是战争债务的"隐形"问题阻碍了恢复1913年全球经济的道路。

巨大的债务规模，扰乱了维持欧洲战前贸易及其在全球经济中发挥更广泛作用的信贷和资本机制。战前的英国、法国和德国一直是债权国，其海外收入帮助支付了进口费用，并为其在海外基础设施、矿山和种植园的投资提供了资金。至关重要的是，它们国际收支的健康盈余也有助于保持各自货币的稳定，并将其牢牢地锚定在全球金本位制。用难以赚取的美元偿还巨额款项的前景，肯定会导致海外收入大幅减少，并动摇货币的价值。让法国的情况雪上加霜的是，俄国新的布尔什维克政权拒绝履行沙皇在战争期间和战前对法国的巨额债务。正是这一点，以及修复法国城镇和村庄受损的成本，让德国的"赔款"规模在巴黎，以及在巴黎、伦敦和华盛顿之间，成为一个如此尖锐的问题。英国和法国都不希望在没有获得德国赔款的情况下偿还对美国的债务。但是，德国经济本身就处于极度混乱之中，而且在德意志帝国垮台后的政治动荡中，新的共和国政府不敢接受会让战败叠加贫困的财政条款。结果是一场持续了五年的僵局和危机，一直到1924年的《道威斯协定》*为相对温和的赔偿总额铺平了道路，而且——关键的是——为美国资本流入德国和东欧铺平了道路。[94]随后，英国、法国和意大利这三个债务国，与其美国债权人达成了或多或少友好的协议。

欧洲恢复经济"正常"的前景，预示着英国试图恢复伦敦和英镑在世界经济中的旧角色。1925年，英国重返金本位制，这是伦敦恢复战前贸易和支付模式计划的一个关键部分，而该模式支撑了欧洲自身的商业一体化以及欧洲与世界其他地区的有利关系。这将鼓励在全球范围内回归金本位制，并重振对欧洲出口增长如此有利的欧洲资本的外流。地缘政治稳定的迹象进一步鼓励了这种充满希望的设想。1925年保障西欧新边界的《洛迦诺公约》，标志着——看起来如此——英国、法国、意大利和德国在经历了十年冲突后的和解。三年前，在华盛顿会议上，包括日本在内的所有主要大国都承诺尊重中国的完整性，不在那里寻求任何特殊的势力范围。1923年在洛桑，土耳其人接受了失去他们的阿拉伯财产，拱手让给英国和法国作为国际联盟下"受托统治国"的事实。仿佛是对战前"旧外交"的威胁和吓唬的回应，1920年代国际主义观念蓬勃发展，在国际联盟的支持下，一大批机构促进了对少数群体的保护、更好的劳动条件和公共卫生的改善。

1920年代后期，世界贸易水平也出现了显著复苏。1920年至1929年间，海运贸易额增长了50%以上。[95]在美国资本大量注入的帮助下，全球化重新开始：美国的对外投资增加到战前水平的八倍，约

---

*《道威斯协定》，以道威斯计划（美国银行家C.G.道威斯担任一个专门委员会主席，他提出了渐进式的德国赔款计划）为基础达成的第一次世界大战后的协定，为1920年代前期德国经济的复苏创造了条件。

为一百七十亿美元。众所周知，事实证明这是虚幻的希望。与战前十年不同，1920年代后期大宗商品价格下跌，部分原因是战争助长了供应极度过剩。美国资本的涌入鼓励了欧洲的过度放贷。1929年纽约证券交易所的崩盘是一次重大冲击，但将其变成经济灾难的是德国银行系统缺乏弹性——这是1925年之前金融动荡的不幸产物。在那里，由于担心银行倒闭（过度放贷的结果）可能再次引发1923年无价值纸币的崩溃，中央银行实施了剧烈的通货紧缩。[96]这样做的影响不是恢复金融信心，而是为资本外逃和银行挤兑打开了大门。随着信贷的紧缩，失业率上升，收入骤减，市场崩溃。金融危机蔓延至世界各地。无论伦敦还是纽约，都无法或将无法支撑这一体系。英国回归金本位制损害了其出口贸易，削弱了其国际收支。伦敦也没有弥补在战争中花费的巨额海外资产，尤其是美元资产。面对自己的金融末日，伦敦政府放弃了恢复全球经济的两大支柱：在1931年9月脱离金本位制，并丢掉自由贸易。在财大气粗的大西洋彼岸，人们的反应也是大同小异。华盛顿大大加强了针对廉价外国进口商品的保护措施，并让美元脱离金本位制。哈佛大学有位教授的评论给出了一个明确的诊断：债务国再也没有任何地方可以保证通过出售其产品来摆脱萧条。到了1932年，世界上大多数依赖原材料和粮食销售的地区的外汇收入减少了一半。工业化西方与它在世界其他地区的供应商和市场之间的动态关系在混乱中土崩瓦解，而全球经济和其他许多东西就建立在这种关系之上。

取而代之的是，一种新的全球制度以默认的方式出现了。这种制度几乎在各个方面都与1914年前的世界截然不同。金本位制被取代，货币被"管理"，故意贬值，被允许"浮动"或受到外汇管制守护。自由贸易或类自由贸易扩大的领域让位于保护主义集团：英国的"帝国特惠关税"英镑集团；美元区；日元区，即将扩大为"大东亚共荣圈"；德国在中欧和东欧的"易货贸易"区；苏联几乎封闭的经济，现在正以疯狂的速度工业化。这些集团以外的国家也采取保护性关税来鼓励"进口替代工业化"。战前几十年的大规模移民潮（这在1920年代大幅复苏）遭到扼杀：就连最欢迎移民的经济体阿根廷，也在1932年实施严格的限制。[98]事实上，遭受萧条打击的初级产品生产者绝望地反向移民回欧洲成为一种模式。西方资本的输出也遵循同样的路线。长期以来一直是外国投资源泉的英国，其政府借款吸收了大部分国内储蓄，而流向海外的资金在很大程度上仅限于英镑集团国家。[99]1930年后，美国的对外投资急剧减少。[100]海外资本非但没有"流出"，反而可能被寄回国，以在国内赚取更多利润。尽管直至1914年贸易在世界产出中所占的份额急剧上升，但这一比例在1930年代急剧收缩。的确，专家意见现在认为，随着工业化在世界各地的蔓延，这种减少将成为一种永久性特征。1939年，一位美国经济学家感叹道："目前还没有人知道迈向世界一体化是否会恢复。"[101]

欧洲以外的那些地区感受到了一些最痛苦的影响，因为这些地区高度专注于为世界市场生产。对加拿大的谷物种植者、加勒比海地区和巴西的咖啡和甘蔗种植者、缅甸的水稻种植者、澳大利亚的牧民来说，价格的突然暴跌，而且往往高达50%，不仅威胁到收入的下降，而且威胁到土地、生计和地位的丧失。在英属西印度群岛的一项调查显示，由于蔗糖经济的萎缩，贫困有所加剧。[102]在坦噶尼喀（今坦桑尼亚大陆）殖民地，剑麻种植园就业人数的减少降低了对粮食和牲畜的需求：它们的价格也有所下降。[103]大萧条助长了1930年印度新一轮的巨大政治动荡；以及1931年缅甸的"萨雅山"叛乱，在那里，当地的缅甸农民经常向印度债主欠下大笔债务。在整个殖民地世界，构成默许外来统治基础的隐含经济交易，在尚未破裂的地方面临着巨大的压力。[104]

全球经济的这种突然断裂，很快在地缘政治领域引起了反响。英美伙伴关系的短暂试验，在经济灾难之后宣告失败。当华盛顿提高关税并让美元贬值（通过抛售黄金）时，伦敦对偿还美元债务感到绝望并违约。美国国会的回应是出台1934年的《约翰逊法案》，该法案禁止未来向违约国家提供贷款——此举显然针对英国。国际联盟作为反对任何侵略者的"自愿联盟"，取决于英国和法国是否愿意为共同事业拿自身的利益来冒险。在中国东北（1931年）和埃塞俄比亚（1934—1935年）问题上，它们更倾向于默许冲突。1914年之前，欧洲列强的愤怒掩盖了一种无怨的接受（1914年7月不幸地没有接受），即世界体系强加了一种"竞争性共存"的形式，并由此限制了任何大国所能期望的收益。但在1930年后，"一无所有"的大国——德国、意大利和日本——否定了既有的世界秩序而支持革命性的改变——苏联至少在原则上也否定了这一点。由于美国人对欧洲殖民帝国的看法充其量是矛盾的，维护现状的责任落在了英国和法国身上，可这是两个因相互不信任而存在分歧的伙伴。如果说1914年之前进行的全球贸易几乎完全无视外交争吵和混战，那么在1930年代，贸易战和关税、配额和抵制、内战和占领的威胁，则造成了越来越令人担忧和恐惧的情绪。在一个革命的时代，地缘政治秩序的里程碑脆弱得惊人。

这是世界主要港口城市现在不得不适应的环境。这些城市都很容易受到贸易突然中断的影响，而那会带来大规模的失业和贫困。在利物浦，超过十万人失业；在汉堡，失业人数几乎是这个数字的两倍。[105] 在远至蒙特利尔和阿德莱德等港口城市，这种模式也是类似的。[106] 1936年复苏逐步开始，但它掩盖了一系列结构性变化，这些变化对一些港口城市的影响比对其他港口城市更大。最明显的是贸易条件的急剧变化：粮食和原材料相对于工业品的价值急剧下降。工业化国家可以进口更多初级产品。在英国，这帮助了伦敦——一个"进口型"港口——并使其可与利物浦对抗。一些支柱出口商品现在失去了市场：兰开夏郡的棉制品就是一个典型的例子。兰开夏郡棉制品长期以来的主要买家印度，其需求在过去十年中下降了四分之三或更多。利物浦曾经一直是兰开夏郡棉制品的"出口"港。英国的煤炭贸易是另一个变化的受害者——部分是因为世界航运中越来越多的份额转向燃油。或许更根本的,是不断增加的国家权力,以及其对直接影响港口城市利益的金融和贸易问题的干预。

其中最重要的(正如我们所见),是几乎普遍采用保护性关税来保护地方工业。当然,在许多情况下,制造业会在港口城市自身周围扩张,比如在利物浦、孟买、上海、悉尼、墨尔本和伊丽莎白港等。澳大利亚在关税提高80%之后实现了工业化。旧的贸易和航运主体遭到削弱,一批新的工业劳动力如雨后春笋般涌现。在国家控制着货币供应、信贷和外汇的地方,港口城市商人和银行家昔日的大部分自由都被削减。关税和特惠决定了他们对市场的选择。合并、卡特尔和船主之间的价格协议变得司空见惯。许多船队(虽然不是英国船队)得到了政府补贴。[108]一个更微妙的转变正在进行。几乎所有地方(除了尼日利亚或苏丹等资金短缺的殖民地)的政府规模都在增长,它们的官僚机构在膨胀。在首都位于内陆的地方,港口城市的影响力有所下降。在沿海城市设有中央政府或(比如澳大利亚)省级政府的地方,工业和官僚机构现在占主导地位。在世界的大部分地区,"内陆"政治的兴起也是民族主义的兴起,以寻求独特的身份,并对"世界主义"价值观或外来者的利益深表怀疑。"全球化"港口城市的典型功能——接受"外来"影响并在内部传播——在一个致力于种族、民族或国家团结斗争的世界里是格格不入的,而在这个世界中,教义或文化的一致性往往会受到严格监管。正如士麦那的情况所揭示的那样,在港口城市缺乏外部保护的地方,灾难性后果可能随之而来。

这些全球的趋势掩盖了巨大的差异。有些港口城市,如汉堡,受到了严厉的控制,而其他港口城市远远没有受到严格的控制。有些港口城市因技术变革而繁荣起来:美国对橡胶轮胎的需求是新加坡的利好。(当金本位制崩溃时)金价的上涨是一笔意外的财富,为南非港口带来了新的财富（和进口）的激增。大萧条给阿根廷和巴西带来了革命。在巴西，统治寡头内部的冲突推翻了"旧共和国"，并带来一种混合外汇管制、关税和工业化的新型经济。[109] 但在阿根廷，土地精英及其港口城市盟友强加了一个独裁政权，该政权坚持粮食和牛肉的旧支柱产品出口，并拒绝工业化，转而支持批评者眼中的对其主要市场大不列颠的极度依赖。1933年的《罗加-朗西曼条约》保证阿根廷的牛肉会在（受到保护的）英国市场中占有一席之地，以换取英国从阿根廷的铁路和公用事业获得的投资收入不会被外汇管制禁锢的承诺。随着这个十年的推进，一些港口城市陷入了战区：1936年的巴塞罗那，1937年的上海。其他港口城市，比如汉堡和利物浦，从重整战备的计划中获利。但大多数港口城市的共同点是，它们发现自己成为政治或地缘政治际遇的人质。

## "老妇人明天离开"

这句话是英格兰银行（"针线街的老妇人"）即将放弃金本位制的暗码警告。对约翰·梅纳德·凯恩斯来说，这是一种解放行为，伦敦借此可以领导世界贸易的复兴，并摆脱金本位制带来的野蛮收缩。他预计，包括德国和中欧在内的世界大部分地区都将加入"英镑集团"，由此英镑而非黄金将成为价值的国际单位。[111] 事实证明，这是徒劳的希望。亲英的德国犹太人莫里茨·波恩，是一个法兰克福银行家族具有学术影响力的子弟，但对他来说，脱离金本位制是一种严重的放弃责任的行为，是"经济自由主义时代的最后审判日"。[112] 这非但没有提供摆脱贫困的途径，反而预示着自给自足的帝国和国家的崛起，而且不会有好结局。其中，资源禀赋较差者——"一无所有者"——被扔回坐守自己的自然资源，无法再通过贸易来改善自己的地位。事实上，它们的意识形态世界观排除了对信誉扫地的全球自由贸易体系的任何让步，左派和右派都认为这是国际金融的骗局。摆脱经济不平等的唯一途径，是通过掠夺或战争拿到更多资源。[113] 到了1930年代中期，这一结果似乎越来越有可能。或许这是象征性的，到了那时，蒸汽动力不再是进步的护身符。现在进步的护身符是飞机，石油时代之子。在自给自足的时代，人们担心"轰炸机总是会呼啸而过"。

　　然而，全球化并没有停止，除了在商业一体化的意义上。随着中国和印度陷入动荡，全球化的破坏性影响似乎比以往任何时候都更加明显。[114] 与此同时，一个以欧洲为中心的世界秩序的机器仍然显而易见。除了在东亚之外，欧洲人拥有的船只依旧主导着海上航线。欧洲贸易公司依旧管理着大部分的世界贸易。最重要的是，1914年前一个世纪成形的殖民地和半殖民地政权基本上仍然存在，并控制着世界大部分地区的商业方向。全球现代性的新形式正在发挥其影响：广播、电影和东西方之间日益增加的师生交流。随着自由主义在大萧条的风暴性大火中萎靡不振，马克思主义和法西斯主义这两种欧洲的信条在全球各地都有了新的追随者——并提供了不可抗拒的变革的全球愿景。甚至可以认为，全球化的经济必要性正在变得比以往任何时候都更为强烈。美国经济学家尤金·斯塔利敦促说，技术变革和制造业对越来越多原材料投入的依赖，要求建立一种"行星"经济。在煤和铁、汽船和铁路的"古技术时代"，独立和自给自足或许是可能的；但在电力和合金、无线电和汽车、内燃电力传动机车和飞机的"新技术"时代，"孤立和国家战争行动是蓄意的技术自杀形式"。[115] 不过，在那个十年的尾声，新的征服战争是否能重塑蒸汽创造的地球，还有待观察。

# 第九章
# 士麦那之鉴

## 异教徒的伊兹密尔

在两次世界大战之间的岁月里，没有哪座港口城市遭受了比士麦那更严酷的命运。士麦那自古就是一座港口。在近代早期，士麦那作为商队路线的终点而蓬勃发展，而商队路线会将波斯丝绸带过安纳托利亚运往欧洲。在18世纪，士麦那的主要贸易伙伴一直是马赛，而法国商人在该城侨民社区中很突出。[1]但是，士麦那的重要日子在1830年后才来到。随着奥斯曼帝国陷入一场复苏并不确定的危机中，欧洲列强迫使其向基督教臣民承认新的自由，并对欧洲商人开放经济。士麦那是这两种变化的主要受益者。

士麦那的大部分成功归因于地理环境。它拥有大型避风港，位于通往黑海、爱琴海和东地中海的航道交界处，并坐拥广阔的安纳托利亚腹地。在奥斯曼帝国对外贸易开始快速增长之际，士麦那完全有可能成为该地区的主要转口港。旅行家、历史学家A.W.金莱克评论道："士麦那……是欧洲和亚洲之间的主要商业联系点。"[2]1839年至1862年间，士麦那出口额增长了三倍多。麦考洛的《商业词典》1869年报道称，"士麦那是整个黎凡特的重要蒸汽中心"，主要航运公司和来自利物浦的汽船都造访过此地。[3]在1850年代和1860年代，两条铁路线驶入内陆，运送棉花和干果，这些是士麦那的主要出口产品。[4]这座城市的商业生活主要掌握在希腊人（即希腊东正教会的信徒）、亚美尼亚人和犹太商人手中，而希腊人愈发起着主导作用。希腊水手和贸易商管理着从北部敖德萨到南部亚历山大的整个海域的大部分交通。1857年，美国驻君士坦丁堡公使写道，"希腊人是黎凡特地区的北方佬"。[5]事实上，随着1830年独立的希腊国家的建立，以及奥斯曼苏丹对改革和"现代化"的承诺，奥斯曼帝国**内部**的希腊人开始表现出越来越多的民族意识，而他们与欧洲的接触进一步鼓励了他们。士麦那本身获得了一定程度的市政自治，以及一座成功港口城市的典型特征：一个扩大的港口，宏伟的海滨步行大道，酒店和公共建筑。士麦那获得了"黎凡特的巴黎"的绰号。[6]它远比雅典更加繁荣和国际化，成为整个希腊世界的文化大都市。对土耳其人来说，它是"异教徒的伊兹密尔"。

这种早熟的现代性和港口城市精英所享有的相对自由，取决于两个至关重要的防御措施。第一个是，奥斯曼政府不愿冒着让西方列强，尤其是其主要拥护者英国不悦的风险。第二个是"治外法权"提供的奇怪法律保护——自16世纪中叶以来，奥斯曼人根据该协议授予这里的常住西方人以特权地位。根据治外法权，西方人不受奥斯曼帝国的管辖，只受他们自己领事的管辖——与中国的通商口岸明显相似。他们没有向奥斯曼政府纳税。但是，治外法权容易遭到大规模滥用。到了19世纪晚期，在约二十万的总人口中，五分之一到四分之一的人声称自己是"外国人"——他们通过欧洲领事的迁就（或更糟的）获得了这种身份（一名意大利领事抱怨说，在该城六千四百名"意大利人"中，几乎没有人会说意大利语）。[7]因此，士麦那是一座奇怪的"半殖民地"城市，穆斯林人口在其中是二等公民，而该城的国际化特征取决于西方列强是否愿意保护其富裕的侨民社区和维护其商业精英虚构的外来性。

甚至在1914年之前，这一点就受到了质疑。1908年的青年土耳其党人革命，让一个以军队为基础的民族主义政权上台，该政权通过保卫帝国脆弱的巴尔干领土而变得更加强硬（穆斯塔法·凯末尔，后来的凯末尔·阿塔图尔克*，是一名马其顿穆斯林，这绝非巧合）。更糟糕的是，俄国在高加索地区长达一个世纪的推进，以及保加利亚国家的建立，将一波又一波的穆斯林难民推向了他们面前，其中许多人被安置在安纳托利亚西部，那里是一些焦躁不安、怨恨不平、一贫如洗的人口。[8]仅仅来自保加利亚的就有一百万人。到了世纪之交，士麦那周边地区变得越来越无法无天，革命时期的派系斗争让情况变得雪上加霜。[9]1914年10月爆发的战争，给希腊人和其他少数群体带来了一股旋风。对安纳托利亚的亚美尼亚人来说，这带来了种族灭绝。但对士麦那的希腊人来说，协约国的最终胜利预示着另一件事：小亚细亚（"艾奥尼亚"）大部分地区和希腊大陆之间建立联盟的前景，而奥斯曼土耳其在安纳托利亚内陆沦为残余。1920年8月，获胜的协约国在《色佛尔条约》中同意了这一计划：永远摧毁土耳其对土耳其海峡的控制权，建立一个庞大的希腊新王国。但存在一个很大的缺陷：穆斯塔法·凯末尔领导的土耳其武装抵抗。面对另一项不受欢迎的花费，已经在近东利益问题上存在分歧的英国和法国离开了希腊，为自己的不法所得辩护。结果是一场灾难。到了1922年，希腊在安纳托利亚的军队已经被击溃，并撤退到士麦那。当希腊军队逃离士麦那时，这座城市被土耳其人烧毁，而非穆斯林遭到屠杀。1923年《洛桑条约》后的人口交换，将幸存的希腊人口驱逐或重新安置在希腊。[10]在新土耳其共和国，经济民族主义是规则，而士麦那（今伊兹密尔）从重要的黎凡特转口港沦为受关税保护的朴素的工业中心。

---

* "阿塔图尔克"是土耳其国会赐予他的姓，意为"土耳其之父"。

士麦那凄惨的命运赤裸裸地揭示了港口城市的财富和自由赖以建立的不稳定基础。无论城市里的商人精英多么成功和享有特权，他们都无法指望控制住周围更广阔地区的动荡政治。对其穆斯林大多数来说，他们充其量是陌生人。一旦失去大国的保护，而希腊不是代替者，这座城市在战争及其后果的恶化条件下变得极其脆弱。它变成民族主义野心和地缘政治风险的玩物。尽管如此极端，但士麦那严酷的历史让我们看到了1830年后全球化世纪其他港口城市成功和生存的条件。

## 发挥效用的蒸汽全球化

在1830年至1930年的那个世纪中，两个重要的体系正在发挥作用。第一个是自由贸易体系——通过武力或出于自身利益，让欧洲以外的世界对欧洲的商业影响和文化影响开放。第二个是帝国体系。因为在这个世纪，世界的大片地区被欧洲人或欧洲西边附属国的欧美人占领、统治或非正式控制。将这些体系结合在一起的是蒸汽。正是蒸汽赋予了欧洲及其附属社会以经济和物质力量的巨大差异，扭转了文明和大陆之间的长期平衡。蒸汽动力是冶金、工程、通信和化学品等一系列辅助技术的催化剂。蒸汽通过用廉价制造的纺织品武装欧洲人，利用这些纺织品来剥削最初由酒精、鸦片和枪支开辟的新市场，帮助创造了新的交换方式和新的贸易区。进口一直都很少的自给自足经济体成为"初级产品生产者"，为"必备的"制造业销售原材料和粮食。蒸汽极大地增加了河流、海岸、海洋和陆地上流动和移民的数量与频率，提供了开发"新的"土地和资源所需的劳动力。蒸汽连接的相对轻松和速度，激起了世界各地大众对信息和知识的渴望——蒸汽印刷、电报和政府补贴的蒸汽邮船存在于世，正是为了满足这种渴望。通过扩大全球对煤炭的需求，蒸汽促进了英国的大宗出口，从而降低了往返布宜诺斯艾利斯和孟买等港口的运输成本。

当然，蒸汽全球化还有其他不那么明显呈良性的维度。蒸汽动力让欧洲国家及其北美洲后代，能够在帆船时代无法到达或者只能以更高成本到达的地方派遣武装部队。正是汽船朝着长江上游驶去迫使清朝在1842年同意开埠。正是汽船让英国能在相距数万英里的全球战事之间调动一支不到三十万人的军队（有英国人和印度人）。蒸汽促进了他们对缅甸的征服，以及法国对北非和中南半岛的殖民，以及荷兰对印度尼西亚群岛外岛的"平定"。在难以接近的河流上、在海上，以及当铺设军事铁路时在陆地上的速度和渗透，或许跟高级武器一样改变了殖民地军队的打击力量。铁路被蓄意用来巩固英国在印度次大陆的统治：大部分铁路网主要用于军事目的。这也是白人定居的边疆迅速被大量新来者填满的关键手段。[11]面对这种机械化的迁徙，土著的抵抗几乎没有成功的机会。他们所面对的对手，其补给线和人力看似取之不尽，用之不竭。

全球化的这个方面提醒我们，"全球化"一词带来的商业利益不无代价。自由贸易旨在宣传和平。然而，1830年至1914年之间的八十四年几乎不是一个和平的时代。在这一时期，全球发生了将近三百场（规模大小不等的）战争。[12]就连在欧洲都有超过五十万人战死沙场，如果算上1877年至1878年间俄国和土耳其之间的战争，则接近八十万人。将近七十万人死于美国内战。亚洲、非洲、北美洲和南美洲、澳大利亚和新西兰当地战斗人员之间或殖民地和土著部队之间的数百场战争，则没有可靠的统计数字。此外，战争和征服的影响远远超过了战斗的死亡人数。人民流离失所，粮食供应遭到破坏，贸易中断以及（通常伴随着殖民战争的）疾病的传播，夺走了更多人的生命。[13]一项不包括美洲但包括非征服直接导致的饥荒死亡的谨慎估计结果表明，从18世纪中叶到1914年，印度以外的土著生命损失超过二千五百万人，印度本土的土著生命又损失了二千八百万人。[14]中国反对清朝君主制的太平天国运动（1850年至1864年）夺去了二千万至三千万人的生命。[15]在这个世界中，欧洲各族群非凡的生育能力似乎与非欧洲人口的停滞、下降或（如北美洲和澳大拉西亚）预期消失形成了鲜明对比。

港口城市发挥着广泛的作用。在亚洲和非洲，非西方国家的人民将在那里充分遭遇来自欧洲的全球化影响。港口城市也是一座"桥头堡"，外来者（在19世纪，包括印度人、中国人和少数其他族群以及欧洲人）在此试图进入有前途的内陆地区，寻找商品、土地、皈依者、工作，或者仅仅是掠夺。出于商业、军事或行政目的，它们是"指挥和控制"的中心。它们收集当地信息，招募当地盟友，同时热切地向"国内"的商人、投资者、移民和传教士兜售收益的前景。它们不得不相互竞争以获得公众关注和物质支持。它们也是成千上万（甚至数百万）移居者的漏斗，沿着水道或铁路线注入内陆，像来自纽约的铁路线一样平行运行，或者就像布宜诺斯艾利斯的巨大金属扇形铁路网。在温带世界，魁北克、蒙特利尔、波士顿、纽约、巴尔的摩、新奥尔良、旧金山、里约热内卢、桑托斯、蒙得维的亚和布宜诺斯艾利斯供应美洲；墨尔本、悉尼、阿德莱德、布里斯班、惠灵顿、奥克兰、克赖斯特彻奇和达尼丁，供应澳大拉西亚；开普敦、伊丽莎白港、东伦敦和德班，供应非洲南部；以及阿尔及尔和奥兰供应法国在北非的属地。在热带世界，仰光、槟城和新加坡，以及加勒比海和南太平洋的较小港口，负责处理中国人和印度人的流动，其中一些人定居，而更多的是作为移民劳工工作一段时间。由于港口城市满足了农业内陆的许多需求——设备、机械、服装、信贷、资本、教育、新闻和娱乐——以及农产品的包装和加工出口，它们往往会以不成比例的速度增长，并留住许多抵达码头的移民。

港口城市是特定的地方和区域与全球变革之间的中枢，而这种变革是由贸易的大幅增长、工业化制造业的兴起、大量的移民和大陆的分割所引发的。它们坐上了财富的过山车，并非所有车上的港口城市都赢得了奖品——或者保留了之前赢得的奖品。在过去的两千年里，无数的港口城市已经衰落到考古遗址的状态，或者只是失落城市辉煌的萎缩残余。被港口的淤泥堵塞，或者（在一些内陆港口城市的情况下）被沙漠吞噬，它们可能已从地图上消失。对于其他港口城市，它们的命运是平淡无奇的：曾经吸引来船只、贸易商、专业人士、工匠、劳工、奴隶贩子和奴隶的商业前景正在消失。牙买加的金斯敦曾经是英国商人与"闭关自守的"西属美洲进行违禁品贸易的基地。它也是18世纪英国最富有的殖民地的首府，一个大型的糖和奴隶种植园。到了1830年代和1840年代，这两种财富来源几乎都枯竭了，金斯敦也衰落了。当糖在巴西经济中占主导地位时，累西腓和萨尔瓦多都是至关紧要的城市。首先是黄金，然后是咖啡，将财富吸到了南部，吸到了里约热内卢和圣保罗。1820年以前，查尔斯顿是蓄奴南方的女王城市。但是，南卡罗来纳州的农业衰退，以及缺乏内陆铁路连接，甚至在内战危机之前就已经造成了商业衰退的感觉。新奥尔良摘得了桂冠——尽管时间不长。1760年以前，马德拉斯一直是英国在印度的势力的枢纽。一百年后，加尔各答和孟买让这里成为商业上的穷乡僻壤。三十年来，槟城一直是英国在东南亚的商业野心的主要基地，虽然她生存得更好，但与势不可挡的新加坡相比，槟城很快遭到冷落——至少苏伊士运河和蒸汽运输部分解释了这一转变。1842年，当英国人将《南京条约》强加给中国时，他们预计宁波和厦门将成为主要通商口岸：但上海很快就大获全胜，将广州——长期以来中国通往世界的大门——降至次要地位。中国沿海或河流沿岸的大多数通商口岸很快就陷入商业停滞。[16]

成功——或生存——需要多种祝福，而这些祝福并非全部都掌握在港口城市的精英手中。当港口城市主要是转口港时，主要在遥远的港口之间交易货物，而不是与农业邻城交易货物——1800年以前的一种常见模式——它们自己的海军力量或主权保护者的海军力量是一种重要的资源。当港口城市的主业是寻找和服务一片有利可图的腹地，并将其贸易重塑为以港口为中心的布局时，其他需求就变得至关重要。首先就是内陆地区，其产品具有普遍的需求，或者种类繁多，足以在土壤衰竭、其他地方的竞争、毁灭性的疾病或消费者的冷漠中生存下来。许多可能取决于港口城市企业家借以勘察新的土地来定居或快速转向经济作物种植的能力。因此，在1880年代，新西兰惠灵顿的商人率先在该城以北一百英里的沼泽平原马纳瓦图测绘和定居。[17] 不过，士麦那的历史提醒我们，一片有利可图的腹地也需要有效的监督以对抗内部掠夺者或外部入侵者。一个更熟悉的危险是内陆政权的崛起，而此政权敌视港口城市社会的政治影响力和"世界主义"价值观，或者是由滑向封闭经济所驱动。[18] 在1930年之前，大多数港口城市都成功地直面了这一挑战，但在随后的几十年里，许多港口城市被其淹没。的确，这种挑战可能会以一种更阴险的伪装形式出现。在一座不断扩张的港口城市，码头工作和加工鼓励了工业企业的发展，吸引了一批新的劳动力，他们的宗教或政治同情可能与该城的统治精英不一致，从而成为其内陆对手的天然盟友。有时内陆社会的力量是不可抗拒的。在新奥尔良的个案中，"自由欧洲"的外部影响就被减弱了，因其腹地在物质和文化上都被蓄奴的上南方殖民了。新奥尔良远非一个国际化的"桥头堡"，而是受制于蓄奴精英的价值观，并且被迫跟着翻过悬崖。

不过，港口城市政治的当务之急是保卫港口及其贸易。几乎每座港口城市都会饱受周期性衰落恐惧的折磨。威胁可能来自竞争对手的出现：孟买的商人对卡拉奇的崛起投来紧张的目光。新的铁路连接可能有利于一座新兴港口，或者一种"新的"商品（黄金、钻石、锡、橡胶）可能会"造就"一座新港口，从而拖走贸易和船只：因此有了旧金山和墨尔本的突然兴起。海上航线的变化，比如蒸汽的普遍采用，或者更引人注目的苏伊士运河和巴拿马运河的开通，对一些港口来说是好消息，而对另一些港口来说则是坏消息。不过，或许最持久的焦虑来自改善港口的压力，以保护港口通道不受浅滩和沙洲、河流淤泥或其他动态环境所造成障碍的影响。当这与满足商业航运量迅速增加和吃水深度不断加深的需要相结合时，它不仅带来了成本问题（疏浚和码头建设），而且带来了协调各方利益的问题：航运公司及其代理人，进出口商人，财产所有者和公共当局，铁路公司和码头劳动力供应商，内陆生产商。克服这些分歧需要精心设计的微观政治，涉及婚姻联盟、俱乐部友谊、默契的商业优惠和等级尊重，以及商会和市政机构的制度支持。利物浦的港口特殊需求是其早期采用"港务局"进行全面管理的原因。在新加坡，对其转口贸易的类似依赖感，促使殖民当局将其主要港口设施"国有化"。但是，政治权力可以阻碍也可以推进港口城市的雄心。弗吉尼亚的诺福克作为一个跨阿巴拉契亚山脉内陆出口的前景，因对"秋季线"城镇商业利益的嫉妒——内陆航运的中断——而受阻，这些城镇担心看到自己的贸易转移至沿海。弗吉尼亚未能修建一条从诺福克到俄亥俄的铁路，这让该州付出了高昂的代价——而修建这条铁路的巴尔的摩则从中获利。[19]

　　然而，对我们关注的所有港口城市来说，当地环境只是一个更大等式的一部分。它们的安全和繁荣也与更广泛的地缘政治制度——权力和权威在世界各地的分配——密切相关。1830年至1914年间，这一地缘政治制度对它们的利益极为有利。欧洲列强将其冲突局限在欧洲内部，并且通常避免在欧洲以外的地方进行公开战斗。在意识形态上，它们对私有财产的神圣性、殖民主义的合法性和"教化使命"的必要性有着共同的忠诚。它们支持干涉欧洲以外的世界，以保护外国人的生命和财产，只要这样能够维持它们之间的利益平衡。当然，紧张局势持续存在，大国外交从一场危机走向另一场危机：在干涉范围存在接触的无数断层线上，争抢和武力恫吓盛行。但直到1914年6月，似乎没有一个欧洲国家愿意为了殖民地利益而拿欧洲大陆的均势冒险。

部分原因可以从**全球**力量平衡的特殊形态中找到。自1805年的特拉法加战役以来，英国一直享有非凡的海上至高地位。英国皇家海军尽管分布得很稀疏，但是仍然足够强大，能够击败任何挑战者。世界海上航线可能会因海盗或偶尔的封锁而局部中断，但是海运贸易总体上享有非凡的自由，免于重商主义时代的战争和排斥。充斥着19世纪的各地的叛乱和战争，很少获允侵入主要的海洋干道。如果没有这种**海上和平**，北大西洋和南大西洋贸易的巨大增长，欧洲和亚洲之间的航运量，或者来自欧洲、印度和中国的移民流都是不可行的。英国在海运上的至高地位，也是对封闭经济体强加自由贸易、阻止诉诸金融违约或没收资产的重要辅助手段。在西半球，英国海权的庇护大大降低了美洲各国对外防御的成本。在亚洲，它是英国在印度的统治权和中国通商口岸安全的最终担保。而且，由于自由贸易是维多利亚时代英国的主导意识形态，全球主要大国与港口城市世界的前景和利益之间存在着惊人的一致。第一次世界大战是对这一全球体制恢复能力的残酷考验。尽管俄国和中国发生了革命，但在1920年代后期，伦敦和华盛顿之间的友谊温暖了短暂的"小阳春"。但是严冬很快来临。到了1930年代末，蒸汽全球经济的地缘政治框架已经完全崩溃。

## 两个世界的故事

这些是一般情况。蒸汽全球化连接了一个世界，其中许多内陆地区远非和平，但其沿海和海上航线非常安全。它的影响是不平衡的、不完整的、商业上不稳定的。通过港口城市的历史来观察它的影响就会发现，在一个太容易被人想象成经济、政治和文化一体化——一个不断变"平"的世界——的统一过程中，存在着巨大的变化。

在经济上，可以看到两种截然不同的模式。横贯欧洲以外的温带世界，在美洲和澳大拉西亚，全球化使其移民人口的生活水平和生活方式与他们在西欧的家园逐渐**趋同**。移居者地区以惊人的速度转变为全球经济的组成部分，而随着更多移民的到来和关税壁垒的倒塌，它们的高工资和廉价粮食的好处慢慢地自西向东扩散至整个欧洲。它们丰富的自然资源是故事的一部分。但同样重要的是，侵入的人口从一开始就可以自由地强加商业化的"发展型"经济，并伴有私有产权、信贷和资本机构，尤其是蒸汽技术的广泛使用。这种自由是以他人为代价高价买来的：无情地消除了本地人的土地所有权（往往还有本地人）；以及同样无情地动用奴隶劳工，以实现向经济作物的"即时"转变——在美国南方腹地和巴西。西欧商业机构以粗糙而现成的形式向移民边境转移，为扩大信贷和注入资本开辟了道路，以加快交通网络的建设，并保持殖民和征服的急速步伐。在1920年代和1930年代，在加拿大北部、美国西部、巴西、阿根廷、非洲中南部、澳大利亚和苏联西伯利亚，仍然可以发现白人殖民的拓荒者边缘。[20]

在非移居者世界里，模式则截然不同。在这里，蒸汽全球化的西方代理人在本地商人中找到了心甘情愿的盟友，确实依赖他们来接触消费者和耕种者。但是，他们远不能全面实施西方商业的法律和惯例，他们面临的是高度抵制即时转换的劳动和产权制度，以及通常缺乏或匮乏"自由"土地的农业经济。就连在殖民统治者理论上致力于开放经济的印度，强制推行西式资本主义都是办不到的。相反，商业外来者的范围受到严格控制，以免他们危及英国对印度的统治与农业精英——统治的基础——的关系。因此，西方资本只有在政府担保之下才能被吸引到铁路所需的大规模建设中。印度的铁路是按照政府规划建造的，（与美国甚至阿根廷相比）其铁路网小得可怜。在中国，1900年以前几乎没有铺设铁路。港口城市的商人可以从进口英国纺织品的自由中获利，并削弱当地的生产。但是，他们缺乏变得更有雄心的种种手段，转而倾向于建立一系列利基经济，而这些经济的产品则得益于它们的外部联系。这就把内部发展的大部分负担留给了印度商人或政府：二者都没有足够的资金来完成这项任务。印度、中国和俄国持续的饥荒，有力地证明了横跨世界大片地区的蒸汽全球经济的严重局限性，以及它对当地粮食市场的扭曲影响。因此，尽管移居者世界与西北欧趋同，但大多数的非洲-亚洲地区收益有限，在收入和生活水平方面与西方的差距越来越大，并一直持续至20世纪晚期。就连在欧洲，尽管"现代"港口城市距离极度贫困的乡村地区只是一箭之遥——在西班牙、意大利、巴尔干半岛和俄国等地——但全球经济对这种贫困几乎毫无助益，有时甚至会加深之。的确，在"全球化"世界的边缘地带，仍然存在着大量流动的耕种者、渴望土地的农民、贫穷的移民劳动后备军，以及流离失所的本地人受到重创的残余物。

作为欧洲的价值观、习惯、生活方式和信仰的传播者，港口城市的记录同样好坏参半。在传播本应很容易的移居者世界，文化遵从受限于令人欣慰的偏见——在移居者社区颇为常见——即"旧世界"是堕落的、阶级束缚的和停滞的。在欧洲人的态度与移居者自身的利益产生冲突的地方——就像他们在奴隶制或驱逐本地人问题上的所作所为——拒绝是强烈的。在非移居者世界，正如我们在印度、东南亚和中国看到的那样，当地港口城市精英非常容易接受经济自由和政治自由的信息，但是他们坚决维护其地位所依赖的语言、宗教、家庭结构和血统。事实证明，他们善于运用输入的技术——印刷机、西式教育、协会和游说团体——来加快自己民族或宗教社区的文化动员。世界各地的港口城市都是克里奥尔社会的摇篮，而在这种社会中，无数不同的民族通过选择性地适应外来和熟悉的事物来构建"现代"身份。他们的政治同情往往被种族排斥逐渐疏离。到了20世纪中叶，即使不是大多数人，也有许多人在民族主义的外衣下从视野中消失。新加坡和陷入困境的中国香港都位列幸存者之中；饱受冲突摧残的亚丁则提醒人们并入一个失败的民族国家的代价。[21]

沿着蒸汽动力造就的海上通道和铁路线，可以发现一份不太显眼的遗产。汽船和江轮、港口工程和铁路枢纽、电报局和酒店，以及所有蒸汽驱动的移动设备，所需要的大批专业人员——工程师和机械师、机车司机和装配工人、办事员和抄写员、厨师和侍者——通常在最近的当地无法获得。作为外国人和外来者，这种新的劳动力在欧洲的统治或殖民控制的庇护下定居在飞地、军队驻地或"铁路工住区"。在苏丹的主要铁路枢纽阿特巴拉，熟练的工匠包括希腊人、马耳他人、埃及科普特人、波兰人、阿尔巴尼亚人、叙利亚人和印度人。[22]"阿比西尼亚区"是妓女居住的地方。[23]果阿人在东非沿海提供船员和侍者，然后搬到内陆为铁路工作，或者成为专业人员和商人。[24]定居在"铁路工住区"的英印混血儿，占据着印度铁路线上的技术职业。非官方移民跟随着机会在召唤的新铁路线而来，在蒸汽造就的城市新定居点开设商店、提供信贷及各种服务，无论是体面的还是其他的。这些都是小规模移民，是新的全球化劳动力的无限碎片，对他们来说，回归自己的"家园"已经不再可行。对所处陌生环境的不安调整是他们的惯常反应，直到新民族的崛起使他们引人注目。对这些民族的起源的掩盖有时足够多；结果往往是逃亡或驱逐。这些都是"隐藏的历史"，很多都有待讲述。

最后，我们应该考虑一种更广阔的视角。在欧洲和北美洲以外的世界大部分地区，蒸汽全球化的范围基本上仍然是沿海地区——在一些地理学家所说的"中心地区的边缘地带"。它向内陆伸出了长长的触角，并吸引一些内陆地区——比如俄国的小麦平原——进行商品生产。不过，在港口城市的背后，在拉丁美洲的部分地区，在撒哈拉以南非洲的大部分地区，在中国、印度甚至俄国广阔的农业内陆地区，1930年农业人口仍占总人口的80%左右，[25]乡村社会与港口城市社区繁荣的资本主义形式几乎没有任何共同之处。1914年之前，俄国农场主可能对该国经济增长做出了重大贡献，但是大部分乡村地区仍被束缚在共同所有权之中，并被1917年至1918年爆发的激烈不满撕裂。[26]在印度，1918年后动员农民反对英国统治的，是甘地的村庄自给自足计划，而非商业化农业的愿景。从这个角度来看，我们可能会忍不住说，尽管港口城市可能很有影响力，但它们几乎没有触及世界上广阔的农业景观，而这个世界（在俄国和中国）向社会主义的转变则定义了20世纪的大部分时间。

在当今的全球化中，所谓的"全球城市"扮演着本书所描绘的早期版本中港口城市的角色。有些事情看起来很熟悉：越来越依赖粮食、原材料和制成品的远方来源；海运占世界贸易的巨大比例；不断扩大的人类迁徙规模，以及移民在专业、商业和低技能职业中的无处不在；长途旅行的日益便捷和平常；大量资本在全球纵横交错流动；信息交换的数量和速度惊人增长；农业生产或矿物生产对景观的破坏。我们可能希望认为，"我们的"全球化只是更大更快，并触及了其蒸汽动力先驱没有希望触及的部分。不过，熟悉感是具有欺骗性的；有很多不同之处，而且不只是在规模上。支持以欧洲为中心的世界秩序的地缘政治环境，以及随之而来的将蒸汽技术转向自身特定目的的帝国早已消失。欧洲的霸权继承者一直在退却中，而随着中国现在开始成为全球范围内的存在，一种新的全球秩序正在形成。这在一定程度上是源于巨大的"命运逆转"，它让亚洲经济体——尤其是中国——成为世界工厂，并日益成为技术创新的中心。

互联网时代技术转让的便利性，让耽搁已久的"大合流"成为可能，而这一大合流推翻了蒸汽助力加深的"分流"。因为复杂的批量生产现在可以通过信息技术进行远距离控制，所以许多工业产能已经转移到曾经贫穷的初级产品生产商手中。[27]他们新获得的财富被投入进口，或作为资本输出。就目前而言，外国投资的浪潮很可能从东方流向西方，也可能相反。伦敦曾经引导资本**外流**到世界其他地方。现在，伦敦的大部分营生来源于促进流入。尽管船舶仍然承载着世界贸易的绝大部分，但是主要航道已经变得非常不同。现在，从亚洲到北美洲的跨太平洋运输让其他所有运输相形见绌——几乎是亚洲到北欧运输量的两倍，几乎是北美洲到欧洲运输量的十倍，而北美洲到欧洲曾经是最繁忙的海运干道。世界十大港口（按吞吐量计算）都在亚洲：欧洲最大港口鹿特丹的吞吐量不及亚洲最大港口上海的三分之一。[28] 与此同时，"金融化"——货币自由流动的产物——将所有权分割成了不负责任的碎片，伪装于空壳公司或搁置在避税天堂——这是20世纪初资本主义很少可及的权宜之计。如今的"全球化"企业很容易就逃避其对东道国社区的义务（无论是社会义务还是财政义务）——这是其利润的关键来源。[29] 现在，主要移民流不是从北方流向"更空旷"的南方，而是朝着相反的方向流动——尽管仍然受到经济抱负、恐惧压迫或纯粹绝望的推动。"我们的"全球化的规范和价值观（如果不总是实践的话）再次有所不同：否定种族等级制度和欧洲的陈旧文明主张，而拥抱种族和性别平等的理想（在蒸汽时代偶尔会表达）。庞大的数据工厂的垄断力量，它们对知识供给和传播的控制，或者电子媒体的网络力量，在19世纪都没有先例。环境的脆弱性在那时也没有引发广泛的焦虑，尽管像美国人乔治·珀金斯·马什这样的早期环保主义者做出了努力。因此，我们生活在一个由蒸汽全球化帮助创造的世界，但是我们让这个世界变得几乎迥然不同。尽管如此，我们可能会被一个相似之处触动。正如蒸汽全球化的发展似乎势不可挡，让欧洲的商业和文化越来越深入非西方世界，它引发了一场迅速摧毁其合法性的抵抗。它的敌人以新的反帝国主义学说武装起来，伺机而动。在1913年，一个刚刚建立起来的世界的崩溃是不可想象的。但是，我们在自己的全球周期中又处于什么阶段呢？

# 注 释

## 导言 钥与锁

1. 这个概念的首次提出，见 A. F. Burghardt, 'A Hypothesis about Gateway Cities', *Annals of the Association of American Geographers*, 61, 2(1971), 269–285。

2. J. Scheele, 'Traders, Saints and Irrigation: Reflections on Saharan Connectivity', *Journal of African History*, 51, 3(2010), 281–300.

3. 关于威塞克斯王国的汉维克（盎格鲁-撒克逊时期的南安普敦），参见 R. Hodges, *The Anglo-Saxon Achievement* (London, 1989), ch.4。

4. G. Milne, *The Port of Medieval London*(Stroud, 2003), p.73.

5. B. Martinetti, *Les Négociants de la Rochelle au XVIIIe siècle* (Rennes, 2013), pp.17–18.

6. 参见 M. B. Gleave, 'Port Activities and the Spatial Structure of Cities: The Case of Freetown, Sierra Leone', *Journal of Transport Geography*, 5, 4(1997), 257–275。

7. 关于此类转口港城市的经典描述，参见 Edward Whiting Fox, *History in Geographical Perspective: The Other France* (New York, 1971)。

8. 参见 J.-P. Pousson, *Bordeaux et le Sud-Ouest au XVIIIe siècle*(Paris, 1983), p.241。

9. A. Rosenthal, 'The Arrival of the Electric Streetcar and the Conflict over Progress in Early Twentieth-Century Montevideo', *Journal of Latin American Studies*, 27, 2(1995), 5.

10. J. W. Crowfoot, 'Some Red Sea Ports in the Anglo-Egyptian Sudan', *Geographical Journal*, 37, 5(1911), 528.

11. 参见 J. Booker, *Maritime Quarantine: The British Experience c.1650–1900* (Aldershot, 2007); P. Baldwin, *Contagion and the State in Europe 1830–1930* (Cambridge, 1999)。

12. 参见 G. J. Milne, 'Knowledge, Communications and the Information Order in Nineteenth-Century Liverpool', *International Journal of Maritime History*, 14, 1(2002), 209–224。

13. 先驱商业历史学家 N. S. B. Gras 列出了这些阶段，见 *Introduction to Economic History* (New York, 1922), p.244。

14. 有关精彩地阐释了这种观点的理由，见 A. G. Hopkins (ed.), *Globalization in World History* (London, 2002)。

15. T. Earle and C. Gamble with H. Poinar, 'Migration', in A. Shryock and D. L. Smail(eds.), *Deep History: The Architecture of Past and Present* (Berkeley, 2011), p.214.

16. 参见 P. V. Kirch, 'Peopling of the Pacific: A Holistic Anthropological Perspective', *Annual Review of Anthropology*, 39(2010), 131–148, esp.141。

17. 参见 J. G. Manning, *The Open Sea: The Economic Life of the Ancient Mediterranean World from the Iron Age to the Rise of Rome* (Princeton, 2018), ch.8; P. D. Curtin, *Cross-Cultural Trade in World History* (Cambridge, 1984), ch.4。

18. 相关的著名研究，见 A. W. Crosby, *The Columbian Exchange: Biological and Cultural Consequences of 1492* (Westport, CT, 1972)。

19. 转引自 L. Mumford, *Technics and Civilization* (New York, 1934), p.121。

20. 这个短语的提出，见 Lewis Mumford, *Technics and Civilization*。

21. 参见 A. McCrae, 'The Irrawaddy Flotilla Company', *Business History*, 22, 1(1980), 87–99。到

了1920年代末，因为拥有二百五十多艘动力船和三百五十多艘"平底船"或曰驳船，该公司已经成为"世界上最大的内河航运企业"。

22. 参见R. Hora, *The Landowners of the Argentine Pampas* (Oxford, 2001), ch.2。

23. 参见G. Freyre, *The Mansions and the Shanties*［1936］(Eng. trans., New York, 1963), pp.293ff。关于回家的大商船，参见C. R. Boxer, *The Portuguese Seaborne Empire* (Harmondsworth, 1969), p.222; A. J. R. Russell-Wood, 'Ports of Colonial Brazil', in F. Knight and P. Liss (eds.), *Atlantic Port Cities: Economy, Culture and Society in the Atlantic World, 1650–1850* (Knoxville, 1991), pp.201ff。

24. Freyre, *Mansions*, p.223.

25. J. Needell, *A Tropical Belle Epoque: Elite Culture and Society in Turnof-the-Century Rio de Janeiro* (Cambridge, 1987), p.167.

26. Freyre, *Mansions*, p.229.关于欧洲"品味"的吸引力，参见G. Freyre, *Order and Progress: Brazil from Monarchy to Republic*［1957］(Eng. trans., New York, 1970), ch.2。

27. 参见W. E. Rudolph, 'Strategic Roads of the World', *Geographical Review*, 33, 1(1943), 110-131。

28. 在20世纪初中国的种种后果的生动例证，参见J. E. Baker, 'Transportation in China', *Annals of the American Academy of Political and Social Sciences*, 152, 1(1930), 160-172。

29. W. Ashworth, *A Short History of the International Economy, 1850–1950* (London, 1952), p.63.

30. E. Shann, *An Economic History of Australia* (Cambridge, 1930), p.292.

31. R. Wenzlhuemer, *Connecting the Nineteenth-Century World: The Telegraph and Globalization* (Cambridge, 2013).

# 第一章　旧世界的港口城市

1. L. Paine, *The Sea and Civilization* (New York, 2015), p.36.

2. D. Abulafia, *The Great Sea: A Human History of the Mediterranean* (London, 2011), p.37.

3. Paine, *The Sea*, p.80.

4. E. Alpers, *The Indian Ocean in World History* (Oxford, 2014), p.25.

5. 参见M. Vink, 'Indian Ocean Studies and the "New Thalassology"', *Journal of Global History*, 2(2007), 41-62。

6. B. Cunliffe, *By Steppe, Desert and Ocean: The Birth of Eurasia* (Oxford, 2015), p.279; M. Fitzpatrick, 'Provincializing Rome: The Indian Ocean Trade Network and Roman Imperialism', *Journal of World History* 22, 1(2011), 27-54.

7. 参见R. B. Marks, *China: Its Environment and History* (Lanham, MD, 2012), pp.123-130。

8. É. de la Vaissiére, 'Trans-Asian Trade, or the Silk Road Deconstructed(Antiquity, Middle Ages)', in L. Neal and J. G. Williamson(eds.), *The Cambridge History of Capitalism*, vol.1(Cambridge, 2014), pp.102-104.

9. 参见K. McPherson, *The Indian Ocean: A History of People and the Sea* (New Delhi, 1993), pp.66-67。

10. Cunliffe, *Steppe, Desert and Ocean*, p.293.

11. 参见W. M. Jongman, 'Re-constructing the Roman Economy', in Neal and Williamson (eds.), *The Cambridge History of Capitalism*, vol.1, pp.91-96。

12. 参见S. E. Sidebotham, *Berenike and the Ancient Maritime Spice Route* (Berkeley and London, 2011), pp.279-281。

13. M. Elvin, *The Pattern of the Chinese Past* (London, 1973), Part Two.

14. 出处同上，p.113。

15. 参见 L. Cooke Johnson, *Shanghai: From Market Town to Treaty Port 1074–1858* (Stanford, 1995); M. Elvin, *Another History: Essays on China from a European Perspective* (Sydney, 1996), p.106。

16. 参见 A. Wink, *Al-Hind: The Making of the Indo-Islamic World*, vol.1: *Early Medieval India and the Expansion of Islam, 7th to 11th Centuries* (Leiden, 1990), pp.296ff.; R. M. Eaton, *The Rise of Islam and the Bengal Frontier 1204–1760* (Berkeley, Los Angeles and London, 1993); V. Lieberman, *Strange Parallels: Southeast Asia in Global Context c.800–1830*, vol.2: *Mainland Mirrors* (Cambridge, 2009), pp.681ff。

17. Lieberman, *Strange Parallels*, vol.2, ch.6.

18. McPherson, *Indian Ocean*, p.96.

19. Wink, *Al-Hind*, vol.1, pp.324–328.

20. 对此有说服力的陈述，见 B. M. S. Campbell, *The Great Transition* (Cambridge, 2016)。

21. 有关公元 800 年后贵族收入的恢复及其对贸易的重要性，参见 C. Wickham, *Framing the Early Middle Ages* (Oxford, 2005), pp.818ff。

22. P. Spufford, *Power and Profit: The Merchant in Medieval Europe* (London, 2002), pp.356–358.

23. 相关的经典叙述，见 J. Abu-Lughod, *Before European Hegemony: The World System ad 1250–1350* (New York, 1989)。

24. 参见 S. Pamuk and M. Shatzmiller, 'Plagues, Wages, and Economic Change in the Islamic Middle East, 700–1500', *Journal of Economic History*, 74, 1(2014), 196–229。

25. 相关的很多调查，见 Wink, *Al-Hind*, vol.1, chs.2, 3。

26. 参见 R. W. Bulliet, *Cotton, Climate and Camels in Early Islamic Iran* (New York, 2009)。

27. B. V. Schmid et al., 'Climate-Driven Introduction of the Black Death and Successive Plague Reintroductions into Europe', *Proceedings of the National Academy of Sciences*, 112, 10(2015), 3020–3025.

28. 参见 Pamuk and Shatzmiller, 'Plagues, Wages, and Economic Change'。

29. Lieberman, *Strange Parallels*, vol.2, pp.692ff.

30. Marks, *China*, p.170.

31. T. Brook, *The Confusions of Pleasure: Commerce and Culture in Ming China* (Berkeley, Los Angeles and London, 1998), p.18.

32. Lieberman, *Strange Parallels*, vol.2, p.558.

33. 一本有关明朝中国的华丽插图版导论，参见 C. Clunas and J. Harrison-Hall (eds.), *Ming: Fifty Years that Changed* China(BP Exhibition, 2014)。

34. T. Brook, 'Commerce: The Ming in the World', in Clunas and Harrison-Hall (eds.), *Ming*, p.271.

35. G. Riello, *Cotton: The Fabric that Made the Modern World* (Cambridge, 2013), p.67.

36. 参见 R. Palat, *The Making of an Indian Ocean World-Economy, 1250–1650* (Basingstoke, 2015)。

37. 参见 L. Schick, *Un grand homme d'affaires au début du XVIe siècle: Jacob Fugger* (Paris, 1957), ch.3。

38. 参见 P. Jackson, *Mongols and the Islamic World: From Conquest to Conversion* (New Haven, 2017), pp.90–93。

39. 出处同上，p.226。

40. D. Ludden, *Peasant History in South India* (Delhi, 1989), p.42.

41. 参见 H. A. R. Gibb, *Ibn Battuta: Travels in Asia and Africa, 1325–1354* [1929] (London, 1983),

Introduction。

42. 相关的精彩描述，见 J. Gommans, 'The Silent Frontier of South Asia, c.ad 1100–1800', *Journal of World History*, 9, 1(1998), 1–23。

43. 关于暗示明朝中国使用红宝石是一种"表达宏伟和地位的视觉语言"，参见 C. Clunas, 'Precious Stones and Ming Culture, 1400–1450', in C. Clunas, J. Harrison-Hall and Luk Yu-ping (eds.), *Ming China: Courts and Contacts, 1400–1450* (London, 2016)。

44. Jackson, *Mongols*, pp.234ff.

45. 参见 Sheldon Pollock, 'The Transformation of Culture-Power in IndoEurope, 1000–1300', *Medieval Encounters*, 10, 1–3(2004), 247–278。

46. A. Reid, *Southeast Asia in the Age of Commerce 1450–1680*, vol.2(1993), p.207.

47. Abulafia, *Great Sea*, pp.362ff.

48. 关于某些尝试，参见 S. R. Prange, 'The Contested Sea: Regimes of Maritime Violence in the Pre-Modern Indian Ocean', *Journal of Early Modern History*, 17, 1(2013), 9–33。

49. 参见 F. C. Lane, *Venice: A Maritime Republic* (Baltimore and London, 1973), p.68。

50. Chen Dasheng and D. Lombard, 'Foreign Merchants in Maritime Trade in Quanzhou ('Zaitun')', in D. Lombard and J. Aubin (eds.), *Asian Merchants and Businessmen in the Indian Ocean and the China Sea* (New Delhi, 2000), p.20.

51. A. C. Fong, '"Together They Might Make Trouble": Cross-Cultural Interactions in Tang Dynasty Guangzhou, 618–907 CE', *Journal of World History*, 25, 4(2014), 475–492.

52. 参见 C. Baker, 'Ayutthaya Rising: From Land or Sea?', *Journal of South-east Asian Studies*, 34, 1(2003), 41–62。

53. M. Collis, *Siamese White*〔1936〕(London, 1951), p.47.

54. Deng Hui and Li Xin, 'The Asian Monsoons and Zheng He's Voyages to the Western Ocean', *Journal of Navigation*, 64, 2(2011), 207–218.

55. 参见 J. Horsburgh, *India Directory, or Directions for Sailing to and from the East Indies, China, New Holland*〔etc.〕, 3rd edn. (London, 1827), pp.238ff.

56. 参见 L. F. F. R. Thomaz, 'Melaka and Its Merchant Communities at the Turn of the Sixteenth Century', in Lombard and Aubin (eds.), *Asian Merchants*, pp.25–39。

57. 此人是若昂·德·巴罗斯，他的作品出版于1553年。参见 P. E. De J. De Jong and H. L. A. Van Wijk, 'The Malacca Sultanate', *Journal of Southeast Asian History* 1, 2(1960), 20–29。

58. C. N. Parkinson, *Trade in the Eastern Seas, 1793–1813* (Cambridge, 1937), p.108.

59. G. Bouchon, 'A Microcosm: Calicut in the Sixteenth Century', in Lombard and Aubin (eds.), *Asian Merchants*, pp.40–49.

60. J. Deloche, *Transport and Communications in India Prior to Steam Locomotion*, vol.2: *Water Transport* (Delhi, 1994), p.90.

61. W. Floor, *The Persian Gulf: A Political and Economic History of Five Port Cities 1500–1730* (Washington DC, 2006), ch.1.

62. 关于这一点，参见 A. Villiers, *Sons of Sindbad* (London, 1940), 其中有关于他自己在1930年代末乘坐单桅帆船航行的精彩描述。

63. 参见 R. E. Margariti, *Aden and the Indian Ocean Trade* (Chapel Hill, 2007), pp.38ff。

64. 出处同上，p.27。

65. 出处同上，p.207。

66. 参见 S. Pradines, 'The Mamluk Fortifications of Egypt', *Mamluk Studies Review*, 19(2016), 33ff。

67. 相关描述，参见 G. Christ, *Trading Conflicts: Venetian Merchants and Mamluk Officials in Late Medieval Alexandria* (Leiden, 2012), pp.23–27。

68. 参见 J. P. Cooper, *The Medieval Nile: Route, Navigation and Landscape in Islamic Egypt* (Cairo, 2014), ch.9。

69. 参见 G. Christ, 'Collapse and Continuity: Alexandria as a Declining City with a Thriving Port (Thirteenth to Sixteenth Centuries)', in W. Blockmans, M. Krom and J. Wubs-Mrozewicz (eds.), *The Routledge Handbook of Maritime Trade around Europe 1300–1600* (London, 2017), p.124。

70. 参见 F. J. Apellániz Ruiz de Galarreta, *Pouvoir et finance en Méditerranée pré-moderne: le deuxième état Mamelouk et le commerce des épices (1382–1517)* (Barcelona, 2009), esp. p.42; Christ, *Trading Conflicts*, ch.7。

71. Cooper, *Medieval Nile*, ch.13.

72. G. Christ, 'Beyond the Network', in S. Conermann (ed.), *Everything is on the Move: The Mamluk Empire as a Node in (Trans-) Regional Networks* (Göttingen, 2014), p.50.

73. 参见 A. Sopracasa, 'Venetian Merchants and Alexandrian Officials (End of the Fifteenth-Beginning of the Sixteenth Century)', *Mamluk Studies Review*, 19(2016)。

74. Christ, *Trading Conflicts*, p.49.

75. 关于这项计算，参见 *Encyclopaedia Islamica Online*, 'Alexandria'。

76. 参见 P. Horden and N. Purcell, *The Corrupting Sea: A Study of Mediterranean History* (Oxford, 2000), ch.6。

77. 关于这一点，参见 W. Blockmans and J. Wubs-Mrozewicz, 'European Integration from the Seaside', in Blockmans et al. (eds.), *Maritime Trade around Europe*, pp.448ff。

78. 相关的经典研究，见 Lane, *Venice*。

79. 一本有价值的近期研究著作，见 M. Fusaro, *Political Economies of Empire in the Early Modern Mediterranean: The Decline of Venice and the Rise of England, 1450–1700* (Cambridge, 2015)。

80. 参见 R. C. Mueller, *The Venetian Money Market: Banks, Panics and the Public Debt, 1200–1500* (Baltimore, 1997), pp.454ff。

81. 参见 C. Shaw, 'Principles and Practice in the Civic Government of Fifteenth-Century Genoa', *Renaissance Quarterly*, 58(2005), 45−90。

82. Apellániz, *Pouvoir et finance*, pp.156ff.

83. 参见 C. Taviani, 'The Genoese Casa di San Giorgio as a MicroEconomic and Territorial Nodal System', in Blockmans et al. (eds.), *Maritime Trade around Europe*。

84. 参见 D. Coulon, *Barcelone et le grand commerce d'orient au moyen âge* (Barcelona, 2004); F. Fernandez-Armesto, *Barcelona* (London, 1991)。

85. 我所获得的这一描述，见 P. Russell, *Prince Henry the 'Navigator': A Life* (New Haven and London, 2000)。

86. 参见 G. Eekhout, 'Le Port de Bruges au moyen âge', in *Société Scientifique de Bruxelles, Les Ports ét leur fonction économique*, vol.1 (Louvain, 1906), pp.37−53; O. Gelderblom, *Cities of Commerce: The Institutional Foundations of International Trade in the Low Countries 1250−1650* (Princeton, 2013), pp.16ff。贝赫广场的插图，见 Spufford, *Power and Profit*, p.139。

87. 参见 D. J. Harreld, *High Germans in the Low Countries* (Leiden, 2004), pp.4−5。

88. 出处同上，p.2。

89. R. C. Hoffmann, 'Frontier Foods for Late Medieval Consumers: Culture, Economy, Ecology', *Environment and History*, 7, 2(2001), 140ff.

90. Spufford, *Power and Profit*, pp.386−388.

91. P. Dollinger, *The German Hansa* (Eng. trans., London, 1970), p.111.

92. 出处同上，pp.187–189。

93. 关于波士顿，参见 S. H. Rigby, '"Sore Decay" and "Fair Dwellings": Boston and Urban Decline in the Later Middle Ages', *Midland History*, 10(1985), 47–61；关于金斯林，参见 K. Friedland and P. Richards (eds.), *Essays in Hanseatic History: The King's Lynn Symposium 1998* (Dereham, 2005)。

94. 相关的经典研究，见 C. E. Hill, *The Danish Sound Dues and the Command of the Baltic* (Durham, NC, 1926), ch.2。

95. Dollinger, *German Hansa*, pp.207ff.

96. 参见 E. Lindberg, 'Club Goods and Inefficient Institutions: Why Danzig and Lübeck Failed in the Early Modern Period', *Economic History Review*, 62, 3(2009), 604–628。

97. G. Milne, *The Port of Medieval London* (Stroud, 2003), ch.4.

98. 参见 H. C. Darby (ed.), *A New Historical Geography of England before 1600* (Cambridge, 1973), pp.245–246。

99. Milne, *Medieval London*, pp.91, 128, 149.

100. S. Thrupp, *The Merchant Class of Medieval London*［1948］(Ann Arbor, 1989), pp.87ff.

101. A. A. Ruddock, *Italian Merchants and Shipping in Southampton 1270–1600* (Southampton, 1951), pp.264–265.

102. 关于这一点，参见 C. Dyer, *Making a Living in the Middle Ages: The People of Britain 850–1520* (London, 2003), p.305。

103. 参见 L. Benton, *Law and Colonial Cultures: Legal Regimes in World History, 1400–1900* (Cambridge, 2002), chs.2, 3。

104. F. Braudel, *The Wheels of Commerce*［1975］(Eng. trans., London, 1985), p.405.

105. 出处同上

106. 参见 E. S. Hunt and J. M. Murray, *A History of Business in Medieval Europe, 1200–1550* (Cambridge, 1999), pp.154ff.; Spufford, *Power and Profit*, ch.1。

107. 有关这一点的精辟阐述，见 S. R. Epstein, *Freedom and Growth* (London, 2000)。

# 第二章　哥伦布的前奏

1. Adam Smith, *The Wealth of Nations*, vol.2 (Everyman edn., n.d.), pp.121–122.

2. S. M. Guérin, 'Forgotten Routes? Italy, Ifrīqiya and the Trans-Saharan Ivory Trade', *Al-Masāq*, 25, 1(2013), 70–91.

3. T. Vorderstrasse, 'Trade and Textiles from Medieval Antioch', *Al-Masāq*, 22, 2(2010), 153.

4. 关于它们的起源的精彩调查，参见 B. Cunliffe, *By Steppe, Desert and Ocean: The Birth of Eurasia* (Oxford, 2015)。

5. 参见 D. Buisseret (ed.), *Monarchs, Ministers and Maps: The Emergence of Cartography as a Tool of Government in Early Modern Europe* (Chicago and London, 1992)。

6. 参见 S. Mintz, *Sweetness and Power: The Place of Sugar in Modern History* (Harmondsworth, 1985), ch.3; J. De Vries, *The Economy of Europe in an Age of Crisis, 1600–1750* (Cambridge, 1976), chs.4, 6。

7. 关于这一点的经典描述，见 A. W. Crosby, *The Columbian Exchange: Biological and Cultural Consequences of 1492* (Westport, CT, 1972)。

8. 参见 Robert B. Marks, *China: Its Environment and History* (Lanham, MD, 2012), pp.206, 170。

9. 参见 Shuo Chen and James Kai-sing Kung, 'Of Maize and Men: The Effect of a New World

Crop on Population and Economic Growth in China', *Journal of Economic Growth*, 21, 1(2016), 71–99。

10. 关于这一点引人入胜的讨论，参见 J. C. McCann, *Maize and Grace: Africa's Encounter with a New World Food Crop 1500–2000* (Cambridge, MA, 2005), pp.44–46。

11. 相关线索，参见 E. W. Evans and D. Richardson, 'Hunting for Rents: The Economics of Slaving in Pre-Colonial Africa', *Economic History Review*, 48, 4(1995), p.673。

12. R. Findlay and K. O'Rourke, National Bureau of Economic Research Working Paper, 'Commodity Market Integration 1500–2000', table 2, at http: //venus.iere.go.kr/ metadata/202821_w8579.pdf.

13. K. N. Chaudhuri, *The Trading World of Asia and the English East India Company 1660–1760* (Cambridge, 1978), p.177.

14. 出处同上，pp.540–545。

15. 参见 R. S. DuPlessis, *The Material Atlantic: Clothing, Commerce and Colonization in the Atlantic World, 1650–1800* (Cambridge, 2016)。

16. Marks, *China*, p.224. 相关的谨慎分析，参见 K. G. Deng, 'Foreign Silver, China's Economy and the Globalisation of the 16th to 19th Centuries', Global History and Maritime Asia Working and Discussion Paper Series, no.4(2007)。

17. 参见 T. Andrade, *Lost Colony: The Untold Story of China's First Great Victory over the West* (Princeton, 2011), p.14。

18. 参见 E. M. Jacobs, *Merchant in Asia: The Trade of the Dutch East India Company during the Eighteenth Century* (Leiden, 2006)。

19. 参见 J. E. Inikori, *Africans and the Industrial Revolution in England* (Cambridge, 2002)。

20. DuPlessis, *Material Atlantic*, p.241.

21. L. Blussé, *Strange Company: Chinese Settlers, Mestizo Women and the Dutch in VOC Batavia* (Dordrecht, 1986), p.26.

22. 参见 B. Lemire, 'Revising the Historical Narrative: India, Europe and the Cotton Trade c.1300–1800', in G. Riello and P. Parthasarathi (eds.), *The Spinning World: A Global History of Cotton Textiles, 1200–1850* (Oxford, 2009).

23. 参见 G. M. Theal, *Willem Adriaan van der Stel and Other Historical Sketches* (Cape Town, 1913), ch.1。

24. 参见 Kwee Hui Kian, 'The Rise of Chinese Commercial Dominance in Early Modern Southeast Asia', in Lin Yu-ju and M. Zelin (eds.), *Merchant Communities in Asia, 1600–1980* (London, 2015)。

25. R. Ptak, *China's Seaborne Trade with South and Southeast Asia 1200–1750* (Aldershot, 1999).

26. 参见 C. R. Boxer, *The Portuguese Seaborne Empire 1415–1825* (London, 1969), ch.5。

27. D. Washbrook, 'India in the Early Modern World Economy: Modes of Production, Reproduction and Exchange', *Journal of Global History*, 2(2007), 87–111, esp.93 and 110.

28. 有关一些灾难的记载，见 L. Colley, *The Ordeal of Elizabeth Marsh: A Woman in World History* (London, 2007)。马什的丈夫也同样不走运。

29. Inikori, *Africans*, p.181.

30. Chaudhuri, *Trading World*, pp.388(tea), 547(textiles).

31. 参见 www.slavevoyages.org estimate。

32. J. De Vries, 'The Limits of Globalization in the Early Modern World', *Economic History Review*, 63, 3(2010), 710–733, esp.718.

33. DuPlessis, *Material Atlantic*, p.240.

34. E. Murakami, 'A Comparison of the End of the Canton and Nagasaki Trade Control Systems', *Itinerario* 37, 3(2013), 39–48.

35. M. B. Jansen, *The Making of Modern Japan* (Cambridge, MA, 2000), p.260.

36. 转引自 A. Singer, *The Lion and the Dragon: The Story of the First British Embassy to the Court of the Emperor Qianlong in Peking, 1792–1794* (London, 1992), p.99。

37. C. E. Kriger, '"Guinea Cloth": Production and Consumption of Cotton Textiles in West Africa before and during the Atlantic Slave Trade', in Riello and Parthasarathi (eds.), *The Spinning World*, pp.105–126.

38. DuPlessis, *Material Atlantic*, p.236.

39. Smith, *Wealth of Nations*, vol.1, p.394.

40. DuPlessis, *Material Atlantic*, ch.4.

41. Smith, *Wealth of Nations*, vol.2, p.122.

42. 参见 C. L. Brown, *Moral Capital: The Foundations of British Abolitionism* (Chapel Hill, 2006)。

43. 参见 C. Iannini, '"The Itinerant Man": Crèvecoeur's Caribbean, Raynal's Revolution, and the Fate of Atlantic Cosmopolitanism', *William and Mary Quarterly*, 61(2004), 208, 221–222。

44. 参见 P. Cheney, *Revolutionary Commerce: Globalization and the French Monarchy* (Cambridge, MA, 2010)。

45. R. Whatmore, *Republicanism and the French Revolution* (Oxford, 2000), p.40.

46. 转引自 R. Whatmore, p.48。

47. 出处同上，p.56。

48. Baron de Montesquieu, *The Spirit of the Laws* [1748] (Eng. trans., New York, 1949), p.316.

49. David Hume, 'Of Commerce', in S. Copley and A. Edgar (eds.), *David Hume: Selected Essays* (Oxford, 1993), p.162.

50. Smith, *Wealth of Nations*, vol.1, p.436.

51. 参见 A. von Oppen, *Terms of Trade and Terms of Trust: The History and Contexts of Pre-Colonial Market Production around the Upper Zambezi and Kasai* (Hamburg and Münster, 1993), pp.49ff。

52. 相关的精彩的描述，见 P. C. Perdue, *China Marches West: The Qing Conquest of Central Eurasia* (Cambridge, MA, 2005)。

53. 参见 A. W. Knapp, *Cocoa and Chocolate: Their History from Plantation to Consumer* (London, 1920)。

54. R. W. Unger, 'Shipping and Western European Economic Growth in the Late Renaissance: Potential Connections', *International Journal of Maritime History*, 18, 2(2006), 101.

55. 参见 D. Hancock, '"A World of Business to Do": William Freeman and the Foundations of England's Commercial Empire, 1645–1707', *William and Mary Quarterly*, 57(2000), 3–34。

56. R. S. Dunn, *Sugar and Slaves: The Rise of the Planter Class in the English West Indies, 1624–1713* (Chapel Hill, 1972), ch.2.

57. 参见 A. Borucki, D. Eltis and D. Wheat, 'Atlantic History and the Slave Trade to Spanish America', *American Historical Review*, 120, 2(2015), 433–461。

58. Dunn, *Sugar and Slaves*, p.72.

59. Unger, 'Shipping and Western European Economic Growth', 89–91.

60. 关于 1750 年代的布里斯托尔，参见 Sir Lewis Namier, *The Structure of Politics at the Accession of George III*, 2nd edn. (London, 1957), pp.88–89。

61. C. Lesger, *The Rise of the Amsterdam Market and Information Exchange: Merchants, Commercial Expansion and Change in the Spatial Economy of the Low Countries, c.1550–1630* (Aldershot, 2006), pp.214ff.; C. Wilson, *Anglo-Dutch Commerce and Finance in*

*the Eighteenth Century* (Cambridge, 1941), ch.1.

62. D. Ormrod, *The Rise of Commercial Empires: England and the Netherlands in the Age of Mercantilism, 1650–1770* (Cambridge, 2003), Table 2.1.

63. 出处同上，p.40。

64. 出处同上，p.276。

65. 出处同上，Table 1.2。

66. 相关的最佳研究，见P. Gauci, *Emporium of the World: The Merchants of London, 1660–1800* (London, 2007)。关于伦敦的贸易和工业，参见M. Daunton, *Progress and Poverty: An Economic and Social History of Britain 1700–1850* (Oxford, 1995), pp.138–140。

67. Wilson, *Anglo-Dutch Commerce*, p.78.

68. C. R. Boxer, *The Golden Age of Brazil* (Berkeley, 1962), p.312.

69. N. Zahedieh, 'Trade, Plunder and Economic Development in Early English Jamaica, 1655–1689', *Economic History Review*, 39, 2(1986), 205–222.

70. R. Grafe and A. Irigoin, 'A Stakeholder Empire: The Political Economy of Spanish Imperial Rule in America', *Economic History Review*, 65, 2(2012), 609–651，该文章打破了西班牙王室从西属美洲获得巨额财富的神话。关于这一时期西班牙的经济命运，参见R. Grafe, *Distant Tyranny: Markets, Power and Backwardness in Spain, 1650–1800* (Princeton, 2012)，在这本书中，落后的原因在很大程度上被归结为国家未能成功集权。

71. 关于西班牙和美洲的贸易，参见J. R. Fisher, *Economic Aspects of Spanish Imperialism in America, 1492–1810* (Liverpool, 1997)，尤其是第4章和第6章；关于巴拿马大帆船，参见X. Lamikiz, 'Transatlantic Networks and Merchant Guild Rivalry in Colonial Trade with Peru, 1729–1780', *Hispanic American Historical Review*, 91, 2(2011), 312。

72. P. H. Marks, 'Confronting a Mercantile Elite: Bourbon Reformers and the Merchants of Lima, 1765–1796', *The Americas*, 60, 4(2004), 519–558. 令利马沮丧的是，在1740年代加的斯商人获允直接与智利进行贸易。

73. 近期有关这座城市的研究，参见G. García, *Beyond the Walled City: Colonial Exclusion in Havana* (Oakland, CA, 2016), ch.2。

74. 关于查尔斯顿，参见E. Hart, *Building Charleston: Town and Society in the Eighteenth-Century British Atlantic World* (Charlottesville, 2012)。

75. T. Burnard and E. Hart, 'Kingston, Jamaica, and Charleston, South Carolina', *Journal of Urban History*, 39, 2(2013), 214–234.

76. 一本富有启发性的研究著作，参见S. Mentz, *The English Gentleman Merchant at Work: Madras and the City of London 1660–1740* (Copenhagen, 2005)。

77. 一本近期重要的研究著作，参见P. J. Stern, *The Company State: Corporate Sovereignty and the Early Modern Foundations of the British Empire in India* (Oxford, 2011)。

78. 参见C. R. Boxer, *Francisco Vieira da Figueiredo: A Portuguese MerchantAdventurer in South East Asia, 1624–1667* (The Hague, 1967)。

79. Jacobs, *Merchant in Asia*, p.231.

80. 参见Blussé, *Strange Company*, p.19。

81. U. Bosma and R. Raben, *Being 'Dutch' in the Indies: A History of Creolisation and Empire, 1500–1920* (Singapore, 2008), p.46.

82. Blussé, *Strange Company*, p.74.

83. 关于巴达维亚的商业衰落，参见L. Blussé, *Visible Cities: Canton, Nagasaki and Batavia and the Coming of the Americans* (Cambridge, MA, 2008), p.64。

84. G. B. Souza, 'Opium and the Company: Maritime Trade and Imperial Finances on Java, 1684–

1796', *Modern Asian Studies*, 43, 1(2009), 113-133.

85. R. Van Niel, *Java's Northeast Coast 1740–1840* (Leiden, 2005), chs.1, 2.

86. J. Horsburgh, *India Directory, or Directions for Sailing to and from the East Indies, China, New Holland*［etc.］, 3rd edn. (London, 1827), p.309.

87. L. Dermigny, *La Chine et l'Occident: le commerce à Canton au XVIIIe siècle, 1719–1833*, vol.2(Paris, 1964), p.445.

88. 出处同上

89. 我依靠保罗·范·戴克的开创性工作来解释这一点。参见 Paul Van Dyke, *Merchants of Canton and Macao: Politics and Strategies in Eighteenth-Century Chinese Trade* (Hong Kong, 2012)。

90. P. J. Marshall, *Bengal: The British Bridgehead–Eastern India 1740–1828* (Cambridge, 1987).

91. 参见 O. Prakash, 'From Negotiation to Coercion: Textile Manufacturing in India in the Eighteenth Century', *Modern Asian Studies*, 41, 6(2007), 331-368。

92. 参见 R. C. Allen, *The British Industrial Revolution in Global Perspective* (Cambridge, 2009), pp.128-129。

93. R. Davis, 'English Foreign Trade, 1700-1774', *Economic History Review*, 15, 2(1962), 285-303.

# 第三章　蒸汽全球化

1. C. F. Adams Jr, 'The Railroad System', in C. F. Adams and H. Adams, *Chapters of Erie and Other Essays*［Boston, 1871］(New York, 1967), p.354.两位美国总统[*]的孙子和重孙小C.F.亚当斯（C. F. Adams Jr, 1835—1915），是一位波士顿贵族，后来成为联合太平洋铁路公司的门面，直到他与大亨杰伊·古尔德闹翻。

2. 关于这些事件，参见 P. W. Schroeder, *The Transformation of European Politics, 1763–1848* (Oxford, 1994)。

3. 参见 M. E. Yapp, *Strategies of British India: Britain, Iran and Afghanistan, 1798–1850* (Oxford, 1980)。

4. 一份相关调查，参见 L. Bethell (ed.), *Spanish America after Independence c.1820–c.1870* (Cambridge, 1987)。

5. "二度奴隶制"是大量文献的主题，比如参见 A. E. Kaye, 'The Second Slavery: Modernity in the Nineteenth Century South and the Atlantic World', *Journal of Southern History*, 75, 3(2009), 627-650。

6. H. Clay, Speech of Henry Clay, in *Defence of the American System, against the British Colonial System* (Washington DC, 1832), p.18.

7. 相关的经典之作，见 H. Tinker, *A New System of Slavery: The Export of Indian Labour Overseas, 1830-1920* (London, 1974)。

8. 参见 B. W. Sheehan, *Seeds of Extinction: Jeffersonian Philanthropy and the American Indian* (Chapel Hill, 1973), pp.20ff.关于许多启蒙思想家高度模棱两可的态度，参见 A. Pagden, *The Enlightenment and Why It Still Matters* (Oxford, 2013), pp.139-142。

9. 参见 C. A. Bayly, *Recovering Liberties: Indian Thought in the Age of Liberalism and Empire* (Cambridge, 2012), chs.2, 3。

---

　　[*] 指美国第二任总统约翰·亚当斯（John Adams, 1735—1826）和他的儿子美国第六任总统约翰·昆西·亚当斯（John Quincy Adams, 1767—1848）。

10. A. E. Musson and E. Robinson, 'The Early Growth of Steam Power', *Economic History Review*, New Series, 11, 3(1959), 418–439.

11. A. Nuvolari and B. Verspagen, 'Technical Choice, Innovation, and British Steam Engineering, 1800–1850', *Economic History Review*, 62, 3(2009), 685–710.

12. J. Tann and J. Aitken, 'The Diffusion of the Stationary Steam Engine from Britain to India 1790–1830', *Indian Economic and Social History Review*, 29, 2(1992), 203.

13. 相关的优雅精确判断，见N. Crafts, 'Productivity Growth in the Industrial Revolution', *Journal of Economic History*, 64, 2(2004), 521–535。

14. G. N. von Tunzelmann, *Steam Power and British Industrialization to 1860* (Oxford, 1978), p.295.

15. J. S. Lyons, 'Powerloom Profitability and Steam Power Costs: Britain in the 1830s', *Explorations in Economic History*, 24(1987), 392–393.

16. 这些数字来自M. G. Mulhall, *The Dictionary of Statistics* (London, 1892), p.545。

17. 出处同上，p.546。

18. Tann and Aitken, 'Stationary Steam Engine'.

19. F. Mackey, *Steamboat Connections: Montreal to Upper Canada, 1816–1843* (Montreal and Kingston, 2000), ch.1.

20. 参见Fellows of the Australian Academy of Technological Sciences and Engineering, *Technology in Australia 1788–1988* (online, 2000), ch.12。

21. Tann and Aitken, 'Stationary Steam Engine'.

22. A. J. Bolton, 'Progress of Inland Steam-Navigation in North-East India from 1832', *Minutes of the Proceedings of the Institution of Civil Engineers*, 99(1890), 330–342(online).

23. 参见A. Odlyzko, 'Collective Hallucinations and Inefficient Markets: The British Railway Mania of the 1840s', www.dtc.umn.edu/~odlyzko/doc//hallucinations.pdf, 186.

24. O. Barak, 'Outsourcing: Energy and Empire in the Age of Coal, 1820–1911', *International Journal of Middle East Studies*, 47, 3(2015), 428–429.

25. 参见V. İnal, 'The Eighteenth and Nineteenth Century Ottoman Attempts to Catch Up with Europe', *Middle East Studies*, 47, 5(2011), 725–756。

26. 关于这次航行的恐怖之处，参见W. D. Bernard and W. H. Hall, *A Narrative of the Voyages and Services of the Nemesis, from 1840 to 1843* (London, 1844)。

27. 相关的精彩叙述，参见Hsien-Chun Wang, 'Discovering Steam Power in China, 1840s–1860s', *Technology and Culture*, 51, 1(2010), 31–54。

28. J. H. Clapham, *An Economic History of Modern Britain*, vol.2: *Free Trade and Steel, 1850–1886* (Cambridge, 1932), p.29.

29. 出处同上，p.82。

30. 参见R. Floud, *The British Machine Tool Industry, 1850–1914* (Cambridge, 1976)。

31. 关于工业革命源于同情创新的资产阶级文化这一观点，参见D. N. McCloskey, *Bourgeois Dignity: Why Economics Can't Explain the Modern World* (Chicago, 2010)。

32. 参见*Minutes of the Proceedings of the Institution of Civil Engineers*, 29(1870)(online)。

33. 相关的关键论点，见A. Malm, *Fossil Capital: The Rise of Steam Power and the Roots of Global Warming* (London, 2015)。

34. 参见T. Balderston, 'The Economics of Abundance', *Economic History Review*, 63, 3(2010), 569–590。

35. 这些数字来自*Encyclopaedia Britannica*, 1911 edition。

36. P. L. Cottrell, *British Overseas Investment in the Nineteenth Century* (London, 1975), p.63.

37. V. Bignon, R. Esteves and A. Herranz-Loncán, 'Big Push or Big Grab? Railways, Government Activism, and Export Growth in Latin America, 1865–1913', *Economic History Review*, 68, 4(2015), 1282.

38. 相关的著名主张，见 R. W. Fogel, *Railroads and American Economic Growth: Essays in Econometric History* (Baltimore, 1964)。

39. P. A. David, 'Transport Innovation and Economic Growth: Professor Fogel on and off the Rails', *Economic History Review*, 22, 3(1969), 506–525.

40. D. Donaldson and R. Hornbeck, 'Railroads and American Economic Growth: A "Market Access" Approach', *Quarterly Journal of Economics*, 131, 2(May 2016), 799–858.

41. T. S. Berry, *Western Prices before 1861: A Study of the Cincinnati Market* (Cambridge, MA, 1943), p.69.

42. 参见 I. J. Kerr, 'Colonial India, Its Railways, and the Cliometricians', *Journal of Transport History*, 35, 1(2014), 114–120。

43. Bignon, Esteves and Herranz-Loncán, 'Big Push or Big Grab?', 1279–1281.

44. 一项法医式的研究，参见 S. Sweeney, *Financing India's Imperial Railways, 1875–1914* (London, 2011)。

45. F. Norris, *The Octopus: A Story of California*［1901］(Penguin edn., Harmondsworth, 1986), p.11.

46. Charles Francis Adams，转引自 B. Marsden and C. Smith, *Engineering Empires: A Cultural History of Technology in NineteenthCentury Britain* (Basingstoke, 2004), p.169。

47. 转引自 I. F. Clarke, *The Pattern of Expectation 1644–2001* (London, 1979), p.54。

48. D. Lardner, *The Steam Engine Explained and Illustrated* (London, 1840), p.5.

49. W. H. G. Armytage, *A Social History of Engineering* (London, 1961), p.74.

50. 转引自 Clarke, *Pattern*, p.56。

51. M. Chevalier, *Système de la Méditerranée* (Paris, 1832), p.37.

52. 出处同上，p.47。

53. R. to F. Cobden, 30 November 1836, in A. Howe (ed.), *The Letters of Richard Cobden*, vol.1(Oxford, 2007), p.81.

54. R. Cobden, *England, Ireland, and America*［1835］, 4th edn. (London, 1836), p.11.

55. 参见 A. Fyfe, *Steam-Powered Knowledge: William Chambers and the Business of Publishing, 1820–1860* (Chicago, 2012)。

56. A. Anim-Addo, '"Thence to the River Plate": Steamship Mobilities in the South Atlantic, 1842–1869', *Atlantic Studies*, 13, 1(2016), 10.

57. *New York Daily Times*, 27 April 1852(online).

58. 参见 D. R. Headrick, *The Invisible Weapon* (Oxford and New York, 1991), p.19。

59. 出处同上，pp.12–15。

60. 出处同上，p.22。在1900年，发电报至中国和澳大利亚，时间相应地为80分钟和100分钟。

61. 参见 A. Nalbach, '"The Software of Empire": Telegraphic News Agencies and Imperial Publicity, 1865–1914', in J. F. Codell (ed.), *Imperial Co-Histories: National Identities and the British and Colonial Press* (Madison, NJ, 2003).

62. 转引自 Proceedings of the Colonial Conference 1894(Ottawa, 1894), p.89。

63. 到了20世纪初，彭德的公司控制着世界上40%的电报电缆。参见 D. R. Headrick, *The Tentacles of Progress: Technology Transfer in the Age of Imperialism, 1850–1940* (Oxford and New York, 1988), p.105。

64. D. P. Nickles, *Under the Wire: How the Telegraph Changed Diplomacy* (Cambridge, MA,

2003), p.181.

65. S. M. Müller, 'From Cabling the Atlantic to Wiring the World', *Technology and Culture*, 57, 3(2016), 507–526.

66. Nickles, *Under the Wire*, p.180.

67. 参见V. Ogle, 'Whose Time Is It? The Pluralization of Time and the Global Condition, 1870s– 1940s', *American Historical Review*, 118, 5(2013), 1376–1402。

68. 参见Nile Green, *Bombay Islam: The Religious Economy of the West Indian Ocean, 1840–1915* (Cambridge, 2011)。

69. 关于哈吉的影响力，参见M. F. Laffan, *Islamic Nationhood and Colonial Indonesia* (London and New York, 2003)。

70. 见James Anthony Froude, *Oceana, or, England and Her Colonies* (London, 1886)。

71. 参见J. M. Brown (ed.), *Mahatma Gandhi: The Essential Writings* (Oxford, 2008), pp.68, 69, 83。

72. W. Woodruff, *Impact of Western Man* (London, 1966), p.313.

73. 出处同上，p.264。

74. A. Maddison, *Contours of the World Economy, 1–2030 ad* (Oxford and New York, 2007), p.43.

75. 参见Woodruff, *Impact*, p.106。

76. R. Findlay and K. H. O'Rourke, *Power and Plenty: Trade, War, and the World Economy in the Second Millennium* (Princeton, 2007), p.382.

77. G. J. Milne, 'Knowledge, Communications and the Information Order in Nineteenth-Century Liverpool', *International Journal of Maritime History*, 14, 1(2002), 214.

78. R. Graham, *Britain and the Onset of Modernization in Brazil, 1850–1914* (Cambridge, 1972), esp.chs.2, 3, 5, 7.

79. P. Winn, 'British Informal Empire in Uruguay in the Nineteenth Century', *Past and Present*, 73(1976), 110, 112.

80. J. Adelman, *Republic of Capital: Buenos Aires and the Legal Transformation of the Atlantic World* (Stanford, 1999), chs.9 and 10; R. Hora, *The Landowners of the Argentine Pampas* (Oxford, 2001), pp.57ff.

81. 关于伦敦角色的极好描述，见D. Kynaston, *The City of London: Golden Years, 1890–1914* (London, 1995)。

82. R. C. Michie, *The City of London: Continuity and Change, 1850–1990* (Basingstoke, 1992), ch.2.

83. 参见S. D. Chapman, *The Rise of Merchant Banking* (London, 1984)。

84. A. I. Bloomfield, *Short-Term Capital Movements under the Pre–1914 Gold Standard* (Princeton, 1963), p.46.

85. Michie, *City of London*, p.134.

86. Maddison, *Contours*, p.224.

87. 关于淘金热，参见B. Mountford and S. Tuffnell (eds.), *A Global History of Gold Rushes* (Oakland, CA, 2018).

88. J. A. Mann, *The Cotton Trade of Great Britain*〔1860〕(reprint, London, 1968), p.39.

89. Cobden, *England, Ireland, and America*, p.11.

90. P. Baldwin, *Contagion and the State in Europe, 1830–1930* (Cambridge, 1999), p.37.

91. K. D. Patterson, 'Cholera Diffusion in Russia, 1823–1923', *Social Science and Medicine*, 38, 9(1994), 1171–1191.

92. *Abstract of Proceedings and Reports of the International Sanitary Conference of 1866*

(Bombay, 1867), pp.16, 113.

93. J. A. Carrigan, *The Saffron Scourge: A History of Yellow Fever in Louisiana, 1796–1905* (Lafayette, LA, 1994).

94. 参见 M. Echenberg, *Plague Ports: The Global Impact of Bubonic Plague, 1894–1901* (New York, 2007)。

95. M. Harrison, *Contagion: How Commerce Has Spread Disease* (New Haven, 2012), p.192.

96. L. Twrdek and K. Manzel, 'The Seed of Abundance and Misery: Peruvian Living Standards ... 1820–1880', *Economics and Human Biology*, 8, 2(2010), 145–152.

97. W. P. McGreevey, *An Economic History of Colombia, 1845–1930* (Cambridge, 1971), pp.138ff.

98. 参见 R. Owen, *The Middle East in the World Economy 1800–1914* (London, 1981), chs.4, 5。

99. C. Suter and H. Stamm, 'Coping with Global Debt Crises: Debt Settlements, 1820 to 1986', *Comparative Studies in Society and History*, 34, 4(1992), 645–678.

100. 关于作为金融中心的巴黎的重要性，参见 Y. Cassis, *Capitals of Capital: The Rise and Fall of International Financial Centres, 1780–2005* (Cambridge, 2006), chs.2, 3。

101. 参见 I. Phimister, 'Corners and Company-Mongering: Nigerian Tin and the City of London, 1909–1912', *Journal of Imperial and Commonwealth History*, 28, 2(2000), 23–41; Phimister, 'Frenzied Finance: Gold Mining in the Globalizing South, circa 1886–1896', in Mountford and Tuffnell (eds.), *Gold Rushes*, pp.142–157。

102. J. A. Hobson, *The Evolution of Modern Capitalism*［1894］, rev. edn. (London, 1926), p.246.

103. G. R. Searle, *Corruption in British Politics, 1895–1930* (Oxford, 1987).

104. R. Austen, *African Economic History* (London and Portsmouth, NH, 1987), pp.121–125.

105. A. Hochschild, *King Leopold's Ghost* (London, 1998).

106. 参见 C. van Onselen, *Chibaro: African Mine Labour in Southern Rhodesia 1900–1933* (London, 1976), p.50; I. Phimister, *Wangi Kolia* (Johannesburg, 1994)。

107. B. Kidd, *Social Evolution* (London, 1894), p.50.

108. R. McGregor, *Imagined Destinies: Aboriginal Australians and the Doomed Race Theory, 1880–1939* (Carlton, Victoria, 1997).

109. 转引自 R. Robinson and J. Gallagher, *Africa and the Victorians* (London, 1961), p.5。

110. 相关的经典著作，见 J. K. Fairbank, *Trade and Diplomacy on the China Coast: The Opening of the Treaty Ports, 1842–1854*, 2 vols. (Cambridge, MA, 1953)。

111. 参见 M. R. Auslin, *Negotiating with Imperialism: The Unequal Treaties and the Culture of Japanese Diplomacy* (Cambridge, MA, 2004), chs.1, 5。

112. 关于这一点，参见 D. Omissi, *The Sepoy and the Raj* (Basingstoke, 1994)。

113. 参见 S. B. Saul, *Studies in British Overseas Trade, 1870–1914* (Liverpool, 1960)。

114. D. Todd, 'A French Imperial Meridian, 1814–1870', *Past and Present*, 210(2011), 155–186; and D. Todd, 'Transnational Projects of Empire in France, c.1815–c.1870', *Modern Intellectual History*, 12, 2(2015), 265–293.

115. 如今关于美国作为一个帝国行进的最好描述，见 A. G. Hopkins, *American Empire: A Global History* (Princeton, 2018), chs.8, 9。

116. 转引自 D. Gillard, *The Struggle for Asia, 1828–1914* (London, 1977), p.103。

117. 参见 A. Jersild, *Orientalism and Empire: North Caucasus Mountain Peoples and the Georgian Frontier, 1845–1917* (Montreal and Kingston, 2002)。

118. 参见 C. J. Colombos, *The International Law of the Sea*, 4th edn. (London, 1959), pp.81–82。

119. 这就是卡尔·考茨基的"极端帝国主义"，列宁在他的著作 *Imperialism: The Highest*

*Stage of Capitalism* (London, 1917) 对其进行了猛烈抨击。

# 第四章　变化的海洋

1. L. Paine, *The Sea and Civilization* (New York, 2015), p.40.

2. 关于约瑟夫·康拉德的描述，参见 Joseph Conrad, *The Mirror of the Sea* (London, 1906), pp.35, 95。

3. 相关的精彩讲述，见 K. J. Banks, *Chasing Empire across the Sea: Communications and the State in the French Atlantic, 1713–1763* (Montreal, 2002)。

4. A. Villiers, *Sons of Sindbad* (London, 1940).

5. H. J. Mackinder, 'The Geographical Pivot of History', *Geographical Journal*, 23, 4(1904), 432.

6. 'The Interest of America in Sea Power, Present and Future', in A. Westcott (ed.), *Mahan on Naval Warfare* (Boston, 1919), p.286.

7. C. Darwin, *Journal of Researches into the Geology and Natural History of the Various Countries Visited during the Voyage of HMS Beagle round the World ...*［1843］(Everyman edn., London, 1906), p.1.

8. J. Goodman, *The Rattlesnake: A Voyage of Discovery to the Coral Sea* (London, 2005).

9. H. M. Rozwadowski, 'Technology and Ocean-Scape: Defining the Deep Sea in the Mid-Nineteenth Century', *History and Technology*, 17, 3(2001), 217–247.

10. J. Hyslop, '"Ghostlike" Seafarers and Sailing Ship Nostalgia: The Figure of the Steamship Lascar in the British Imagination, c.1880–1960', *Journal for Maritime Research*, 16, 2(2014), 212–228.

11. 相关的描述，见 A. R. Wallace, *The Malay Archipelago* (London, 1869), ch.28。

12. P. Machado, *Ocean of Trade: South Asian Merchants, Africa and the Indian Ocean, c.1750–1850* (Cambridge, 2014), chs.3, 4, 5. 英国人在1807年之后禁止了奴隶贸易，但是奴隶制直到1860年在印度都是合法的。

13. R. G. Landen, *Oman since 1856* (Princeton, 1967), p.111.

14. 参见 G. Fox, *British Admirals and Chinese Pirates, 1832–1869* (London, 1940)。

15. 参见 J. B. Kelly, *Britain and the Persian Gulf, 1795–1880* (Oxford, 1968)。

16. I. K. Steele, *The English Atlantic 1675–1740: An Exploration of Communication and Community* (Oxford, 1986).

17. 关于拉罗谢尔和波尔多，参见 B. Martinetti, *Les Négociants de la Rochelle au XVIIIe siècle* (Rennes, 2013); J.-P. Poussou, *Bordeaux et le Sud-Ouest au XVIIIe siècle* (Paris, 1983); P. Butel, *Les Négociants bordelais: L'Europe et les Îles au XVIIIe siècle* (Paris, 1974)。

18. A. Roland, W. J. Bolster and A. Keyssar, *The Way of the Ship: America's Maritime History Reenvisioned, 1600–2000* (Hoboken, NJ, 2007), p.194.

19. M. Maury, 'Maritime Interests of the South and West', *Southern Literary Messenger*, 11, 11(November 1845), 655–658.

20. 转引自 J. H. Clapham, *An Economic History of Modern Britain: The Early Railway Age, 1820–1850*［1930］, 2nd edn. (Cambridge, 1964) p.506。

21. 关于美国沿海造船业的发展，参见 R. G. Albion, *Square-Riggers on Schedule: The New York Sailing Packets to England, France and the Cotton Ports* (Princeton, 1938)。

22. C. Capper, *The Port and Trade of London* (London, 1862), p.309.

23. Roland, *Bolster and Keyssar, Way of the Ship*, p.196.

24. Steele, *The English Atlantic*, pp.170–173.

25. R. G. Albion, *The Rise of New York Port, 1815–1860* (New York, 1939), p.52; R. C. McKay, *South Street: A Maritime History of New York* (New York, 1934), p.161.

26. W. A. Fairburn, *Merchant Sail*, 6 vols. (Center Lovell, ME, 1945–1955), vol.2, pp.1142, 1155; Albion, *Square-Riggers*, ch.3.

27. P〔arliamentary〕. P〔apers〕. 1875, C.1167 Commercial Reports No. 4, p.460: Report of Consul-General Archibald for New York, 1874.

28. P. de Rousiers and J. Charles, 'Le Port de Hambourg', in *Société Scientifique de Bruxelles, Les Ports et leur fonction économique*, vol.3 (Louvain, 1908), p.136.

29. Roland, Bolster, Keyssar, *Way of the Ship*, p.196.

30. 参见 L. Bethell, The Abolition of the Brazilian Slave Trade(Cambridge, 1970), pp.370ff。

31. 参见 J. McAleer, 'Looking East: St Helena, the South Atlantic and Britain's Indian Ocean World', *Atlantic Studies*, 13, 1(2016), 78–98。

32. J. P. Delgado, *Gold Rush Port: The Maritime Archaeology of San Francisco's Waterfront* (Berkeley, 2009), pp.41ff.

33. G. Blainey, *The Tyranny of Distance* (South Melbourne, Victoria, 1966), p.195.

34. *M'Culloch's Commercial Dictionary*, new edn. (London, 1869), p.1184.

35. L. L. Johnson and Z. Frank, 'Cities and Wealth in the South Atlantic: Buenos Aires and Rio de Janeiro before 1860', *Comparative Studies in Society and History*, 48, 3(2006), 634–668.

36. R. Graham, *Britain and the Onset of Modernization in Brazil, 1850–1914* (Cambridge, 1968), ch.2; D. C. M. Platt, *Latin America and British Trade, 1806–1914* (London, 1972), chs.4, 6, 7; J. Adelman, *Republic of Capital* (Stanford, 1999), chs.9, 10; P. Winn, 'British Informal Empire in Uruguay in the Nineteenth Century', *Past and Present*, 73(1976), 110ff.

37. 参见 R. G. Albion, 'Capital Movement and Transportation: British Shipping and Latin America, 1806–1914', *Journal of Economic History*, 11, 4(1951), 361–374。

38. 参见 C. Fyfe, *A History of Sierra Leone* (London, 1962)。

39. Bethell, *Brazilian Slave Trade*, pp.49, 104.

40. K. Mann, *Slavery and the Birth of an African City: Lagos, 1760–1900* (Bloomington, IN, 2007), p.61.

41. 关于这一片段的经典之作，见 Bethell, *Brazilian Slave Trade*。

42. Lord Anson, *Voyage Round the World in 1740–1744* (Everyman edn., London, 1911), pp.275–279, 317, 320.

43. 参见 O. H. K. Spate, *The Pacific since Magellan*, vol.3: *Paradise Found and Lost* (London, 1988), p.173。

44. 参见 R. Richards, *Honolulu: Centre of Trans-Pacific Trade* (Canberra, 2000)。

45. 转引自 H. W. Bradley, 'Hawaii and the American Penetration of the Northeastern Pacific, 1800–1845', *Pacific Historical Review*, 12, 3(1943), 282。

46. 参见 D. Igler, 'Diseased Goods: Global Exchanges in the Eastern Pacific Basin, 1770–1850', *American Historical Review*, 109, 3(2004), 693–719.

47. 参见 E. Sinn, *Pacific Crossing: California Gold, Chinese Migration and the Making of Hong Kong* (Hong Kong, 2013)。

48. 相关的权威描述，参见 R. Holland, *Blue-Water Empire: The British in the Mediterranean since 1800* (London, 2012), chs.2, 3。

49. 参见 F. E. Bailey, *British Policy and the Turkish Reform Movement: A Study in Anglo-Turkish Relations, 1826–1853* (Cambridge, MA, 1942)。

50. F. Tabak, *The Waning of the Mediterranean, 1550–1870: A Geohistorical Approach*

(Baltimore, 2008).

51. R. Owen, *The Middle East in the World Economy 1800–1914* (London, 1981), ch.5.

52. V. J. Puryear, 'Odessa: Its Rise and International Importance, 1815–1850', *Pacific Historical Review*, 3, 2(1934), 193.

53. 出处同上，201。

54. A. Delis, 'From Lateen to Square Rig: The Evolution of the GreekOwned Merchant Fleet and Its Ships in the Eighteenth and Nineteenth Centuries', *Mariner's Mirror*, 100, 1(2014), 44–58.

55. G. Harlaftis and G. Kostelenos, 'International Shipping and National Economic Growth: Shipping Earnings and the Greek Economy in the Nineteenth Century', *Economic History Review*, 65, 4(2012), 1403–1427.

56. 参见 G. J. Milne, 'Maritime Liverpool', in J. Belchem (ed.), *Liverpool 800: Culture, Character and History* (Liverpool, 2006), p.260。

57. 参见 *The Black Sea Pilot*［1855］, 3rd edn. (London, 1884), p.5。

58. 我所借鉴的经典论文，见 G. S. Graham, 'The Ascendancy of the Sailing Ship, 1850–1885', *Economic History Review*, 9, 1(1956), 74–88。

59. 相关的复杂计算，参见 C. Brautaset and R. Grafe, 'The Quiet Transport Revolution', in Oxford University, *Discussion Papers in Economic and Social History*, no.62(2006), online。

60. 参见 E. C. Smith, *A Short History of Naval and Marine Engineering* (Cambridge, 1937), pp.180ff。

61. 参见 M. J. Daunton, *Coal Metropolis: Cardiff 1870–1914* (Leicester, 1977)。

62. T. Boyns and S. Gray, 'Welsh Coal and the Informal Empire in South America, 1850–1913', *Atlantic Studies*, 13, 1(2016), 65ff. 科里兄弟公司的记录在英国格拉摩根市档案馆 (Glamorgan Archives)。

63. 参见［US Navy Department］, *Coaling, Docking, and Repairing Facilities of the Ports of the World ...*［1885］, 3rd edn. (Washington DC, 1892).

64. 参见 P. A. Shulman, *Coal and Empire: The Birth of Energy Security in Industrial America* (Baltimore, 2015), p.85。

65. 一份相关的描述，参见 J. Chalcraft, 'The Coal Heavers of Port Sa'id: State-Making and Worker Protest, 1869–1914', *International Labor and Working-Class History*, 60(2001), 110–124。

66. 一份相关的精彩回忆，参见 E. Newby, *The Last Grain Race* (London, 1956)。

67. 我所借鉴的优秀论文，见 D. Kennerley, 'Stoking the Boilers: Firemen and Trimmers in British Merchant Ships, 1850–1950', *International Journal of Maritime History*, 20, 1(2008), 191–220。

68. Hyslop, '"Ghostlike" Seafarers'; M. Sherwood, 'Race, Nationality and Employment among Lascar Seamen, 1660 to 1945', *Journal of Ethnic and Migration Studies*, 17, 2(1991), 233.

69. A. W. Kirkaldy, *British Shipping* (London, 1914), Appendix XVII. 我已经把美国的湖泊与河流航运的吨位排除在外。

70. F. Harcourt, *Flagships of Imperialism: The P&O Company and the Politics of Empire from Its Origins to 1867* (Manchester, 2006); T. A. Bushell, *'Royal Mail': A Centenary History of the Royal Mail Line, 1839–1939* (London, 1939); F. E. Hyde, *Cunard and the North Atlantic 1840–1973: A History of Shipping and Financial Management* (London, 1975).

71. P.P. 1901(300) Select Committee on Steamship Subsidies, *Report*, pp.233ff.

72. Harcourt, *Flagships of Imperialism*, p.214.

73. Chih-lung Lin, 'The British Dynamic Mail Contract on the North Atlantic: 1860–1900',

*Business History*, 54, 5(2012), 783–797.

74. 参见 D. Keeling, 'Transatlantic Shipping Cartels and Migration between Europe and America, 1880–1914', *Essays in Economic and Business History*, 17, 1(1999), 195–213。

75. Royal Commission on Shipping Rings, *Report*, P.P. 1909, xlvii, 4668, p.12; Keeling, 'Shipping Cartels'.

76. Shipping Rings, *Report*, p.78. 然而，委员会中有六名成员对这一结论表示强烈反对。

77. 参见 R. Woodman, *A History of the British Merchant Navy*, vol.4: *More Days, More Dollars: The Universal Bucket Chain, 1885–1920* (London, 2016), pp.34–47。

78. B. Taylor, 'Tramp Shipping', in *Ships and Shipping*, vol.2(n.d. but c.1914), p.264.

79. 参见 G. Boyce, 'Edward Bates and Sons, 1897–1915: Tramping Operations in Recession and Recovery', *International Journal of Maritime History*, 23, 1(2011), 13–50.

80. Woodruff, *Impact*, p.272.

81. 计算的相关依据，见 Kirkaldy, *British Shipping*, Appendix, XVII。

82. 参见 Y. Kaukiainen, 'Journey Costs, Terminal Costs and Ocean Tramp Freights: How the Price of Distance Declined from the 1870s to 2000', *International Journal of Maritime History*, 18, 2(2006), 17–64, esp.30.

83. 关于这一论点，参见 R. Cohn, *Mass Migration Under Sail: European Immigration to the Antebellum United States* (Cambridge, 2009)。

84. Woodruff, *Impact*, p.260.

85. 参见 B. Lubbock, *The Log of the 'Cutty Sark'*, 2nd edn. (Glasgow, 1945), p.129。

86. D. A. Farnie, *East and West of Suez* (Oxford, 1969), p.362.

87. 出处同上，p.751。

88. D. Kumar (ed.), *The Cambridge Economic History of India*, vol.2: *c.1757–c.1970* (New Delhi, 1982), pp.835–837.

89. A. J. Sargent, *Seaways of the Empire* (London, 1918), pp.65ff.

90. J. Conrad, 'The End of the Tether' in his *Youth. A Narrative, and Two Other Stories* (Edinburgh and London, 1902), p.189.

91. H. J. Schonfield, The Suez Canal(Harmondsworth, 1939), p.111.

92. 相关的绝妙暗示性评论，参见 Farnie, *Suez*, ch.21。

93. 参见 D. M. Williams and J. Armstrong, 'Changing Voyage Patterns in the Nineteenth Century: The Impact of the Steamship', *International Journal of Maritime History*, 22, 2(2010), 151–170。

# 第五章　美洲的门户

1. A. Mackay, *The Western World: or Travels in the United States in 1846–1847*, 2 vols. (Philadelphia, 1849), 转引自 J. W. Reps, *Cities of the Mississippi* (Columbia, MO, and London, 1994), p.106。

2. T. E. Redard, 'The Port of New Orleans: An Economic History, 1821–1860', PhD thesis, Louisiana State University (1985), Appendix II, Table 10(available online).

3. R. G. Albion, *The Rise of New York Port, 1815–1860* (New York, 1939), p.105.

4. D. Drake, *Remarks on the Importance of Promoting Literary and Social Concert in the Valley of the Mississippi* (1833), 转引自 E. Watts and D. Rachels (eds.), *The First West: Writing from the American Frontier, 1776–1860* (Oxford, 2002), p.345。

5. S. P. Marler, *The Merchants' Capital* (Cambridge, 2013), p.40.

6. F. Furstenberg, 'The Significance of the Trans-Appalachian Frontier in Atlantic History', *American Historical Review*, 113, 3(June 2008), 673.

7. 参见 D. W. Meinig, *The Shaping of America*, vol.2: *Continental America, 1800–1867* (New Haven, 1993), p.4.佛罗里达是零星收购的，而且时间偏后。

8. R. W. Van Alstyne, *The Rising American Empire* (Oxford, 1960), pp.81, 86.

9. United States Census Office, *Agriculture of the United States in 1860* (Washington DC, 1864), p.85; www.census.gov/library/publications/dec/1860b.html.

10. 参见 W. Johnson, *Soul by Soul: Life Inside the Antebellum Slave Market* (Cambridge, MA, 1999)。

11. 相关的极佳描述，见 R. Campanella, *Bienville's Dilemma: A Historical Geography of New Orleans* (Lafayette, LA, 2008)。

12. 关于美洲原住民在造就这一位置上的作用，参见 T. R. Kidder, 'Making the City Inevitable', in C. E. Colten (ed.), *Transforming New Orleans and Its Environs* (Pittsburgh, 2000)。

13. T. N. Ingersoll, *Mammon and Manon in Early New Orleans: The First Slave Society in the Deep South, 1718–1819* (Knoxville, 1999), p.254.来自该城的犹大·本杰明是首位公开承认自己为犹太人的美国参议员。

14. N. Dessens, *From Saint-Domingue to New Orleans: Migration and Influences* (Gainesville, FL, 2007).

15. 参见 D. T. Gleeson, *The Irish in the South, 1815–1877* (Chapel Hill, 2001), p.53。

16. R. Campanella, 'An Ethnic Geography of New Orleans', *Journal of American History*, 94, 3(2007), 704–715; Cabildo Museum, New Orleans.

17. Cabildo Museum, New Orleans.

18. 参见 D. Grimsted, *American Mobbing, 1828–1861: Toward Civil War* (Oxford, 1998), p.92。

19. U. B. Phillips, *Life and Labor in the Old South* (Boston, 1929), p.151.

20. Theodore Clapp, *Autobiographical Sketches and Recollections* (Boston, 1858), p.119.

21. Nicholas Trist to Virginia Randolph, 11 August 1822, University of North Carolina, Southern Historical Collection 02104, Nicholas Philip Trist Papers, 1.2, Folder 24(online).

22. *De Bow's Review*, 16, 5(1854): 'Yellow Fever in New Orleans'（online).

23. J. A. Carrigan, *The Saffron Scourge: A History of Yellow Fever in Louisiana, 1796–1905* (Lafayette, LA, 1994), pp.4, 5, 7.

24. A. Kelman, *A River and Its City: The Nature of Landscape in New Orleans* (Berkeley, 2003), p.88.

25. Amos Lefavour to J. Whitney, 30 March 1842, Library of Congress, Whitney and Burnham Papers, MSS 45450, Box 1.

26. 参见 J. B. Rehder, *Delta Sugar: Louisiana's Vanishing Plantation Landscape* (Baltimore, 1999), p.178。

27. 参见 J. H. Moore, *Agriculture in Ante-Bellum Mississippi*［1958］, 2nd edn. (Columbia, SC, 2010), ch.1; M. J. Brazy, *American Planter: Stephen Duncan of Antebellum Natchez and New York* (Baton Rouge, 2006)。

28. 关于一种对1850年代的纳切兹社会持有贬损意味的观点，参见 F. L. Olmsted, *The Cotton Kingdom*［1861］, ed. and introduced by A. M. Schlesinger, Modern Library edn. (New York, 1969), pp.416–426。

29. 参见 C. S. Aiken, *William Faulkner and the Southern Landscape* (Athens, GA, 2009), ch.4。

30. *Agriculture of the United States in 1860*, p.85.

31. Moore, *Ante-Bellum Mississippi*, pp.69, 180.白人人口从七万人增至三十五万人。

32. 相关的研究，参见 R. Campanella, *Lincoln in New Orleans* (Lafayette, LA, 2010)。

33. A. L. Olmstead and P. W. Rhode, 'Cotton, Slavery and the New History of Capitalism', *Explorations in Economic History*, 67(2018), 13，该文有力地重申了棉花王国在粮食上的自给自足。

34. Redard, 'New Orleans', Appendix I, Table 3.

35. L. C. Hunter, *Steamboats on the Western Rivers* (Cambridge, MA, 1949), p.59.

36. P. F. Paskoff, *Troubled Waters: Steamboat Disasters, River Improvements, and American Public Policy, 1821–1860* (Baton Rouge, 2007), p.39.

37. Hunter, *Steamboats*, pp.644–645.

38. 参见 T. S. Berry, *Western Prices before 1861: A Study of the Cincinnati Market* (Cambridge, MA, 1943), p.69。

39. Paskoff, *Troubled Waters*, p.34.

40. 出处同上，p.159。

41. Olmstead and Rhode, 'Cotton, Slavery', 8.

42. W. W. Chenault and R. C. Reinders, 'The Northern-Born Community in New Orleans in the 1850s', *Journal of American History*, 51, 2(1964), 232–247.

43. L. K. Salvucci and R. J. Salvucci, 'The Lizardi Brothers: A Mexican Family Business and the Expansion of New Orleans, 1825–1846', *Journal of Southern History*, 82, 4(2016), 759–788.

44. W. Amory to Whitney and Burnham, 24 December 1842, Whitney and Burnham Papers, Box 1.

45. N. J. Dick and Co. to W. Newton Mercer, 8 April 1840. William Newton Mercer Papers, Howard-Tilton Library, Tulane University, MSS 64, Box 1.

46. 关于棉花代理商的经典描述，见 H. D. Woodman, *King Cotton and His Retainers: Financing and Marketing the Cotton Crop of the South, 1800–1925* (Lexington, KY, 1968)。

47. J. H. Pease and W. H. Pease, 'The Economics and Politics of Charleston's Nullification Crisis', *Journal of Southern History*, 47, 3(1981), 335–362.

48. E. L. Miller, *New Orleans and the Texas Revolution* (College Station, TX, 2004).

49. C. S. Urban, 'The Ideology of Southern Imperialism: New Orleans and the Caribbean, 1845–1860', *Louisiana Historical Quarterly*, 39, 1(1956), 48–73.

50. 关于这些，参见 M. Karp, *This Vast Southern Empire: Slaveholders at the Helm of American Foreign Policy* (Cambridge, MA, 2016), pp.193, 197.

51. J. Majewski and T. W. Wahlstrom, 'Geography as Power: The Political Economy of Matthew Fontaine Maury', *Virginia Magazine of History and Biography*, 120, 4(2012), 347.

52. Marler, Merchants' Capital, p.43.

53. 参见 Redard, 'New Orleans'。

54. 相关地图，参见 J. Atack, F. Bateman, M. Haines and R. A. Margo, 'Did Railroads Induce or Follow Economic Growth? Urbanization and Population Growth in the American Midwest, 1850–1860', *Social Science History*, 34, 2(2010), 176, 177。

55. *Agriculture of the United States in 1860*, p.157.

56. J. F. Entz, *Exchange and Cotton Trade between England and the United States* (New York, 1840), p.16(online).

57. R. W. Fogel and S. L. Engerman, *Time on the Cross: The Economics of American Negro Slavery* (London, 1974), pp.248–250; R. W. Fogel, *Without Consent or Contract: The Rise and Fall of American Slavery* (New York, 1989), p.87. 当然，这掩盖了南方的奴隶和自由人之间收入的巨大差异。事实上，南方"自由"家庭的收入远高于整个美国的平均水平。相关的收入估计结果，参见 P. H. Lindert and J. G. Williamson, 'American Incomes 1774–

1860', National Bureau of Economic Research Working Paper no.18396(2012), pp.33, 36, at http: //www.nber.org/papers/w18396。

58. L. Shore, *Southern Capitalists: The Ideological Leadership of an Elite, 1832–1885* (Chapel Hill, 1986), p.48.

59. Moore, *Ante-Bellum Mississippi*, ch.8.

60. 关于这一主张，见 E. E. Baptist, *The Half Has Never Been Told: Slavery and the Making of American Capitalism* (New York, 2014), pp.113, 126-127；而纠正这一点的主张，见 Olmstead and Rhode, 'Cotton, Slavery', 8-11。

61. J. Oakes, *The Ruling Race: A History of American Slaveholders* (New York, 1982, 1998), pp.76-78.关于南方实行"轮作"的不利影响及其背后的生态原因，参见 J. Majewski, *Modernizing a Slave Economy: The Economic Vision of the Confederate Nation* (Chapel Hill, 2009), ch.2。

62. D. P. McNeilly, *The Old South Frontier: Cotton Plantations and the Formation of Arkansas Society* (Fayetteville, AR, 2000), pp.7ff.

63. C. Woods, *Development Arrested: The Blues and Plantation Power in the Mississippi Delta* (London, 1998, 2017), p.54.

64. 参见 L. K. Ford, *Deliver Us from Evil: The Slavery Question in the Old South* (New York, 2009), pp.508ff。

65. D. Brown, 'A Vagabond's Tale: Poor Whites, Herrenvolk Democracy, and the Value of Whiteness in the Late Antebellum South', *Journal of Southern History*, 79, 4(2013), 799–840.

66. M. O'Brien, *Conjectures of Order: Intellectual Life and the American South, 1810–1860*, vol.1(Chapel Hill, 2004), p.17.

67. Grimsted, *Mobbing*, p.159.

68. Oakes, *Ruling Race*, p.150.

69. 参见 J. B. Stewart, 'The Emergence of Racial Modernity and the Rise of the White North, 1790–1840', *Journal of the Early Republic*, 18, 2(1998), 182。

70. C. Phillips, *The Rivers Ran Backward: The Civil War and the Remaking of the American Middle Border* (Oxford, 2016), p.20.

71. Shore, *Southern Capitalists*, p.63.

72. 参见 R. B. Kielbowicz, 'Modernization, Communication Policy, and the Geopolitics of News, 1820-1860', *Critical Studies in Mass Communication*, 3, 1(1986), 30-32。

73. Marler, *Merchants' Capital*, pp.122-123.

74. J. A. Nystrom, *New Orleans after the Civil War: Race, Politics, and a New Birth of Freedom* (Baltimore, 2010), p.8.

75. 最近对损害的重新计算，参见 P. F. Paskoff, 'Measure of War: A Quantitative Examination of the Civil War's Destructiveness in the Confederacy', *Civil War History*, 54, 1(2008), 35-62。

76. Marler, *Merchants' Capital*, chs.6, 7.

77. J. J. Jackson, *New Orleans in the Gilded Age: Politics and Urban Progress 1880–1896* (Baton Rouge, 1969), pp.4-21, 209.

78. B. I. Kaufman, 'New Orleans and the Panama Canal, 1900-1914', *Louisiana History*, 14, 4(1973), 335, 344.

79. A. J. Sargent, *Seaports and Hinterlands* (London, 1938), p.118.

80. Marler, *Merchants' Capital*, p.230.

81. From 'Folly on Royal Street in the Raw Face of God' (1964); www.cnhs.org>ourpages>auto.

82. 一份相关的导言，参见 W. J. Eccles, *Francein America* (New York, 1972)。

83. 蒙特利尔是建在一条古老的美洲原住民运输线上。B. Rushforth, 'Insinuating Empire: Indians, Smugglers, and the Imperial Geography of Eighteenth-Century Montreal', in J. Gitlin, B. Berglund and A. Arenson (eds.), *Frontier Cities: Encounters at the Crossroads of Empire* (Philadelphia, 2012), p.56.

84. 相关的经典之作，见 D. G. Creighton, *The Empire of the St Lawrence*［1937］(Toronto, 1956)。

85. 有关"当时的"的叙述，见 E. Ross, *Beyond the River and the Bay* (Toronto, 1970)。

86. 相关的权威描述，见 H. A. Innis, *The Fur Trade in Canada* (Toronto, 1930)。

87. A. Greer, *The Patriots and the People: The Rebellion of 1837 in Rural Lower Canada* (Toronto, 1993).

88. 参见 J. M. S. Careless, *The Union of the Canadas: The Growth of Canadian Institutions, 1841–1857* (Toronto, 1967)。

89. G. P. de T. Glazebrook, *A History of Transportation in Canada*, vol.1: *Continental Strategy to 1867* (Toronto, 1938, 1964), p.84.

90. J. H. S. Reid, K. McNaught and H. S. Crowe (eds.), *A Source-Book of Canadian History: Selected Documents and Personal Papers* (Toronto, 1959), pp.131ff.

91. 参见 D. C. Masters, *The Reciprocity Treaty of 1854*［1937］(Toronto, 1963), pp.122–123; *Semi-Centennial Report of the Montreal Board of Trade* (Montreal, 1893), p.62.

92. J. Young, *Letters to the Hon. Francis Lemieux, Chief Commissioner Public Works ...* (Montreal, 1855), p.9.

93. 参见 D. McCalla, *Planting the Province: The Economic History of Upper Canada, 1784–1870* (Toronto, 1993)。

94. 关于艾伦的职业生涯，参见 T. E. Appleton, *Ravenscrag: The Allan Royal Mail Line* (Toronto, 1974)。

95. S. P. Day, *English America*, vol.1(1864), pp.156ff.

96. 参见 O. D. Skelton, *The Railway Builders* (Toronto, 1916)；关于当代的叙述，参见 A. A. den Otter, *The Philosophy of Railways: The Transcontinental Railway Idea in British North America* (Toronto, 1997), ch.4。

97. Montreal in 1856(Montreal, 1856), pp.25, 30；参见 https://static.torontopubliclibrary.ca/da/pdfs/37131055411417d.pdf。

98. B.-M. Papillon, 'Montreal's Growth and Economic Changes in Quebec Province, 1851–1911', PhD thesis, Northwestern University (1986), available online, pp.92ff.

99. D. McKeagan, 'Development of a Mature Securities Market in Montreal from 1817 to 1874', *Business History*, 51, 1(2009), 59–76.

100. D. C. Masters, *The Rise of Toronto, 1850–1890* (Toronto, 1947), ch.3; J. M. S. Careless, *Toronto to 1918* (Toronto, 1984).

101. 参见 W. L. Morton, *Manitoba: A History* (Toronto, 1957), ch.4。

102. K. Bourne, *Britain and the Balance of Power in North America, 1815–1908* (London, 1967).

103. "一位聪明、最无原则的政党领导人发展出一个政治腐败体系，使国家士气低落"，这是一部作者死后出版的著作给出的结论。转引自 G. T. Stewart, *The Origins of Canadian Politics* (Vancouver, 1986), p.69。

104. 一种更具同情心的麦克唐纳的描述，见 D. G. Creighton, *John A. Macdonald: The Young Politician* (Toronto, 1952)。

105. P. B. Waite (ed.), *The Confederation Debates in the Province of Canada/1865* (Toronto,

1963), p.101.

106. P. B. Waite, *The Life and Times of Confederation 1864–1867* (Toronto, 1962), ch.10.

107. Den Otter, *Philosophy of Railways*, ch.6.

108. 参见 'Donald Alexander Smith, 1st Baron Strathcona' and 'George Stephen', *Dictionary of Canadian Biography* (online)。

109. 关于加拿大太平洋铁路，参见 H. A. Innis, *A History of the Canadian Pacific Railway* (Toronto, 1923); R. T. Naylor, *The History of Canadian Business, 1867–1914*［1975］, new edn. (Toronto, 2006), vol.1, ch.8。

110. 数字来自 M. Q. Innis, *An Economic History of Canada* (Toronto, 1935), p.286.

111. A. Dilley, *Finance, Politics, and Imperialism: Australia, Canada, and the City of London, c.1896–1914* (Basingstoke, 2012), p.37.

112. Bodleian Library, MSS R. H. Brand, Box 26.

113. Dilley, *Finance*, p.36.

114. 关于蒙特利尔工业的发展壮大，参见 R. D. Lewis, 'A City Transformed: Manufacturing Districts and Suburban Growth in Montreal, 1850–1929', *Journal of Historical Geography*, 27, 1(2001), 20–35。

115. Dilley, *Finance*, p.57.

116. 参见 United Nations Statistical Department, 'International Trade Statistics 1900–1960', at https://unstats.un.org/unsd/trade/imts/Historical%20data%201900–1960.pdf。

117. 参见 G. Tulchinsky, 'The Montreal Business Community, 1837–1853', in D. S. Macmillan (ed.), *Canadian Business History: Selected Studies, 1497–1971* (Toronto, 1972)。

118. D. MacKay, *The Square Mile: Merchant Princes of Montreal* (Vancouver, 1987).

119. 有关他们的职业生涯，见 *Dictionary of Canadian Biography*。

120. 参见 'Hugh Allan' in *Dictionary of Canadian Biography*。

121. 参见 'George Stephen' in *Dictionary of Canadian Biography*。

122. M. Slattery, 'Les Irlandais catholiques de Montréal', in G. Lapointe (ed.), *Société, culture et religion à Montréal, XIX–XX siècle* (Quebec, 1994), p.44.

123. Den Otter, *Philosophy of Railways*, pp.104–105.

124. 参见 S. J. Potter, 'The Imperial Significance of the Canadian–American Reciprocity Proposals of 1911', *Historical Journal*, 47, 1(2004), 81–100。

125. W. W. Swanson and P. C. Armstrong, *Wheat* (Toronto, 1930), pp.214–216.

126. C. A. E. Goodhart, *The New York Money Market and the Finance of Trade, 1900–1913* (Cambridge, MA, 1969), Appendix 1.

127. A. Siegfried, *The Race Question in Canada*［Paris, 1906］, pbk. edn. (Toronto, 1966), p.185. 关于盎格鲁–新教徒及其世界，参见 M. W. Westley, *Remembrance of Grandeur: The Anglo-Protestant Elite of Montreal, 1900–1950* (Montreal, 1990)。

128. J. Gilliland and S. Olson, 'Residential Segregation in an Industrializing City: A Closer Look', *Urban Geography*, 31, 1(2010), 33.

129. 这是 Hugh MacLennan 的著名小说（1945）的标题。

130. 关于布拉萨的职业生涯，参见 C. Murrow, *Henri Bourassa and French-Canadian Nationalism: Opposition to Empire* (Montreal, 1968)。

131. 一部能读进去的指南，参见 S. Mann Trofimenkoff, *The Dream of Nation: A Social and Intellectual History of Quebec* (Toronto, 1983), ch.7。

132. D. Greasley and L. Oxley, 'A Tale of Two Dominions: Comparing the Macroeconomic Records of Australia and Canada since 1870', *Economic History Review*, 51, 2(1998), 305ff.

133. W. A. Mackintosh, *The Economic Background to Dominion-Provincial Relations*［1939］, pbk. edn. (Toronto, 1979), p.89.

134. D. Baillargeon, 'La Crise ordinaire: les ménagères montréalaises et la crise des années trente', *Labour/Le Travail*, 30(1992), 136.

135. 参见T. Copp, 'The Condition of the Working Class in Montreal, 1897-1920', in M. Horn and R. Sabourin (eds.), *Studies in Canadian Social History* (Toronto, 1974), p.193。

136. Masters, *Toronto*, ch.6.

137. J. Martin, 'How Toronto Became the Financial Capital of Canada', Rotman School of Management, University of Toronto, Case Study, (2012), p.14.

138. A. R. M. Lower, 'Geographical Determinants in Canadian History', in R. Flenley (ed.), *Essays in Canadian History: Presented to George Mackinnan Wrong For His Eightieth Birthday* (Toronto, 1939).

139. *New York Daily Times* (1850-1857), 27 March 1852(online).

140. 参见N. M. Cool, 'Pelts and Prosperity: The Fur Trade and the Mohawk Valley, 1730-1776', *New York History*, 97, 2(Spring 2016), 136。

141. 参见R. T. Aggarwala, '"I Want a Packet to Arrive": Making New York City the Headquarters of British America, 1696-1783', *New York History*, 98, 1(Winter 2017), 34ff。

142. 参见E. G. Burrows and M. Wallace, *Gotham: A History of New York City to 1898* (Oxford, 1998), ch.22。

143. 有关纽约海运资产的经典描述，见Albion, *The Rise of New York Port*。

144. 参见B. P. Murphy, *Building the Empire State: Political Economy in the Early Republic* (Philadelphia, 2015), pp.208ff。

145. 这一数字引自J. D. B. De Bow, *The Industrial Resources, Etc., of the Southern and Western States* (1853)。参见P. S. Foner, *Business and Slavery: The New York Merchants and the Irrepressible Conflict* (Chapel Hill, 1941), p.7。

146. W. Pencak and C. E. Wright (eds.), *New York and the Rise of American Capitalism* (New York, 1989), p.xii.

147. W. Cronon, *Nature's Metropolis: Chicago and the Great West* (New York, 1991), pp.70, 77.

148. M. G. Myers, *The New York Money Market*, vol.1: *Origins and Development* (New York, 1931), p.104.

149. Cronon, *Nature's Metropolis*, p.322.

150. 参见E. K. Spann, *The New Metropolis: New York City, 1840–1857* (New York, 1981), pp.406, 408-409。

151. *New York Daily Times*, 10 March 1852(online).

152. Foner, *Business and Slavery*, p.4.

153. T. Kessner, *Capital City: New York City and the Men Behind America's Rise to Economic Dominance, 1860–1900* (New York, 2003), p.31.

154. C. R. Geisst, *Wall Street: A History* (Oxford and New York, 1997), p.57; Kessner, *Capital City*, pp.31ff.

155. S. Beckert, *The Monied Metropolis: New York City and the Consolidation of the American Bourgeoisie, 1850–1896* (Cambridge, 2001), p.410.

156. 参见S. Bruchey, *Enterprise: The Dynamic Economy of a Free People* (Cambridge, MA, 1990), p.384。

157. 相关的经典著作，见A. D. Chandler Jr, *The Railroads: The Nation's First Big Business* (New York, 1965); A. D. Chandler Jr, *The Visible Hand: The Managerial Revolution in*

American Business (Cambridge, MA, 1977), chs.3, 4, 5；相关的批评，参见R. R. John, 'Elaborations, Revisions, Dissents: Alfred D. Chandler, Jr.'s, The Visible Hand after Twenty Years', *Business History Review*, 71, 2(1997), 151–200。

158. Beckert, *Monied Metropolis*, p.141.

159. D. C. Hammack, 'Political Participation and Municipal Policy: New York City, 1870–1940', in T. Bender and C. E. Schorske (eds.), *Budapest and New York: Studies in Metropolitan Transformation, 1870–1930* (New York, 1994), p.58.

160. J. Heffer, *Le Port de New York et le commerce extérieur américain (1860–1900)* (Paris, 1986), p.7.

161. 出处同上，p.264。

162. E. Huntington, 'The Water Barriers of New York City', *Geographical Review*, 2, 3(1916), 169–183.

163. 相关主题，见A. M. Blake, *How New York Became American, 1890–1924* (Baltimore, 2006)。

164. 参见Bender and Schorske (eds.), *Budapest and New York*, 'Introduction'。

165. N. Harris, 'Covering New York City: Journalism and Civic Identity in the Twentieth Century', in Bender and Schorske (eds.), *Budapest and New York*, pp.258–260.

166. Bruchey, *Enterprise*, p.382.

167. R. C. O. Matthews, C. H. Feinstein and J. C. Odling-Smee, *British Economic Growth 1856–1973* (Stanford, 1982), p.433.

168. L. E. Davis and R. J. Cull, *International Capital Markets and American Economic Growth, 1820–1914* (Cambridge, 1994), p.111.

169. 参见A. A. Stein, 'The Hegemon's Dilemma: Great Britain, the United States, and the International Economic Order', *International Organization*, 38, 2(1984), 355–386。

170. F. W. Taussig, *Some Aspects of the Tariff Question* (Cambridge, MA, 1934), p.139.

171. 关于这一点，参见D. W. Meinig, *The Shaping of America, vol.3. Transcontinental America, 1850–1915* (New Haven, 1998), p.322。

172. 参见Goodhart, *New York Money Market*。

# 第六章　英国对印度沿海的统治

1. 参见S. Broadberry, J. Custodis and B. Gupta, 'India and the Great Divergence', *Explorations in Economic History*, 55, 1(2015), 58–75。

2. 参见C. A. Bayly, Rulers, *Townsmen and Bazaars: North Indian Society in the Age of British Expansion, 1770–1870* (Cambridge, 1983)，esp.ch.7；关于印度南部，参见D. Washbrook, 'South India 1770–1840: The Colonial Transition', *Modern Asian Studies*, 38, 3(2004), 479–516, esp.507ff。

3. D. Kumar (ed.), *The Cambridge Economic History of India* (hereafter *CEHI*), vol.2 (Cambridge, 1982), p.837.

4. 参见T. Roy, 'Trading Firms in Colonial India', *Business History Review*, 88, 1(2014), 9–42。

5. 参见M. Adas, *The Burma Delta: Economic Development and Social Change on an Asian Rice Frontier* (Madison, WI, 1974)；最近的一项研究，参见S. Turnell, 'The Chettiars in Burma', www.econ.mq.edu.au/Econ_docs/research_papers2/2005_research_papers/chettiar.pdf。

6. 关于他们的东非联系，参见C. Markovits, 'Structure and Agency in the World of Asian Commerce in the Era of European Colonial Domination(c.1750–1950)', *Journal of the Economic and Social History of the Orient*, 50, 2/3(2007), 114。

7. P.P. 1873(C.820), Correspondence Respecting Sir Bartle Frere's Mission to the East Coast of Africa: Frere to Lord Granville, 7 May 1873.

8. P.P. 1871(C.216), Return of H.M. Ships on Station, April and October, 1869 and 1870; J. B. Kelly, *Britain and the Persian Gulf, 1795–1880* (Oxford, 1968), p.663.

9. Roy, 'Trading Firms', 9.

10. 参见G. Blake, *B.I. Centenary 1856–1956* (London, 1956), pp.83, 159。

11. A. J. Sargent, *Seaways of the Empire* (London, 1918), ch.3.

12. *Times of India* Digital Archive: I have drawn on accounts in the *Bombay Times and Journal of Commerce* for 18 and 29 July and 8 August 1846. 在后来的两位主编洛瓦特·弗雷泽（Lovat Fraser）和斯坦利·里德（Stanley Reed）（后者于1907年至1923年主编该报）的领导下，《印度时报》与加尔各答的《政治家报》（*Statesman*）一道成为印度两大主要英文报纸。

13. A. Farooqui, *Opium City: The Making of Early Victorian Bombay* (Gurgaon, 2006), p.56.

14. 参见P. Nightingale, *Trade and Empire in Western India, 1784–1806* (Cambridge, 1970), p.46。

15. 参见L. Subramanian, *Indigenous Capital and Imperial Expansion: Bombay, Surat and the West Coast* (Delhi, 1996); Farooqui, *Opium City*。

16. C. Markovits, 'The Political Economy of Opium Smuggling in Early Nineteenth Century India', *Modern Asian Studies*, 43, 1(2009), 89–111.

17. *Bombay Times and Journal of Commerce*, 3 November 1838.

18. F. Broeze, 'The External Dynamics of Port City Morphology: Bombay 1815–1914', in I. Banga (ed.), *Ports and Their Hinterlands in India, 1700–1950* (New Delhi, 1992), p.258.

19. D. E. Haynes, 'Market Formation in Khandesh, c.1820–1930', *Indian Economic and Social History Review*, 36, 3(1999), 275–302.

20. S. Guha, 'Forest Polities and Agrarian Empires: The Khandesh Bhils, c.1700–1850', *Indian Economic and Social History Review*, 33, 2(1996), 144.

21. 参见E. M. Gumperz, 'City-Hinterland Relations and the Development of a Regional Elite in Nineteenth Century Bombay', *Journal of Asian Studies*, 33, 4(1974), 586。

22. 相关的引人入胜的描述，参见H. Inagaki, 'The Rule of Law and Emergency in Colonial India', King's College London, PhD thesis, 2016。

23. 计算依据，见S. M. Edwardes, *The Gazetteer of Bombay City and Island*, vol.1(Bombay, 1909), Appendix IV; T. E. Redard, 'The Port of New Orleans. An Economic History, 1821–1860', PhD phesis, Louisiana State University (1985), Appendix II, Table 10。卢比的换算为，10卢比=1英镑；美元的换算为，5美元=1英镑。

24. 参见F. Broeze, 'Underdevelopment and Dependency: Maritime India during the Raj', *Modern Asian Studies*, 18, 3(1984), 438ff。

25. *Bombay Times and Journal of Commerce*, 6 October 1849.

26. 出处同上，20 August 1845。

27. 关于这些数字，见*Bombay Times*, 12 March 1861。

28. 在1861年4月，七艘船驶往中国，八艘船驶往伦敦，四十三艘船驶往利物浦。*Bombay Times*, 5 April 1861.

29. 参见I. J. Kerr, *Building the Railways of the Raj, 1850–1900* (Delhi, 1997), chs.2, 3, 4。

30. 相关的最佳描述，参见A. K. Bagchi, *The Evolution of the State Bank of India: The Roots, 1806–1876*, Part II, *Diversity and Regrouping, 1860–1876* (Bombay, 1987), chs.25, 27。

31. W. W. Hunter (ed.), *Imperial Gazetteer of India*, vol.2(1881), p.209.

32. *Times of India* (hereafter *TOI* ), 17 July 1874.《孟买时报》在1861年改名——意义重大。

33. *TOI*, 2 March 1878.

34. 参见 *Materials towards a Statistical Account of the Town and Island of Bombay* (Bombay, 1894), vol.2, Appendix II, pp.522ff。

35. *TOI*, 18 January 1872.

36. 出处同上，12 August 1879。

37. 出处同上，29 June 1875。

38. Report of Chamber of Commerce, *TOI*, 2 November 1876.

39. 参见 M. Vicziany, 'Bombay Merchants and Structural Changes in the Export Community, 1850 to 1880', in K. N. Chaudhuri and C. J. Dewey (eds.), *Economy and Society: Essays in Indian Economic and Social History* (Delhi, 1979), pp.163-196。

40. *TOI*, 16 November 1874.

41. 事实上，吉吉博伊获得准男爵爵位——一种可继承的头衔。

42. 参见 *TOI*, 13 August 1877。

43. *TOI*, 28 June 1902.

44. J. S. Palsetia, 'Mad Dogs and Parsis: The Bombay Dog Riots of 1832', *Journal of the Royal Asiatic Society*, 3rd Series, 11, 1(2001), 13-30.

45. M. Sharafi, 'A New History of Colonial Lawyering: Likhovski and Legal Identities in the British Empire', *Law and Social Inquiry*, 32, 4(2007), 1070-1071.

46. N. Green, *Bombay Islam: The Religious Economy of the West Indian Ocean, 1840-1915* (Cambridge, 2011), p.121.

47. C. Dobbin, *Urban Leadership in Western India* (Oxford, 1972), p.219.

48. *TOI*, 12 February 1889, reporting a speech in London by Sir Lepel Griffin.

49. 参见 Green, *Bombay Islam*, p.6; *Bombay Presidency Gazette*, vol.IX, part 2: *Gujarati Population: Muslims and Parsis* (Bombay, 1899)。

50. Green, *Bombay Islam*, pp.95, 97.

51. *TOI*, 17 November 1886.

52. 参见 G. Johnson, *Provincial Politics and Indian Nationalism: Bombay and the Indian National Congress, 1880 to 1915* (Cambridge, 1973); R. I. Cashman, *The Myth of the Lokamanya* (Berkeley, 1975).

53. R. Chandavarkar, *The Origins of Industrial Capitalism in India* (Cambridge, 1994), p.250.

54. 参见 I. Klein, 'Urban Development and Death: Bombay City, 1870-1914', *Modern Asian Studies*, 20, 4(1986), 725-754。

55. 参见 A. H. Leith, *Report on the Sanitary State of the Island of Bombay* (Bombay, 1864)。

56. A. R. Burnett-Hurst, *Labour and Housing in Bombay* (London, 1925)，转引自 V. Anstey, *The Economic Development of India* (London, 1929), p.499。

57. L.R.C. in *Journal of the Royal Statistical Society*, 89, 1(1926), 155.

58. Klein, 'Urban Development', 745, 751.

59. S. B. Upadhyay, 'Communalism and Working Class: Riot of 1893 in Bombay City', *Economic and Political Weekly*, 24, 30(1989), 69-75.

60. S. M. Edwardes, *The Gazetteer of Bombay City and Island* (Bombay, 1909), vol.1, p.448.

61. 关于这一判断，参见 N. Charlesworth, *Peasants and Imperial Rule: Agriculture and Agrarian Society in the Bombay Presidency, 1850-1935* (Cambridge, 1985)。

62. 参见 Gumperz, 'City-Hinterland Relations'。

63. C. Dobbin, 'Competing Elites in Bombay City Politics in the MidNineteenth Century (1852-1883)', in E. Leach and S. N. Mukherjee (eds.), *Elites in South Asia* (Cambridge, 1970),

pp.79–94.

64. 参见 A. Seal, *The Emergence of Indian Nationalism* (Cambridge, 1971), pp.226ff。

65. 大量文献的通俗介绍，见 J. M. Brown, *Gandhi: Prisoner of Hope* (New Haven, 1990)。1891年至1892年，甘地在孟买度过了无利可图的一年，寻找出庭律师的工作。参见 R. Guha, *Gandhi Before India* (London, 2013), ch.3。

66. 两项经典的研究，见 D. Hardiman, *Peasant Nationalists of Gujarat: Kheda District, 1917–1934* (Delhi, 1981)；关于巴尔多利区，见 S. Mehta, *The Peasantry and Nationalism: A Study of the Bardoli Satyagraha* (New Delhi, 1984)。

67. 参见 P. Kidambi, 'Nationalism and the City in Colonial India: Bombay, c.1890–1940', *Journal of Urban History*, 38, 5(2012), 950–967。关于甘地与帕西人社区既有钦佩又有批评的含糊不清的关系，参见 D. Patel, 'Beyond Hindu-Muslim Unity: Gandhi, the Parsis and the Prince of Wales Riots of 1921', *Indian Economic and Social History Review*, 55, 2(2018), 221–247。

68. 关于苏伦德拉纳特·巴内杰亚从加尔各答前来召开一场"温和派会议"，参见 *TOI*, 1 November 1918。

69. 参见 *Report of the Indian Taxation Enquiry Committee*, vol.1(Madras, 1925)。

70. E. Thornton, *A Gazetteer of the Territories under the Government of the East-India Company ...* (1857), p.173.

71. J. R. Martin, 'A Brief Topographical and Historical Notice of Calcutta', *The Lancet*, 50, 1,256(1847), 330.

72. 关于加尔各答的起源，参见 R. Murphey, 'The City in the Swamp: Aspects of the Site and Early Growth of Calcutta', *Geographical Journal*, 130, 2(1964), 241–256; F. Hasan, 'Indigenous Cooperation and the Birth of a Colonial City: Calcutta, c.1698–1750', *Modern Asian Studies*, 26, 1(1992), 65–82; K. Raj, 'The Historical Anatomy of a Contact Zone: Calcutta in the Eighteenth Century', *Indian Economic and Social History Review*, 48, 1(2011), 55–82。

73. P. J. Marshall, 'The White Town of Calcutta under the Rule of the East India Company', *Modern Asian Studies*, 34, 2(2000), 307–331.

74. 关于该城的形态，参见 S. J. Hornsby, 'Discovering the Mercantile City in South Asia: The Example of Early Nineteenth-Century Calcutta', *Journal of Historical Geography*, 23, 2(1997), 135–50。

75. 关于当时的描述，参见 N. Allen, *The Opium Trade* (Boston, 1853), pp.5–7(available online)。

76. 从4670箱（113磅）到49000多箱。P.P. 1865(94), *Opium: Return of Opium Exported ... since the Year 1830 ...*

77. 参见 Z. Yalland, *Traders and Nabobs: The British in Cawnpore, 1765–1857* (Salisbury, 1987), pp.100ff。

78. 参见 T. Webster, 'An Early Global Business in a Colonial Context: The Strategies, Management, and Failure of John Palmer and Company of Calcutta, 1780–1830', *Enterprise and Society*, 6, 1(2005), 98–133。

79. Hyde Clarke, *Colonization, Defence, and Railways in Our Indian Empire* (1857), p.168(online).

80. H. Mukherjee, *The Early History of the East Indian Railway, 1845–1879* (Calcutta, 1994).

81. 1880年至1881年间，鸦片占印度总出口价值的近20%，但在十年后，这一比例降至9%左右。参见 Kumar (ed.), *CEHI*, vol.2, p.845。

82. 1888年是从印度和斯里兰卡进口茶叶量首次超过中国进口茶叶量的一年。G. G. Chisholm, *Handbook of Commercial Geography*, 7th edn. (1908), p.127.

83. Kumar (ed.), *CEHI*, vol.2, p.844.

84. 一份杰出的相关描述，参见 A. K. Bagchi, 'European and Indian Entrepreneurship in India, 1900–1930', in Leach and Mukherjee (eds.), *Elites in South Asia*。

85. 参见 J. Forbes Munro, *Maritime Enterprise and Empire: Sir William Mackinnon and His Business Network, 1823–1893* (Woodbridge, 2003)。

86. B. Gupta, 'Discrimination or Social Networks? Industrial Investment in Colonial India', *Journal of Economic History*, 74, 1(2014), 146.

87. S. Sarkar, 'The City Imagined', in his *Writing Social History* (New Delhi, 1997), p.164.

88. H. Leonard, *Report on the River Hooghly* (Calcutta, 1865), p.8.

89. 参见 Barun De, 'The History of Kolkata Port and the Hooghly River and Its Future', www.kolkataporttrust.gov.ind/showfile.php?layout=1&lid=520.

90. 参见 S. K. Munsi, *Geography of Transportation in Eastern India under the British Raj* (Calcutta, 1980), p.113。

91. 出处同上，pp.83, 71。

92. *Imperial Gazetteer of India: Provincial Series, Bengal*, vol.1(Calcutta, 1909), p.424.

93. 参见 *Oxford Dictionary of National Biography*: 'Mackay, James Lyle, First Earl of Inchcape'.

94. Bagchi, 'European and Indian Entrepreneurship'.

95. 参见 T. Bhattacharya, *The Sentinels of Culture: Class, Education and the Colonial Intellectual in Bengal, 1848–1885* (New Delhi, 2005), ch.1: 'The Curious Case of the Bhadralok'。

96. 相关的经典研究，见 T. Raychaudhuri, *Europe Reconsidered: Perceptions of the West in Nineteenth-Century Bengal* (Delhi, 1989)。

97. Risley to Curzon, 7 February 1904，转引自 D. Banerjee, *Aspects of Administration in Bengal–1898–1912* (New Delhi, 1980), p.82。

98. 吉卜林的著名短语，参见他的 'City of Dreadful Night，Jan.–Feb. 1888', in R. Kipling, *From Sea to Sea and Other Sketches: Letters of Travel,* vol.2(1919), pp.201–269.

99. 一份相关的调查，参见 P. T. Nair, 'Civic and Public Services in Old Calcutta', in S. Chaudhuri (ed.), *Calcutta: The Living City*, vol.1: *The Past* (Calcutta, 1990)。

100. G. Stewart, *Jute and Empire: The Calcutta Jute Wallahs and the Landscapes of Empire* (Manchester, 1998), pp.60ff.

101. R. K. Ray, *Urban Roots of Indian Nationalism: Pressure Groups and Conflict of Interests in Calcutta City Politics, 1875–1939* (New Delhi, 1979).

102. O. Goswami, 'Then Came the Marwaris', *Indian Economic and Social History Review*, 22, 3(1985), 225–249 G. Oonk, 'The Emergence of Indigenous Industrialists in Calcutta, Bombay, and Ahmedabad, 1850–1947', *Business History Review*, 88, 1(2014), 50ff.

103. Stewart, *Jute*, pp.100ff.

104. O. Goswami, *Industry, Trade and Peasant Society: The Jute Economy of Eastern India, 1900–1947* (Delhi, 1991), p.145.

105. 出处同上，p.146。

106. 相关的分析，参见 J. Gallagher, 'Congress in Decline. Bengal, 1930 to 1939', *Modern Asian Studies*, 7, 3(1973), 589–645。

107. T. Robertson, *Report on the Administration and Working of Indian Railways* (Calcutta, 1903), p.35.

108. R. Mukerjee, *The Changing Face of Bengal: A Study in Riverine Economy* (Calcutta, 1938), p.195.

109. 我所借鉴的描述，参见 T. Roy, *The Economic History of India 1857–1947* (New Delhi,

2000), esp.ch.3；关于类似发展方向的最新分析，参见B. Gupta, 'Falling Behind and Catching Up: India's Transition from a Colonial Economy', *Economic History Review*, 72, 3(2019), 803-827。

110. League of Nations, *The Network of World Trade* (Geneva, 1942), pp.99, 100.

111. 参见J. Chatterji, *The Spoils of Partition: Bengal and India, 1947–1967* (Cambridge, 2007).

112. T. Roy, 'The Transfer of Economic Power in Corporate Calcutta, 1950-1970', *Business History Review*, 91, 1(2017), 7.

# 第七章　从南洋到长江：中国海域的港口城市世界

1. 参见E. M. Jacobs, *Merchant in Asia: The Trade of the Dutch East India Company during the Eighteenth Century* (Leiden, 2006)。

2. Raffles to Colonel Addenbrooke, 10 June 1819, in V. Harlow and F. Madden (eds.), *British Colonial Developments 1774–1834: Select Documents* (Oxford, 1953), p.73；更完整的版本，见C. E. Wurtzburg, *Raffles of the Eastern Isles*［1954］(Oxford, 1986), p.520。

3. Raffles Memorandum 1819, Harlow and Madden (eds.), *Colonial Developments*, p.76.

4. Wurtzburg, *Raffles*, pp.631ff.

5. G. F. Bartle, 'Sir John Bowring and the Chinese and Siamese Commercial Treaties', *Bulletin of the John Rylands Library, Manchester*, 4, 2(1962), 303. 鲍林的银行家一直是大型鸦片公司怡和洋行，而他的儿子是该公司的合伙人。

6. 参见G. S. Graham, *The China Station: War and Diplomacy, 1830–1860* (Oxford, 1978), p.284。

7. *Singapore Free Press and Mercantile Advertiser*, 1 April 1847.《新加坡自由新闻》《海峡时报》等新加坡报纸的档案，见http://eresources.nlb.gov.sg/newspapers。

8. 相关的生动描述，参见P. D. Coates, *The China Consuls: British Consular Officers, 1843–1943* (Hong Kong, 1988), chs.1-6。

9. 参见A. R. Wallace, *The Malay Archipelago*［1869］(Oxford, 1986), chs.10, 23, 27。

10. 出处同上，p.32。

11. 我所借鉴的叙述，见S. Dobbs, 'The Singapore River, 1819-1869: Cradle of a Maritime Entrepot', *International Journal of Maritime History*, 13, 2(2001), 95-118。

12. 参见*China Sea Directory*, vol.1(1867), pp.7, 272。

13. 参见A. Milner, 'Singapore's Role in Constituting a "Malay" Narrative', in N. Tarling (ed.), *Studying Singapore's Past* (Singapore, 2012), pp.125-145。

14. M'Culloch, *Commercial Dictionary*, new edn. (London, 1869), p.1285.

15. 数字来自*Colonial Office List* (1865)。

16. 参见Wong Lin Ken, 'Singapore: Its Growth as an Entrepot Port, 1819-1941', *Journal of Southeast Asian Studies*, 9, 1(1978), Tables 1, 2, 3.

17. *China Directory*, p.152.

18. M'Culloch, *Commercial Dictionary*, p.1286.

19. 计算依据，见M'Culloch, *Commercial Dictionary*, pp.163, 881, 1289, 1350。在美国南北战争及其引发的"棉花饥荒"期间，孟买的贸易总价值翻了一番，达到七千万英镑。

20. 有关鸦片贸易的激烈辩护，参见M'Culloch, *Commercial Dictionary*: 'Opium', pp.977ff。

21. 参见'Blue Book 1877', 转引自*Straits Times*, 19 October 1878。

22. *Straits Times*, 1 January 1870.

23. 东方电报公司约翰·彭德的详细估算，见*Straits Times*, 26 February 1870。

24. Wong, 'Singapore', Table 10.

25. 参见 Wong, 'Singapore', Tables 6, 7, 8。

26. *Straits Times*, 12 February 1870.

27. 出处同上，18 May 1872。

28. Wong, 'Singapore', 69.

29. *Straits Times*, 4 September 1875.

30. *Straits Times Overland Journal*, 27 May 1876.

31. W. G. Huff, *The Economic Growth of Singapore* (Cambridge, 1994), p.52.

32. 转引自 J. Loadman, *Tears of the Tree: The Story of Rubber — A Modern Marvel* (Oxford and New York, 2005), p.83。

33. Huff, *Singapore*, p.182.

34. Stephanie Po-yin Chung, 'Surviving Economic Crises in Southeast Asia and Southern China: The History of Eu Yan Sang Business Conglomerates in Penang, Singapore and Hong Kong', *Modern Asian Studies*, 36, 3(2002), 59.

35. Huff, *Singapore*, p.154. 相比之下，1892年至1897年间，每年约有三十万人通过纽约的埃利斯岛，截至1914年则达到每年近九十万人。

36. 参见 G. L. Hicks (ed.), *Overseas Chinese Remittances from Southeast Asia, 1910–1940* (Singapore, 1993)，此书基于台湾银行在1914年、1942年和1943年的研究，反映了日本对中国金融资源的强烈兴趣。

37. *Straits Times*, 18 June 1904.

38. 出处同上，3 January 1913。

39. *Singapore Free Press*, 27 April 1920.

40. 关于海峡华人，参见 Lee Poh Ping, *Chinese Society in Nineteenth Century Singapore* (Kuala Lumpur, 1978); M. R. Frost, 'Emporium in Imperio: Nanyang Networks and the Straits Chinese in Singapore, 1819–1914', *Journal of Southeast Asian Studies*, 36, 1(2005), 29–66；关于当时的描述，参见 J. D. Vaughan, *The Manners and Customs of the Chinese of the Straits Settlements* (Singapore, 1879), pp.3–6。

41. Lee, *Chinese Society*, pp.72ff.

42. 转引自 Siew-Min Sai, 'Dressing Up Subjecthood: Straits Chinese, the Queue, and Contested Citizenship in Colonial Singapore', *Journal of Imperial and Commonwealth History*, 47, 3(2019), 459。

43. 相关的最佳著作，见 M. R. Godley, *The Mandarin-Capitalists from Nanyang: Overseas Chinese Enterprise in the Modernization of China 1893–1911* (Cambridge, 1981)。

44. 参见 C. M. Turnbull, 'The Malayan Connection', in Chan Lau Kit-ching and P. Cunich (eds.) *An Impossible Dream: Hong Kong University from Founding to Re-Establishment, 1910–1950* (New York, 2002)。

45. Tzu-hui Celina Hung, '"There Are No Chinamen in Singapore"', *Journal of Chinese Overseas*, 5, 2(2009), 260.

46. 参见 D. P. S. Goh, 'Unofficial Contentions: The Postcoloniality of Straits Chinese Political Discourse in the Straits Settlements Legislative Council', *Journal of Southeast Asian Studies*, 41, 3(2010), 483–507。

47. 关于新加坡的城市发展，参见 R. Powell, 'The Axis of Singapore: South Bridge Road', in R. Bishop, J. Phillips and Wei-Wei Yeo (eds.), *Beyond Description: Singapore Space Historicity* (London, 2004); J. Beamish and J. Ferguson, A History of Singapore Architecture: The Making of a City(Singapore, 1985); N. Edwards, *The Singapore House and Residential Life 1819–1939* (Oxford, 1991)。

48. B. S. A. Yeoh, *Contesting Space: Power Relations and the Urban Built Environment in Colonial Singapore* (Kuala Lumpur, 1996), pp.46–48ff.

49. 出处同上，p.88。

50. 参见 Michael Francis Laffan, *Islamic Nationhood and Colonial Indonesia: The Umma below the Winds* (London, 2003), pp.149ff。

51. 参见 Tim Harper, 'Singapore, 1915, and the Birth of the Asian Underground', *Modern Asian Studies*, 47, 6(2013), 1782–811。

52. 关于这一表述，参见 Tim Harper, 1806。

53. 'Singapore and the Future of British Shipping at the Straits' by 'Imperium', *Straits Times*, 23 February 1903.

54. *Straits Times*, 10 December 1903.

55. 出处同上, 24 October 1903。

56. 出处同上, 21 January 1902。

57. 参见 V. Anstey, *The Trade of the Indian Ocean* (London, 1929), p.58。

58. 参见 A. J. Sargent, *Seaways of the Empire* (London, 1918), pp.26–27。

59. Huff, *Singapore*, p.17.

60. 我所沿用的观点，参见 Huei-Ying Kuo, *Networks beyond Empires: Chinese Business and Nationalism in the Hong KongSingapore Corridor, 1914–1941* (Leiden, 2014)。

61. 有关这些早期艰难处境的最佳研究，见 C. Munn, *Anglo-China: Chinese People and British Rule in Hong Kong, 1841–1880* (Hong Kong, 2001, 2009)。

62. S. Bard, *Traders of Hong Kong: Some Foreign Merchant Houses, 1841–1899* (Hong Kong, 1993).

63. 我所借鉴的一部杰出著作，见 Elizabeth Sinn, *Pacific Crossing: California Gold, Chinese Migration, and the Making of Hong Kong* (Hong Kong, 2013)；美国的华人坚持要在香港调制鸦片，参见 E. Sinn, 'Preparing Opium for America', *Journal of Chinese Overseas*, 1, 1(2005), 16–42。

64. Ripon to Governor Robinson, 23 August 1894, in G. B. Endacott, *An Eastern Entrepôt: A Collection of Documents Illustrating the History of Hong Kong* (London, 1964).

65. Munn, *Anglo-China*, chs.5, 6, 7.

66. 1898 年的数字是 44%。Man-Houng Lin, 'Taiwan, Hong Kong, and the Pacific, 1895–1945', *Modern Asian Studies*, 44, 5(2010), 1056ff.; Hui Po-keung, 'Comprador Politics and Middleman Capitalism', in Tak-Wing Ngo (ed.), *Hong Kong's History* (Hong Kong, 1999), p.34.

67. E. J. Hardy, *John Chinaman at Home* (London, 1905)p.25.

68. 相关的权威之作，见 D. R. Meyer, *Hong Kong as a Global Metropolis* (Cambridge, 2000)。

69. 对中国通商口岸和其他开放港口的精彩考察，见 R. Nield, *China's Foreign Places: The Foreign Presence in China in the Treaty Port Era, 1840–1943* (Hong Kong, 2015)。

70. 参见 M. Elvin, *Another History: Essays on China from a European Perspective* (Broadway, New South Wales, 1996), ch.4; Linda Cooke Johnson, *Shanghai: From Market Town to Treaty Port, 1074–1858* (Stanford, 1995)。

71. Cooke Johnson, *Shanghai*, pp.94–96.

72. 对这一政治和社会革命的杰出描述，见 R. Bickers, 'Shanghailanders: The Formation and Identity of the British Settler Community in Shanghai, 1843–1937', *Past and Present*, 159(1998), 161–211。

73. 关于这一描述，参见 C. E. Darwent, *Shanghai: A Handbook For Travellers and Residents*, Shanghai(Shanghai, 1920); P. Hibbard, *The Bund* (Hong Kong, 2007)。

74. 相关的经典研究，见Yen-p'ing Hao, *The Commercial Revolution in Nineteenth-Century China: The Rise of Sino-Western Mercantile Capitalism* (Berkeley and London, 1986)。

75. H. B. Morse, *The Trade and Administration of the Chinese Empire* (London, 1908), p.146.

76. A. L. McElderry, *Shanghai Old-Style Banks (Ch'ien-Chuang), 1800–1935: A Traditional Institution in a Changing Society* (Ann Arbor, MI, 1976), p.50.

77. 参见R. Murphey, *Shanghai: Key to Modern China* (Cambridge, MA, 1953), p.1.

78. 参见R. Bickers, Britain in China(Manchester, 1999), p.125.

79. 转引自F. Wakeman Jr and Wen-hsin Yeh (eds.), *Shanghai Sojourners* (Berkeley, 1992), p.5。

80. 对1919年左右（欧洲人的）上海社会的精辟描述，参见R. Bickers, *Empire Made Me: An Englishman Adrift in Shanghai* (London, 2003), ch.3。

81. *North China Herald*, 5 December 1925.

82. 出处同上, 25 October 1919, online。

83. 参见'Shanghai in the Looking Glass' by 'M.E.T.', *North China Herald*, 20 September 1919, 763–765。

84. J. K. Fairbank, K. Frest Bruner and E. MacLeod Matheson (eds.), *The I.G. in Peking: Letters of Robert Hart: Chinese Maritime Customs, 1868–1907* (Cambridge, MA, 1975), vol.1, p.15.

85. 参见H. van de Ven, *Breaking with the Past: The Maritime Customs Service and the Global Origins of Modernity in China* (New York, 2014)。

86. *North China Herald*, 2 November 1929.

87. 我所借鉴的内容，见A. Reinhardt, 'Navigating Imperialism in China: Steamship, Semicolony and Nation, 1860–1937', PhD dissertation, Princeton University(2002)。可以在线浏览。

88. 参见Marie-Claire Bergère, *Shanghai: China's Gateway to Modernity* (Eng. trans., Stanford, 2009), ch.10。

89. 相关的最佳描述，参见R. Bickers, *Out of China: How the Chinese Ended the Era of Western Domination* (London, 2017), chs.1, 2, 4。

90. 参见P. M. Coble Jr, 'The Kuomintang Regime and the Shanghai Capitalists, 1927–1929', *The China Quarterly*, 77(1979), 1–24。

91. 关于这一变化的经典描述，见J. Osterhammel, 'Imperialism in Transition: British Business and the Chinese Authorities, 1931–1937', *The China Quarterly*, 98(June 1984), 260–280。

92. 转引自N. Horesh, Shanghai, *Bund and Beyond: British Banks, Banknote Issuance, and Monetary Policy in China, 1842–1937* (New Haven, 2009), pp.146ff。

93. 参见G. E. Hubbard, *Eastern Industrialization and Its Effect on the West* (London, 1938), p.193。

94. "香港黄埔船坞公司"的广告，见*China Mail*, 13 March 1930。香港公共图书馆在线提供，见www.mmis.hkpl.gov.hk/old-hk-collection。

95. ［British］Naval Intelligence Division, Geographical Handbooks Series, *China Proper*, vol.3(London, 1945), p.325.

96. 参见*Hong Kong Daily Press*, 24 January 1930. Available as n.94.

97. 'Annual Report for 1930', *Hong Kong Daily Press*, 23 April 1931.

98. *China Mail*, 30 April 1930.

99. 参见T. Latter, 'Hong Kong's Exchange Rate Regimes in the Twentieth Century: The Story of Three Regime Changes', Hong Kong Institute for Monetary Research Working Paper no.17/2004(available online), pp.15–16, 19.

100. S. Friedman in *Far East Survey* 8, 19(27 September 1939), pp.219–222. 转引自L. F. Goodstadt, *Profits, Politics and Panics: Hong Kong's Banks and the Making of a Miracle Economy, 1935–1985* (Hong Kong, 2007), p.42.

101. S. Tsang, *A Modern History of Hong Kong* (London and New York, 2004), pp.107−108.

102. A. Maddison, *Contours of the World Economy, 1–2030 ad* (Oxford, 2007), pp.164, 170.

103. S. L. Endicott, *Diplomacy and Enterprise: British China Policy 1933–1937* (Vancouver, 1975), p.20.

104. A. Feuerwerker, *The Chinese Economy, 1912–1949* (Ann Arbor, MI, 1968), pp.16−17.

# 第八章　大都市的危机

1. W. Woodruff, *Impact of Western Man* (London, 1966), p.313.

2. R. Findlay and K. H. O'Rourke, *Power and Plenty: Trade, War, and the World Economy in the Second Millennium* (Princeton, 2007), p.404.

3. A. Estevadeordal, B. Frantz and A. M. Taylor, 'The Rise and Fall of World Trade, 1870−1939', *Quarterly Journal of Economics*, 118, 2(2003), 359.

4. D. Kumar (ed.), *Cambridge Economic History of India*, vol.2: *c. 1757–c.1970* (Cambridge, 1982), pp.834−837.

5. 关于这些计算结果，见 Woodruff, *Impact*, Tables IV/2 and IV/3。

6. I. Stone, *The Global Export of Capital from Great Britain, 1865–1914* (London, 1999), p.411.

7. B. R. Mitchell, *European Historical Statistics 1750–1970*, pbk. edn. (London and Basingstoke, 1978), p.47.在1913年，不包括俄国在内的欧洲人口数约为3.5亿。

8. A. McKeown, 'Chinese Emigration in Global Context, 1850−1940', *Journal of Global History*, 5, 1(2010), fig. 1.

9. S. S. Amrith, *Crossing the Bay of Bengal: The Furies of Nature and the Fortunes of Migrants* (Cambridge, MA, 2013), p.118.

10. J. Belich, *Replenishing the Earth: The Settler Revolution and the Rise of the Anglo-World, 1783–1939* (Oxford, 2009), pp.504, 507.

11. A. H. Jeeves, *Migrant Labour in South Africa's Mining Economy: The Struggle for the Gold Mines' Labour Supply 1890–1920* (Kingston and Montreal, 1985), Appendix One.

12. G. di Tella and D. C. M. Platt (eds.), *The Political Economy of Argentina 1880–1946* (London, 1986), p.53; B. Sánchez-Alonso, 'Making Sense of Immigration Policy: Argentina, 1870−1930', *Economic History Review*, 66, 2(2013), 608.

13. 关于这个论点的经典著作，见Herbert Feis, *Europe: The World's Banker, 1870–1914* ［1930］, pbk. edn. (New York, 1965), p.13。

14. 转引自A. Offer, 'Empire and Social Reform', *Historical Journal*, 26, 1(1983), 122ff。 劳合·乔治是英国财政大臣。

15. J. M. Keynes, 'Great Britain's Foreign Investments', *New Quarterly* (February 1910), reprinted in E. Johnson (ed.), *The Collected Writings of John Maynard Keynes*, vol. XV(Cambridge, 1971), pp.55−56.

16. H. J. Mackinder, 'Geographical Conditions Affecting the British Empire, 1: The British Islands', *Geographical Journal*, 33, 4(1909), 474.

17. Tirpitz to Stosch, 21 December 1895, in Grand-Admiral Tirpitz, *My Memoirs* (Eng. trans., London, 1919), vol.1, p.61.

18. *The Memoirs of Count Witte* (Eng. trans., Garden City, NY, 1921), p.122.

19. 参见M.-W. Serruys, 'The Port and City of Ostend', *International Journal of Maritime History*, 19, 2(2007), 320。

20. R. Giffen, 'Some General Uses of Statistical Knowledge', *Journal of the Statistical Society of*

*London* (Jubilee Volume, 1885), 100.

21. *Geographical Journal*, 12(1898), 599–600.

22. *Economist*, 10 January 1914.

23. 出处同上

24. 参见 A. G. Ford, *The Gold Standard, 1880–1914: Britain and Argentina* (Oxford, 1962), ch.10。

25. 对这些的精彩分析，参见 T. G. Otte, *July Crisis: The World's Descent into War, Summer 1914* (Cambridge, 2015)。

26. H. N. Dickson, 'The Redistribution of Mankind', *Geographical Journal*, 42, 4(1913), 383.

27. 参见 G. G. Chisholm, 'The Free City of Danzig', *Geographical Journal*, 55, 4(1920), 307. 奇泽姆是英国商业地理学的权威。

28. 讲德语的"波罗的海人"传统上占俄国波罗的海各省的大多数。参见 A. Henriksson, 'Riga', in M. F. Hamm (ed.), *The City in Late Imperial Russia* (Bloomington, IN, 1986), pp.178–203。

29. 参见 J. H. Bater, *St Petersburg: Industrialization and Change* (London and Montreal, 1976), pp.213, 295。

30. 我借鉴了一个引人入胜的章节，见 F. W. Skinner, 'Odessa and the Problem of Urban Modernization', in Hamm (ed.), *Late Imperial Russia*。

31. 参见 F. Tabak, *The Waning of the Mediterranean* (Baltimore, 2008)。

32. M'Culloch, *Commercial Dictionary*, new edn. (London, 1869), p.1496.

33. 参见 L. Sondhaus, 'Austria and the Adriatic: The Development of Habsburg Maritime Policy, 1797–1866', PhD thesis, University of Virginia, 1986(online), pp.179ff.

34. 例如 *The Times*, 18 November 1876。泰晤士报数字档案

35. 参见 the *Economist*, 26 February 1921。

36. 关于这一点的杰出简史，见 Jan Morris, *Trieste and the Meaning of Nowhere* (London, 2006)。

37. *Economist*, 24 December 1927, p.7.

38. 关于该城的生活条件，参见 F. M. Snowden, *Naples in the Time of Cholera, 1884–1911* (Cambridge, 1995)。

39. V. Zamagni, *The Economic History of Italy, 1860–1990* (Oxford, 1993), p.124.

40. M. Theunissen, 'Le Port moderne de Gênes', in Société Scientifique de Bruxelles, *Les Ports et leur fonction économique*, vol.3(Louvain, 1908), p.11.

41. Advertisement in *The Times*, 23 August 1879.

42. 参见 M. E. Tonizzi, 'Economy, Traffic and Infrastructure in the Port of Genoa, 1861–1970', in G. Boyce and R. Gorski (eds.), *Resources and Infrastructures in the Maritime Economy, 1500–2000*［2002］(Liverpool Scholarship Online, 2019)。

43. 我借鉴的悲观评价，见 Theunissen, 'Gênes'。

44. 参见 R. Lawton and R. Lee, *Population and Society in Western European Port-Cities c.1650–1939* (Liverpool, 2002), p.75。

45. 参见 R. J. B. Bosworth, *Italy, the Least of the Great Powers: Italian Foreign Policy before the First World War* (Cambridge, 1979), ch.1。

46. 在马赛的历史博物馆可以看到一场图片展陈。

47. 参见 J. T. Takeda, *Between Crown and Commerce: Marseille and the Early Modern Mediterranean* (Baltimore, 2011), pp.2, 10。

48. 参见 P. Guiral, review of G. Rambert, *Marseille: la formation d'une grande cité moderne*, in *Géocarrefour*, 11, 3(1935), 386–391。

49. 参见 H. Blais and F. Deprest, 'The Mediterranean, a Territory between France and Colonial Algeria: Imperial Constructions', *European Review of History*, 19, 1(2012), 53–57。

50. 关于（主要是都市的）白人移民社会，参见 D. Rivet, *Le Maghreb à l'épreuve de la colonisation* (Paris, 2002), ch.5。

51. G. Rambert, *Marseille: la Formation d'une grande cité moderne* (Paris, 1934), ch.3.

52. G. Blondel, 'Le Port de Marseille', in Société Scientifique de Bruxelles, *Les Ports et leur fonction économique*, vol.2(Louvain, 1907), pp.103–123.

53. M. Borutta, 'De la Méridionalité à la Méditerranée: le Midi de la France au temps de l'Algérie coloniale', *Cahiers de la Méditerranée*, 87(2013), pp.385–401.

54. 参见 the *Economist*, 16 April 1910, p.839。

55. 参见 S. Pamuk and J. G. Williamson (eds.), *The Mediterranean Response to Globalization before 1950* (London and New York, 2000), pp.4, 51。

56. 转引自 Blondel, 'Marseille', p.123。

57. 关于不来梅，参见 L. Maischak, *German Merchants in the Nineteenth-Century Atlantic* (Cambridge, 2013)。

58. A. Nicollet, 'André Siegfried et Le Havre', *Études Normandes*, 38, 2(1989), 36–48. 这位著名的政治地理学家来自其中一个家族。

59. 对伦敦金融城的卓越描绘，参见 D. Kynaston, *The City of London: Golden Years, 1890–1914* (London, 1995)。

60. R. C. Michie, *The City of London* (London, 1992), p.17.

61. *Economist*, 10 January 1914, p.14.

62. 相关的迷人叙述，见 L. Rodwell Jones, *The Geography of London River* (London, 1931), p.26。

63. 1911 年的数字是 28 387 名码头工人。参见 G. Phillips and N. Whiteside, *Casual Labour: The Unemployment Question in the Port Transport Industry, 1880–1970* (Oxford, 1985), p.41。利物浦的数字是 26 946 名码头工人。

64. 我所借鉴的相关描述，见 Rodwell Jones, *London River*; J. Bird, *The Major Seaports of the United Kingdom* (London, 1963), chs.14–17; G. Eeckhout, 'Le Port de Londres', in Société Scientifique, *Les Ports*, vol.2, pp.9–25。

65. 对利物浦的当代最佳研究，见 J. Belchem (ed.), *Liverpool 800: Culture, Character and History* (Liverpool, 2006)。

66. 相关描述，见 Bird, *Seaports*, ch.12。

67. T. Baines, *Liverpool in 1859* (Liverpool, 1859), p.65.

68. 相关计划，参见 Cox, *Liverpool and Manchester Commercial Agents' Directory 1931–1932* (Liverpool, 1932)。

69. 参见 P. de Rousiers, 'Les fonctions économiques de Liverpool', in Société Scientifique de Bruxelles, *Les Ports et leur Fonction économique*, vol.1(Louvain, 1906), pp.95–110。

70. S. Marriner, *The Social and Economic Development of Merseyside* (London, 1982), p.94.

71. 参见 G. J. Milne, 'Maritime Liverpool', in Belchem (ed.), *Liverpool 800*, p.305。

72. T. Lane, *Liverpool, City of the Sea* (Liverpool, 1997), pp.61ff.

73. P. Waller, *Democracy and Sectarianism: A Political and Social History of Liverpool, 1868–1939* (Liverpool, 1981), p.4.

74. 参见 C. G. Pooley, 'Living in Liverpool: The Modern City', in Belchem (ed.), *Liverpool 800*, p.214。

75. F. Neal, *Sectarian Violence: The Liverpool Experience, 1819–1914* (Manchester, 1988),

pp.224-243.

76. 参见 J. Belchem and D. M. MacRaild, 'Cosmopolitan Liverpool', in Belchem (ed.), *Liverpool 800*, p.375。

77. S. T. Bindoff, *The Scheldt Question to 1839* (London, 1945), ch.9. 应缴款最终在 1863 年偿清。

78. *Economist*, 25 January 1913, pp.9-11.

79. S. Moreels, M. Vandezande and K. Matthijs, 'Fertility in the Port City of Antwerp (1845-1920)', Working Paper for the Centre for Sociological Research, Leuven University, 2010 (available online), pp.2, 3.

80. 重印于 P. Gorceix (ed.), *La Belgique fin de siècle: Romans–Nouvelles–Théâtre* (Brussels, 1997), pp.409-676。

81. 对安特卫普贸易的这种描述，参见 E. Dubois and M. Theunissen, 'Anvers et la vie économique nationale', in Sociáté Scientifique, *Les Ports*, vol.1, pp.111-149。

82. 参见 J. Charles, 'Le Port de Rotterdam', in Société Scientifique, *Les Ports*, vol.2, pp.55-86。

83. T. Feys, *The Battle for the Migrants: The Introduction of Steamshipping on the North Atlantic and Its Impact on the European Exodus* (Liverpool Scholarship Online, 2019), p.81.

84. 详细的叙述，见 A. Demangeon, 'Les relations de la France du nord avec l'Amérique', *Annales de Géographie*, 123(1913), 227-244.

85. 关于汉堡复杂的宪法安排，参见 R. J. Evans, *Death in Hamburg: Society and Politics in the Cholera Years 1830–1910* (Oxford, 1987), ch.1。

86. *Economist*, 1 November 1913, 'Shipping and Trade of Hamburg'.

87. Evans, *Death in Hamburg*, p.69.

88. N. Ferguson, *Paper and Iron: Hamburg Business and German Politics in the Era of Inflation, 1897–1927* (Cambridge, 1995), pp.33, 205.

89. 参见 Evans, *Death in Hamburg*, pp.299ff。

90. L. Cecil, *Albert Ballin: Business and Politics in Imperial Germany, 1888–1918* (Princeton, 1967), p.155.

91. 转引自 L. Cecil。

92. J. M. Keynes, *The Economic Consequences of the Peace* (London, 1919), p.1.

93. W. Ashworth, *A Short History of the International Economy, 1850–1950* (London, 1952), p.63.

94. 关于这一点的最佳叙述，见 A. Tooze, *The Deluge: The Great War and the Remaking of the Global Order, 1916–1931* (London, 2014)。

95. M. Stopford, *Maritime Economics*, 2nd edn. (London, 1997), p.54.

96. 参见 L. Gall, G. Feldman, H. James, C.-L. Holtfrerich and H. E. Büschgen, *The Deutsche Bank 1870–1995* (Eng. trans., London, 1995), pp.246-247。

97. 关于这些进展，参见 League of Nations, *The Network of World Trade* (Geneva, 1941)。

98. Sánchez-Alonso, 'Immigration Policy', 623.

99. 必不可少的研究，见 J. M. Atkin, *British Overseas Investment 1918–1931* (New York, 1977)。

100. H. James, *The End of Globalization: Lessons from the Great Depression* (Cambridge, MA, 2001), pp.48-49.

101. E. Staley, *World Economy in Transition: Technology versus Politics, Laissez Faire versus Planning, Power versus Welfare* (New York, 1939), p.56.

102. W. M. Macmillan, *Warning from the West Indies* (London, 1936), issued as a 'Penguin Special' in 1938.

103. J. Iliffe, *A Modern History of Tanganyika* (Cambridge, 1979), p.344.

104. 关于西非的情况，参见 A. G. Hopkins, *An Economic History of West Africa* (London,

1973), pp.254-267。

105. P. H. Lister, 'Regional Policies and Industrial Development on Merseyside 1930-60', in B. L. Anderson and P. J. M. Stoney (eds.), *Commerce, Industry and Transport: Studies in Economic Change on Merseyside* (Liverpool, 1983), p.151; F. Broeze, 'The Political Economy of a Port City in Distress: Hamburg and National Socialism, 1933-1939', *International Journal of Maritime History*, 14, 2(2002), 4.

106. 关于蒙特利尔，参见出处同上，p.197; D. Potts, 'Unemployed Workers in Adelaide: Assessing the Impact of the 1930s Depression', *Australian Historical Studies*, 19, 74(1980), 125-131。

107. C. B. Schedvin, *Australia and the Great Depression* (Sydney, 1970), pp.302-303；关于利物浦，参见Marriner, *Merseyside*, p.127；关于伊丽莎白港，参见G. Baines, 'A Progressive South African City? Port Elizabeth and Influx Control, ca. 1923-1953', *Journal of Urban History*, 31, 1(2004), 75-100。

108. S. G. Sturmey, *British Shipping and World Competition* (London, 1962), ch.5.

109. 参见D. Rothermund, *The Global Impact of the Great Depression, 1929-1939* (London and New York, 1996), ch.10。

110. 参见P. Alhadeff, 'Dependency, Historiography and Objections to the Roca Pact', in C. Abel and C. M. Lewis (eds.), *Latin America, Economic Imperialism and the State: The Political Economy of the External Connection from Independence to the Present* (London, 1985), pp.391-392。

111. 相关内容，参见*The World's Economic Crisis and the Way of Escape*, Halley Stewart Lecture 1931(London, 1932), pp.80-81。

112. M. J. Bonn, *Wandering Scholar* (London, 1948), pp.318-319.

113. 关于这些预测，参见M. J. Bonn, *The Crumbling of Empire: The Disintegration of World Economy* (London, 1938), ch.6。

114. 一份充满活力的当代陈述，参见S. K. Datta, *Asiatic Asia* (London, 1932)。

115. Staley, *World Economy in Transition*, pp.34ff;该书借鉴的诸多观点，见L. Mumford, *Technics and Civilization* (New York, 1934)。

# 第九章　士麦那之鉴

1. 参见E. Frangakis-Syrett, *The Commerce of Smyrna in the Eighteenth Century (1700–1820)* (Athens, 1992)。

2. A. W. Kinglake, *Eothen: Traces of Travel brought Home from the East*［1844］(Nelson Classic edn., n.d.), p.53.

3. M'Culloch, *Commercial Dictionary*, new edn. (London, 1869), p.1308.

4. 关于贸易增长，参见R. Owen, *The Middle East the World Economy 1800–1914* (London, 1981), chs.4, 8。

5. A. Kitroeff, 'The Greek Diaspora in the Mediterranean and the Black Sea, as Seen through American Eyes (1815-1861)', in S. Vryonis Jr (ed.), *The Greeks and the Sea* (New York, 1993), p.165.

6. 相关的精彩阐释，见S. Zandi-Sayek, *Ottoman Izmir: The Rise of a Cosmopolitan Port 1840–1880* (Minneapolis, 2012)。

7. M.-C. Smyrnelis, *Smyrne: la ville oubliée?* (Paris, 2006), p.115.

8. 参见J. McCarthy, *Death and Exile: The Ethnic Cleansing of Ottoman Muslims, 1821–1922*

(Princeton, 1995)。

9. 参见 M. Aksakal, *The Ottoman Road to War in 1914* (Cambridge, 2008), p.48.

10. 相关的经典研究，见 M. Llewellyn Smith, *Ionian Vision: Greece in Asia Minor 1919–1922* (London, 1973)。

11. 关于美国的情况，参见 J. Atack, F. Bateman, M. Haines and R. A. Margo, 'Did Railroads Induce or Follow Economic Growth? Urbanization and Population Growth in the American Midwest, 1850–1860', *Social Science History*, 34, 2(2010), 171–197。

12. "战争相关因素" (Correlates of War) 网站列出了约二百九十场战争。

13. 一项严肃的案例研究，见 S. Doyle, *Crisis and Decline in Bunyoro: Population and Environment in Western Uganda 1860–1955* (Oxford and Athens, OH, 2006)。

14. B. Etemad, *Possessing the World: Taking the Measurement, of Colonisation from the Eighteenth to the Twentieth Century* (Eng. trans., New York and Oxford, 2007), p.94.

15. R. B. Marks, *China: Its Environment and History* (Lanham, MD, 2012), p.229.

16. 对未兑现前途的精彩调查，见 R. Nield, *China's Foreign Places: The Foreign Presence in China in the Treaty Port Era, 1840–1943* (Hong Kong, 2015)。

17. D. Hamer, 'Wellington on the Urban Frontier', in D. Hamer and R. Nicholls (eds.), *The Making of Wellington 1800–1914* (Wellington, 1990), pp.227–252.

18. 关于哥伦比亚的情况，参见 E. Bassi, *An Aqueous Territory: Sailor Geographies and New Granada's Transimperial Greater Caribbean World* (Durham, NC, 2016)。哥伦比亚的 "建国者" 试图否认其加勒比海的过去。

19. 参见 T. J. Wertenbaker, *Norfolk: Historic Southern Port* (Durham, NC, 1931, 1962), pp.172ff。

20. 参见 I. Bowman, *The Pioneer Fringe* (New York, 1931)。关于巴西，参见 P. Monbeig, 'The Colonial Nucleus of Barão de Antonina, São Paulo', *Geographical Review*, 30, 2(1940), 260–271。

21. 参见 'Aden le Volcan', *Le Monde*, 1 August 2017, pp.2–4。

22. A. A. Sikainga, *'City of Steel and Fire': A Social History of Atbara, Sudan's Railway Town, 1906–1984* (Portsmouth, NH, 2002).

23. 出处同上，p.66。

24. 参见 M. Frenz, 'Representing the Portuguese Empire: Goan Consuls in British East Africa, c.1910–1963', in E. Morier-Genoud and M. Cahen (eds.), *Imperial Migrations: Colonial Communities and Diaspora in the Portuguese World* (Basingstoke and New York, 2012), pp.195–196。

25. Royal Institute of International Affairs, *World Agriculture: An International Survey* (London, 1932).

26. 参见 R. C. Allen, *Farm to Factory: A Reinterpretation of the Soviet Industrial Revolution* (Princeton, 2003), ch.1。

27. 关于这一变化的出色描述，见 R. Baldwin, *The Great Convergence* (Cambridge, MA, 2016)。

28. 参见 the 'Maritime Economy' supplement, *The Times*, 17 October 2018。鹿特丹、安特卫普、汉堡和洛杉矶是前二十大港口中仅有的非亚洲港口。

29. 相关的有力分析，见 A. Giridharadas, *Winners Take All: The Elite Charade of Changing the World* (London and New York, 2019), pp.146ff。

# 扩展阅读

此处并非本书所用参考文献的完整书目，具体的文献细节可以在每章的注释中找到。扩展阅读只是精选了一些笔者觉得在写作本书时最有用、最有趣或最振奋人心的著作和文章。

## 通用资料

种类繁多的材料可以帮助我们深刻了解港口城市在全球环境中的政治、社会和文化。19世纪及以后的材料尤其丰富。数字档案中愈发可及的报纸是一个重要的来源，尽管它们不可避免地反映了报纸所有者的偏见。《印度时报》（孟买）、《海峡时报》（新加坡）、《中国邮报》（香港）和《华北先驱报》（上海）都可以在线阅读，而伦敦《泰晤士报》、《纽约时报》和其他精选的英国、加拿大、美国报纸，亦复如是。《经济学人》历史档案也是极其宝贵的。关于贸易和航运的许多材料可以在《英国议会文件集》（British Parliamentary Papers）中找到，也可以在网上找到。麦考洛的《商业词典》[我使用的是"新版"，H. 里德（H. Reid）主编（伦敦，1869）]是一个关于商品、货币和商业惯例以及世界各地各个港口信息的惊人宝库。G. Chisholm, *Handbook of Commercial Geography*（第7版，伦敦，1908）则将商品汇编与对运输环节和商业条件的生动描述结合在一起。M. G. Mulhall, *The Dictionary of Statistics*（伦敦，1892）还提供了大量信息，有些可靠，有些则不那么可靠。19世纪出版的各种《名录》中提供了对帆船世界的迷人洞察，这些名录为航海家提供了关于风、洋流、地标、岩石和浅滩等危险以及进港的最详细说明。经典的例子是 J. Horsburgh, *India Directory, or Directions for Sailing to and from the East Indies, China, New Holland* [etc.]（第3版，伦敦，1827）。或许不需要说的是，不同时期的地图集传达了许多关于其制作者的知识和期望。它们还指明了使用最频繁的航线、铁路的延伸以及促进或限制港口城市腹地扩张的地形。从伦敦皇家地理学会会刊（《地理学学报》）和美国地理学会会刊（《地理学评论》）上可以收集到许多有趣的材料，尤其是在地理学家乐于进行描述性写作的时期。关于最近的海运史学术研究，首先转向的是《国际海运史期刊》。

港口城市的历史不是一个新话题，尽管最近全球史的流行给其带来新的动力，或许还有一种更生动的比较维度。法国历史学家属于最早认真关注港口间交通的一批人。F. Braudel, *The Mediterranean and the Mediterranean World in the Age of Phillip II* [1949]（英译本，伦敦，1972）可能是20世纪历史学家最耀眼的著作，紧随其后的是不朽的 P. Chaunu, *Séville et l'Atlantique, 1504–1650*（11卷，巴黎，1955—1960）。在英语世界，D. K. Basu（编），*The Rise and Growth of the Colonial Port Cities in Asia*（圣克鲁兹，1979）和 F. Broeze（编），*Brides of the Sea: Port Cities of Asia from the 16th–20th Centuries*（肯辛顿，1989）展现了多种可能性。就其全球背景而言，H. Mackinder, *Democratic Ideals and Reality*（伦敦，1919）提供了一个仍然有价值的视角，而该书最初就是为了提醒调解人注意地缘政治现实而写的。关于贸易移居者的作用（在此之前鲜为人知）的精彩描述，见 P. Curtin, *Cross-Cultural Trade in World History*（剑桥，1984）。R. Findlay 和 K. H. O'Rourke, *Power and Plenty: Trade, War, and the World Economy in the Second Millennium*（普林斯顿，2007）是关于经济转型的极佳概要。A. G. Hopkins（编），*Globalization in World History*（伦敦，2002）开启了一个新视角。L. Paine, *The Sea and Civilization*（纽约，2015）呈现出一份不可思议的调查，在古代和近代早期世界上最为深刻。J. Belich, *Replenishing the Earth: The Settler*

*Revolution and the Rise of the Anglo-World, 1783–1939*（牛津，2009）是一本必不可少的读物。

B. Cunliffe, *By Steppe, Desert and Ocean: The Birth of Eurasia*（牛津，2015）是对欧亚大陆早期"全球化"的详尽阐释。V. Lieberman, *Strange Parallels: Southeast Asia in Global Context, c.800–1830*（2卷，剑桥，2003、2009）范围远远超出东南亚，考虑到印度、中国、日本和欧洲，提供了一个引人注目的社会和政治变革全景。F. Braudel, *Civilization and Capitalism, 15th–18th Century* [1967-1979]（英译本，伦敦，1981、1982、1984）是对前现代世界经济增长的精彩描述。A. Wink, *Al-Hind: The Making of the Indo-Islamic World*（3卷，莱顿，1990—2004）描述了一个大多数西方读者不熟悉的世界及其联系。关于中世纪的欧洲，P. Spufford, *Power and Profit: The Merchant in Medieval Europe*（伦敦，2002）可以跟S. R. Epstein, *Freedom and Growth: The Rise of States and Markets in Europe, 1300–1750*（伦敦，2000）一起阅读。M. Elvin, *The Pattern of the Chinese Past*（伦敦，1973）至今仍是解释中国经济增长为何在1300年左右陷入停滞的权威著作。A. W. Crosby, *The Columbian Exchange: The Biological and Cultural Consequences of 1492*（康涅狄格州韦斯特波特，1972）探讨了哥伦布航海对欧亚大陆和美洲的双重影响。可以在两项经典的研究中理解海上贸易的新模式：R. Davis, *The Rise of the Atlantic Economies*（伦敦，1973）和H. Furber, *Rival Empires of Trade in the Orient, 1600–1800*（明尼阿波利斯，1976）。I. K. Steele, *The English Atlantic 1675–1740*（牛津，1986）和C. N. Parkinson, *Trade in the Eastern Seas, 1793–1813*（剑桥，1937）描述了种种航海挑战。J. H. Elliott, *Empires of the Atlantic World: Britain and Spain in America 1492–1830*（纽黑文，2006）提供了急需的比较历史。R. Drayton, *Nature's Government: Science，Imperial Britain and the 'Improvement' of the World*（纽黑文，2000）考察了当时的科学家和学者的作用。关于18世纪中叶的商业心态，最好的介绍莫过于亚当·斯密的《国富论》（1776），而此书有无数版本。

## 蒸汽时代

关于工业化和蒸汽动力的文献可谓汗牛充栋。易懂的介绍包括D. Landes, *The Unbound Prometheus: Technological Change and Industrial Development in Western Europe from 1750 to the Present*（剑桥，1969），E. A. Wrigley, *Continuity, Chance and Change: The Character of the Industrial Revolution in England*（剑桥，1988），R. C. Allen, *The British Industrial Revolution in Global Perspective*（剑桥，2009）。N. Crafts, *British Economic Growth during the Industrial Revolution*（牛津，1985）警告不要夸大其影响。A. Malm, *Fossil Capital: The Rise of Steam Power and the Roots of Global Warming*（伦敦，2016年）解释了从水力发电而来的转变背后的动机，并谴责了许多现有文献的技术决定论。丹尼尔·海德里克（Daniel Headrick）的三部著作描述了欧洲人如何运用他们的新技术：*The Tools of Empire: Technology and European Imperialism in the Nineteenth Century*（纽约，1981）；*The Tentacles of Progress: Technology Transfer in the Age of Imperialism, 1850–1940*（纽约，1988）；*The Invisible Weapon: Telecommunications and International Politics, 1851–1945*（纽约，1991）。W. Woodruff, *Impact of Western Man: A Study of Europe's Role in the World Economy 1750–1760*（伦敦，1966）是一本宝贵的硬信息摘要。H. Feis, *Europe, the World's Banker, 1870–1914*（纽约，1930）仍然是对润滑了新的世界经济的资本转移的权威说明。D. Kynaston, *The City of London: Golden Years, 1890–1914*（伦敦，1995）极好地描述了伦敦的核心地位。在中东的影响本书没有讨论，而R. Owen, *The Middle East in the World Economy 1800–1914*（伦敦，1981）颇具权威地涵盖了这部分内容。G. S. Graham, 'The Ascendancy of the Sailing Ship 1850–85', *Economic History Review*, 9, 1（1956），74-88，这篇经典文章阐明了汽船的（逐

渐）兴起。J. Forbes Munro, *Maritime Enterprise and Empire: Sir William Mackinnon and His Business Network, 1823–1893*（伍德布里奇，2003）描述了那个时代一家重要航运企业的成长历程。D. A. Farnie, *East and West of Suez: The Suez Canal in History, 1854–1956*（牛津，1969）是一部权威的历史，讲述了欧洲和亚洲之间更快联系带来的变化。G. Blainey, *The Tyranny of Distance: How Distance Shaped Australia's History*（墨尔本，1966）提醒我们距离依旧至关重要。M. Harrison, *Contagion: How Commerce Has Spread Disease*（纽黑文，2012）探讨了全球化更黑暗的一面。海上生活一直是许许多多富有想象力的文学作品的主题。约瑟夫·康拉德（Joseph Conrad）是即将消亡的帆船时代的编年史家。鲁迪亚德·吉卜林（Rudyard Kipling）是汽船时代的唯一诗人，参见其作品《迈安德鲁的赞歌》（'M'Andrew's Hymn'）和《穆尔霍兰德的合同》（'Mulholland's Contract'）。A. Villiers, *Sons of Sindbad*（伦敦，1940）奇妙地唤起了东非单桅帆船的航海世界。

## 北美洲

D. W. Meinig, 'The Shaping of America: A Geographical Perspective on 500 Years of History'，共4卷，尤其是他的 *Continental America, 1800–1867*（纽黑文，1993）是必不可少的。R. Campanella, *Bienville's Dilemma: A Historical Geography of New Orleans*（路易斯安那州拉斐特，2008）和 *Lincoln in New Orleans: The 1828–1831 Flatboat Voyages and Their Place in History*（路易斯安那州拉斐特，2010）这两项杰出的研究阐明了新奥尔良的崛起。S. Marler, *The Merchants' Capital: New Orleans and the Political Economy of the Nineteenth-Century South*（剑桥，2013）颇具权威地处理了新奥尔良的经济。世界上很少有地区能够引起历史学家的更多关注。在大量文献中，我发现 J. Oakes, *The Ruling Race: A History of American Slaveholders*（纽约，1982、1998）尤其具有启发性。D. Grimsted, *American Mobbing, 1828–1861: Toward Civil War*（牛津，1998）对支撑南方奴隶制集体暴力的独特风气进行了法证（而且颇具争议的）调查。W. Johnson, *River of Dark Dreams: Slavery and Empire in the Cotton Kingdom*（剑桥，2013）精彩地再现了美国南方腹地的奴隶社会的文化。纽约中央公园的设计者，在1850年代游历南方并写了大量日记，参见 F. L. Olmsted, *The Cotton Kingdom*［1861］in A. M. Schlesinger（编），当代图书馆版（纽约，1969）。C. S. Aitken, *William Faulkner and the Southern Landscape*（佐治亚州雅典，2009）是对密西西比北部一项引人入胜的研究。三卷本 *Historical Atlas of Canada* 很好地处理了加拿大历史，远远不止是地图集，尤其参见第二卷 R. L. Gentilcore（编），*The Land Transformed, 1800–1891*（多伦多，1993）。*The Dictionary of Canadian Biography*（在线）远远不只是一部字典，每一个条目都是一段充实的历史。哈罗德·亚当斯·英尼斯（Harold Adams Innis）为研究加拿大横贯大陆的经济奠定了基础。尽管饱受争议和批评，但它仍然必不可少。尤其参见他的 *The Fur Trade in Canada: An Introduction to Canadian Economic History*（纽黑文，1930年及以后各版本）。关于蒙特利尔的商业雄心，经典之作是 D. G. Creighton, *The Commercial Empire of the St Lawrence*［1937］（多伦多，1956）。亦可参见 G. Tulchinsky, *The River Barons: Montreal Businessmen and the Growth of Industry and Transportation, 1837–1853*（多伦多，1977）。对铁路狂热及其政治的极好研究是 A. A. den Otter, *The Philosophy of Railways: The Transcontinental Railway Idea in British North America*（多伦多，1997）。H. MacLennan, *Two Solitudes*（多伦多，1945）再现了蒙特利尔分裂的文化和社会，而"两个孤独地"这一说法则沦为陈词滥调。关于纽约，参见 R. G. Albion, *The Rise of New York Port 1815–1860*（纽约，1939），它无与伦比。E. G. Burrows 和 M. Wallace, *Gotham: A History of New York City to 1898*（牛津，1998）是近距离叙述，信息量满满。T. Kessner, *Capital City: New York City and the Men behind America's Rise to Economic Dominance, 1860–1900*（纽约，2003），

S. Beckert, *The Monied Metropolis: New York City and the Consolidation of the American Bourgeoisie, 1850–1896*（剑桥，2001）和C. R. Geisst, *Wall Street: A History*（牛津和纽约，1997）追踪了金融的地位。A. D. Chandler Jr, *The Visible Hand: The Managerial Revolution in American Business*（剑桥，1977）是一部经典的商业史，解释了大公司在纽约崛起中的作用。W. Cronon, *Nature's Metropolis: Chicago and the Great West*（纽约，1991）解释了纽约与中西部进行铁路连接的重要性。

## 英国对印度沿海的统治

T. Roy, *The Economic History of India 1857–1947*（新德里，2000）易懂而有权威。A. Farooqui, *Opium City: The Making of Early Victorian Bombay*（古尔冈，2006）强调了对中国出口鸦片在孟买商业崛起中的重要性。P. Kidambi, *The Making of an Indian Metropolis: Colonial Governance and Public Culture in Bombay, 1890–1920*（奥尔德肖特，2007）是一部最近的学术史。R. Chandavarkar, *The Origins of Industrial Capitalism in India*（剑桥，1994）是对孟买棉花工业的基础研究。N. Green, *Bombay Islam: The Religious Economy of the West Indian Ocean, 1840–1915*（剑桥，2011）解释了孟买作为伊斯兰大都市的重要性。G. Johnson, *Provincial Politics and Indian Nationalism: Bombay and the Indian National Congress, 1880 to 1915*（剑桥，1973）和D. Hardiman, *Peasant Nationalists of Gujarat: Kheda District 1917–1934*（德里，1981）两本书阐释了孟买与其管辖的腹地的关系。N. Charlesworth, *Peasants and Imperial Rule: Agriculture and Agrarian Society in the Bombay Presidency, 1850–1935*（剑桥，1985）描述了农业环境。I. J. Kerr, *Building the Railways of the Raj, 1850–1900*（德里，1997）涵盖了一个必不可少的主题。S. Chaudhuri（编），*Calcutta: The Living City*, Vol.1: *The Past*（加尔各答，1990）涵盖了加尔各答的社会史和文化史。P. Marshall, *Bengal: The British Bridgehead-Eastern India, 1740–1828*（剑桥，1987）涵盖了孟加拉作为英国前哨的早期历史。G. Stewart, *Jute and Empire: The Calcutta Jute Wallahs and the Landscapes of Empire*（曼彻斯特，1998）描述了英国对加尔各答主要工业和出口的主导地位。T. Raychaudhuri, *Europe Reconsidered: Perceptions of the West in Nineteenth-Century Bengal*（德里，1989）描述了孟加拉人对外来西方文化模棱两可的反应。J. Gallagher, 'Congress in Decline: Bengal, 1930 to 1939', *Modern Asian Studies*, 7, 3（1973）589–645，揭示了印度教徒民族主义者在两次世界大战之间的孟加拉所面临的政治困境。J. Chatterji, *The Spoils of Partition: Bengal and India, 1947–1967*（剑桥，2007）讨论了孟加拉独立时分裂的后果。

## 东南亚与中国

A. Reid, *Southeast Asia in the Age of Commerce, 1450–1680*, 2 vols.（纽黑文，1988、1993）极好地描述了东南亚的环境。E. M. Jacobs, *Merchant in Asia: The Trade of theDutch East India Company during the Eighteenth Century*（莱顿，2006）揭示了荷兰东印度公司的作用。新加坡的"奠基者"斯坦福·莱佛士的大传，见C. E. Wurtzburg, *Raffles of the Eastern Isles* [1954]（牛津，1986），尽管历史学家们现在对他作为殖民英雄的地位持更为怀疑的态度。阿尔弗雷德·拉塞尔·华莱士，查尔斯·达尔文的同时代人和智识对手，在东南亚度过许多光阴，他的 *The Malay Archipelago* [1869]（牛津，1986）是一部旅行写作和博物志杰作。C. M. Turnbull, *A History of Singapore, 1819–1975*（伦敦和吉隆坡，1977）是一部易懂的历史著作，后来出了多个版本。关于鸦片在东南亚贸易中的重要性的著述，见Carl A. Trocki, *Opium and Empire: Chinese Society in Colonial Singapore, 1800–1910*（纽约州伊萨卡，

1990），以及 *Singapore: Wealth, Power and the Culture of Control*（阿宾顿，2006）。W. G. Huff, *The Economic Growth of Singapore*（剑桥，1994）是必读书。J. D. Vaughan, *The Manners and Customs of the Chinese of the Straits Settlements*［1879］（吉隆坡，1971）传达了当时欧洲的观点。M. R. Godley, *The Mandarin-Capitalists from Nanyang: Overseas Chinese Enterprise in the Modernization of China, 1893-1911*（剑桥，1981）解释了这一时期新加坡与中国大陆华人之间日益增长的联系。关于香港历史的浩繁文献中，对其早期岁月的最佳研究，见C. Munn, *Anglo-China: Chinese People and British Rule in Hong Kong, 1841–1880*（香港，2001、2009）。E. Sinn, *Pacific Crossing: California Gold, Chinese Migration, and the Making of Hong Kong*（香港，2013）解释了香港崛起为中国沿海的转口港。S. Tsang, *A Modern History of Hong Kong*（伦敦，2004）是一部通史。J. M. Carroll, *Edge of Empires: Chinese Elites and British Colonials in Hong Kong*（香港，2007）揭示了香港独特区位的社会和文化张力。D. Meyer, *Hong Kong as a Global Metropolis*（剑桥，2000）强调了香港作为主要金融中心的作用。关于上海租界的杰出研究，见Robert Bickers, 'Shanghailanders: The Formation and Identity of the British Settler Community in Shanghai, 1843-1937', *Past and Present*, 159（1998），161-211，以及 *Empire Made Me: An Englishman Adrift in Shanghai*（伦敦，2003）。H. B. Morse, *The Trade and Administration of the Chinese Empire*（伦敦，1908）是当时关于如何理解中国并就其实践进行协商的描述。Yenp'ing Hao, *The Commercial Revolution in Nineteenth-Century China: The Rise of Sino-Western Mercantile Capitalism*（伯克利和伦敦，1986）是关于买办角色的标准记述。P. Hibbard, *The Bund, Shanghai*（香港，2007）是一部关于上海"主街"精彩绝伦的历史。

## 大都市

R. Lawton and R. Lee（编），*Population and Society in Western European Port-Cities, c.1650–1939*（利物浦，2002）是一份宝贵的调查。M. B. Miller, *Europe and the Maritime World: A TwentiethCentury History*（剑桥，2012）是必不可少的读物。对欧洲港口城市的现代研究是多变的。研究伦敦的著作着实不少。R. C. Michie, *The City of London*（伦敦，1992）涵盖了其商业和金融职能。有关伦敦的码头区，见L. Rodwell Jones, *The Geography of London River*（伦敦，1931）。J. Bird, *The Major Seaports of the United Kingdom*（伦敦，1963）颇具权威地处理了伦敦和利物浦二者的码头区。J. Belchem（编），*Liverpool 800: Culture, Character and History*（利物浦，2006）极好地诠释了利物浦的历史。有关汉堡，见N. Ferguson, *Paper and Iron: Hamburg Business and German Politics in the Era of Inflation, 1897–1927*（剑桥，1995）和R. J. Evans, *Death in Hamburg: Society and Politics in the Cholera Years 1830–1910*（牛津，1987）。有关的里雅斯特的历史，见Jan Morris, *Trieste and the Meaning of Nowhere*（伦敦，2006）。A. Tooze, *The Deluge: The Great War and the Remaking of the Global Order, 1916–1931*（伦敦，2014）对1914年以前世界经济的衰败进行了精辟的分析。

# "方尖碑"书系

第三帝国的兴亡：纳粹德国史
　　［美国］威廉·夏伊勒

柏林日记：二战驻德记者见闻，1934—1941
　　［美国］威廉·夏伊勒

第三共和国的崩溃：一九四〇年法国沦陷之研究
　　［美国］威廉·夏伊勒

新月与蔷薇：波斯五千年
　　［伊朗］霍马·卡图赞

海德里希传：从音乐家之子到希特勒的刽子手
　　［德国］罗伯特·格瓦特

威尼斯史：向海而生的城市共和国
　　［英国］约翰·朱利叶斯·诺里奇

巴黎传：法兰西的缩影
　　［英国］科林·琼斯

末代沙皇：尼古拉二世的最后 503 天
　　［英国］罗伯特·瑟维斯

巴巴罗萨行动：1941，绝对战争
　　［法国］让·洛佩　［格鲁吉亚］拉沙·奥特赫梅祖里

帝国的铸就：1861—1871：改革三巨人与他们塑造的世界
　　［美国］迈克尔·贝兰

罗马：一座城市的兴衰史
　　［英国］克里斯托弗·希伯特

**1914：世界终结之年**

[澳大利亚] 保罗·哈姆

**刺杀斐迪南：1914 年的萨拉热窝与 一桩改变世界的罗曼史**

[美国] 格雷格·金 [英国] 休·伍尔曼斯

**极北之地：西伯利亚史诗**

[瑞士] 埃里克·厄斯利

**空中花园：追踪一座扑朔迷离的世界奇迹**

[英国] 斯蒂芬妮·达利

**俄罗斯帝国史：从留里克到尼古拉二世**

[法国] 米歇尔·埃莱尔

**魏玛共和国的兴亡：1918—1933**

[德国] 汉斯·蒙森

**独立战争与世界重启：一部新的十八世纪晚期全球史**

[美国] 马修·洛克伍德

**港口城市与解锁世界：一部新的蒸汽时代全球史**

[英国] 约翰·达尔文

（更多资讯请关注新浪微博@译林方尖碑，
微信公众号"方尖碑书系"）

方尖碑微博 方尖碑微信